警察勤務新論 下
實務工作者與法律的對話

陳良豪 | 著

五南圖書出版公司 印行

推薦序

PREFACE

　　良豪與我結識於臺大法律學分班的行政法課程，晃眼十年已過，未改警察法律人本色，持續筆耕警察實務法學。繼《警察勤務新論》上冊之導論、勤區查察勤務、巡邏勤務、臨檢勤務四章問世後，再撰守望相助、值班勤務、備勤勤務、使用警械，合為八章。本書全套之成，二年有餘，良豪往返於警察實務現場與警校教學場域之間，彙整所見所聞，兼治學理與實務，融貫法規與案例，轉化所讀所思為文字書寫，讓警察法學更具生命力與立體感，也為警察勤務與法治行政的交互印證，增益多元的觀察角度與思維觀點。

　　本書上篇付梓之時，我曾為文引介，策勵來茲。今逢下篇推出之際，樂予再序，鄭重推薦。

李建良

2018年7月

作者序　PREFACE

For a true writer each book should be a beginning where he tries again for something that is beyond attainment. He should always try for something that has never been done or that others have tried and failed. Then sometimes, with great luck, he will succeed.

—海明威 1954

—轉引自李建良師撰於人權思維的承與變自序註

　　對一個真實的作家來說，每一本書都該是他繼續探索那尚未達到領域的一個新起點，他應該永遠嘗試去做那些從來沒有人做過、或他人做過卻沒做成的事。有朝一日，好運的話，他會成功的。

　　於此，由衷感謝李建良老師給予本冊內容之諸多意見，彌足珍貴，實為警察之福；增祥、長豪兄對聚眾活動之實務作為提供多元見解，甚感袍恩，添增元素，亦為警察之幸。末，再感謝五南圖書出版股份有限公司法政編輯劉靜芬小姐、責任編輯高丞嫻小姐對本冊出版的繁瑣校稿至付梓印刷工作，多蒙鼎力協助。

　　筆者尚具微願及初衷，續將實務文獻不足之窘境，備以一系列「警察情境實務」叢書，更名另撰補充之，使實務不斷與法律對話，畫出一條合於法治且便於實務操作之軌跡。作者學識粗淺，探論不免漏誤，尚祈各方不吝指正。

陳良豪

2018年7月

目 錄 CONTENTS

推薦序
作者序

第五章

守望勤務

概說

　　實務工作者對守望勤務的意象，相當類似執行警衛工作的保全人員，以「站」、「觀看」為主要的工作內容，是一種刻板印象。由於警察勤務條例第 11 條第 4 款規定：「守望：於衝要地點或事故特多地區，設置崗位或劃定區域，由服勤人員在一定位置瞭望，擔任警戒、警衛、管制；並受理報告、解釋疑難、整理交通秩序及執行一般警察勤務。」觀以其中「設置崗位、劃定區域、在一定位置瞭望、擔任警戒、警衛、管制」等文字，意象確實與刻板印象雷同。

【現行實務機關 (1)】

　　值班台電話鈴聲響起。

　　值班甲：「○○派出所值班警員○○○您好，請問長官找哪一位？（警用電話）」

　　勤務中心執勤員：「○○○前有大批群眾聚集，各所編制的機動保警力現在到分局集合，統一配發防護裝及上車前往○○○。」

　　值班甲：「○○派出所收到。」

　　值班甲（內線）：「學長，分局勤務中心說機動警力要馬上出勤，我們派出所要出 6 個人，要抓哪 6 個人？」

　　派出所內勤（內線）：「等一下，我看一下勤務表……。6 番、11 番、18 番勤區查察叫回來，22、23 巡邏也一樣，最後配何小 1 個人，總共 6 個人，通知返所到分局報到吧！謝謝。」

　　值班甲：「好。」

　　值班旋即以電話聯繫各員返回勤務處所歸還裝備及攜帶相關物品後，便一同前往分局找督察組承辦人報到。分局承辦人已將各所陳報人員名冊編組，點名完畢請各帶隊官將裝備攜行上車前往○○○。警員丙下車後便看見有民眾正對著○○○在呼口號，表達情緒相當激動，心想：「不知道幾點才能下班了！」現場指揮官指揮著部隊，說明派遣崗位位置後，由巡官帶隊直接上崗。

　　巡官：「第一小隊至○○路橫排，第二小隊至○○路橫排，第三小隊至○○路橫排，不用帶裝備，請立即前往，不要讓民眾突破管制線。」

　　警員丙與丁兩眼相望，眼神死，放空。

　　民眾（向○○○大聲吶喊）：「出賣勞工！眾叛親離！只為選票，等著下台！」

　　抗議民眾甲：「警察先生抱歉，不關你們的事，我現在要往這裡走，你們不要擋我。」

　　警員丙，依然眼神死，僅雙手垂放交叉置於前胸，以身體為盾阻擋民眾甲推越管制（警戒）線。

　　歷經數小時的對抗，民眾聲音沙啞、警員持續放空且屹立不搖站於崗位上，民眾似乎沒有退去的意思。群眾開始席地而坐、唱起歌來；搖曳抗議旗幟的動作，就像翅膀受傷的鳥一般，想躍起飛翔，卻無奈地只能在地面展翅。

　　夜幕升起，珠簾仍垂。

　　一輛輛保安警察的大型警備車駛來，接替勤務的保安警力陸續到來；看來，面對漫漫長夜不只是民眾，堅守在機關門外的警察，也融入夜色。

　　景深，逐漸迷濛。

【現行實務機關 (2)】

　　警員丁睡眼惺忪的走進派出所，看了看勤務表，第一班勤務是○○○路口交通整理，望了值班台的時鐘，心想：「靠，剩 10 分鐘，要快一點換裝，遲到就不好了。」

　　丁換裝、領無線電、著裝、取指揮棒、簽出後趕緊騎著警用機車前往交整地點。戴起警帽望著天空，灰濛濛的淺層雲朵伴著馬路上的引擎聲，好不熱鬧，車流人往西來，丁左右看了看，拿起哨子吹了起來，嗶嗶嗶……。

　　警員丁（以指揮棒比）：「嗶嗶嗶……，違規停車離開。」

　　駕駛 A（剛好把頭轉向找住址，沒看見警員以指揮棒命令，口中念念有辭狀）

　　警員丁（生氣的走向車輛）：「嗶嗶嗶……（一邊敲車窗），叫你離開是沒聽到嗎？還把頭轉開，是故意的嗎？」

　　駕駛 A：「我在找住址，ㄟ你兇什麼！」

　　警員丁：「唉呀！違規在先，還敢狡辯，你信不信我開你紅單？」

　　駕駛 A：「你開啊！我要申訴你態度不佳，你試試看！」（拿起手機來撥打）

　　警員丁（拿起隨身的相機）：「你又多一條違規，麻煩你駕照、行照拿出來！」

　　駕駛 A（正在通話）：「110 嗎？我要檢舉兩件事，一是○○○路違規停車一堆；另一件是你們現場執勤的警察沒有作為，我將車開在路旁轉頭看住址，他不分青紅皂白，過來就說我故意不理他把頭轉開，又要開我單，這是什麼道理？現在我拿手機要檢舉他，他又跟我說我違規使用手機，靠，這還有天理嗎？……（碎碎念）」

　　警員丁看見駕駛 A 如此不配合，返回停放機車處拿舉發單準備舉發，駕駛 A 趁隙將車輛駛離現場，留下暴跳如雷的警員丁。

　　一般實務對守望的既定印象停留在：金融機構前守望、駐在崗亭守望、超商守望等勤務方式，但前揭二案例以聚眾活動及交通整理為名稱的勤務活動，確實是：守望勤務！相信與一般想像不盡相同。以警察勤務條例為基礎討論本章勤務會發現，警察**攻勢**勤務以「巡邏」為主，而**守勢**勤務就是以「守望」為主。是以，舉凡固定在崗位或某限定區域有關之勤務活動，無論顯明名稱為何（國慶勤務、聚眾勤務、交通整理、金融機構巡守等），就是守望，毋庸置疑。

　　法定守望勤務的功能，主要希望警察出現在衝要地點或事故特多地區，與提升見警率之概念相同[1]。自立法時空背景可知：由於當代科技未臻發達，民智未開，政府為達到統治目的，對內管控力量之首選，當屬警察。當時為動員戡亂時期，警察公權力今昔相比本就膨脹許多，其統治力量向下扎根的有效方法，即是將大公權力的警察分散各地，構成點線面的監控。只是人員不足的當代，人力資源必須用在刀口上，而優先布置地點與否的判斷，就是法條中顯現的文字；迄今，仍是實務運作的重要勤務方式。

---

[1]　詳參照：https://www.npf.org.tw/1/11467，瀏覽日期：2018 年 2 月 8 日。

第一節　守望之概念及目的

　　守望勤務概念及目的，已漸自以往單純執勤轉變為多元的勤務模式，當非僅為法條文字之表徵。倘欲形塑合於法治、便於理解、實際可用之概念，需爬梳於多重案例，方能與實務運作結合。雖謂如此，勤務執行面之法規卻頗為零散，如何透過思考體系與內涵加以體現，厥為現今實務綱舉目張之要。

　　自前鑑觀察，事實上甚少著墨、形塑守望勤務，輔以現今充斥著各種繁雜的勤務名稱，著實淡化其聚焦之功能；相較於其他勤務的熱烈討論，守望篇幅常至多數頁，一星半點。但筆者經驗，變化最大、最常執行的勤務方式，就是「守望」；只是，它泰半夾雜、依附在其他勤務的執行過程併同出現。例如：金融機構巡守、交通整理、守望崗亭、護童，甚而設置路檢點，都是守望的概念，但均未以其為名。是以，此勤務對實務運作反而重要，則建立合於法治、便於理解、實際可用之概念，當無分軒輊。

　　守望：有值守、瞭望的意義，若聚焦在傳統想法的「站」、「觀看」上，對應著法條「於衝要地點或事故特多地區，設置崗位或劃定區域，由服勤人員在一定位置瞭望，擔任警戒、警衛、管制；並受理報告、解釋疑難、整理交通秩序及執行一般警察勤務」之文字，兩相觀照並無二致。也就是說，闡明守望的概念，客觀上是一種守勢態樣，有勤務機構（受理報告）延伸的功能，亦有查察奸宄、維護交通秩序之效用，常與其他勤務合併執行之謂。

　　執行守望勤務之目的，係衝要地點或事故特多地區需執行警戒、警衛、管制的工作，其目的主要有二個部分，一係預防危害發生；一係防止危害擴大或消弭危害，可說：皆與危害有關（預防、防止擴大、消弭）。易言之，自危害發生的前、中、後，都是以守望為基礎的勤務活動再向外延伸，潛在表達著先守成不讓狀況壞下去的意念，穩固情況後，藉以執行其他諸如查察、查緝任務。為了達到這二個目的之最快捷徑，當然就是設置崗位或劃定區域，使服勤人員在一定位置瞭望，擔任警戒、警衛、管制工作，不僅能即時預防未發生的危害，還能防止已經發生的危害繼續擴

大，繼而消弭既存危害，使本有潛在守成目的之活動併合至其他勤務執行，增強其他勤務目的之實現。是以，守望勤務之目的，本有達到危害處置（含前後）的預防、消弭或防止擴大之機能。

第二節　勤務內容之構建

現行運作之守望常與其他勤務併同執行，已如前述。但對勤務內容的構建，若以併同執行權限及目的不一之前提下，將導致無法準確說明及其定性等相關命題。是以，本處側重之面向，將聚焦在警戒、警衛、管制之作用職權加以建立[2]，以防止受到其他因素之干擾。

自警察勤務條例第 11 條第 4 款「於衝要地點或事故特多地區，置固定崗位或劃定區域，由服勤人員在一定位置瞭望，擔任警戒、警衛、管制；並受理報告，解釋疑難，整理交通秩序及執行一般警察勤務」之文字觀察，無論個別或雙人以上實施之勤務活動，聚焦在合法前提下，無可避免地需先探究是項勤務之定性，便於接續討論其要件，說明完足何種法定要件方得實施；再以執行時應有之法定程序，加強實務工作者對正當法律程序之概念；末以探討守望之界限為結，作為建構該勤務的思考層次，以為前後呼應。以下就勤務本身在行政法規範之「法律定性」、「法定要件」、「法定程序」及「執法界限」遞次說明。

第一項　法律定性

第一，守望勤務執行警戒、警衛、管制權限，外觀特徵看似相同，但執行上仍有不同。執行警戒權限的作用，對外無規制效力，亦未發生法律效果，執行無主動性，無關權力、非權力行為。從而擔任警戒任務之守望，其特徵應與事實行為同。

第二，警衛、管制權限有劃定區域的作用，是一種禁制的外觀，具有

---

[2] 較心細的讀者將發現，筆者在本書上、下冊建構各種勤務內容側重面向不盡相同，多數得以獨立執行的勤務方式皆透過組織法面向加以詮釋，惟獨本章，因常併同於其他勤務執行，使本身就警戒、警衛或管制之工作難以界定及結合所有章節，幾經忖量，方側重於作用職權以為開展，特予敘明。

規制效力，勤務內容雖與主動性無涉，惟執行警衛或管制工作時，將會干涉人民基本權利進而產生法律上權利義務之變動，縱然客觀上沒有民眾受到警察管制等行為，仍有法效性之特徵，本身得以實施強制力。從而擔任警衛、管制任務之守望，其特徵與處分行為[3]類似。

第三，守望勤務的警衛或管制工作，其執行本質係權力行為，人民並無權利拒絕，不服從時會受到行政上強制執行或課予處罰。

依此，由於守望通常與其他勤務併合、混同執行，無法全然以單一外觀即得加以定性，而係隨著不同執行內容而有不同定性，其定性將影響人民後續程序權利、救濟與否，可謂牽一髮動全身。

第二項　法定要件

由於守望勤務側重在作用面向，為求一體，法定要件亦應聚焦於執行警戒、警衛、管制工作等職權加以描述，其具體工作內容與家主、準家主權及即時強制有關。關於家主權之論述已置值班勤務說明，本處擇以即時強制[4]作為警戒、警衛、管制探討之準據：

壹、為排除危害之目的

設置崗位或劃定區域的守望，多在衝要地點或事故特多地區擔任警戒、警衛、管制工作，主要目的係為達到排除危害。其危害之種類究屬抽象、具體或實害，並無限定，只要執行係基於排除危害之目的，即無違背法定要件。實務對守望勤務較有疑問之處，可能會發生在擔服路跑勤務（或類似）之交通管制或以犯罪勘察為目的之執行，是否仍符合「為排除危害」之職權要件？

在基於維護交通秩序的管制行為之目的，係為排除二個（例如：合法申請路跑及其他用路人）相互妨害的危害狀態，而**合法占用道路**若不排除其他用路人的合法用路權利進而衝突時，發生現實或潛在衝突其實就是一

---

[3] 更深入理解，得參照大法官第 423 號解釋、最高行政院第 103 年度 9 月份第 1 次庭長法官聯席會議、第 101 年度 7 月份第 1 次庭長法官聯席會議及第 98 年度 7 月份第 1 次庭長法官聯席會議，會更明瞭各種行政行為是否為處分行為，如何判斷。

[4] 參照警察職權行使法第 27 條。

種危害；另尋覓、蒐集犯罪證據執行管制工作，其目的就是希望即時取得實體證據，倘未能即時取得而發生證據**滅失**之情形，則滅失就是**危害**本身。

是以，於衝要地點或事故特多地區，設置崗位或劃定區域，由服勤人員在一定位置瞭望，擔任警戒、警衛、管制工作之作用，目的乃存有排除危害之勤務作為，方才符合職權之要件。

貳、執行權限之內容

為達到排除危害所執行的權限，多以暫時驅離或禁止進入作為警戒、警衛、管制的主要手段，此職權大多運用在具有事故性、特定處所、特定人員警衛工作所編排的守望勤務中。過程倘符合其他職權之要件，當可併同執行，相互運用。例如：在執行禁止進入過程中，涉有違反諸如社會秩序維護法或其他法令時，當可併用該法第 42 條前段或行政罰法第 34 條第 1 款「即時制止」其闖入之行為，同時發揮警衛、管制權限之功能。

基於上述的理解，一個自然事實呈現的狀態可能同時符合多個法定要件，則對權限內容的認知，當然不能只限定在某些職權之上，應該彈性地自執行一或多種權限內容中選擇需用的職權，使職權之行使保持在合法且適度的法律評價，讓法定要件發揮競合選擇或篩漏違法的功能。是以，筆者雖以暫時驅離或禁止進入作為軸心，但仍有其他職權行使競合之可能，當下可併同執行，切勿陷入單一思考之窘境。

參、行政作用應符合比例原則

暫時驅離或禁止進入是一種行政作用，有適用比例原則之義務。然而，實務運作至目前為止，尚無法尋覓可以完整符合比例原則的驅離或禁止進入的通案標準；雖謂此，仍得衡就個案析離元素或軌跡加以分辨，例如：執行**目的、方法**及**損害**。

就**目的**而言，擔任警衛、管制多係行使家主權限，而執行驅離或禁止進入時，原則應滿足相同之目的；因此，執行驅離或禁止進入，應與排除危害之目的有關。就執行驅離或禁止進入之**方法**而言，有勸誘、阻隔、命令、強制執行等多種手段供個別情境加以選擇；當下，有手段侵害最小（必要）之考量。就造成**損害**而言，讀者必須明瞭，基於行使家主權限執

行**非強制力**之手段，乃合法對抗非法，受到驅離或禁止之一方並無損害之概念；簡單來說，執行警衛工作的守望勤務本係合法，阻隔非法闖入人之（非強制力）禁止進入，被阻隔之人因是侵害權利之行為人，便無權利損害之概念。惟執行強制力時，受執行者之自由、身體等法益隨時可能因合法對抗非法受到損害，此際，即有發生損害與執行目的間相互衡平之思考。

　　釐清驅離或禁止進入之目的、方法及損害三要素後，以適當性：採取之方法應有助於目的之達成；必要性：有多種同樣能達成目的之方法時，應選擇對人民權益損害最少者；衡平性：採取之方法所造成之損害不得與欲達成之利益顯失均衡」量測警察作為會發現，預斷有否符合比例原則雖非容易，但實非難事，只要聚焦在目的、方法及損害，即可進行簡易判斷。實務工作者在概念較易飄移之處在於：受到抗拒後的驅離或禁止進入如何才能符合比例原則？這個問題其實非常弔詭！因為，執行驅離或禁止進入本有遵守比例原則之義務，並非「受到抗拒後」才適用該原則。而受到抗拒後的驅離或禁止進入究竟如何執行，乃選擇方法的問題；如此顛倒論述的概念如實存在於實務運作中，未曾消逝。職是，對執行適用比例原則的思考非難以想像，只要掌握上揭（目的、選擇方法及損害）三個要素，即可依序運用在勤務活動中，方為根本。

第三項　法定程序

　　執行驅離或禁止進入仍有法定程序尚需遵循，分述如下：

壹、應注意執行之目的

　　自警察勤務條例觀以執行守望勤務之工作內容可知，不僅僅要達到於衝要地點或事故特多地區置固定崗位或劃定區域，由服勤人員在一定位置瞭望，擔任警戒、警衛、管制工作之目的，其固定崗位或劃定區域的功能，亦需滿足受理報告，解釋疑難、整理交通秩序及執行一般警察勤務之目的，不同目的輔以不同方法，可構成綿密交織的職權網絡，而需以驅離或禁止進入之方法為執行時，需遵循不同目的所預設的不同法定程序。

　　法定程序中之執行目的對實務工作相對重要，它是在選擇方法之前應

該優先考慮的問題，如果執法目的模糊，當下無法快速地選擇達到目的之方法（手段），便僅剩本能加以判斷。果如是，得到程序違法結論之比例相對高，實務工作者爲了避免違法，需細忖量如何將目的常駐於勤務活動中[5]，才是目前的重點工作。例如：依法執行驅離或禁止進入之目的，是爲了排除危害；又如：即時制止闖紅燈之目的，是爲了恢復交通秩序，準此，確認執行目的爲履行法定程序之一環。

貳、明示身分並告知事由

詳參照上冊臨檢勤務之程序說明，於此不贅。

參、強制力之原則與例外

常態性固定崗位或劃定區域執行警戒、警衛、管制的守望勤務，常以驅離或禁止進入作爲執行之方法，此種執行乃依法令（如：家主權）或本於法令處分（如：公告管制）後所爲的強制（力）執行，與基於排除危害之目的，執行驅離或禁止進入所爲的即時強制（力）不盡相同，而本處係指後者（即時強制）而言，讀者需先辨明。

警察基於排除危害執行的警衛、管制，經常以驅離或禁止進入之方法相互運用達到目的，該方法本得執行強制力（原則），理由在於：警察職權行使法第 27 條乃置於即時強制之章節，而即時強制職權有強制力係當然之解釋；至如何以強制力執行驅離或禁止進入，乃分屬二事。理論上，強制力鮮少不使權利受到侵害，執行時便需思考有無必要使用強制力，若依現場狀況，判斷並無使用強制力之驅離或禁止進入之必要時，當得選擇諸如：口頭勸導、口頭命令、指揮等無強制力之（例外）方法執行。是以，縱然行使本就具備強制力之職權，亦有原則使用、例外不使用的思考，個案是否執行強制力驅離或禁止進入之條件，法條雖未明定，仍得以有無抗拒作爲判斷之準據。

---

[5] 以 107 年 3 月 29 日中午時分，筆者接獲信義分局督察組長謝如孟來電詢問此例「拆帳蓬惹不滿，柯 P 今早遭丟鞋命中隨扈」中之丟鞋哥涉有違反社會秩序維護法，是否得以隨案送交地方法院簡易庭爲裁處？筆者答以：社會秩序維護法的隨案送交，需以該法處理辦法第 22 條第 2 項之規定依法爲之，除此之外，皆需放行，另以通知書通知到場接受詢問。此項規範之目的：乃希冀違反社會秩序維護法之行爲人受到國家限制人身自由的情形越少越好，不應違背規範目的或有其它與目的不干之執行。最後，該分局立即令丟鞋哥任意離去；瀏覽網址：https://udn.com/news/story/6656/3058508。

第四項　執法界限

　　界限本身有界定、區隔的功能，而執法界限的描述，就是將合法、違法一分為二。通常，合法範圍內的界限有二：乃自立法者預設之要件或程序條文中畫下上下兩線，線外區域即為非法。守望勤務為達到警衛、管制目的所執行驅離或禁止進入之勤務活動，合法與否亦有上下界限，分別為「許可要件」及「違法」兩個層次。

　　自消極面而言，法條預設了一個要件建立許可執行的起點，透過一定門檻的審查，達到保障人權、篩漏違法的重要目的，發揮由外而內束縛行政機關無法恣意行使特定職權的功能；對應至驅離或禁止進入之消極作用，在未有危害存在的執行，等同未達許可之門檻（界限），就是消極界限的違反，當非法所許。由積極面探討，執行驅離或禁止進入有時會發生過猶之情形，需以執行目的加以控制，使執行當下不致越過紅線，若發生逾越排除危害目的或與執行目的不相符合的情形，亦為法所不許。

　　例如：火災現場，消防機關負責救火，警察在附近管制人車通行，其最重要目的乃：使救火任務圓滿達成，則執行驅離或禁止進入之消極面向當無疑問。然，管制範圍及管制方法自得依現場危害或情形加以決定，倘民眾有不服、抗拒執行時，警察有無違法之界限應被控制在排除危害目的之中。執行初步可由火災引起危害之大小加以判斷，釐清排除何種危害（天然瓦斯外洩所引發之火災、桶裝瓦斯煮食引發之火災、有人抱瓦斯桶自殺、正全力灌救……等）再加以決定諸如：設定禁止進入的範圍、禁止人或車進入的種類、驅離可能造成排除危害之人或車等方法，作為執行強制力之界限，以保持方法在適法軌跡中。

第三節　守望勤務之法治思考

　　守勢勤務的守望工作，通常沒有行使公權力的態樣；於此前提，看似與法治脫軌。惟是，現行實務至少有二種以上經常與法互有碰撞的勤務活動，激發出火花的長期頹勢執法，卻仍信誓旦旦發布新聞「盡忠職守」、

「維護社會秩序」、「使民眾安心」等宣示性文字，營造社會治安乃捨我
其誰的假象，而它，就是存在於「集會遊行」及「交通整理」爲名的警察
工作。職是，既常與法碰撞激盪火花，當然不能缺少建立法治思考。

守望勤務與實務運作的新續造，依然可透過二大法規範加以觀察「集
會遊行」及「整理交通」之命題，作爲貫串看似以守勢爲名，實際卻相當
靈活的勤務活動，藉由法治實踐、融合於實務與法律對話中，不斷傳承。
基此，爲免疊床架屋，受理報告及解釋疑難分置於值班勤務，其他一般警
察勤務則散見各章說明，而本處僅聚焦在警戒、警衛及管制工作及整理交
通秩序，在此指明。

第一項　行政法規範

集會遊行法第 11 條第 1 款規定，違反同法第 4 條規定者，爲不予許
可之要件，乃對「主張共產主義或分裂國土」之言論，使主管機關於許可
集會、遊行以前，得就人民政治上之言論而爲審查，與憲法保障表現自由
之意旨有違；同條第 2 款規定：「有事實足認爲有危害國家安全、社會秩
序或公共利益之虞者」，第 3 款規定：「有危害生命、身體、自由或對財
物造成重大損壞之虞者」，有欠具體明確。對於在舉行集會、遊行以前，
尚無明顯而立即危險之事實狀態，僅憑將來有發生之可能，即由主管機關
以此作爲集會、遊行准否之依據部分，與憲法保障集會自由之意旨不符，
均應自本解釋公布之日起失其效力[6]。另集會遊行法第 8 條第 1 項規定，室
外集會、遊行應向主管機關申請許可，未排除緊急性及偶發性集會、遊行
部分，及同法第 9 條第 1 項但書與第 12 條第 2 項關於緊急性集會、遊行
之申請許可規定，違反憲法第 23 條比例原則，不符憲法第 14 條保障集
會自由之意旨，均應自中華民國 104 年 1 月 1 日起失其效力。本院釋字
第 445 號解釋應予補充[7]。

憲法第 16 條保障人民有訴訟之權，旨在確保人民有依法定程序提起
訴訟及受公平審判之權利。至於訴訟救濟，究應循普通訴訟程序抑依行政

---

[6]　詳參照大法官第 445 號解釋文。
[7]　詳參照大法官第 718 號解釋文。

訴訟程序為之，則由立法機關依職權衡酌訴訟案件之性質及既有訴訟制度之功能等而為設計。道路交通管理處罰條例第 87 條規定，受處分人因交通違規事件，不服主管機關所為之處罰，得向管轄地方法院聲明異議；不服地方法院對聲明異議所為之裁定，得為抗告，但不得再抗告。此項程序，既已給予當事人申辯及提出證據之機會，符合正當法律程序，與憲法第 16 條保障人民訴訟權之意旨尚無牴觸[8]。

　　看似守勢的守望所呈現之勤務活動，竟常見於大法官解釋！顯示多數警察認為守望一點都不重要的刻板印象，反而在法律作用下占有舉足輕重的地位。本此，以下就集會遊行（言論自由）及整理交通秩序為貫串之始。

第一款　警戒、警衛、管制

　　自有言論自由之集會遊行事件探討，守望必定與表現自由產生衝突，呈現在擔服警衛各憲政（行政）機關之工作面對民眾陳情、集會時，衝突場面亦層出不窮。則如何合法且適當地執行警戒、警衛、管制，需先理解言論自由之內涵：

壹、言論自由之形式

　　言論自由（Freedom of speech），係指依個人意願隨時可表達意見及想法，包含以任何方式尋找、接收及發放、傳遞資訊或者思想的行為，國家不得以任何形式的「事前」審查加以限制。言論自由此項權利，在不同國家通常都會受到不同程度的限制，如：發表誹謗性、猥褻性、恐嚇性、仇恨性或侵犯版權等言論或資訊，均屬以侵害他人權利為目的之行為，當為法所不許而應受處罰。

　　依據大法官第 509 號解釋所類分的言論自由，將人的行為舉止區別為「說」與「聽」的自由。說的自由可再區分為「說的自由」及「不說的自由」；聽的自由亦可再區分為「聽的自由」及「不聽的自由」，如下圖示：

---

[8]　詳參照大法官第 418 號解釋文。其他有關交通事件之大法官解釋：第 284、511、531、604、699、749、751 號解釋。

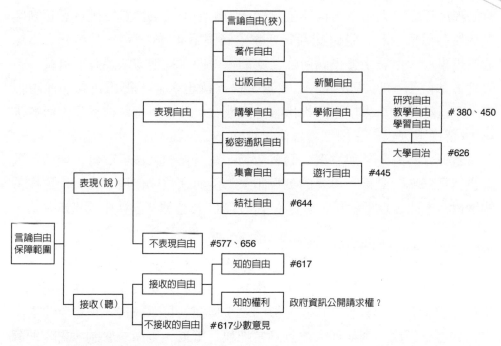

圖 5-1　言論自由之類型
資料來源：作者自繪。

一、說的自由

　　言論自由的「說」，是人的一種主觀且有積極作為的動態傳遞，可透過諸多感官獲知表意人意欲表達的內容，展現出客觀上存有意見溝通、想法傳遞的內在意志。憲法有多種權利保障人民有「說」的自由，諸如：第 11 條規範言論、講學、著作及出版之自由，第 12 條規範祕密通訊之自由，第 14 條規範集會及結社之自由。

　　說的自由不僅只針對人，物品也能「說」，例如：商品標示是提供商品客觀資訊較快速檢視之方法，為商業言論之一種，有助於消費大眾判斷是否合理、經濟抉擇之依據，倘標示有促進合法交易活動，其內容又非虛偽不實或不致產生誤導作用者，則提供必要資訊即有意見形成及自我實現之功能，當與其他事務領域之言論並無二致，亦屬憲法第 11 條言論自由

保障之範圍[9]。

---

[9] 大法官第 577 號解釋余大法官雪明協同意見書認爲單純商品標示並非言論自由保障之範疇：

本案所涉及者爲消極言論自由（Compelled speech）。早期美國之判例如 West Virginia State Board of Education v. Barnette 319 US 624（1943）強制宣誓效忠及向國旗致敬爲違憲，因其涉及信念及心態而違反言論自由之保障。在 Wooley v. Maynard 430 US 705（1977）一案，則認強制汽車牌上顯示「Live Free or Die」之銘言爲違憲，因不能使人成爲宣示理念之工具。Talley v. California 362 US 60（1960）一案，認規定傳單應簽名之市單行法違憲，因受迫害者可能不願具名。較近之判例如 McIntyre v. Ohio Elections Commission 514 US 334（1995）宣告禁止在競選時散發不具名傳單違憲，指出隱名乃保護少數之歷史傳統，爲言論自由之層面。此等判決保障之不表意自由，涉及個人內心信念或思想之強制表態以及個人隱私資料之被迫公開，均與從事經濟活動之商業言論無涉。

在容許他人言論參與發表或散布方面，最高法院雖在 Red Lion Broadcasting Co v. FCC 395 US 367（1969）一案肯定 FCC 之公平原則，容許被攻擊者有在電台回應之機會，其主要理由爲頻道之有限性。但在 Miami Herald Pub. Co v. Tornillo 418 US 241（1974）中則認強制報社對被批評之政治人物提供篇幅回答之法律爲違憲，其主要考量爲報章之自主性。

Pruneyard Shopping Center v. Robins 447 US 74（1980）一案肯定州憲法容許至購物中心請願爲合憲，因其爲容許公眾進入之地點，亦無被認爲購物中心業者有接受或支持此等言論之虞。不過在 Pacific Gas & Elec. Co (PG&E) v. Public Util. Comm'n 475 US, 1（1986）強制 PG&E 在其帳單信封上容許不同之看法顯示一點，認爲 PG&E 無義務接受不同之意見，否則影響其敢言之程度。Rehnquist 大法官之不同意見則認爲公司之消極言論自由不宜與自然人等量齊觀，公司亦與報社之角色不同。另 Stevens 大法官之不同意見則指出公用事業委員會可對帳單之格式細部規定，包括警語或不負責之陳述、傳達委員會之宣示等，容許特定公眾團體觀點，只是進了一小步。他並指出證管會之委託書規則強制公司在一定條件下轉送反對派之建議書，其合憲性亦無可疑。

值得注意的是，美國聯邦及州對商業的管理中極多強制公開之規定，如衛生主管機關要求在香菸包裝之警示，食品與藥物局（Food and Drug Administration）對食物成分或藥物之標示或警示，極少被以言論自由挑戰之情形。出售證券之公開說明書，在某層面上亦可說是商業言論，但只以較低密度加以審查，其故安在？是否係因避免誤導之規定，不在商業言論範圍內？或是保障言論自由之理由，乃在公意形成（Self-Government）、真理發現（truth）、信仰表達（autonomy），商業言論於此少有著力之處，難以成爲業者反對揭示真相之理由。就真理發現而言，法院考慮業者之廣告可以幫助消費者做合理的選擇，故認禁止廣告之法律須予以至少中密度之審查，業者又如何能反過來主張言論自由而反對較一般廣告更有真實性商品成分之標示？恐怕這才是美國對商品成分揭示等真相公開之規定少以言論自由規格加以審查之原因。

與本案相關之一件德國聯邦憲法法院之判決雖也承認商業廣告如具有評價性、意見形成性之內容，或其所附事實說明有助意見形成時，則有言論自由之適用。但菸品包裝上國家之警示，並未對廣告造成妨礙，並非企業之意見形成與意見發表受有影響，而是企業之職業執行受影響。如警告標示清楚識別其爲第三人之意見時，此義務僅屬職業執行之規範。單純商品成分標示不涉意見成分，自更無問題。

大法官解釋「聲請書」中道：

言論自由除保障積極之意見表達外，亦及於不表達之自由，不因言論之高尚或受歡迎與否，而決定其是否受憲法之保障。憲法對於現代法治國家來說，係人類爲追求一公道社會而組成國家時最基本之架構，基本自由透過憲法之明文宣示，即具體成爲實際之個人基本權利，縱在國家組成後，個人仍有其自主存在之尊嚴，並應受到平等之關懷與尊重。進而言之，言論自由之爲基本權利之一端，且因其爲一個具有自主及自尊之人所不可缺少之基本自由，從而憲法對於言論自由之保障，即非爲了成就任何社會目的，而係源於對個人自主存在尊嚴之肯認。準此，凡個人自由之表現及發抒均在憲法言論自由保障之列，而政府之職責主要亦在保障無私之憲法言論自由權利，故對於言論自由應給予最大限度之維護，俾其實現自我、溝通意見、追求真理及監督各種政治或社會活動之功能得以發揮。大院釋字第五〇九號解釋文中已有明示（附件三十一號）。至「憲法上表現自由既屬於個人權利保障，亦屬於制度之保障，其保障範圍不僅包括受多數人歡迎之言論或大眾偏好之出版品及著作物，尤應保障少數人之言論。蓋譁眾取寵或曲學阿世之言行，不必保障亦廣受接納，唯有特立獨行之士，發舒言論，或被目爲離經叛道，始有特加維護之必要，此乃憲法保障表現自由真諦之所在。而個人有權選擇沉默，免於發表任何言論，自亦在保護之列，否則強迫『坦白』、『交心』等極權體制下蹂躪心靈之暴政將重現於今世。」大院吳庚大法官於大院釋字第四〇七號解釋之協同意見書中亦曾予陳明（附件三十二號）；實則大院孫森焱大法官於同號解釋之不同意見書中，亦本同旨而具體闡明：「民主政治的真諦既在寬容各種不同的意見同時存在，意見自由實爲民主國家所承認人民享有的最重要的權利」（附件三十三號）。

又如集會遊行，亦係表現自我之一種，即個人對某事務存在個別主觀[10]集結多數人成爲一個群體主觀，透過集會遊行之形態展現出群我意志之訴求之謂。人民舉辦集會遊行的地點多針對政府（執政者）或行政機關爲之，而警察立於機關安全維護，同時又是集會遊行核准與否的主管機關，兩相矛盾的立場，如再加入考量人民的權利，守望的警戒、警衛及管制方法面對說的自由將變得複雜無比，實有必要重新檢視面對該自由權的勤務作爲。

二、不說的自由

沉默，是一種力量；法律角度，是權利。如果說，表現是一種主觀且有積極作爲的動態傳遞；另一面向，就是一個消極不傳遞的展現。人的不表現有多重原因，無非來自話不投機半句多、意見相左、尊卑談話、和緩激化，或純不表達等，則憲法的表現自由，當然包含不說的自由；與說的自由相較，通常有相當懸殊的比例差（不說的人永遠比說的人多）。國家原則不得以各種方式強制個人，要求表示其內心所想、思考之內容，亦無需將思索之定見形諸於外，公所周知，此與個人的思想自由及隱私權有密切關係。

然而，多數的不說，大眾或法律大多不會強令表達，但司法判決命加害人道歉，已與憲法保障言論之不表意自由相互衝突。國家對於不表意自由，雖非不得以法律限制之，惟因不表意自由之理由多端，其涉及道德、倫理、正義、良心、信仰等內心之信念與價值者，攸關人民內在精神活動及自主決定權，乃個人主體性維護及人格自由完整發展所不可或缺[11]，亦

在西元 1971 年之 Cohen V. California 一案，被告即上訴人 Cohen 因在洛杉磯地方法院走廊上，穿著乙件寫著「去他媽的召集令」的夾克而被判定觸犯「惡意擾亂秩序」；美國聯邦最高法院於廢棄原判決之判決書中則強調：「雖然這句三字經非常沒有品味，但是我們不可忘記，『人各有好尚，蘭茞蓀蕙之芳，眾人所好，而海畔有逐臭之夫』。」（附件三十四號）易言之，僅因品味之高低或各人喜好之異同而禁絕特定之言論，並非憲法保障言論自由之意旨所許。

10 筆者修習研究所學程時，曾聽老師課堂上語出驚人一言：「人與人的世界中沒有客觀，除了科學定律外。」因何無客觀？神思苦久未獲解答！師：「所有人們口中所稱的客觀意見，是多數人的想法，但此『多數人』的組成分子，是每一個人的主觀，現在某些『人』的事務，只是爲了達到描述、溝通的功能，才使用客觀二字。」筆者驚愕語塞無語。
確實，組成集會遊行的分子是人，每個參與集會遊行的人之目的大多相同，而目的就是一種主觀，集結許多主觀，呈現在客觀上的描述，或許可稱爲客觀，但組成元素仍係主觀。例如：調查民眾對是否執行死刑之問題上，國內受調查人口呈現出超過七成五民眾表示仍應執行死刑之數據，則此七成五民眾組成群體的「客觀數據」是支持執行死刑，但受調查的每一元素仍是個人的主觀。

11 大法官第 656 號解釋理由書：

與維護人性尊嚴關係密切 [12]，例外地限制不表意之自由。

憲法第十一條保障人民之言論自由，依本院釋字第五七七號解釋意旨，除保障積極之表意自由外，尚保障消極之不表意自由。系爭規定既包含以判決命加害人登報道歉，即涉及憲法第十一條言論自由所保障之不表意自由。國家對不表意自由，雖非不得依法限制之，惟因不表意之理由多端，其涉及道德、倫理、正義、良心、信仰等內心之信念與價值者，攸關人民內在精神活動及自主決定權，乃個人主體性維護及人格自由完整發展所不可或缺，亦與維護人性尊嚴關係密切（本院釋字第六〇三號解釋參照）。故於侵害名譽事件，若爲回復受害人之名譽，有限制加害人不表意自由之必要，自應就不法侵害人格法益情節之輕重與強制表意之內容等，審慎斟酌而爲適當之決定，以符合憲法第二十三條所定之比例原則。

許大法官宗力部分協同意見書節錄：

按所謂道歉，指行爲人對自身過去之行爲，承認錯誤，並對被害人表示歉意。道歉如係出於公權力所迫，並在公開場合爲之，則道歉人受影響的，就不僅僅是不表意自由，也因令其感到屈辱，還包括人格尊嚴，且所涉內容若事涉誣衊及倫理對錯的良心問題，甚至還涉及良心自由。故公權力是否宜強迫人民登報公開道歉，即涉及基本權衝突，也就是被害人一方的名譽權，以及加害人一方不表意自由、人格權，乃至良心自由雙方間衝突的問題。而有義務根據憲法保障基本權的精神，解釋系爭「回復名譽之適當處分」此一不確定概念的本院大法官，要解決基本權衝突，自然就須對相衝突之基本權作適切的利益衡量。利益衡量不脫價值判斷。一涉及價值判斷，利益衡量就難免披上一層神秘面紗，令外界不易窺其堂奧。然再怎樣神秘，權衡相衝突之基本權，總不得任憑衡量者自身之恣意與好惡，最基本的要求是不得偏袒任何一方基本權，致作出全有或全無之認定，而是必須在對雙方基本權盡可能兼顧，盡可能都傷害最小的前提下，作出適當之調和，以避免對任一方基本權造成過度侵害，否則將構成錯誤、違憲的利益衡量。其實，不從利益權衡是否明顯失當、錯誤著手，單單強迫登報公開道歉本身的採用，是否在憲法面前站得住腳，就已值得強烈懷疑。依本席所見，強迫一個不願認錯、不服敗訴判決的被告登報道歉，對其所造成人格尊嚴的屈辱，與強迫他（她）披掛「我錯了，我道歉」的牌子站在街口，或手拿擴音器，對著大庭廣眾宣讀「我錯了，我道歉」的聲明，委實說並無本質上的不同，充其量只是百步與五十步的程度差別，如果我們允許強迫登報道歉，就沒有理由反對強迫在大眾面前公開道歉，而這種道歉方式或許在未經人權洗禮的傳統農業或部落社會習以爲常，但於尊重人格尊嚴的現代文明社會，實難想像還有存在空間。況嚴重的犯罪，現行法甚且未強迫行爲人就其所作所爲對被害人、對整個社會公開道歉，則我們又憑什麼強迫較輕微的民事侵權被告公開道歉？

或謂，強迫登報道歉，在很多情形終究只是由國家代爲履行罷了，並不是真的由國家以武力爲後盾，強押被告聯繫報社刊登道歉廣告，因倘被告堅持不願登報道歉，國家充其量也只能自行，或命第三人以加害人名義刊登道歉啓事，事後再向加害人徵取登報費用了事，難謂侵害被告人格尊嚴。然則，單是公開道歉的啓事本身，就已對被告造成公開屈辱，至於道歉啓事是由被告所親爲，或國家、第三人所代勞，結果並無不同。再說，違反人民之意思，逕以人民之名義登載道歉啓事，雖係出自公權力所爲，但難道不是侵犯人民姓名權，構成某種意義上的僞造文書？何況這種道歉啓事的刊登，絕多數不知情的閱讀大眾無不以爲是加害人所親爲的書面道歉，實情卻不是，就結果言，實與欺騙大眾無異，像這種自欺欺人的行徑，本席亦難想像是一崇奉憲政主義之文明國家所當爲。

[12] 大法官第 603 號解釋聲請書節錄：

指紋資料構成抽象人格一部分，爲人格權之保障範圍，且基於指紋資料可資辨識個人身分等屬性，其公開與提供使用爲個人有權決定事項，應受憲法上隱私權及資訊自主權之保障。戶籍法第八條第二項強制採集人民指紋，建立資料庫，不僅侵入個人自主形塑其人格之私人生活領域，侵犯人民人格權，並限制人民對其個人資訊之自主權、隱私權。

解釋理由書節錄：

維護人性尊嚴與尊重人格自由發展，乃自由民主憲政秩序之核心價值。隱私權雖非憲法明文列舉之權利，惟基於人性尊嚴與個人主體性之維護及人格發展之完整，並爲保障個人生活私密領域免於他人侵擾及個人資料之自主控制，隱私權乃爲不可或缺之基本權利，而受憲法第二十二條所保障（本院釋字第五八五號解釋參照），其中包含個人自主控制其個人資料之資訊隱私權，保障人民決定是否揭露其個人資料，及在何種範圍內、於何時、以何種方式、向何人揭露之決定權，並保障人民對其個人資料之使用有知悉與控制權及資料記載錯誤之更正權。

三、聽的自由

現代資訊流通快速，傳遞過程倘涉及接收與否的面向，聽的自由保障之內容，即是每個人均能自由地獲得他人提供之資訊，一種附隨於表現自由的自由權，亦係一種「知的自由」。學者認為，該自由權並非一種獨立的權利，因個人表現自由並非建立於他人有接收的自由上。因此，在接收自由的前提，每個人當然能透過接收廣告訊息或其他方式[13]為形式之表現（如商業言論），國家倘欲限制，目的與手段必須合憲，方得為之。

多元社會本即充斥大量資訊，在發表資訊或言論於傳遞通路上提供不特定人瀏覽、閱讀，原則上辨識過程是否接收的決定權是瀏覽、閱讀的個人，在有明顯而立即危險之例外時，國家即有介入言論之必要。是以，集會遊行透過群體散播舉行目的之言論，接收言論之人，即係附隨於表現自由的權利上，有聆聽自由的保障。

另一面向，延伸於「知的自由」，乃「知的權利」[14]！係指人民對事務資訊存在於某機關或團體中有否發掘或請求交付、知悉的權利，諸如：政府資訊的公開、程序閱覽的請求權等，皆係知的權利。然此權利，必須透過具備主觀公權利[15]之資格後，方能利用國家提供客觀途逕再加以取得資訊之可能，倘未有該權利，自然無法進入求知權利的程序。是以，附隨於表現之接收自由，其範圍幾乎等同於說的自由。

四、不聽的自由

每個人都享有免於干擾的自由，無論在任何處所、場所，人，原則上皆有此項的權利[16]。相較於：說、聽的表現自由，此項權利較容易受到忽

---

[13] 大法官第364號解釋理由書節錄：
以廣播及電視方式表達意見，屬於憲法第十一條所保障言論自由之範圍。為保障此項自由，國家應對電波頻率之使用為公平合理之分配，對於人民平等「接近使用傳播媒體」之權利，亦應在兼顧傳播媒體編輯自由原則下，予以尊重，並均應以法律定之。

[14] 李震山，論憲法意義下之資訊權，當代公法新論（上）──翁岳生教授七秩誕辰祝壽論文集，2002年7月，頁71-83。

[15] 主觀公權利乃指：人民對於某事務欲知曉或欲提起救濟，本身必須先為主體後方得提起，下一個問題是，係有行為能力於訴訟上才得有訴訟能力。基此，在規範中必須先為主體，方可獲該規範保障，於保障範圍內才可能據以提起訟爭。詳如大法官第469號解釋，有關保護規範理論之論述。

[16] 筆者曾服務於臺北市政府警察局信義分局，每每派出所轄區內之臺北市政府、國父紀念館等常為聚眾、舉辦公聽會、演唱會或其他聚眾會遊行之地點時，常因發表言論而產生（巨大）聲響。舉辦之日，常接獲相鄰民眾檢舉製造噪音，臺北市政府環保局人員均依法前往測量音量，只要超過噪音管制法之音量時，即置單舉發，附近鄰人當有不聽的權利。

略；在彼此尊重的待人處事模式中，縱然有異於己身言論，也鮮少有人當下明確表示拒絕接收，但卻是人們內心裡最常發生的衝突所在。例如：在友人聚會中，眾人皆知某友經濟拮据，該友人卻大放厥詞誇飾財力藉以吸引目光，以為眾人皆醉我獨醒，本坐於其周遭之友人逐漸起身前往如廁，有默契地製造一個獨留空杯的情境；眾友前往廁間才開口討論：吹牛、誇張等語，不絕於耳；步出回到座位仍延續獨留空杯的氣氛，藉此情境使其不再發表言論，是一種常存於人性（替人保留面子）的知性文化展現，也是一種迴避正面衝突的做法。

正因為如此，積極表現自由（集會遊行）的人們大張旗鼓播送言論時，常忽略了這股無聲潛在（不聽的自由）的力量，不可否認，播送言論有影響他人自沉默轉換為認同的力量，只是，無聲不會改變原有的本質。但周遭未參與的路人們，靜默地框架此言論傳遞的範圍，框架之力量來自尊重、不認同、嫌惡的內在心態，縱然外觀上默許其言論存在，內在可能正吞噬流竄於耳語間的傳遞內容。此力量的顯明及茁壯，正好可抵銷表現自由展現的渲染力，警察可藉此力量的顯明，順水推舟達到完成任務之目的[17]。

貳、言論自由的類型化

美國法院實務長年處理言論自由之問題，逐漸發展過程所建立類型化的方式為我國實務界繼受，並以「事物前後」、「是否為言論自由內容的限制」及「高低價值言論」作為依次的條件篩選，逐步構建體系，以下圖 5-2 即為例示：

---

[17] 不聽的力量之反向，常蘊含有強大的反彈力道，其力道大小通常嫌惡、鄙視的程度高低成正比。只是，動物（人類亦是）面對自己不認同的事務或言論，第一個本能多是採取迴避，一旦無法迴避，反抗的力道將是無法想像及控制。如是，警察在集會遊行場合透過其他未參與之用路人嫌惡表情約束著群眾，此種不聽力量顯明後，會「道德地」制衡有相互尊重的表現自由，透過此種迂迴方式遂行警察任務之目的，亦無不可。
例如：兩會翻白眼爆紅 陸媒女記者梁相宜登上維基百科；瀏覽網址：http://www.chinatimes.com/realtime-news/20180315001530-260409，瀏覽日期：2018 年 3 月 18 日。
此新聞事件中恰巧能具體描繪言論自由的多面向；肇因記者張慧君冗長無重點的提問，另一位記者梁相宜自得離場，但卻以靜默地表情（數次翻白眼）反抗地表現，這個力道不可小覷。如果警察能藉由此力量加以制衡逐漸失控的群眾，升溫的情緒有可能在道德上的制約出現緩和，進一步解消可能發生的衝突。

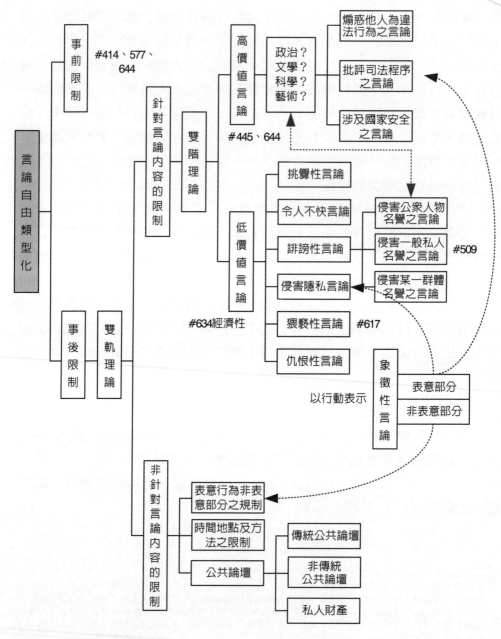

圖 5-2 言論自由類型化[18]
圖片來源：作者自繪。

[18] 李鴻禧等著（林子儀），臺灣憲法之縱剖橫切──自由言論導論，2002 年 12 月，頁 143。

探討言論自由之具體個案[19]，首先可從既有體系中尋找類分的形態，將系爭言論予以歸類，再以處理特定類型之言論發展出的原則或判斷準則，涵攝至系爭個案，即可區辨法規（國家行為）對個案採取的態度。易言之，言論是否自由或自由之限度為何，依圖示類分為有事前、事後限制之機制，倘國家設有事前限制之規範，則該言論在發表**前**即應受審查；反之，則於發表**後**出現問題方進行違法之審查。

再者，國家對言論是否設有事後之限制，係以雙軌理論對規範**同時**審查，而該理論是一個**違憲審查**標準。易言之，雙軌理論是依據現有規範，審查是否對言論內容進行干涉、限制或處罰。倘審查後認為，規範確實對言論內容進行干涉、限制或處罰，需再透過雙階理論加以辨明，究竟是針對高價值或低價值言論進行限制。如高價值言論受到規範之限制，則以嚴格審查標準作為該規範是否違憲的判斷條件；但規範對低價值言論進行干涉、限制或處罰，則以「類型化之利益衡量」取捨，作為有否違憲之審查條件。職是，有關事前、事後限制概念的建立，有賴先雙軌後雙階理論之判斷，如下分述之：

一、事前限制[20]

謂事前限制，係指言論發表或出版前，政府以各種手段禁止或限制其發表或出版的一種制度，國家透過此制度便得以審查言論內容，再決定是否任其發表。因事前審查將扼殺各種言論、著作、出版的自由，導致只有執政者喜好的言論得以公開發表或出版之結果，對自由與多元社會健全發展的戕害，莫此為甚。因此，此種限制方式使國家得以藉機控制人民的思想，在美國法上被認為是一種接近絕對違憲的制度[21]。

我國法律上，大法官首次論及國家設有事前審查制度是否合憲的問題出現在第 414 號解釋，多數大法官認為：藥物廣告屬商業性言論，而藥

---

[19] 許育典，憲法，2018 年 2 月 8 版 1 刷，頁 230 以下。

[20] 吳庚，憲法的解釋與適用，2004 年 6 月，頁 213-217。

[21] 戰後西德基本法第 5 條第 1 項及日本憲法第 21 條第 2 項均明文禁止事先檢查，以防止舊日集權制度的復活。另美國憲法增修條文第 1 條雖未明文禁止事先審查，惟在 1971 年的 New York Times Co. v. United States（Pentagon Papers Case）案中，美國聯邦最高法院明白表示任何事前的限制制度，均會被法院「推定」為違憲，除非政府能舉證證明採取事先檢查限制的必要性；李鴻禧等著（林子儀），臺灣憲法之縱剖橫切——自由言論導論，2002 年 12 月，頁 149。

事法與國民健康有重大關係，藥品管理本應受較嚴格規範，基於公共利益的維護，條文中規定藥物廣告設有事前審查之制度並不違憲。自此，大法官給了一個我國法上對於言論自由的訊息[22]：言論的事前審查並非絕對禁止，僅原則禁止，例外允許，與美國法上的看法相近[23]。

　　惟是，各方學者或實務論述我國集會遊行採許可或報備之法制，多數認爲許可制其實是事前限制之一種，只有報備制才是眞正的事後限制！但有認爲，集會遊行法對集會遊行本就採取原則允許、例外不允許的規定，既然原則本就允許，即與事前審查及限制無涉，而需類分至事後限制討論之[24]，雖謂如此，對此問題仍無定見。

二、事後懲罰（限制）

　　事後限制亦可稱爲追懲制，意即政府原則不爲事前審查且不予干涉，若事後言論的發表違反法律規定或損害他人利益時，國家得對發表言論之人加以處罰。由於集會遊行在發表言論之目的傳達上，參與群眾是附合於言論內的個體而非言論本身，若言論引起明顯而立即之危險，處罰對象就是發表言論之人而非群眾。

　　依此，集會遊行法原則僅針對負責人或代理人未在集會遊行現場主持之行爲、有違法狀態經主管機關命令解散而不解散之行爲及首謀、妨害合法集會遊行之人妨害行爲等設有處罰[25]，實際上並非對集會遊行中所發表之言論加以限制。相當例外情形時，才眞正對發表（誹謗性）言論課以罰

---

[22] 大法官在第 414 號解釋與第 644 號解釋之審查標準有異，第 644 號解釋採取嚴格審查標準；詳如第 644 號解釋及其理由書，暨協同意見書。

[23] 相對而言，大法官吳庚、蘇俊雄、城仲模認爲：「對藥物廣告實施事先審查，亦難認其於憲法第 11 條保障言論出版自由之意旨並無違背，有關立法及行政機關，盡可加重處罰（包括提昇至刑罰）、鼓勵相關業者之自制（包括藥商、廣告商及媒體），執行有處方始得購買藥品管制等制度，以代替效果不彰又惡名在外之事先審查。」此係透過比例原則的適當性審查，對於藥物管制之手段，應有其他適當方法，而非以惡名在外之事前審查爲制度，作爲唯一且最後的方式。大法官許宗力則認爲，事前檢查是對言論自由的最強烈干預，對其合憲性應從嚴作「強烈內容審查」，不僅要求所追求者須是極重大公共利益，且就手段之審查，須就立法者所爲事實論斷及預測決定，判斷是否具有充分眞實性或相當可靠性，只要對其判斷之正確性存有合理懷疑，就應認定爲違憲，該號解釋之大法官所持合憲之理由，應可贊同；李鴻禧等著（許宗力），臺灣憲法之縱剖橫切──談言論自由的幾個問題，2002 年 12 月，頁 253。

[24] 自集會遊行法部分條文也可看出第 5 條對於合法申請許可之集會遊行，不得加以妨害，相對於第 1 條，立法理由說明保障集會遊行之權利，事實上並未區分合法或非法，乃透過事後追懲此其一；另一係第 8 條，對室內集會原則無需申請許可，例外的室內集會、室外集會地點即需申請許可，益顯我國法上對於集會遊行側重在事後限制及追懲。

[25] 此處所指條文係集會遊行法第 27 條至第 32 條。

責，悉依第 30 條規定：「集會、遊行時，以文字、圖畫、演說或他法，侮辱、誹謗公署、依法執行職務之公務員或他人者，處二年以下有期徒刑、拘役或併科新臺幣六萬元以下罰金。」處罰之。

引人爭議之處在於：我國集會遊行採許可制之申請程序，有沒有可能為了箝制人民的言論隱遁某些文字作為准駁許可或不許可處分之法律條款。果如是，此制度即與事前審查言論無異，當有違憲；反之，後續縱有處罰，亦非藉由處罰來箝制言論，讀者對此不可不辨。以下就事後限制之制度加以區分：

（一）雙軌理論及雙階理論

言論自由的事後追懲，美國採取雙軌理論（Two-track theory）[26] 進行審查，將政府管制言論手段區分為「言論自由內容限制」（Content-based Restrictions）與「非言論自由內容限制」（Content-neutral Restrictions）二個部分，我國法透過大法官統一解釋亦將管制言論之思維類分如此。而雙軌理論之「軌」[27]，即指審理具體個案時，如何判斷立法或行政措施是否違憲，而判斷時應適用何種原則的問題。

雙軌理論的運用 [28]，首以文義解釋為基礎加以說明，倘系爭立法或政府管制措施直接對言論所傳遞之訊息或觀點之內容進行規範，就是限制言論；反之，則非針對言論內容之限制。接續，進一步觀察立法或行政管制措施的目的，是否有限制特定言論的傳播效果或影響，若是，則屬言論內容之限制；反之，則非。以下就該理論簡要說明之：

1.言論內容之限制

言論內容限制，係指政府明文規定何種言論不得或應限制其發表，或

---

[26] 言論自由的理論基礎，強調政府不能因本身不喜歡或不贊同某些特定的思想、觀點，即限制該言論的自由表達，較可惜的是，政府通常鮮少直接承認某立法或行政措施係施加限制於特定言論，乃出於本身不喜歡或不贊同某些特定所為。因此，該如何確定政府對於言論的管制係出於恣意、擅便顯困難；劉靜怡，言論自由的雙軌理論與雙階理論，月旦法學教室第 28 期，2004 年 11 月 15 日，頁 47-51。

[27] 劉靜怡，言論自由的雙軌理論與雙階理論，月旦法學教室第 28 期，2004 年 11 月 15 日，頁 47-51。

[28] 雙軌理論真正目的在於：避免政府的立法或行政措施，將言論內容或觀點所做的管制，隱藏在乍看下屬於中立管制類型的表象下，濫權侵害人民的言論自由權利。因此，實質管制效果的判斷仍需關注。集會遊行法的雙軌理論運用，亦有同工之妙，如集會遊行目的乃宣揚中華民國領土僅剩「臺、澎、金、馬」，且於集會遊行申請書上載明此目的，主管機關因該法第 4 條、舊法第 11 條第 1 項第 1 款不得主張分裂國土之法文，以此理由為否准之處分，無異箝制人民對於「中華民國領土僅剩「臺、澎、金、馬」這句話之言論，當然以嚴格的標準作為違憲審查，幾乎篤定是違憲的條文。

行政管制措施及其目的使言論無法傳播或傳播受影響，例如集會遊行法第 4 條明文規定於集會遊行時不得主張共產主義或分裂國土[29]。然，違憲審查該限制時，必須考慮言論本身價值，依目前美國實務及學界通說針對言論內容之限制，乃以對社會的價值判斷區分為「高價值」（High-value speech）與「低價值」（Low-value speech）言論，來決定其審查基準，即以「雙階理論」（Two-level Theory）來審查受到限制的言論究屬高或低價值。

高價值或低價值言論在憲法上有著不同的評價及定位，通常低價值言論由司法實務界依個案審判逐漸界定加以列舉，剩餘的即為高價值言論。言論內容如被認定屬於低價值言論，將以「類型化的利益衡量」（categorical balancing）方式，對**國家限制行為**進行合憲性審查，美國實務上列舉了許多低價值言論，如「誹謗」、「色情」、「挑釁」、「煽動」、「商業性」等言論；至於被認定為高價值言論，依美國實務見解與大法官第 445 號解釋，通常與「政治」、「學術」、「宗教」等言論有關，應受到憲法較高程度的保障，以下就實務認為高價值與低價值言論之論述分述之[30]：

(1) 高價值言論

我國大法官在第 445 號解釋明白表示：政治性之言論對生活利益具有高價值，其理由為：政治性言論的保護，是民主憲政體制不可或缺之一環，國家對於政治性言論施以管制必須受到憲法最嚴格的審查，若放任國家恣意管制在公共領域的言論，無異容許政府控制公共辯論之內容，傷害民主辯論與商議過程中具有民主政治正當性之先決條件。大法官對政治性

---

[29] 在某些案例較難判斷是否為限制言論內容時，美國聯邦最高法院於 1976 年的 Young v. American Mini Theatrs, Inc. 案發展出「次級效果理論」，從而認定系爭法律明文或管制措施並非對言論內容加以限制，例如：美國州政府為了避免影響當地房地產價格變動及犯罪率上升等問題為由，管制放映色情電影的戲院出現在某地區。美國聯邦法院認為，倘若政府可證明某一立法或管制措施之目的，本身是為了消除與系爭受限制的言論並無關聯，或該言論的傳播效果或言論無關之弊害，那此一立法或管制措施即可判斷成「非屬言論內容之限制」，此即次級效果理論，而使某地區管制設立播放色情影片之戲院，即屬此類型；林子儀，現代國家與憲法──言論自由的限制與雙軌理論，頁 692。

[30] 在雙階理論下，言論係依據憲法價值來區分所受到的保護程度高低，決定其價值所在。但懷疑論者認為：誰決定言論自由的高低？以何種標準定之？首要，可先確定的是，高、低價值的言論似乎沒有一個完美的標準可供遵循，但若僅欠缺一個完美的標準即主張無可區別性，恐係因噎廢食。況且事實上，任何檢驗方法本就有其界限，以有界限的檢驗方法檢驗無窮盡的言論類型，等於沒有檢驗標準。

言論[31]是否應加以管制，採取了明顯而立即之危險[32]理論（clear and present danger），係指集會遊行法不可以為了限制某言論，在未有明顯而立即危險發生之情形，主管機關僅憑將來有發生可能之想像據為准否之依據，與憲法保障集會自由之意旨不符，均失其效力。

雖說政治性言論乃民主社會中常見的言論類型，但並非全部。況且，憲法保障言論自由制度的目的，不僅僅在健全民主程序，還泛指將個人內在的思想及情感向外傳遞以實現自我的過程，均應受保障。例如：誤導性的商業政治言論、可能具有軍事應用潛力的科學研究、具有暴力內涵的色情言論等，當然受到憲法保障，只不過並未列入高價值言論的範圍。

(2) 低價值言論

相對於高價值言論的範圍內，目前大法官對於其他表現自由的言論區分為「商業性」、「經濟性」、「猥褻性」、「誹謗性」等；另有美國法上之「仇恨性」言論，皆在生活上非具高價值利益，以下簡要論述之：

A. 商業性言論

我國大法官在數個解釋中表示，商業性言論是一種有銷售目的，從而利用言論獲得價值之經濟活動，因商業行為本身帶有濃厚的傳銷意念，與具有公益的政治性言論本質未盡相符，使之無法採取相同的違憲審查標準，此二種言論流通的管制手段，實無法相提並論[33]。

106 年 1 月 6 日，大法官對同為商業性言論之化粧品衛生管理條例，有關國家管制化粧品廣告之手段設有事前審查制度，與保障人民言論自由之意旨有違，不符憲法第 23 條之比例原則，該條例第 24 條第 2 項、第 30 條第 1 項規定已逾越必要程度，應自解釋公布之日起失其效力。顯見，

---

[31] 另如大法官第 644 號解釋。

[32] 該理論似乎可理解為言論自由的基本原則（本質），並非一種審查標準，而其「客觀」意義在於：除非系爭言論可能引起的弊害是非常迫切的，還沒有機會讓公眾討論前，即會發生危害的狀態，才能將該言論可能引發的危險，視為明顯而立即的危險。而如果在言論發表後，實際危害發生前，還有時間透過討論或辯論方式將虛偽的錯誤加以揭露，或經由教育過程來避開邪惡，係對此言論可能帶來的弊害的最好救濟方法，是經由更多的言論來治癒，而非強迫沉默（Free marketplace of idears test）。惟上開理論仍缺少表意人的「主觀」論述，此「主觀」的論述，由「直接煽動原則」（dirct incitement）加以填補，該原則認為：除該言論係以煽動他人從事立即之非法行為或以產生非法行為為目標，從其主張確實可能產生或煽動立即非法行為者，方得對之限制或處罰：李鴻禧等著（林子儀），臺灣憲法之縱剖橫切——自由言論導論，2002 年 12 月，頁 174-176；延伸閱讀：許宗力，比例原則與法規違憲審查，戰鬥的法律人——林山田教授退休祝賀論文集，2004 年 1 月，頁 228。

[33] 詳如前述第 577 號解釋及第 414 號、第 623 號解釋。

司法實務對商業性言論的事前審查制度越趨採取嚴格審查標準，其是否仍為低價值言論之見解有變更或鬆動的傾向，仍需持續觀察[34]。

B. 經濟性言論

大法官認為，經濟性言論有助於消費大眾為經濟上合理抉擇，保障投資人於投資個別有價證券時，獲得忠實及專業之服務品質，並避免發生擾亂證券市場秩序之情事[35]。由於該言論本身帶有與商業性言論濃厚的傳銷意念，屬於私益的經濟活動展現，就國家管制手段的違憲審查標準，亦無法與政治性言論等量齊觀。

C. 猥褻性言論

謂猥褻性言論（出版品），係指一切在客觀上足以刺激或滿足性慾，並引起普通一般人羞恥或厭惡感而侵害性的道德感情，有礙於社會風化之出版品而言[36]；然刑法上妨害風化之猥褻，係指姦淫以外有關風化之一切色慾行為而言[37]，上開二種猥褻本有不同，須先區辨。

大法官進一步在第 617 號解釋闡明，刑法第 235 條的猥褻物品或資訊區分為硬蕊（Hard core）[38] 與軟蕊（Soft core），區分標準為是否侵害

---

[34] 參照大法官第 744 號解釋；瀏覽網址：www.judicial.gov.tw/constitutionalcourt/download.asp?sdMsgId=50252，瀏覽日期：2018 年 4 月 27 日。

[35] 參閱大法官第 634 號解釋理由書（六）之論述。

[36] 大法官第 407 號解釋之定義，第 617 號解釋亦援用，更精準的說，此處面向為「人」對「物」（猥褻性資訊）的看法、想法、觀感。

[37] 最高法院 27 年上字第 558 號判例，此處面向為「人」對「人」的看法。

[38] 大法官認為係指含有暴力、性虐待或人獸性交等而無藝術性、醫學性或教育性價值的猥褻資訊或物品，以及令一般人感覺不堪呈現於眾或不能忍受而排拒之猥褻資訊或物品。以比較法比較，美國聯邦最高法院判斷猥褻性言論（Miller v. California 案）與我國實務之標準如下：

	Miller v. California案	釋字第617號解釋
1	一般人運用現行社群標準，整體觀之，發現該言論乃訴諸於色情興趣。	客觀上足以刺激或滿足性慾，而令一般人感覺不堪呈現於眾或不能忍受而排斥之資訊或物品。
2	該言論以明顯冒犯的方式描繪現行州法下明確定義之性之行為。	含有暴力、性虐待或人獸性交等性之行為。
3	該言論整體觀之，欠缺嚴肅的文學性、藝術性、政治性或科學性。	無藝術性、醫學性或教育性價值之資訊或物品
小結	1＋2＋3＝猥褻性言論。	1＋2＋3＝硬蕊猥褻性言論。 1＋3＝（非硬蕊）猥褻性言論。

人民當代「性」的道德感情（無藝術、教育性，如人獸性交），並以有無包裝作為處罰之判斷基準[39]。再者，猥褻亦與一般藝術性、醫學性與教育性之作品本不相同[40]，個別言論間，均有著一條模糊但難以描述的界線。

D. 誹謗性言論

誹謗性言論[41]是一種故意詆毀、間接影射或非真事實之陳述，常使他人的名譽或社會地位受到言論的貶抑，乃典型言論自由與名譽權的衝突。此種言論可區分為「事實陳述」與「意見評論」，前者有著真實惡意原則[42]之適用；後者應受絕對保障[43]。

E. 仇恨性言論

我國法關於仇恨性言論的定義，目前仍無具體條文對應該言論是否有管制手段之規範，少數直接討論仇恨性言論之前鑑，亦藉助美國法上實例加以分析。參酌國外案例約略可歸納該言論之定義乃：「對種族、宗教、性別、性傾向或其他歷史上弱勢團體具有傷害性與侵犯性，或號召暴力、仇恨或犯罪之言論」。

我國集會遊行近代演化過程，曾有政治人物藉由族群問題[44]（諸如：臺灣人、原住民、外省人等言論）作為號召人民走上街頭的理由，並在社會中進行對立的思想傳達。於此，對應族群平等法的適用，類比之言論將有大量探討是否違法的空間，尤以集會遊行進行中，舉辦人或個人表達類此之言論是否應受管制，似乎逐漸成為警察究竟如何面對言論自由與勤務作為衡平的問題。

---

[39] 此處罰之目的，主要應保障人民有不接收的自由，否則，單純置放在待售書架上的書本，未有人的取拿行為，何來發生散布侵害人民性道德感情之危險？

[40] 美國聯邦最高法院 Stewart 大法官嘗試寫下令人印象深刻的名言：「當我看見『它』，我會知道『它』就是猥褻性言論。」自此名言鮮活描述該言論模糊性的困境，此句描述中之「我」，可以為任何人，但永遠無法得到一個統一性的猥褻概念。

[41] 參閱大法官第 509 號解釋，其中協同意見書有著深刻的描述，值得一再品味。

[42] 此原則係指被誹謗者為「公務員」或「公眾人物」時，則有真實惡意原則適用（Actual malice），在表意人違反真實惡意原則時，方符合誹謗罪之構成要件。該原則亦可分為二種情形：一、明知其為不實。二、粗率不顧。

[43] 延伸閱讀：許家馨，美國誹謗侵權法規則體系初探——以歸責內涵及查證義務為中心，月旦法學雜誌第 154 期，2008 年 3 月，頁 111-141；許家馨，釋字第 509 號解釋應否適用於民事案件——為最高法院新新聞案判決翻案，月旦法學雜誌第 132 期，2006 年 5 月，頁 118-127。

[44] 延伸閱讀：廖元豪，羞辱弱勢族群的言論自由——種族污辱言論之限制可能性，月旦法學教室第 45 期，2006 年 6 月 15 日，頁 6-7。

(3) 沒有言論的言論（不表意）

言論自由屬於主觀積極動態的表現自由，相對應面向，即有不表現之自由，意即不說的自由。然而，國家雖得依法限制其不說之自由，惟仍須考量人民內在精神活動及自主決定權加以判斷，畢竟，此乃個人主體性維護及人格自由完整發展所不可或缺[45]之元素。

2. 非言論內容之限制

非言論內容之限制，指非直接對於言論本身加以管制，而是限制言論表達的方式或管道，此種限制雖間接壓抑表現自由，大法官認為其管制手段尚非嚴重。通常對於非言論內容之限制，多半以規範時間、地點及方式作為限制的主要手段。

大法官第 445 號解釋文中表示，對於有關時間、地點及方式等未涉及集會、遊行之目的或內容之事項，國家加以管制乃維持社會秩序及增進公共利益所必要，屬於立法自由形成之範圍，對於表現自由不致有所侵害，與憲法保障集會自由之意旨尚無牴觸。

至如何採用「非針對言論內容的限制」的違憲標準審查，目前意見仍然紛歧，但美國聯邦最高法院已經發展出明確的審查準則[46]，如：(1) 政府此項規制的權力是否為憲法所賦予；(2) 該項規制能增進重要或實質的政府利益；(3) 不涉及言論表達的內容；(4) 該項規制對言論自由所造成的附帶效果不超過為追求重要或實質政府利益之必要限度；(5) 尚留有甚多其他管道供該言論表達使用。

上開國外標準於審查我國集會遊行法有否違憲，應有受諸位大法官進行解釋時採用，對言論自由未有侵害或侵害輕微下，作出此標準的審查方式，進而認定集會遊行法在此範疇屬立法形成之自由[47]之結論。**運用至警**

---

[45] 詳細論述，詳見大法官第 656 號解釋對於新新聞報導前呂副總統「嘿嘿嘿」事件。

[46] 美國聯邦最高法院將審查規制表意行為的 O'Brien 審查準則與對於言論表達的時間、地點及方式的合理限制之審查準則，相互結合成一個審查準則，作為審查「非針對言論內容限制」是否合憲的標準：李鴻禧等著（林子儀），臺灣憲法之縱剖橫切——自由言論導論，2002 年 12 月，頁 154-155。延伸閱讀：孫千蕙，非針對言論內容之規制的審查標準——以美國最高法院之裁判為中心，臺灣大學法研所碩士論文，2003 年 6 月。

[47] 此處的審查標準，在現實上或多或少均對言論自由有所侵害，在權益衡量下認為，集會的時間、地點及方式確實造成言論內容的侵害較少，惟仍有學者批評政府會透過「非針對言論內容之限制」的懷惡手段，以類似於這樣的理由加以否准人民的集會自由，間接達到箝制言論的目的。

察准駁集會遊行的理由，可作爲一個相當成熟的審查機制。

（二）象徵性言論

　　謂象徵性言論（Symbolic speech），指人民言論之表達非以言詞、文字、圖畫、影像直接表達其意念，而係以行動、行爲來傳遞意念，例如以焚燒國旗來表現對於國家的不滿。學者認爲該言論要件有二：1.表意人主觀上想藉由這樣的肢體動作，表達心中的意念。2.配合整體客觀環境，他人（觀眾）看到這樣的肢體動作，也知道表意人想表達某種意念，此即屬言論自由欲保障的表意行爲。

　　針對該言論的內涵，可再區分爲「表意成分」與「非表意成分」二個部分，分別用以審查國家是否限制該言論的合憲性事由。易言之，政府限制該行爲，究係限制人民表達意見，或限制人民做出該種行爲？因此，在刑法第 160 條之焚燒國旗罪，學者認爲該罪處罰目的乃限制人民的言論自由及毀損物品之行爲，應屬違憲之條文[48]。

　　集會遊行場合常有參加人以行動方式加以傳遞言論之意念，通常以「行動劇」作爲表達對時政、議題的不滿倨笑，更有情緒激昂之人以「焚燒國旗」方式表現不滿情緒之意念，甚有女士以近似「裸體」方式圖粉意念或文字於全身後公開靜默等，皆應類歸於此種言論。警察對此種言論表現所建立的勤務概念，必須區分爲前揭表意、非表意部分，而對表意部分之處置，定屬言論自由保障範疇；對非表意部分，管制手段仍需維持在保障言論自由之最大限度。

參、表現自由之概說

　　表現，是達到溝通目的，有著促進經濟的重要功能。人類演化史上，尚未開化至發展語言、文字前，可能無法透過口、語溝通促進其生活、經濟功能[49]，僅得以肢體、音調、符號或圖像加以傳遞，但自部落群中發展出自己的語言或溝通模式後，個別表現行爲將會改善部落生活的步調，同

---

[48]　廖元豪，愛國、燒國旗，與言論自由的雙軌理論，月旦法學教室第 21 期，2004 年 7 月。

[49]　此處的經濟功能可以想像爲當人類群體爲生存而狩獵時，單獨狩獵遠比群體狩獵的效率爲低，如果成功的機率欲升高，生存機率方呈正比升高，其經濟功能才能提升；另如無表現行爲，則於交易市場上根本無法達成所謂磋商過程，無磋商當無意思表示合致，契約亦無法成立下，經濟活動當即受阻。是以，表現自由背後常隱藏著人類經濟活動之促進功能。

時會建立起群我之間的階級，順應出逐漸形塑出自我、家庭、社會、國家等概念的歷程；而群體，則透過「表現」這個工具，來達到表達、傳遞、追尋、結合群體力量之目的，將集體意志加以展現。可見，能自由的表現，是增進人類溝通相當重要的元素，憲法對它的保障與其他重要權利需更周全。

大法官第 509 號解釋理由書：「憲法第十一條規定，人民之言論自由應予保障，鑑於言論自由有實現自我、溝通意見、追求眞理、滿足人民知的權利，形成公意，促進各種合理的政治及社會活動之功能，乃維持民主多元社會正常發展不可或缺之機制，國家應給予最大限度之保障」之意旨說明，集會遊行是常見表現自由的方式之一，無論非法或合法的集會遊行，原則皆屬憲法上保障人民的表現自由，自集會遊行法第 1 條及其立法意旨觀之甚明，二者最大差別可能在於有無受該法第 5 條保障矣。

肆、表現自由的理論基礎

國家需保障表現自由的目的，即構成存在的理論基礎，分別有：

1. **追求眞理說（言論自由市場說）**：此說認爲表現自由可以幫助人類增加知識或追求眞理，凡言論有助於社會大眾追求眞理者，均應予以保障而不得限制之[50]。面對如此樂觀的追求眞理，懷疑者認爲在釐清何謂眞理前，倘缺少可認知的眞理，則追求眞理之說法，是否因人類過於樂觀相信傳遞之言論必定爲眞理？必定戰勝邪惡？反而忽略了眞理不容易追尋或並不存在。

2. **健全民主說**：此說認爲，表現自由所欲保障係對民主政治的正常運作，藉由人民對政府及公共事務之批評討論，得以落實主權在民；況且，保障言論自由可自民主政治程序之參與獲取資訊提供予社會大眾，資訊越豐富，大眾決定時越能趨近於己意，尤以政治性言論應優先保障[51]。

3. **自我表現說**：此說主張表現自由的基本價值，在於保障個人發展自

---

[50] 美國前大法官 Holmes 就此說提出 Free marketplace of ideas（觀念自由市場），認爲言論就像市場上之商品，藉由競爭展現出好的眞理。

[51] 大法官第 644 號解釋文節錄：「結社自由（結社自由係表現自由中之一種形態）除保障人民得以團體之形式發展個人人格外，更有促使具公民意識之人民，組成團體以積極參與經濟、社會及政治等事務之功能」，即凝聚人民共識對於公眾事務的積極參與。

我、實現自我及完成自我之要素，故人民爲了自己利益，進而找到自我，著重個人存在的價值絕不只是爲他人完成某種目的之工具，個人本身即是目的。表現自由的核心價值，無論以憲法上例示或未明示的形態來說明表現自由，均無法抹滅「表現自我」就是核心，任何形式的表現自由，源頭皆來自「人」，而進行言論表現之人有凝聚共識，或組成團體，或參與公眾事務的功能，凝聚共識後雖仍爲單獨個體但已朝同一目的聚集而成群體，組成源頭及各分子仍爲「個人」，其真正思考路徑，係「個人」出發至群體之凝聚民主意識，乃至相對客觀之概念。

伍、警戒、警衛、管制與言論自由

一、警戒[52]

「站立」作爲警戒工作，幾乎成爲多數執行守望的縮影，除了單純布崗在衝要地點或事故特多地區外，出現在集會遊行場合的一整排機動保安警力，在未有明顯而立即的危險前，就是「站」，而警戒崗位背後少不了「拒馬」、「鐵絲網」、「阻隔鐵架」的畫面，更有出現創新長網與竹竿的阻絕器材。易言之，現今警察執行集會遊行警戒工作，討論單純的「站」，法律上並無太大意義。有意義在於：多數站在拒馬、鐵絲網、阻隔鐵架前或後的設置行爲，便發生法律上的爭議。另一種爭議，即：倘依現場無法架設阻隔器材又有衝突預警情資時，綁繫於竹竿的長網便取代各式阻材映入眼簾，此種預防性的勤務作爲，在法律上需否另覓授權？既然，常伴警戒的工具就是阻隔器材，而出現在民眾表達言論的場合通常使民眾有不好的感受，其中之一爲威權表彰及束之高閣之形象，當有必要加以釐清。

105 年 2 月 26 日，時任民進黨籍立法委員的顧立雄先生在開議期間對行政院長張善政、內政部長陳威仁提出總質詢[53]：「警察機關在民眾集會遊行聚集處架設拒馬、蛇籠有無法令授權？」顧委員質詢時表示，日本、

---

[52] 單純站的警戒，因無行使職權之外觀，勤務執行時僅需組織規定之授權已足，原則並無法令爭議，當然無討論空間。但有爭議的地方，就發生在設置守望警戒崗位的後方——阻材器具，才會聚焦在此處加以延伸。

[53] 遊行設拒馬　顧立雄爆：依據動員戡亂時期規定；瀏覽網址：https://newtalk.tw/news/view/2016-02-26/70585。

香港警察都是使用柵欄作為集會遊行的阻隔方法，在臺灣使用不同於日本香港的蛇籠、拒馬，《警察機關配備警械種類及規格表》沒有規定，只有《各級警察機關安全防護工作實施要點》中提到：「重要防護建築物周圍，設置壕溝、圍牆、鐵絲、刺網、拒馬及電網」，但設置目的是「防止敵人滲透破壞」，現行使用拒馬、蛇籠作為阻隔集會遊行民眾與政府機關，顯然把民眾當成敵人。另一方面，顧委員亦查到，2012 年民進黨立委鄭麗君曾去函警政署要求提供「警察機關處理聚眾活動作業程序」內容，只不過，警政署回函解釋，該程序是依據《動員戡亂時期集會遊行法》頒布，目前列為一般公務機密，而 1992 年 7 月 27 日因應戡亂時期結束後，《動員戡亂時期集會遊行法》修正為《集會遊行法》，另行頒訂了「警察機關辦理人民申請集會遊行作業規定」，函覆內容卻沒載明「作業程序」是否繼續有效。依此，無論柵欄，或是拒馬、蛇籠作為集會遊行執行警戒的輔助工具是否**特別需要法令授權**方能使用、設置？即有必要加以討論。

　　106 年 11 月 20 日，警政署依據集會遊行法第 24 條及第 26 條制定並公布「警察機關防處聚眾活動阻材架設作業程序」，作為各種阻材種類[54]得以架設之授權，以為呼應。但相當弔詭的是，此作業程序根本不像授權（法規）命令，理由在於：警政署在該作業程序中指明悉依集會遊行法[55]？但該法並未明文授權，此其一。再者，早在民國 89 年 12 月 27 日、90 年 6 月 20 日、同年 12 月 28 日的行政程序法修正公布增訂及修正公布第 174 條之 1 明確表示：「於該法施行前，行政機關依中央法規標準法第七條訂定之命令，須以法律規定或以法律明列其授權依據者，應於本法施行後二年內，以法律規定或以法律明列其授權後修正或訂定；逾期失效。」命令之種類，將不再任意有職權命令的頒訂及規範，此作業程序有可能是依法定職權所訂定之命令嗎？果如是，職權命令之復辟，應非法治國家期待之行為，此其二。依其外觀以作業程序為名，是否即為行政程序

---

[54] 阻材種類，指鐵拒馬、小型鐵馬護欄、大型鐵馬護欄、交通改道牌、鐵絲網車、蛇腹型鐵絲網、刺胎型攔截器及其他適當阻材。

[55] 依筆者多次參加警政署會議之經驗推斷，此載明依據之文字，極有可能是主持會議的官長或主持人，在未諳法令或未涵納足夠資訊之前所為判斷，直接指示承辦或主管單位在作業程序的開頭加入「集會遊行法第 24 條及第 26 條」這句話。

法第 159 條第 1 項、第 2 項之行政規則？但該程序看起來似乎與上級機關
對下級機關依其權限或職權爲**規範機關內部秩序及運作**，所爲非直接對外
發生法規範效力之一般、抽象之規定不同，此其三。當然，再討論下去，
可能不只「此其四、此其五、……」。警政署應正視「**不是有問題或發
生問題就訂規定或標準作業程序**」來解決問題，有時畫蛇添足的後果，只
是束縛自己或製造更多法律爭議而已。

　　基於上述的理解，無論以阻材器具輔助或警察站立阻隔作爲集會遊行
場合的警戒工作，皆不脫離下列遞次之思考：

（一）法律定位

　　執行警戒工作輔助之阻材器具有：「鐵拒馬、小型鐵馬護欄、大型鐵
馬護欄、交通改道牌、鐵絲網車、蛇腹型鐵絲網、刺胎型攔截器及其他適
當阻材」，其現行法之定位結論究竟與顧委員質詢內容是否一致？此問題
與警察有否使用、架設（設置）之法源有重要關聯[56]。

　　自阻材器具觀之使用設置目的，乃爲達到有：隔離、不易進入、障礙
功效，亦有延伸減免人力執勤之功能[57]。該器具龐大笨重且非定著物，使
用架設並不像可隨時帶著走的警械，不屬於警械種類及規格表中得以比附
援引之警械。是以，筆者認爲阻材器具乃附隨於（守望）勤務執行之輔助
工具，本質上是警察勤務條例第 23 條之裝備機具，當得依法使用[58]，無庸
置疑；至架設（設置）授權之思考分述如下。

---

[56] 曾有論者對筆者表示：得以「架設阻材器具」之授權，乃基於警察職權行使法第 27 條「即時強制」之
職權？讀者可思考，即時強制之執行皆需有危害爲前提，阻材器具一定是在集會遊行活動開始前就已經
架設完畢，試問：「架設」當下哪裡有危害？如果沒有危害或危害本在架設之將來，以即時強制作爲架
設阻材器具之依據是否適法？則明顯易見了。

[57] 白話地說，阻材器具就是可移動的牆面，其架設後當然包含隔離、障礙、不易進入及減免人力執勤的功
能，就像建造長城目的一般。

[58] 臺北市政府警察局在回覆市議會第 12 屆第 5 次 106 年 6 月 8 日定期大會之議員書面質詢，亦答以相同
見解；答覆內容：一、本府警察局現有之鐵拒馬係屬保安裝備之阻絕器材，使用之相關法令依據集會
遊行法第 24 條、警察職權行使法第 3 條、警察勤務條例第 23 條及內政部警政署函頒「保安裝備管理維
護作業規範」等規定。
前揭解答會接續發生的問題是，如阻材器具爲警用裝備機具，則 106 年 11 月 20 日警政署函頒「警察機
關防處聚眾活動阻材架設作業程序」之性質，即屬行政程序法第 159 條第 1 項、第 2 項之行政規則？但
該程序看起來仍與上級機關對下級機關依其權限或職權爲規範機關內部秩序及運作，所爲非直接對外發
生法規範效力之一般、抽象之規定不盡相同，尤其又出現「依據：集會遊行法第 24 條及第 26 條」之文
字，其法律定位更顯得突兀。很顯然地，警政署利用制定行政規則解決問題已逾越立法者原有設定行政
規則功能的範圍，看似解決卻衍生更多的法律爭議。

（二）依地境

概念上依地境建立阻材器具架設或置放之有效思考，其判斷條件以：是否爲家主權限（牆或建築線內或外）所及之範圍即可加以分別。

1. 家主權限所及範圍

集會遊行或陳情、請願的場合絕大多數在行政機關的辦公處所，多數行政機關辦公處所之性質爲直接供公行政用以執行其任務，並由行政人員自行利用之公物[59]，乃內部行政用物，通常需經允許方得入內，其中「允許」即爲家主權之展現；在家主權限行使範圍內，行政機關及所屬人員當得有限度地自由使用。則地區警察架設阻材器具常在「其他」機關建築物之地境內、外，便出現了一個長年困擾地區警察機關的問題，同時又是一個不能說的祕密。

首要需釐清，阻材器具本屬各警察機關所有，得否架設於被抗議機關地境內，當然需該機關之同意方得執行，並無疑問。惟通常，集會遊行事前的溝通說明之先期整備工作中[60]，被抗議機關不太願意讓機關外部看起來就像監獄般束之高閣、難以接近的形象深植人心，畢竟，架設阻材器具後寓有根本拒絕任何人進入的潛在意義，背離了應該要擁抱人民的民主形象。雖然，這確實是建議警察不架設的**正當理由**，但對警察執行安全維護工作卻是一個沉重的負擔。也就是說，架設阻材器具最好、最合法、最方便、最不阻礙公眾的地點當然在機關圍牆（地境）內，但警察在地境內架設阻材器具需經該機關同意，倘若機關有前述考量而不同意架設，安全維護工作原則只能朝向使用更多警力的方向規劃諸如：架設阻材器具之警力、現場警戒之警力、後勤補給之警力、將現場布滿警力等等，此問題已然困擾警察多年卻又無法公開說出口。

依此，主管集會遊行的事務機關乃所在地之警察分局或警察局，但執行機關安全維護工作的警察卻是編制在政策執行的行政機關組織項下，二個立場未必一致的警察，決定是否在機關地境內架設阻材器具，很可能因

---

[59] 陳敏，行政法總論，2013年9月第8版，頁1063-1065。
[60] 依中華民國90年12月4日內政部台(90)內警字第9006293號函訂定、103年2月24日內政部台內警字第1030870400號函修正規定之「民眾抗爭事件處理程序及聯繫作業要點」第2點、第3點、第11點第1項第1目1至5規定辦理事前建立處理聯繫機制、加強溝通說明等先期整備工作。

立場不同而有不同結論，進而忽略該地點架設阻材器具才是最經濟、最簡便、最節省警力執行警戒的方法，至爲可惜。

2. 非家主權限所及範圍

集會遊行或陳情、請願與安全維護工作立場相互衝突，群眾常被阻隔在外，聚集的地點便會出現在**非家主權限**得以主張合法權利之範圍，該地點原則與公用地役有關，如：道路、法定空地[61]等；警察欲在此架設阻材器具，將妨礙一般公眾對公用地役使用權限，其設置是否特別需要法令授權，亦有必要進一步說明。

集會遊行法第 6 條第 1 項明文類分爲：憲政機關之用地、用物（總統府、行政院、司法院、考試院、各級法院及總統、副總統官邸[62]），其他爲國境內重要地區（國際機場、港口、重要軍事設施地區、各國駐華使領館、代表機構、國際組織駐華機構及其館長官邸），**原則禁止**集會遊行，**例外**時經主管機關**核准**得以舉行。至地點之周邊究竟多廣，由不同但相關之部會公告劃定範圍，該法規定不得逾越 300 公尺。

經核准在禁制區內舉辦集會遊行，警察先期整備工作將阻材器具架設於機關牆外或門外之法明文，目前僅能依附在集會遊行法第 24 條前段「維持秩序」的文字中加以開展；另一競合面向，似乎僅得援引道路交通管理處罰條例第 5 條在發布命令（處分行爲）時一併載明將以阻材作爲執行禁止通行之器具，方得使其容身於形式合法之中。至警察職權行使法第25 條「警察遇有天災、事變或交通上或公共安全上有危害情形，非使用或處置人民之土地、住宅、建築物、物品或限制其使用，不能達防護之目的時，得使用、處置或限制其使用」之即時強制，容有探討有否適用之餘地[63]，讀者加以思考時，認事用法忌諱斷章取義或僅擷取符合事實之部分文義，便認爲符合整個條文，如此一來很難不違法。

另外，舉辦集會遊行常有甲地至乙地的情形，面對跨二以上分局的活

---

[61]　建築法第 11 條第 1 項、第 2 項。
[62]　參照內政部 91 年 10 月 28 日台內警字第 0910076584 號公告。
[63]　此處遇到第一個問題是：集會遊行都還沒舉行的架設阻材器具行爲，以即時強制爲授權？第二個問題是：一般道路或法定空地的所有權人縱然爲人民或被抗議的機關，其所有權會因公用地役受到退讓而無法使用、收益或處分，警察得否將具有公用地役之範圍均視爲該條之人民，逕行以阻材器具使用、處置達到防護機關安全之目的來遂行任務？

動，依法[64]由直轄市、縣（市）政府警察局爲准駁機關。實務上執行跨轄的集會遊行勤務，未曾有禁制區及其週邊以外即見阻材器具之情形，至多在遊行隊伍行經路線之駐守機關處爲預防性之架設，此處仍與家主權概念有關。至果眞在禁制區及其週邊以外架設阻材器具，其形式依據亦僅有集會遊行法第 24 條之授權較爲妥適。

（三）依權限

自有無架設或設置阻材器具之權限，也會呈現不同面向的思考軌跡：

1. 基於家主權限

目前地區警察執行架設阻材器具之地點多數非警察機關，已如前述。則其他機關之家主權限與架設阻材器具作爲安全維護的警察間，其關係爲何？

以立法院爲例：依立法院組織法第 16 條（秘書處掌理事項）、第 19 條第 8 款（總務處掌理事項——警衛隊管理）、第 31 條第 1 項（警衛隊編制）、第 2 項（警政署派充警衛隊人員）、第 4 項（安全維護遇特殊情形，得商請警政署派員）之規定觀之，警察[65]只是立法院家主權限以外專責安全維護之輔助人員，而維護區域亦僅在院區內代家主執行。是以，無論執行安全維護工作之保六總隊或有土地管轄之臺北市警局中正一分局，倘需於院區架設阻材器具，皆應經家主（秘書處[66]）同意始得爲之，則家主與專責執行安全維護的警察有主從關係。

2. 基於主管事務權限

按集會遊行法第 3 條、第 24 條規定觀之，警察若有需要於集會遊行場、處所架設阻材器具，係基於**固有權限**，無論於院區或駐守地點內、外應均有事務管轄權限[67]。惟是，依目前實務運作，有事務管轄權限之警察分局與有家主權限之憲政機關之間，長年陷入是否架設立場不一之窘境。

---

64 集會遊行法第 3 條第 2 項。

65 參照警察法第 5 條第 1 款、內政部警政署組織法第 6 條第 1 項第 5 款。

66 107 年 4 月 8 日下午時分，筆者向長年處理聚眾活動之臺北市政府警察局保安科長于增祥請益有關拒馬架設問題，據實務運作，中正一分局分析情資若認爲需架設鐵拒馬（無論院區內外）來執行安全維護工作，皆需向立法院秘書處溝通，經同意後方得架設，此即家主權限之展現。

67 參照中央法規標準法第 16 條。

（四）重合之處 [68]

　　依地境有重合之處，發生在原建築基地具有公用地役權的法定空地（如人行道）範圍內，其管理機關仍係該機關時，警察得自行決定於建築牆外架設阻材器具的實務運作有否侵害家主權？白話來說，人行道因法規關係為建築基地的預留法定空地，該機關對人行道仍有部分家主權限，現行地區警察分局對被抗議之機關**牆外人行道**上是否架設拒馬均得自行決定的實務運作，有侵害機關家主權之虞；又自集會遊行法觀以地區警察本有事務權限，兩相不同權限的高度重疊，造成事權的混淆不清，其衍生不良結果的責任卻是由執行二種安全維護（警衛機關、維護集會遊行秩序）的警察來承擔，此乃不可之重。

　　依權限有重合之處，發生在集會遊行事務權限與機關家主權限究竟有無優先適用的衝突上，由其相互立場應非同一之前提，思考需否架設阻材器具的條件當然迥異，最後可能發生的結果是：沒架設阻材，群眾跑進院區內，怪警察沒守好；架設了阻材，便有：舉辦拒馬展示比賽（暗似揶揄政府離人民越來越遠），再怪警察沒使用看起來不像高塔的交通改道牌。最後呈現，無論有無架設阻材器具，警察一定會成為眾矢之的之結論。

　　筆者以為，依法維持集會遊行之秩序本為固有（事務）權限，受警察執行安全維護的各憲政機關、行政機關發生特殊情況時，其家主權不該凌駕固有權限。畢竟，事務管轄權限之有無，乃當下或後續執行及行使相關職權的前提，倘由僅具家主權限之機關作成架設阻材器具與否之單方決定，安全維護工作當難竟全功，立於法之角度似乎呈現越俎代庖的實質違

---

[68]【記者黃建豪／臺北報導】拆立院拒馬惹嫌？柯P：過去都「高來高去」沒解決繼拆除陳抗團體占用道路的帳篷後，臺北市長柯文哲昨預告下一步將處理立法院外拒馬，有說法指民進黨認為柯在「找麻煩」。對此，柯文哲也強調，過去大家高來高去」，都沒有解決，既然設拒馬不是臺北市政府單方面可決定的，那大家都要坐下來談。
　　柯文哲今再次聲明，「該拆就拆」，因為不管是不管行政院或立法院，都是一個圍牆內外的管理，分臺北市警察局和保安警察，在指揮系統上大家高來高去，都沒有解決，但到最後警力、拒馬布置，雙方應該要有一個聯合統一的指揮系統，不然拒馬要怎麼布置，如果不是臺北市政府單方決定的，大家都要坐下來談。
　　至於「高來高去」指的什麼？柯文哲說，「通常要怎麼布置要問他們（指警政署）的意見，……這很多啦！細節不在這裡講」，不過他會找時間去警政署拜訪，把事情攤開來講。
　　柯文哲強調，如果有規矩就照規矩，沒有法律那就來修，在法治國家凡事就照標準作業流程（SOP）來走，但也不是說就鐵板一塊，有問題還是可以改，但改完就要照SOP去走；瀏覽網址：http://news.ltn.com.tw/news/politics/breakingnews/2388293，瀏覽日期：2018年4月7日。

法[69]，只是這樣的事實並不會出現在現有檯面上。另一方面，若被警衛機關在特殊情形拒絕地區分局架設阻材，便應落實有權有責、無權無責的責任政治理念，由實際決定者負起責任[70]。

（五）小結

　　基於上述的說明，單純伴隨在執行警戒工作的守望人員背後，阻材器具是一種輔助勤務的保安裝備。對警察而言，它不僅是一具站立或平躺的拒馬，而是一種有效防護大區域的器具，有著隔離、不易進入、易守難攻、發生障礙的功效，更有減免警力執勤的優點。只是，它與執行警戒的警察最大差別在於：不具隨時移動性！則阻材器具作為執行警戒的輔助工具之架設，囿於怠於移動、易妨害權利之特性，架設當需覓得法明文。然而，現行援引的條文乃依附在集會遊行法第 24 條「……維持秩序」之文字中（不確定法律概念），顯然不是一個最佳選項，應朝向將架設阻材器具明文訂入專法（集會遊行法）條文中，方符法明確性。

　　對民眾而言，以阻材器具執行防衛駐點、機關外觀，不僅代表著冰冷的鐵具，更是彰顯武力的表徵，它的存在實有對抗、拒絕、阻隔、距離的潛在意義，應服從在法治國原則下的輔助警戒架設阻材行為，對映民眾向國家吶喊的表現自由，形成傳遞言論的高塔牆面，可能造成傳達集會遊行目的之障礙，警察使用及架設自然需要一定規範，但此規範並非建立在實務官長認定的即時強制上[71]，而係在相關法律或法律授權之命令為名之位階，方符合規範密度，藉以保障人民權利。

　　職是之故，單純執行守望的警戒工作，現實上未具規制效力，亦非有法效之處分行為，其性質乃事實行為，目前警察勤務條例作為編排或執行依據，已完足形式合法性之要求。至以阻材器具作為警戒之輔助工具時，

---

[69] 易言之，理論上家主權限不可能取代法定事務管轄權限，但如果以現行實務運作方式來看，多數憲政、行政機關在架設阻材器具這件事的溝通或決定會議上，主持人有其他考量時，通常都凌駕與會警察的建議，進而輔助（代替二字較接近真實）主管機關作成判斷，使執行安全維護工作的警察地位顯得更卑微，最後只能投注更多的警力，使民眾看不見拒馬但有滿街警察的景象。但不可否認地，政府、機關、官員，乃至任何人都需要形象，架設拒馬或阻材器具確實如同阻隔著權力與權利的一道鴻溝，該與不該，難以取捨。

[70] 法律當然會讓決意者負責，只是在會議過程到底是誰決定的人，與會人員通常三緘其口，這或許是在位者（與會人員通常都是核心要員，有誰會冒著犧牲既有的官位說出實情？）的慣例。

[71] 參照本章註 61。

目前架設或設置係依據集會遊行法訂定「警察機關防處聚眾活動阻材架設作業程序」之行政規則，只是治標不根本的緩兵策略，審查其形式合法性尚有缺陷及瑕疵，筆者認為根本之道，乃於集會遊行法增訂架設阻材器具條款或授權之明文方得解決。

二、警衛、管制

（一）地方警察局、保六、保二、保三警力

執行警衛或管制工作，其遞次思考與警戒幾乎沒有差別，與言論自由之關係亦無區分之必要，但警衛、管制工作有劃定區域、駐守定點的禁制外觀作用，執行時具規制效力，行使職權之法律性質為處分行為，後續得以強制執行。依此，遞次思考雖無區分之必要，但法律性質仍有不同，先予區辨。

警察在集會遊行場合執行警衛、管制各機關之安全維護工作，其組織編制及內部事務、管理當然兼受家主機關監督，則家主權限是警衛、管制的權源，但某些非家主事務的執行、職權之判斷或裁量，應獨立不受家主機關拘束、審查及監督，如：在崗位外見可疑人之身分查證。再者，讀者必須注意，警察在家主機關執行警衛、管制之授權，原則「非」來自或僅有即時強制矣，與前揭對法定要件描述之內容不同，切勿混淆。另外，警衛、管制工作如有執行強制力之必要，原則係家主權限之正當防衛；至發生與其他職權有重合情形，何者優先適用（家主權限優先？或即時強制優先？）實有必要再文著墨，此為釐清：警察獨立判斷行使職權而不受家主權限的過度干涉之空間究竟為何範圍？

轄管集會遊行之地區分局或警察局所為勤務規劃將警力置於聚眾場合維持秩序，其基本構造乃係於衝要地點或劃定區域在一定位置瞭望擔任警衛、管制工作所為的守望勤務，其授權多來自即時強制[72]，理由不外乎：第一，機動保安警力執行的警衛、管制工作就是禁止進入或驅離；第二，在保障合法集會遊行的範圍內，對未參與之第三人是一種危害，而機動保安警力執行警衛、管制工作即需排除二個合法（合法的集會遊行、合法的

---

[72] 詳參閱李震山，警察行政法論——自由與秩序之折衝，2014 年 6 月 3 版 1 刷，頁 274。

用路第三人）但可能衝突的情形。

　　可惜地是，現行運作雖有分區各自負責之制度，但家主機關組織內之警察與具轄管地區分局相互間，囿於家主機關為內部事務管理、監督警察時，經常僭越並干涉警察依法獨立行使職權之空間，進而透過家主權限間接影響地區分局維持秩序的固有權限，有著權限不分的情形。易言之，無論是家主機關的警察，或是固有權限的地區分局警察，執行警衛、管制工作本富有強制色彩，一旦發生民眾質疑且受輿論苛責檢討其作為時，家主機關的意見常隱遁在以管理內部事務之名，干涉著依法獨立判斷之職權[73]。

　　職是之故，警察執行警衛、管制之權源會因組織編制而有不同法律的思考軌跡，不同編制的警察維持集會遊行之秩序，其權源確有不同，一般民眾自外觀上難以辨別行使職權之差異，尤其皆有禁制外觀，更難顯現出權限的不同脈絡。筆者認為，現行運作的警衛、管制權限，其實事權不明、責任不清、易受箝制、不易理解，加上警察多是「附隨」於其他機關從事安全維護之條件，要達成萬全防衛或集會遊行秩序維護工作圓滿落幕之目的，就變成一個裡外不是人的不可能任務。是以，無論是否為防護機關或維持聚眾活動之秩序，其事權應統一為集會遊行法中的主管機關：地區警察分局或警察局，才是根本解決之道。縱然，警察因組織編制層級過低而常受家主（憲政）機關影響維持秩序方法的決定，只要事權清晰不受干擾逐漸形成慣例後，法拘束力會自然回歸及展現，使家主提供之意見融合在主管事務機關決定之一部，才能依據情資做最接近正確的判斷；但未能統一前，各自為政、各事其主的規劃警力，未能統合戰力，將無法面對新形態（化整為零）的聚眾活動，依然會走向看起來做了很多卻漏洞百出的勤務規劃，使執行警衛、管制的工作效益大打折扣。

（二）機動保一、保四、保五警力

　　由於警察法第 5 條第 1 款明文「關於拱衛中樞，準備應變及協助地方治安」有了保安警察業務之規定，依內政部警政署組織法第 6 條第 1 項第

---

[73] 套用在與司法有關常見的爭議，就是以任命或解除行政庭長職務的人事管理權限，加以實質控制個案獨立審判的空間，放在家主機關與警察獨立行使職權的思考中，亦如出一轍。

5 款下設各保安警察總隊，職司執行保安、警備、警戒、警衛、治安及安全維護工作，而集會遊行出現的保安警察，指的就是保一、保四、保五總隊之警力，與主管事務之地區分局警力、拱衛家主機關警力兩者構成現場維護秩序的保安警察。

集會遊行現場使用之警力，依組織之不同會出現：1. 家主機關之警力；2. 地區分局之警力；3. 保一、四、五總隊之三種警力，有關家主機關與地區分局之事權及論述已如前述，在茲不贅。則保一、四、五總隊之機動保安警力與家主或地區間關係究竟為何（主或從）？仍有必要加以澄清。

按內政部警政署保安警察第一、四、五總隊協助各警察機關維護治安工作執行要點[74] 第 1 點、保安警察第一、四、五總隊協助各警察機關維護治安工作細部規定[75] 第 2 點明文，乃為充實地方警力不足，發揮保安警察警力之效能加以「協助」地方，則保一、四、五總隊警力依保安警察第一、四、五總隊協助各警察機關維護治安工作勤務執勤原則細部規定[76] 第 2 點第 1 項第 1 目處理聚眾活動之地位，是一種協助警力。其**協助**編制之架構維持大（中）隊部[77]，警力指揮權責明定由各該警察局長調派運用[78]，特定為處理聚眾活動時，兼受主協調區警察局長協調管制。基此，保一、四、五總隊警力相對於地區分局、警察局或家主機關駐衛警力，居次保安警力，不同組織間應有主從關係。

單自上開規定觀之，同樣是警察組織內部關係之分權，似乎會得到保一、四、五總隊警力只要未受指揮便無需介入任何事件之結論，現亦呈現如此之運作。然而，組織層級、事務相互間的分權，並無法卸免在緊急情形有即時介入之義務（裁量權收縮至零），應本於職權不分主從地執法[79]

---

[74] 中華民國 84 年 3 月 16 日警署人字第 18522 號函訂定。
[75] 中華民國 84 年 3 月 16 日警署人字第 18522 號函訂定。
[76] 同上註。
[77] 內政部警政署保安警察第一、四、五總隊協助各警察機關維護治安工作執行要點第 4 點。
[78] 內政部警政署保安警察第一、四、五總隊協助各警察機關維護治安工作細部規定第 4 點。
[79] 被勞團團毆 柯建銘怒警在旁看「值得檢討」；瀏覽網址：http://www.setn.com/News.aspx?NewsID=203729，瀏覽日期：2018 年 4 月 23 日。
【記者陳彥宇／臺北報導】民進黨團總召柯建銘今 (2) 日中午在立法院外遭抗議勞團潑水並推倒在地，他下午受訪時說「我還好」，並表示只有一段時間比較危險，因為當下有人從後方勤住他的脖子，差點無法呼吸。不過，柯建銘也抱怨，他被勞團包圍時，只有 3、5 個警察來幫忙，竟然還有警察要他助理先

才是。畢竟，同樣身著制服執勤的警察，立法者給了每個人同樣無差別的職權，內部地區分局、家主機關、保安警力的調配、指揮權限，與作用職權之行使本應分別獨立看待，這也是筆者在各演講、課程、課堂上不斷強調「法律世界裡，字不一樣，所指應有不同」之所在[80]。

第二款　整理交通秩序

　　整理交通秩序亦是守望勤務的一種，一般俗以交通整理、違停取締、交通稽查等為名之勤務，就是守望。但整理交通並非單純形成秩序之問題，而是涉及評估交通環境、改善交通工程、設立必要之標誌、標線或號誌、辦理交通教育及交通執法等複雜條件，有稱為 5E 理論，即工程（engineering）、執法（enforcement）、教育（education）、環境（environment）和能源（energy）。一般警察的認知，目前維護交通多在「執法」面向，惟立於定點似守望般的交整勤務，非如刻板印象般死板，其實能發揮預防性執法的功效，更有修補惡劣交通環境、執行勸導富有教育、彌補未依車流設計工程的機能。讀者可知，看似一種勤務多種功能，卻忽略了交通秩序的維持，並非只倚賴警察整理、執法，舊有萬物皆有警察處理的思考，應予揚棄。雖謂如此，在現行法制未改變前，仍有必要加以說明外觀上有警戒、警衛、管制的交通秩序整理，行使職權所需建立的概念。

　　然交通法規多如牛毛，絕非僅一字句、一朝夕可一窺端倪，筆者希冀能立體呈現全貌，將以擔服交整勤務的時序，擇要地以「指揮手勢」、「執行舉發」、「實施勸導」等三個面向依次分述之：

壹、指揮手勢

　　執行交通整理之目的，係使車流有秩序的行進，車流的不交織、不交會，需透過類似樞紐的開、關工具加以形成秩序。目前有效避免車流不交

去找現場指揮官，「處理方式值得檢討」。

[80] 相當可惜地，某專業警察總隊大隊長於 105 年 12 月 7 日、14 日的大隊會議中指示，為了執行持續蒐證與密錄器電力有限之間取得平衡，竟欲擬定由帶隊幹部統一指揮命令開啟的行政規則，完全忽略每個警察本就有獨立蒐證、行使職權的空間，縱然專業單位的警察被地區分局警察號稱為人杂，也必須透過訓練教育所屬自行判斷才是，如果位居重要警職人的原本觀念是如此，這個團體似乎會離進步越來越遠。

會之工具不外乎是「號誌」[81]及「警察手勢」[82]二種，執行這兩種方法在法律上皆有處分之性質，毋庸置疑。擔服交整勤務時，通常此二工具會併同出現；也就是說，同時會出現警察站立在設有號誌的交岔路口，駕駛人行進或轉彎應以交通指揮人員之指揮爲準[83]，號誌次之。

讀者必須明白，處分行爲是一種對外直接發生法律效果之單方具體公權力措施，作成後可能使人民的權利義務發生設定、變更或消滅的情形，後續又得強制執行，具有瑕疵無法治癒的處分，就會衍生國家賠償的問題。警察爲使車流順暢以交通手勢指揮車輛行進或轉向，每一次指揮皆係獨立的具體處分，指揮失當或錯誤之瑕疵無法事後治癒，若又因車流交織而發生肇事，國家當無免責之可能。依筆者經驗，交通車流瞬息萬變，加上各個道路駕駛人專注力或判斷不一，指揮手勢不宜重複或過於複雜，倘以不斷重複或過於複雜、快速的手勢指揮，很容易發生駕駛人錯誤理解後造成車流交織，增加相互碰撞或肇事的機率，果眞發生碰撞，指揮車輛行進的警察就成爲肇事主因，後續當有國家賠償責任。

然究竟如何避免發生不斷重複或過於複雜、快速的手勢指揮造成車流交織使道路駕駛人肇事？筆者建議：在不熟悉路口車流的執行交整，警察得先觀察路口之號誌時相如何運作、變換後，再視時相秒數與實際車流比較是否適當，即可得出號誌之時相有否符合通過路口之車流，進而以交通指揮手勢加以微調，將能避免無端重複、複雜、過於快速的手勢出現，不致使車輛行進交織發生肇事。

職是之故，看似一個單純指揮車輛停止、行進或轉向的交通手勢，在法律的意義舉足輕重，而指揮車輛停止、前進、轉向，就是對駕駛人設定了一個不許前進、禁止停止、僅能依指示方向行駛的處分，影響人民的意

---

[81] 按道路交通標誌標線號誌設置規則第 3 條第 3 款「號誌：以規定之時間上交互更迭之光色訊號，設置於交岔路口或其他特殊地點，用以將道路通行權指定給車輛駕駛人與行人，管制其行止及轉向之交通管制設施」、第 194 條第 1 款「行車管制號誌係藉圓形之紅、黃、綠三色燈號及箭頭圖案，以時間更迭方式，分派不同方向交通之行進路權；或僅藉含紅、綠二色之圓形燈號，以管制單向輪放之交通。一般設於交岔路口或實施單向輪放管制之道路上」、第 206 條行車管制號誌各燈號顯示之意義之各款及行政程序法第 92 條第 2 項前段「前項決定或措施之相對人雖非特定，而依一般性特徵可得確定其範圍者，爲一般處分」以觀，確實可得出號誌運作確實是處分行爲。

[82] 按行政程序法第 92 條第 1 項規定，行政處分係指行政機關就公法上具體事件所爲之決定或其他公權力措施而對外直接發生法律效果之單方行政行爲，則警察指揮車輛行止之手勢，亦爲處分行爲。

[83] 參照道路交通安全規則第 102 條第 1 項第 1 款。

思決定、移動自由等權利，自應謹慎爲之，否則，警察指揮不當導致交通肇事後，衍生己身或國家賠償責任皆非樂見。

貳、執行舉發

擔服交整勤務初始之工作，通常會先將該路口各角落的違規停車驅離現場，保持路口淨空，防止車流驟然變大造成視野不足或轉向不易的情形。再者，路口縱有警察站立執勤，仍不時有民眾的違規行爲，警察依法有執行稽查及違規紀錄之權限，即需爲「舉發」。

舉發交通違規事件，一直是最大、次數最頻繁、程序最繁瑣、法規競合程度最高、相關手段最零散、最常執行的一種警察活動，依筆者常年在實務工作觀察，對執行舉發有完整且有層次認知的警察，事實上爲數不多，縱然是交通業務的承辦人也不一定眞的熟悉相關規定，則口耳相傳的勤務經驗又堆疊在非法律基礎的實務運作中，法治岌岌可危，當有必要詳加說明。以下分別遞次「舉發方式」、「舉發單之性質」、「舉發程序」、「舉發之競合」、「舉發救濟」分述之：

一、舉發方式

查獲違反道路交通管理事件之舉發方式，依法有[84]：

1. **當場舉發**：違反本條例行爲經攔停之舉發。

2. **逕行舉發**：依本條例第 7 條之 2 規定之舉發。

3. **職權舉發**：依第 6 條第 2 項規定之舉發。

4. **肇事舉發**：發生道路交通事故，肇事原因或肇事責任不明，經分析研判或鑑定後，確認有違反本條例行爲之舉發。

5. **民眾檢舉舉發**：就民眾依本條例第 7 條之 1 規定檢舉違反本條例之行爲，經查證屬實之舉發。

一般警察對執行前揭「法定」舉發的概念，在未成文前混沌不明、不求甚解，常以攔停告發等自創名詞作爲口語描述警察活動之態樣，容易混淆，自104 年 8 月 14 日修正有依循之法定用語後，方易辨別；可惜的是，

---

[84] 參照違反道路交通管理事件統一裁罰基準及處理細則第 10 條第 2 項。此條文係 104 年 8 月 14 日依交通部交路字第 10450100892 號、內政部台內警字第 1040872264 號令會銜修訂新增，對警察執行舉發有明確依循之效。

實務對法定舉發類型之條文，仍然陌生。

蓋道路交通管理之稽查、違規紀錄，由交通勤務警察，或依法令執行交通稽查任務人員執行之，而執行「稽查」後認有違反道路交通管理之事件，有三種法定方法：分別為「當場舉發」、「逕行舉發」及「職權舉發」，依此，當場舉發係經「攔停」，而逕行舉發乃當場不能或不宜「攔截」。至此，將發生第一個問題：法條用語的「攔停」、「攔截」意義是否同一？筆者認為，攔停與攔截恰好是對應相鄰不重疊的兩個概念，係以攔停當場舉發為原則，當場不能或不宜攔截以逕行舉發為例外[85]。簡單來說，能攔停便當場舉發；無法攔停而有當場不能或不宜加以攔截之原因，方才逕行舉發。

以此為基礎延續，會發生第二個問題：發生當場未攔停且不能或不宜攔截之情形，倘違規事實不符法定要件，得否仍逕行舉發之？也就是說，得逕行舉發的違規行為，係「專」指道路交通管理處罰條例第 7 條之 2 第 1 項第 1 款至第 7 款之項目（如闖紅燈），若行為人違反非得以逕行舉發之條款時，仍得逕行舉發[86]？會衍生此問題的癥結點在於：該法條並無任何概括條款資以適用。站在警察的立場來說，在前段「以當場舉發為原則」之前提下，常為了達到當場舉發之目的前往攔停而發生事故，甚至傷亡，呈現法定之逕行舉發條款尚嫌不足[87]。

站在法律的立場來看，立法者除了預設當場不能或不宜攔截製單舉發之要件外，另需符合琳瑯滿目的預設條款，例外確實已足，但卻無法適時回應實務需求。筆者認為，依法行政原則**本應凌駕**在「警察熱血」之上，因為，個別警察自以為是的正義感並非大眾的正義，執法履行正當法律程序本是義務，事後司法進行審查，鮮少因警察做了符合眾所期待之正義但違反法定程序，就不加以課責（縱然真有，法官即違法），則發生無法攔停當場不能或不宜攔截但「非」逕行舉發之法定條款，且未有裁量權收縮

[85] 相當多的司法實務見解亦為如此，如臺灣士林地方法院 105 年度交字第 267 號行政訴訟判決。

[86] 違規停車因警「開錯單」而罰？法官又判錯了？瀏覽網址：https://tw.appledaily.com/new/real-time/20171027/1229886/，瀏覽日期：2018 年 5 月 5 日。警見違規只錄影　偷懶不攔　判撤罰單，http://news.ltn.com.tw/news/society/paper/754158，瀏覽日期：2018 年 5 月 5 日。

[87] 107 年 4 月 23 日，國道 2 警遭撞死 涉肇事貨車駕駛 10 萬交保，瀏覽網址：http://www.cna.com.tw/news/firstnews/201804230197-1.aspx，瀏覽日期：2018 年 5 月 6 日。

至零情形時，「**不舉發**」才是合法的措置。

　　釐清當場舉發及逕行舉發之運用方法及次序後，第三個問題就會發生在職權舉發。107 年 3 月 23 日 15 時許，筆者接獲某分局督察組警務員代業務組承辦人來電詢問：「106 年 12 月 23 日勞權大遊行現場，現場許多執業律師為保障人民權利而與勞工朋友一同站立於道路上，受到警察以強制力排除至數個地點[88]……」之事實，警察是否得對占據道路行為人「**逕行舉發**」其違規？筆者釐清相關法條後回覆如下：

　　（一）行人占據道路，係違反道路交通管理處罰條例第 78 條之行為，依同條例第 8 條第 1 項第 2 款規定，由警察機關處罰。而違反道路交通管理事件統一裁罰基準及處理細則第 6 條第 2 項、第 10 條第 2 項第 3 款之規定：公路主管及警察機關就其主管業務，查獲違反道路交通管理之行為者，應本於職權舉發或處理之，則該分局於 107 年 3 月 23 日對 106 年 12 月 23 日有行人占據道路之行為，**應職權舉發而非逕行舉發**。

　　（二）為維持法安定性，現行的法律制度下，多數設有一定時效，經過後權力（利）設有消滅或障礙之明文，該分局於 107 年 3 月 23 日對 106 年 12 月 23 日行人占據道路行為之時效有否經過而無法職權舉發？按道路交通管理處罰條例第 90 條規定：違反本條例之行為，自行為成立之日起；行為有連續或繼續之狀態者，自行為終了之日起，逾三個月不得舉發。復按同條例第 2 條、行政程序法第 48 條第 2 項之規定，期間以日、星期、月或年計算者，其始日不計算在內，則 106 年 12 月 23 日之違規日不計算在內而自翌日 24 日起算三個月的第一天至 107 年 3 月 24 日**始逾**三個月的首日；也就是說，107 年 3 月 24 日即不得職權舉發。經查，107 年 3 月 24 日為星期六，並無行政程序法第 48 條第 4 項將時效末日調整至其次星期一上午為期間末日之適用，其理由為：107 年 3 月 24 日「**已逾**」三個月之時效，而該條係以「**未逾**」期間方有調整必要為前提。

　　（三）基此，107 年 3 月 23 日為警察本於職權舉發之末日，倘無法作成處分，翌日已罹於時效，不得舉發。

---

[88]　丟包律師，有這麼嚴重嗎？瀏覽網址：https://tw.appledaily.com/new/realtime/20171228/1268076/，瀏覽日期：2018 年 5 月 7 日。

二、舉發單之性質

　　無論何種舉發類型，警察處罰時當需作成舉發單，其量微質難爭議所在的首要課題，就是舉發通知單是否具有處分之性質，同時也是行政法理論體系開展的核心概念，此一問題之重要，不僅攸關人民能否即如何對之提起救濟，另外亦涉及了舉發通知單的法定形式、生效要件及應遵守之正當法律程序。

　　司法見解認為[89]，舉發通知單乃裁決書的先行書面，其對行為人產生特定之拘束效果，惟處罰之最終依據仍為裁決書，則該通知單僅發生暫時確定之法律效果，與暫時性行政處分性質相近，應定性為「暫時性行政處分」。另一種論證是，舉發通知單，乃法律針對罰緩之處罰明定之制度，建立在舉發與裁決的二元裁罰體系上，其依據為道路交通管理處罰條例第9條以受處罰人接獲違反道路交通管理事件通知單為前提[90]，則該程序構造創設出的舉發通知單，亦定性「暫時性行政處分」為宜。是以，舉發通知單定性為暫時性行政處分，當影響後續舉發程序何者優先適用之問題，請讀者先將舉發通知單定性為「暫時性行政處分」。

三、舉發程序

　　現行法適用違反道路交通事件之程序何者孰先？何者孰後？一直是一個難解的問題，尤其是本部法令「道路交通管理處罰條例」（下稱處罰條例）乃自民國57年2月5日即公布，相關子法規「道路交通安全規則」（下稱安全規則）及「違反道路交通管理事件統一裁罰基準」（下稱處理細則）分別在57年4月5日及59年5月15日訂定發布後，行政程序法才在三十年後的90年1月1日施行，再經過四年後的94年2月5日制定並公布行政罰法於一年後施行，盤根錯節的立法歷程，不同時間立法當代思考的差異，更添實務適用上的疑難。

　　按處理細則第2條第1項規定，處理違反道路交通管理事件之程序及統一裁罰基準依本細則之規定辦理，很明顯可知是一個特別規定，在舉發程序上應適用該細則。惟前揭已將舉發通知單定性為「暫時性行政處

---

[89]　詳參閱桃園地方法院101年度交字第67號行政訴訟判決。
[90]　李建良，交通違規舉發通知單的法律性質與法治要求，警察法學第16期，2017年，頁219。

分」，行政程序法第 2 條第 1 項明文行政機關作成行政處分行爲之程序，亦有行政程序法之適用，則該法與處理細則間關係，未有衝突規定時應位居補充地位；有衝突規定時究竟如何排序，便產生實務運作認知上的困難[91]。

再從行政罰法第 1 條之立場與處罰條例第 8 條第 2 項、處理細則第 40 條及行政程序法第 2 條第 1 項相互比較，更得出發生衝突之給予陳述意見[92]之事項上，補充法（行政程序法、行政罰法）本就爲特別法未規定事項居於補充，卻在特別法（處罰條例）的「應、得」之間看似具備排除關係[93]，而問題源頭就是發生在舉發通知單具有處分之定性上。

筆者認爲，處罰條例、行政程序法、行政罰法中有關程序重疊的規定，發生衝突時適用的次序，第一優先選擇永遠爲處罰條例及其所屬細部規定，才不會失卻特別法的地位，也是彰顯立法者的特別安排。至未衝突的適用次序，第一優先選擇仍爲處罰條例及其所屬細部規定，倘對特定事項均無規範，方有第二順序行政程序法、行政罰法加以補充的空間。

釐清相關法令間優先適用的問題後，即可畫出警察作成舉發通知單按圖索驥的軌跡，可簡化成「程序開啓」、「調查證據」（含陳述意見）、「履行告知」及「作成決定」四個重要的程序區塊：

（一）程序開啓

舉發程序的開啓，受到舉發方式的影響而有不同的開啓方式，自處理細則第 10 條第 1 項規定「交通勤務警察或依法令執行交通稽查任務人員，對於違反道路交通管理事件之稽查，應認眞執行，其有不服稽查而逃逸之人，得追蹤稽查之」對應至行政程序法第 34 條前段「行政程序之開啓，由行政機關依職權定之」可知，稽查就是其中一種舉發方式的程序始點；當然，也有搭配當事人[94]申請而開啓的程序始點，如處罰條例第 7 條之 1、處理細則第 10 條第 2 項第 5 款的民眾檢舉。

---

[91] 例如：處罰條例第 8 條第 2 項、處理細則第 40 條明文處罰於裁決前，「應」給予違規行爲人陳述意見之機會，但在一次同時攔停十部以上未依標誌二段式左轉之機車之情形（作成大量同種類之處分），行政程序法第 103 條有否可能替代處罰條例加以適用之餘地？即爲實務運作認知上之衝突規定。

[92] 參照處罰條例第 8 條第 2 項、行政程序法第 103 條第 1 款、行政罰法第 42 條第 3 款。

[93] 李建良，交通違規舉發通知單的法律性質與法治要求，警察法學第 16 期，2017 年，頁 220。

[94] 或許有讀者會質疑，民眾檢舉怎麼會是當事人？請參照行政程序法第 20 條第 5 款。

　　無論何種舉發方式所創設的程序始點，從正當法律程序之觀點以度，皆需符合相關職權法定要件之門檻，才是一個合法程序的開啓，除此之外，應均可得到程序違法的結論。例如：無論有無違規行爲的取締酒後駕車，至少必須達到警察職權行使法第 8 條第 1 項「客觀合理判斷易生危害」之法定要件（門檻），後續執行攔停建立開啓程序始點的警察活動，方可稱合法。

　　行政程序開啓的始點，代表著國家行政行爲一定會受到法規、原理、原則之拘束，可說是一個控制開關。警察見有違反道路交通管理事件所爲攔停，執行舉發過程因程序的合法開啓，開始有一連串的程序作爲需要履行，此時點後正面意義看似雖拘束著國家，反面卻代表著不可因舉發交通違規是質輕量多，便省略了本就應按照程序規定履行的義務，白話地說：做好**本來**就該做好的工作，才是正本清源的想法。

（二）調查證據（含陳述意見）

　　由於違反行政法上義務事實之存否，與證據密不可分，而處罰條例、安全規則及處理細則並未多加著墨警察如何調查已經違規之證據，當需透過位居補充地位之行政程序法、行政罰法來說明。但違規通常都在一瞬間發生即結束，又難以違法調閱路口錄影監視畫面，事實上客觀的直接證據難已形成，但無法免除警察應依職權調查證據之義務。

　　爲能具體說明，以下討論假設在此前提：警察站在路口指揮交通，發現有一機車未依二段式左轉的違規行爲加以攔停，違規車輛裝設自有行車紀錄器且正常運作，準備舉發。

1. 舉證責任之分配

　　舉發違反道路交通事件過程之舉證責任，對司法實務、警察可說是相當陌生，絕非空言。筆者曾協助同爲**警察**的同事（原告），對地區派出所**警察**所爲之逕行舉發「行經路口未禮讓行人」及「不服取締稽查」等二項違規不服而提起行政撤銷訴訟，言詞辯論庭上，承審法官親口說出因承審本件訴訟明晰原告遞狀所提起之抗辯理由後，使自己（法官）駕駛車輛觀察路上警察揮動的手勢，有時眞分不清楚究竟對自己是攔停或指揮快速通行，莫衷一是。另一方面，**警察**法規領域內亦鮮少探討，但舉發程序中的

舉證責任並非全新課題，只是將問題恝置不顧。基此，當有必要加以說明舉發違規事實存否之舉證責任，國家有否明文受到分配。

　　行政罰法第 7 條規定，違反行政法上義務之行為非出於故意或過失者，不予處罰；也就是說，舉發違反道路交通管理行為之行為人，至少需出於過失，方才處罰。再者，處罰條例第 85 條第 4 項說明依本條例規定逕行舉發或同時併處罰其他人之案件，推定受逕行舉發人或該其他人有過失；也就是說，該條例已經幫警察在「逕行舉發」或「同時併處罰其他人」之案件二種類型，以立法方式推定該二種類型的處罰對象有過失，使警察毋庸舉證，除此之外，皆需舉證違反行政法上義務之行為人有故意或過失。依此，立法者預設推定過失之制度後，在制定行政罰法第 7 條的立法理由[95]中指明：現代民主國家對於行為人違反行政法上義務欲加以處罰時，應由國家負證明行為人有故意或過失之舉證責任，方為保障人權之進步立法；也就是說，負責舉發工作的警察，應負舉證。

　　依前揭說明，以現行法定舉發方式計有五種，扣除前揭「逕行舉發」或「同時併處罰其他人」之案件二種類型已被立法者推定有過失，尚有「當場舉發」、「職權舉發」、「肇事舉發」及「敘明違規事實之民眾檢舉舉發」四種，皆需舉證舉發所依賴的事實中行為人就違反行政法上義務有故意或過失之責任，並無例外。目前警察舉證最困難的舉發方式即為「當場舉發」[96]，原因不外乎有：違規行為稍縱即逝、隨身科技工具無法全面呈現所有違規畫面等等，若無法舉證便不能舉發，對維護交通秩序的執法將產生缺漏情形。況且，舉證之證據方法並非僅有隨身蒐證畫面矣，讀者切勿陷入實務運作迷思的說法。

　　綜上，依上揭前提：警察站在路口指揮交通，發現有一機車未依二段式左轉的違規行為加以攔停，本就應對駕駛人「未依二段式左轉的違規行為」之故意或過失加以舉證，而如何舉證？悉依下述**證據方法**之說明。

[95] 立法院國會圖書館；瀏覽網址：https://lis.ly.gov.tw/lglawc/lawsingle?001F7480D51F00000000000000000014
0000000400FFFFFD00^01854094011400^00022001001，瀏覽日期：2018 年 5 月 9 日。
[96] 讀者必須釐清，法條上的當場舉發，指處罰條例第 12 條至第 68 條而言，而第 69 條至第 84 條（如行人、攤販）係本於「職權舉發」而非「當場舉發」，切勿混淆。

2.證據方法

舉發程序的證據方法，本質上的概念與各訴訟法之證據方法相當雷同，可類分為：「人」與「物」的證據方法兩個部分。「人」的證據方法主要是透過「說（供述）」加以呈現；「物」的證據方法主要是以書證、鑑定或勘驗（非供述）加以呈現。例如：舉發當下的隨身蒐證畫面，可以透過播放（勘驗）之方法呈現違規的事實；聆聽當事人的抗辯（供述），資以判斷是否違反經驗法則。惟證據方法於處罰條例及處理細則（特別法）均未規範，則需視其他（普通法）法令之規定，方得明瞭。

行政程序法第一章第六節為調查事實及證據定有明文，內文有：第36條的職權調查原則、第37條的自行提出及申請調查證據、第38條的行政機關調查證據作成書面紀錄、第39條的相關之人到場陳述意見、第40條的要求當事人提供必要之文書、第41條的選定鑑定人、第42條的實施勘驗等方法。然行政罰法第八章的裁處程序，內文中第36條的扣留，係對前揭「物」的證據方法取得的手段而言，並無一般實務工作者認為有疊床架屋之規定。

綜上，依上揭前提：警察站在路口指揮交通，發現有一機車未依二段式左轉的違規行為加以攔停後，警察得依法之作為如下：

(1) 人之證據方法

詢問駕駛人因何違規？給予陳述意見之機會，乃履行處罰條例第8條第2項、處理細則第40條、行政程序法第102條、行政罰法第42條之程序。例如（舉發過程錄影舉證）：先生（小姐）不好意思，這個路口設有普通機車需二段式左轉的標誌，您直接轉過來是發生什麼事了嗎？如回答：「我沒看見！」代表：至少有過失，當得舉發。

詢問同案違規行為人或本在違規駕駛車輛後方之人車，有否親見受舉發人之違規行為？並作成紀錄，係依行政程序法第39條規定行之。或許有讀者會想，依現在社會多一事不如少一事的心態中，究竟有多少同案違規人或親見違規行為之駕駛人會誠實或見義勇為地說出事實？筆者分享，將**不爭執**或**默認的不說**錄影下來，其實就是至少有過失行為的呈現，縱然在事後提起**救濟程序**中再事辯駁並非現場不爭執，但不影響**舉發程序**中取

得證據的合法性，畢竟，警察只需牢記當下合法履行舉發程序，進入救濟程序後並不會變成違法舉發。例如（舉發過程錄影舉證）：先生（小姐）不好意思，這個路口設有普通機車需二段式左轉的標誌，您們二個人一起直接轉過來是發生什麼事了嗎？如回答：「我是跟著他（指同案違規之前車）一起轉過來的！」便是指證前車之供述，當得作為違舉發前車至少有過失違規之舉證。

另一種實務常有的慣行，即自「人」轉換成「物」的證據方法，係將違規舉發過程登載在工作紀錄（準）文書上，從供述（說）變成具物理狀態的非供述（書證）證據，此舉乃依行政程序法第 38 條之規定，將警察所見之違規事實據實製作書面紀錄，供作舉證之證據。依筆者十多年外勤執勤經驗，一般警察不會自己莫名找麻煩且用此種爭議的舉證方式加以舉發，類此書寫工作紀錄的實務慣行，多源自發生舉發爭執後自清的作法，而紀錄據以舉發則相當少數，依法仍得為之。

(2) 物之證據方法

違規事實有時需透過必要文書、資料或物品加以澄清，如下舉一適例。筆者於民國 95 年 9 月間服務於北投分局石牌派出所，一日午后擔服在石牌路一段、自強街 5 巷路口下班巔峰時間的交整勤務。由於常見許多民間救護車為免受交通壅塞之苦而違規鳴放警報器取得優先路權通過路口後，執行交整的警察恢復路口順暢車流至少需 15 分鐘以上，苦思方法欲遏止歪風。某日，筆者遠方即確認某民間救護車內並無載運病患卻鳴放警報器闖越紅燈而來[97]，遂舉起指揮棒將車輛攔停路旁，附近鄰人皆驚訝不已竊竊私語，救護車駕駛人也一頭霧水。筆者當下詢問駕駛人：「你在執行什麼緊急任務？」駕駛人：「……！（面露難色）」我：「你車上根本沒有病患，為什麼鳴警報器？手機拿出來，我看有沒有**公司打電話給你的通話紀錄**？還是你有**出勤紀錄**？」駕駛人：「沒有，是……我女朋友趕著上課……云云。」讀者可知，筆者為何能請該駕駛人出示「手機的通話紀錄」、「緊急救護出勤紀錄」？其援引行政程序法第 40 條之規定作為執

---

[97] 這個行為已經違反緊急醫療救護法第 17 條第 2 項、第 42 條第 1 款，警察得依緊急醫療救護法施行細則第 5 條第 2 項規定以交通舉發單舉發之，並依同條第 1 項取締後將舉發單移送當地衛生主管機關裁罰。

法依據，當無不可。依上揭前提：警察站在路口指揮交通，發現有一機車未依二段式左轉的違規行為加以攔停而需援引行政程序法第 40 條作為舉證之方法，可能會發生在該機車有行車紀錄器時，該紀錄器攝錄之畫面應係釐清事實之必要資料或物品；惟是，該條文屬任意性之規範，民眾有拒絕提供的權利（另分述於下之任意性提供證據），不得強制為之。

調查違規事實的證據方法包含「鑑定」，令具有專業知識之人透過專業判斷作為舉發之基礎，多出現在與監理站人員之聯合稽查勤務，依其鑑定意見作為舉發。例如：聯合稽查勤務，監理站人員對車輛有否處罰條例第 16 條、第 18 條相關如：排氣管、消音器設備不全、擅自增減、變更原有規格、汽車車身、引擎、底盤、電系等重大設備變更或調換違規之鑑定後，乃援引行政程序法第 41 條第 1 項之規定，作為舉發事實之舉證。依上揭前提：警察站在路口指揮交通，發現有一機車未依二段式左轉的違規行為加以攔停而需援引行政程序法第 41 條作為舉證之方法，無處可用。

最接近事實的證據方法，當屬「勘驗」，而現今科技影音工具，便是透過此證據方法使感官器官接收訊號感知作為判斷的基礎，而勘驗的客體可能是：警察自身的隨身蒐證器材或違規駕駛人裝設自有的行車紀錄器，亦可能擴及第三人所有的科技工具，只是，實施勘驗前提必須是合法的取得，而其授權即來自行政程序法第 42 條第 1 項。依上揭前提：警察站在路口指揮交通，發現有一機車未依二段式左轉的違規行為加以攔停而需援引行政程序法第 42 條作為舉證之方法，當得勘驗**合法**取得之影音畫面，以瞭解事實真相。

3. 任意性之取證

違反道路交通事件之行為，屬破壞行車秩序之一環，其違反之惡性尚屬輕微，國家施以處罰之手段亦應相秤，多擇以罰鍰為之，則違反義務的輕微行為相對應於施以處罰或調查的手段，亦需相當。依此，上揭說明舉證之證據方法，立法者並未於法律授權中如刑事訴訟法般賦予執行者有強制力，除特定少數職權外，皆具備任意性，民眾面對警察稽查時行使法明文之**公權力**，當有拒絕供述、提出之**權利**，只是，拒絕產生不利益之後果，是顯現在行政機關綜合全部證據作成之決定上。

　　多數警察很容易誤解一個觀念：假設**明文授權**警察有某個職權，便是民眾有**強制配合**的義務，如此思考有相當大的問題。行政處罰輕微，立法者不可能給執行者過大的職權，論述至此，看似警察在調查證據的手段多樣，但不代表每個規範均爲強制性，只有載明「強制」二字的明文，方爲強制性職權；其他，皆爲任意性。簡單來說，強制性職權一定是在法律條文中有明文規定「強制」（如社會秩序維護法第 42 條之**強制**到場）之文字，沒有強制二字，多數 [98] 就是任意性，不得強制民眾配合執行；另一方面，民眾有拒絕的權利，縱然後續課予處罰 [99]，拒絕權利也不會消失，讀者必須明辨，方能無愚地執法，才不會再三發生誤解法令戕害民眾基本權利的情形。

　　依上揭前提：警察站在路口指揮交通，發現有一機車未依二段式左轉的違規行爲加以攔停後，縱然機車騎士車內裝有行車紀錄器，除了駕駛人任意提供紀錄器影像外，警察不得強制民眾交付行車紀錄器。

4. 意見陳述

　　依據上開說明處罰條例第 8 條第 2 項、處理細則第 40 條、行政程序法第 102 條及行政罰法第 42 條間關係之結論，優先適用處罰條例第 8 條第 2 項、處理細則第 40 條之規定，在「**裁決**」前「**應**」給予行爲人意見陳述之機會。

　　至此，問題是：警察「**舉發**」時，給予行爲人陳述意見是否**應爲**之作爲？筆者認爲，依現有違反道路交通裁罰程序有三 [100]：一爲三十日內不經裁決逕依罰緩最低額繳納結案；二爲不服舉發事實在陳述意見後裁決；三爲不依限聽候裁決且未依限繳納罰緩或未向處罰機關陳述意見之逕行裁決，處罰條例第 8 條第 2 項、處理細則第 40 條並非警察**執行舉發**之特別規定，應以位居補充之行政程序法第 102 條及行政罰法第 42 條作爲是否

---

[98] 筆者爲何載明「多數」？因爲，還有很多條文必須透過解釋才能知悉是否有無強制力。例如：警察職權行使法第 8 條第 2 項規定：「警察因前項交通工具之駕駛人或乘客有異常舉動而合理懷疑其將有危害行爲時，得強制其離車；有事實足認有犯罪之虞者，並得檢查交通工具。」之文字中，符合要件即得強制民眾離車，但標點符號分號後有關檢查交通工具之職權，雖無強制二字，解釋上仍係分號前強制而來亦具備強制力，應爲適例。

[99] 參照道路交通管理處罰條例第 35 條第 3 項之拒絕酒精濃度呼氣檢測及社會秩序維護法第 67 條第 2 款之拒絕陳述年籍之處罰。

[100] 李建良，交通違規舉發通知單的法律性質與法治要求，警察法學第 16 期，2017 年，頁 219。

意見陳述之授權，理由在於：處罰條例第 8 條第 2 項、處理細則第 40 條之規定係指「裁決」，非警察「作成處分」之當下，並無適用之餘地。依此，上揭註 91 所舉之例（一次攔停十部以上違規機車），即有行政程序法第 103 條例外規定之適用，而毋庸給予受舉發人陳述意見之機會。

也就是說，警察執行舉發應適用行政程序法、行政罰法之規定，原則應給予受舉發人陳述意見之機會，例外有法定情形得不給予。依上揭前提：警察站在路口指揮交通，發現有一機車未依二段式左轉的違規行為加以攔停後，原則應給予陳述意見之機會，有例外情形時，得不給予。

（三）履行告知

警察舉發違反道路交通事件需否履行告知義務，仍視舉發方式而異其義務，如：逕行舉發不可能履行告知，即有不同。則多數情形均聚焦在當場舉發；少數情形發生在拒絕收受舉發單，依法需增加告知事項。

處理細則第 11 條第 2 項明文，交通勤務警察或依法令執行交通稽查任務人員依前項規定舉發時，應告知駕駛人或行為人之違規行為及違反之法規；對於依規定需責令改正、禁止通行、禁止其行駛、禁止其駕駛者、補換牌照、駕照等事項，應當場告知該駕駛人或同車之汽車所有人，並於通知單記明其事項或事件情節及處理意見，供裁決參考。基此，警察執行舉發的共通告知事項為：「駕駛人或行為人之**違規行為及違反之法規**」；**特別**告知事項：發生依規定需責令改正、禁止通行、禁止其行駛、禁止其駕駛者、補換牌照、駕照等事項「應當場告知該駕駛人或同車之汽車所有人」，同時於通知單記明其事項或事件情節及處理意見，供裁決參考。但當場舉發發生拒絕收受舉發通知單時[101]，**再增加**應告知「其應到案時間及處所」，並記明事由與告知事項，履行後之法律效果係視為已收受。

作成處分之意旨、不服行政處分之救濟方法、救濟期間及救濟受理機關等事項，係載明於書面之舉發單內，各事項攸關民眾權益甚鉅，依筆者觀察，現今警察有過半數會在舉發時口頭併為告知，這是否亦為**法定**告知？行政程序法第 96 條第 1 項第 6 款有書面行政處分應記載事項之明文，同時分別在第 98 條、第 99 條有書面行政處分告知救濟期間錯誤或

---

[101] 參照違反道路交通管理事件統一裁罰基準及處理細則第 11 條第 1 項第 1 款後段。

未告知或錯誤聲明管轄應如何處置之規定，惟類些皆為「書面」行政處分之規定，則實務運作：口頭併為告知本身並非履行法定告知義務之慣行，發生書面與口頭不一或錯誤的法律效果為何？筆者認為，形成如此的行政慣行，乃舉發通單內要式應記載事項繁瑣，導致印刷字體相對小，多數民眾不會看，而是受舉發當下以發問方式獲知資訊，包含前揭攸關權益的內容，在口頭與書面獲得資訊同等重要之前提，其發生不一或錯誤的法律效果，應類推適用相關規定作為準據，如：視為法定救濟期間內所為之法律行為等，才是真正保障權利的做法。依此，警察舉發時，依法可以不用回答任何有關作成處分之意旨、不服行政處分之救濟方法、救濟期間及救濟受理機關等事項，因舉發單內均有載明；惟以口頭併為告知，發生兩相不一或錯誤的情形，應類推適用相關法律效果，以維權利。

　　依上揭前提：警察站在路口指揮交通，發現有一機車未依二段式左轉的違規行為加以攔停後，應履告知違規行為及違反之法規，後續若有特別告知事項或當場舉發拒絕收受通知單情形發生，應另行告知之。

（四）作成決定

　　行政程序法第 43 條規定：「行政機關為處分或其他行政行為，應斟酌全部陳述與調查事實及證據之結果，依論理及經驗法則判斷事實之真偽，並將其決定及理由告知當事人」，乃對已經履行相關程序、調查事實及證據之結果，作出舉發與否之明文。簡言之，違反道路交通事件舉發現場的陳述意見、共同違規人指證、任意提出行車紀錄器錄影畫面、自己蒐證畫面等皆已調查完備後，已可認定事實，若無其他考量（如勸導），應即作成舉發之決定。

　　作成決定並非漫無限制，需建立在論理及經驗法則之上；反面地說，違反論理及經驗法則的舉發決定，就是違法裁量。所謂論理法則，泛指人類思考作用之邏輯法則，亦即利用推理法則作成結論之過程[102]；而所謂經驗法則，通常指人類日常生活經驗所歸納之一切知識或定則[103]，雖有前鑑

---

[102] 蔡茂寅、林明鏘、李建良、周志宏等合著，行政程序法實用，2013 年 11 月，頁 99。
[103] 關於經驗法則之整理，請參照陳柏菁，「經驗法則」初探，收錄於城仲模編，行政法之一般法律原則（二），1997 年 7 月，頁 353 以下。

謂論理法則乃經驗法則之一種[104]。例如：機車是否能平穩轉彎取決於輪胎是否氣飽，此句話即代表科學推理作成關聯之結論，指論理法則；某路口有機車二段式轉彎之標誌，警察看見在眾多車流中出現一輛普通重型機車隨汽車車流一同轉彎，依據生活經驗該機車應有違反轉彎規定，指經驗法則。

　　基此，警察不能無由作成舉發之決定，判斷事實之真偽亦不能違背論理及經驗法則，調查事實及證據的相關職權，亦在給予警察舉證之合法工具，使舉發決定保持在適度之範圍，有這麼多法令提供警察舉發時相互運用，不知，讀者知幾分？

四、舉發之競合

　　違反道路交通事件的舉發方式已如前述，但一個違規事實中可能有多種舉發方式可供選擇。例如：警察取締行人違規，同時該當當場舉發及職權舉發兩種方式；又如：警察對有不服稽查而逃逸之人、車，得追蹤稽查之，在後追蹤係當場舉發的一部分，合於法定條款及要件，亦得逕行舉發之謂。

　　通常，舉發方式的競合，多數與比例原則有關。目前舉發競合方式共有下列組合：1. 當場舉發＋逕行舉發。2. 當場舉發＋職權舉發。3. 當場舉發＋民眾檢舉舉發。4. 逕行舉發＋民眾檢舉舉發，依目前規範，只有肇事舉發是獨立於現場執行稽查以外的舉發方式。執行稽查時，少數違規駕駛人可能因單一原因不停或複合原因逃逸，在當場舉發為原則之前提下，警察在後追逐不在少數。但法令並無賦予毫無限制的追蹤稽查，既然追蹤稽查係當場舉發的一部分，則逕行舉發應為當場舉發最小手段的必要選擇，兩種舉發競合的判斷，成為論述比例原則之方法，銜以目的導引，即可相互運用。

五、舉發救濟

　　處罰條例第 87 條規定：「受處分人不服第八條或第三十七條第五項處罰之裁決者，應以原處分機關為被告，逕向管轄之地方法院行政訴訟庭

---

[104] 參照曹鴻蘭等，違背經驗法則之研究——以事實認定為中心，民事訴訟法研究會第 38 次研討紀錄，法學叢刊第 143 期，1991 年 7 月，頁 186。

提起訴訟；其中撤銷訴訟之提起，應於裁決書送達後三十日之不變期間內為之。」此規定乃隨行政訴訟法第 237 條之修正。只不過，提起撤銷訴訟的程序標的是「裁決書」，與「舉發通知單」不同。由於目前特別法之處理細則並未就舉發單之救濟別有明文，則需回歸普通法加以探究。

舉發單之法律性質為暫時性行政處分已如前述，則行政程序法即有適用，而現行對舉發單提起救濟，多數藉由陳情途徑以行政違失之陳情為名使警察進行程序、實體審查，與上開提起行政訴訟無涉。審查後之結果會有兩種情形，一為維持原舉發決定，也是結果之大宗；一為違法撤銷[105]，乃少數之結果。依此，維持原舉發決定既是陳情後結果之大宗，究其原因多來自人性，因為，不會有人主動把石頭舉起來砸自己的腳，只有在明顯不合法的情形，才可能由自己或上級為全部或一部撤銷之。

讀者必須明白，提起救濟的範圍，依法[106]是整個舉發過程所有的決定或處置在最後實體決定一併聲明不服，並非對每個不同決定或處置個別提起救濟，其目的乃訴訟經濟之考量。例如：在交通舉發過程中，受舉發人對警察的攔停授權依據、檢視行車紀錄器、現場舉證不足、相互口角、只對自己舉發而其他人放行等決定或處置，只能在最後作成舉發通知單後，就此（實體決定）認為有行政違失陳情時一併聲明不服，而無法個別提起救濟。

此外，還有一個法律高度重疊的課題深深困擾基層人員，但卻早有規範，其中在 104 年 6 月 1 日亦有修正，即：已作成舉發的執行過程，受舉發人仍要求警察依警察職權行使法第 29 條開立異議書，是否應另行製發？內政部警政署在民國 96 年新頒訂各項程序彙編項目中，並未將取締一般交通違規作業程序臚列在內，係於民國 99 年 7 月 30 日始見該作業程序出現在程序彙編中，程序中載明「駕駛人或行為人對交通稽查之方法、程序或其他侵害當事人利益情事，提出異議時，……但經民眾請求者，應給予載明稽查過程之交通稽查紀錄單」（已製單舉發者，得於舉發通知單上載明稽查過程），也就是說，只要製單舉發後，民眾請求開立稽查紀錄皆

---

[105] 違法撤銷行政處分之依據，係基於行政程序法第 117 條，成為多數有行政違失而撤銷之理由。立法者給予原處分機關有非常大的職權空間，只要在職權範圍內，皆得為全部或一部撤銷。
[106] 參照行政程序法第 174 條。

得於舉發通知單內載明稽查的異議，無需另為製發異議書。再至104年6月1日的版本中，已將原99年版修正為「駕駛人或行為人對交通稽查之方法、程序或其他侵害當事人利益情事，提出異議時，依下列規定給予表單：(1) 對於交通違規稽查有異議者，應於通知單記明其事件情節及處理意見。(2) 對於非屬交通違規稽查行使職權部分，受盤查人當場陳述理由，表示異議，並經其請求時，應填具警察行使職權民眾異議紀錄表交予當事人。」也就是說，審查受舉發人提出異議或理由之內容，分別以與交通稽查有無關係而規定了不同作法。依此，網路上流傳說「被警察舉發時可以同時要求開立異議書，如果不開就是違法……可以撤銷罰單」等資訊，與現行法制及規定確實不符。

參、實施勸導

現今警察實務對勸導職權一直有著相當模糊的概念，第一個就是：少部分警察對沒有違規的民眾仍執行勸導？此問題即代表著未釐清：執行勸導乃以「有違反」處罰條例為前提，除此之外，看似輔導、協助、勸告、建議等作為，均稱為：行政指導。

再者，內政部警政署的實務見解認為，得以實施勸導的項目，僅限於處理細則第12條第1項各款為前提，尚需具備未嚴重危害交通安全、秩序且情節輕微等要件方得執行勸導。筆者認為，此實務見解自民國95年2月5日正式施行的行政罰法出現後便應該揚棄；也就是說，警察得施以勸導之範圍，本不限定在處理細則第12條第1項各款為前提。

一、實務認定得以勸導之項目

（一）有本條例第14條第2項第2款、第25條第2項、第31條第5項、第31條之1第3項、第41條、第44條第1項第1款、第3款至第7款、第52條、第69條第2項、第71條、第72條、第73條第1項第1款至第3款、第5款、第74條、第76條、第81條、第82條第1項第1款或第84條之情形。

（二）駕駛四輪以上汽車於號誌燈號變換之際，因未能依號誌指示及時停止，致前懸部分伸越在機車停等區內，惟前輪尚未進入該停等區內。

（三）駕駛汽車於號誌燈號變換之際，因未能依號誌指示及時停止，

致前懸部分伸越停止線，惟前輪尚未超越該停止線。

（四）駕駛大型車輛在多車道右轉彎，因車輛本身、道路或交通狀況等限制，如於外側車道顯無法安全完成，致未能先駛入外側車道。

（五）駕駛汽車因上、下客、貨，致有本條例第55條之情形，惟尚無妨礙其他人、車通行。

（六）深夜時段（零至六時）停車，有本條例第56條第1項之情形。但於身心障礙專用停車位違規停車或停車顯有妨礙消防安全之虞，或妨礙其他人車通行經人檢舉者，不在此限。

（七）駕駛汽車因交通管制設施設置不明確或受他物遮蔽，致違反該設施之指示。

（八）駕駛汽車在交通管制設施變換之處所，致無法即時依變換後之設施指示行駛。

（九）駕駛汽車隨行於大型車輛後方，因視線受阻，致無法即時依標誌、標線、號誌之指示行駛。

（十）駕駛汽車因緊急救護傷患或接送身心障礙者上、下車，致違反本條例規定。

（十一）駕駛汽車行車速度超過規定之最高時速未逾十公里。

（十二）駕駛汽車或慢車經測試檢定，其吐氣所含酒精濃度超過規定之標準值未逾每公升0.02毫克。

（十三）駕駛汽車裝載貨物超過核定之總重量或總聯結重量，未逾百分之十。

（十四）駕駛汽車因閃避突發之意外狀況，致違反本條例規定。

（十五）因客觀具體事實，致違反本條例規定係出於不得已之行為。

（十六）其他經交通部及內政部會商核定之情形。

二、行政罰法便宜原則

該法第19條第1項規定：違反行政法上義務應受法定最高額新臺幣3,000元以下罰鍰之處罰，其情節輕微，認以不處罰為適當者，得免予處罰。

三、小結

　　首要，依上述二規定可知，警察實務認定得以勸導之項目為**列舉**規定，非列舉於內之違規行為，皆不得勸導。但自行政罰法施行後，其自有勸導職權並未限定任何條款，主要係因公務機關組織繁瑣、職權各別、處罰法規零散，僅定以處罰罰鍰最高額新臺幣 3,000 元以下，作為便宜勸導之條件。比較兩規定的差異，為硬性或彈性。

　　但行政罰法第 1 條明文：「違反行政法上義務而受罰鍰、沒入或其他種類行政罰之處罰時，適用本法；但其他法律有特別規定者，從其規定」顯示，處罰條例多以罰鍰作為處罰而有該法之適用，自此，看似亦優先適用特別規定（處理細則）之結論。惟但書規定「其他法律有特別規定者」，方從其規定；非法律，則無由適用該特別規定。然謂法律：乃經立法院通過，總統公布[107]，則處理細則係授權命令，非法律，尚無但書之適用。依此，執行勸導的職權自行政罰法正式施行後，處理細則第 12 條應不再適用，而需回歸至該法第 19 條設定的罰鍰最高額新臺幣 3,000 元以下，方才符合但書規定「其他**法律**有特別規定者，從其規定」之法制，現在實務仍認定應適用的列舉規定，充滿疑義。

第三款　身分區分綜合探討

　　實務運作守望勤務的組合方式，實際相當複雜，筆者前述雖僅以二個「集會遊行」及「整理交通」經常與法互有碰撞的命題作為論據，但當觸及身分問題時，將受到原本主要勤務作用，使守望更難析離主從、次序或重合關係之身分。基此，為避免疊床架屋或屢生齟齬，以下將配合前揭論述，聚焦在單純執行警戒、警衛、管制及整理交通秩序二個部分加以說明之：

壹、警戒、警衛、管制

　　依前揭探討集會遊行場合執行警戒、警衛、管制權限的作用，各別權限有程度上的差異，尤其呈現在單純執行警戒工作，更顯得與具禁制外觀

---

[107] 參照中央法規標準法第 4 條。

的警衛、管制有著不同；依此，其作用之身分實質存在著差異。更特別的是，現今呈現在實務運作的守望，多數是家主權的延伸，實際執行與行政警察基於國家之一般統治權，對人民加以命令、強制，並限制其自然之自由作用並無關連，雖然警衛、管制工作有著禁制外觀，亦僅是代駐守之機關行使家主權限罷了，與國家基於統治權般之行使有別。又非如犯罪偵查、逮捕嫌犯及其他關於司法事項且以犯罪追訴爲目的而實行之作用，使得判斷身分關係越趨模糊。

然警衛、管制工作之部分依據，可溯引自警察職權行使法第27條之規定，建立在爲排除危害得將妨礙之人、車暫時驅離或禁止進入之職權上，先將家主權限行使部分擱置不論，外觀即有著基於國家之一般統治權，對人民加以命令、強制，並限制其自然之自由作用，可以明顯地應類歸至具備行政警察身分。

則，義務人或利害關係人對警察依警察職權行使法行使職權之方法、應遵守之程序或其他侵害利益之情事，得於警察行使職權時，當場陳述理由，表示異議，如認爲有違法或不當情事，致損害其權益者，得依法提起訴願或行政訴訟，更顯出基於即時強制之警衛、管制作用之管轄法院，乃行政法院無疑，而執行守望可說就是行政警察身分的展現。

貳、整理交通秩序

整理交通秩序的守望勤務，最複雜莫過於酒後駕車事件之取締（交整也會攔查到酒後駕車），其原因不出：因不同酒精濃度檢測值而有不同處罰規定，使執行程序有別等等問題，看似加深了身分關係的辯難。

單純整理交通及取締、稽查工作，本就與基於國家之一般統治權，對人民加以命令、強制，並限制其自然之自由作用相關，立法者預設後續救濟途徑亦係透過行政法院加以事後監督，則警察整理交通秩序執行取締稽查之身分，應係具備行政警察身分無疑。較爲特別之處係前揭酒後駕車事件之取締，究竟以酒精濃度檢測值作爲課處刑罰或行政罰之條件區分爲行政或刑事訴訟程序，其身分關係如何？當然，還有危險駕駛與妨害公衆往來安全罪之身分如何區分？皆是重要之課題。

筆者認爲，倘處罰係以酒精濃度檢測值作爲課處刑罰或行政罰之條

件，本身並不影響身分上之判斷！並且各自獨立存在。理由在於：執行整理交通秩序中發現有酒後駕車情形，在概念是基於國家之一般統治權所為加以命令、強制並限制其自然之自由作用，本係行政警察身分之作用，過程中出現逾越法定標準值（0.25mg/ℓ）的檢測證物後，行為人觸犯刑罰法律，當下即具備司法警察之身分，應履行刑事訴訟程序，可說是在一個連續不中斷的狀態進行身分之轉換。

參、曖昧不明之區間

　　單純守勢的守望勤務對於身分上之關係，原則不會有太多曖昧不明之區間，依筆者實務經驗，最可能發生在駕駛人有群聚飆車[108]、併排競駛[109]、超速行車之行為上，同時有刑法第 185 條及道路交通管理處罰條例第 43 條之適用，使警察取締、稽查之身分究竟為行政或司法警察身分？另一個實務難以區隔的問題，發生在集會遊行法第 25 條第 2 項之制止、命令解散之強制，若其目的含有違反法令後之逮捕，則無論何種強制，皆有身分判別之問題，畢竟，具備何種身分與如何提起訴訟息息相關。

　　發生在警察實務之曖昧區間，少有前鑑加以觸及，但運作上確實會發生身分混沌之概念，導致程序法令競合時容易誤解程序之履行路徑，造成外觀執法之一行為產生身分判別的重大障礙，縱然透過了後續提起訴訟過程釐清違法與否或罪責，仍無解於辨明身分工作及適用程序之問題。

　　職是之故，守望與其他勤務相較，發生在概念上的衝突或曖昧不明區間不在少數，自大法官解釋的數量可窺知端倪，尤其基於國家之一般統治權所為加以命令、強制並限制其自然之自由作用範圍廣泛，與以犯罪追訴為目地而實行之作用高度重疊，使一勤務外觀的執法授權及思考軌跡難以界定，造成判別身分上困難。筆者認為，欲徹底解決模糊、曖昧、不明的身分問題，應將零散的處分（不分強制處分及行政處分）規定，訂定專法，方能使外觀執法之一行為只有法律一評價。

---

[108] 參照最高法院 77 年臺上字第 2459 號刑事判決。
[109] 參照最高法院 94 年臺上字第 2863 號刑事判決。

第二項　刑事法規範

　　守望呈現在刑事法規範仍是被動、守勢的態樣，如何具體開展同樣有著警戒、警衛、管制外觀的勤務活動，刑事法上厥爲焦點。刑事法規範之思考起點，依然會聚焦在「案件」這個問題上，構成案件的個別要素，依然是以犯罪行爲、犯罪結果、條件關係、相當因果關係及行爲人故意或過失等加以判斷，方得洞悉事理。若守勢的守望勤務與刑事法規範之相關相對低度，則執行著警戒、警衛、管制及整理交通等工作將會單純許多，以下仍就同命題分述之：

第一款　警戒、警衛、管制

　　第一個抵達刑案現場通常都是第一線服勤的派出所人員，到場處理都知道自己的工作大抵是：救護傷患爲優先，保存跡證在後，執行管制等候鑑識人員前來採證。依此，呈現在刑案現場的警戒、管制工作，即爲守望（不論原本到場的勤務項目爲何），執行時便需建立相當概念，方能合法。

壹、警戒、管制刑案現場

一、授權依據

　　司法警察知有犯罪嫌疑者，應即開始調查，並將調查之情形報告該管檢察官及司法警察官，有必要時，得封鎖犯罪現場，並爲即時之勘察，刑事訴訟法第 231 條第 2 項、第 3 項明文授權警察有封鎖犯罪現場之職權，而該職權的外觀，便是守望勤務的態樣。

　　現場執行封鎖，其範圍應視現場環境及事實需要而定，原則以三道封鎖線爲準，必要時得實施交通管制。初期封鎖之範圍宜廣，待初步勘察後，視實際需要再行界定封鎖範圍[110]。然而，以臺灣現有環境及執行人員的管制工作，通常都無法達到原則性的三道封鎖線，可能只有在較爲空曠地區能確實做到；至位於人口居住高密度地點，幾乎二道就是極限，如：

---

[110] 參照犯罪偵查手冊第 67 點。

案發公寓 3 樓門口一道、公寓 1 樓出入口第二道，得使用現場封鎖帶、警戒繩索、標示牌、警示閃光燈或其他器材等，只要能達成保全現場目的之工具皆可[111]。

較有問題是，採訪新聞的媒體工作者常有畫面需求，需以拍攝、錄影等方式呈現刑案現場作為報導之用，甫畢業進入職場的警察新鮮人有時會遇見為搶獨家畫面的媒體朋友，說服使之進入管制、封鎖區域進行拍攝，但管制工作不落實，是否違法？犯罪偵查手冊明文，原則實施封鎖時，非經現場指揮官同意，任何人不得進入，以免破壞現場跡證。經許可進入現場者，應著帽套、手套、鞋套或其他裝備[112]，則封鎖現場主要目的既然是：防免跡證被破壞，有無違法至少與湮滅證據有關。

筆者認為，刑法第 165 條為湮滅刑事證據罪，處罰故意犯，以偽造、變造、湮滅或隱匿之犯罪行為，與關係他人刑事被告案件證據難被尋覓之犯罪結果，兩相具備條件關係及相當因果關係。則刑案現場的管制工作不落實，導致關係他人刑事被告案件證據受到拍攝現場畫面之媒體人員「故意」湮滅或隱匿時，其中性幫助[113]的警察方有可能受到該罪之歸責；若為過失，與該罪無涉。由於犯罪現場的即時勘察乃在偵查不公開範疇，雖不致有刑法第 315 條之 1 無故竊錄竊聽之妨害祕密問題，但仍有違反個人資料保護法第 41 條、第 5 條之虞，拍攝現場畫面之媒體的新聞自由應受限制，警察當能制止[114]。

二、執行內容

執行現場的警戒、管制工作，應觀察圍觀群眾之可疑動靜，蒐集有利破案之情報線索，必要時得以照相、錄影或錄音等方式為之[115]，對犯罪嫌疑人可能混跡於圍觀群眾之中，應縝密巡視觀察，俾能發現犯罪嫌疑人即時追捕[116]，倘犯罪嫌疑人如已逃離現場，應即查明其身材、衣著、年貌、

---

[111] 參照犯罪偵查手冊第 66 點。
[112] 參照犯罪偵查手冊第 65 點第 2 項。
[113] 參照刑法第 30 條第 1 項後段。
[114] 潛關係存在於媒體與警察間可說是公開的祕密，警察機關需要形象，而形象通常透過媒體加以形塑，但形塑形象的方向控制在媒體朋友手上，偵查資訊又在警察身上，兩者互為矛盾需求、取捨的潛在關係，實難分難捨。
[115] 參照犯罪偵查手冊第 70 點。
[116] 參照犯罪偵查手冊第 71 點。

口音特徵、逃離現場之時間、方向與犯罪時所用之兇器或交通工具特徵以及共犯人數，以便循線追緝，或通知鄰近警察、治安單位攔截拘捕[117]，而初抵現場人員宜對被害人、發現人、在場人或其他關係人，就案件發生或發現情形及現場人、物及跡證之現狀、位置及動態變化情形，進行初步查訪、記錄[118]。

基此，封鎖現場的警戒、管制人員所執行的工作內容相當重要，不似刻板印象中僅為固定崗位的勤務活動，而警戒觀察的靜態作為是一種任意偵查的展現，不似處分般有強制力，只有類似在管制刑案現場作為時有著禁制外觀，不服從管制工作發生違法行為，後續皆有處罰[119]之明文，而非在相關管制條文後訂定罰則，讀者尚需辨明。

貳、警衛機關安全

2015年4月11日，發生了可說自大法官第718號解釋[120]後的第一場大型偶發性、緊急性集會遊行，客觀上無法證明有發起人的群眾前往臺北市政府警察局中正第一分局群聚路過[121]，機關安全維護的警衛工作當下便成了具備偵查工作[122]的職權行使，與刑事法規範息息相關。以下就警衛工作授權之依據及執行內容分述之：

一、授權依據

警衛機關工作立於刑事法規範面向之授權依據相當特別，有基於組織面向家主權之固有權源；有作用面向之偵查權限，兩相概念高度重疊甚無法析離，執行當下至少有二個可觀察的法律評價。例如：執行警衛機關工作的保六總隊員警對民眾未經許可侵入行政院的行為得予以制止並阻止進入，此作為即同時存有重疊的家主權及偵查權之謂。兩者特別不同之處在於：組織面向係代家主執行自我防護工作，乃合法對抗非法的自力救濟型態，此與第三方實施國家賦予之偵查權限確有不同，權源分別來自固有權

---

[117] 參照犯罪偵查手冊第72點。
[118] 參照犯罪偵查手冊第69點。
[119] 諸如社會秩序維護法第85條第1款、刑法第135條第1項規定。
[120] 民國103年3月21日。
[121] 瀏覽網址：https://zh.wikipedia.org/wiki/411%E5%8C%85%E5%9C%8D%E4%B8%AD%E6%AD%A3%E7%AC%AC%E4%B8%80%E5%88%86%E5%B1%80%E4%BA%8B%E4%BB%B6。
[122] 參照集會遊行法第29條。

限或授與權限。

依此，執行警衛工作基於授與權限之偵查作為，乃來自刑事訴訟法第231條各項所為之犯罪調查，縱有執行相關強制處分，定非來自固有權限，理由在於：警衛工作權限縱有重疊，僅解釋警衛工作之警察執法授權來自固有權限，對國家獨占刑罰禁止人民自力救濟之原則將是一大挑戰，探討執行授與全線工作之依據時，將出現固有權限本無與偵查作為但併存之矛盾結論，則依特別法優先適用原則，警衛工作實施偵查作為之授權當來自授與權限而非固有權限。再者，授與權限會衍生警衛機關之警察與地區警察管轄權究竟何者優先、何者為後的次序問題，因為，事後的政治性課責，目前是以優先次序加以拔官[123]，人盡皆知的公開祕密。此問題在不同編制的警察同時均有土地、事務管轄權限，依目前相互協調之劃分仍以土地範圍作為不同警衛之管轄地境，作為何者優先警衛或介入之判別標準。

職是之故，無論是地區分局抑或警衛機關工作之警察，皆得獨立行使任意偵查及強制處分的職權，交互運用在警衛工作中；較為特殊之處，乃編制於機關內部的警察組織有著重疊的固有、授與權限，尚需明辨執行之概念。

二、執行內容

執行警衛機關安全的工作內容，顯現在刑事法規範與之相關部分，多以封鎖現場、即時勘查等犯罪偵查之作為。但相當弔詭地，警衛機關安全工作若是執行犯罪偵查之封鎖現場、即時勘查，是否便代表著機關曾經失守、被侵入或發生其他違法情事？

至執行封鎖現場、即時勘查等工作，主要核心內容仍在發現犯罪現場之證據及證據之維護，此等對釐清真偽、還原事實有莫大助益，可說是建立在偵查輔助權限上的重要職權。當警衛工作重疊在刑事之封鎖現場或即

---

[123] 106年舉辦的世界大學運動會，在同年8月19日晚間發生丟擲煙幕彈事件後，某分局長夾在不同層級的二位高層官長下達不同命令，不顧集會遊行現場指揮官之權限，而執行更高層級之圍查命令。在電話譯文中顯示出現場指揮官相當不高興，並向分局長說出：「你自己看著辦」這句話。事後政治性課責，內政部長接受質詢時也說出真正理由：該二位高層官長就是聚眾活動處置失當而調動！最後，該分局長再因他案也被拔官調往中央；相同事件地點若發生在各行政機關駐地，被拔官的人一定不會是警衛機關的大家長。

時勘察時，主要以建立封鎖現場為要；另為免跡證（非供述證據）遭風吹、雨淋、日曬等自然力破壞，初抵現場人員宜使用帳篷、雨棚或其他物品保全跡證，或為適當之記錄後，移至安全地點；對供述證據而言，抵現場人員宜對被害人、發現人、在場人或其他關係人，就案件發生或發現情形及現場人、物及跡證之現狀、位置及動態變化情形，進行初步查訪、記錄，並觀察圍觀群眾之可疑動靜，蒐集有利破案之情報線索，必要時得以照相、錄影或錄音等方式為之，均為即時勘查之核心。

第二款　整理交通秩序

交通秩序的維護，通常聚焦在行政法規範加以說明，惟取締酒後駕車工作仍是交通秩序中重要之一環，立法者預設了行政及刑事二個部分的處罰，而刑事處罰即行刑事程序，以下臚列整個酒後駕車的刑事程序之授權依據，提供實務工作者參考：

壹、現行犯之逮捕

一、現行犯之意義

刑法第 185 條之 3 第 1 項第 1 款、第 2 款有二種酒後駕車的態樣，一為合法取得駕駛動力交通工具駕駛人之酒精濃度呼氣檢測值達 0.25mg/ℓ，一係無酒精濃度呼氣檢測值但有其他情事足認服用酒類或其他相類之物，致不能安全駕駛，此二種犯罪行為之要件各別，使判斷是否為現行犯的概念相當不同。呈現在刑事訴訟法第 88 條第 2 項、第 3 項共有幾種被認定為現行犯的態樣，諸如：1. 犯罪在實施中。2. 犯罪實施後即時發覺者。3. 被追呼為犯罪人者。4. 因持有兇器、贓物或其他物件或於身體、衣服等處露有犯罪痕跡，顯可疑為犯罪人者。

以實體法及程序法相互涵攝的結果會發現第一種類型：「駕駛動力交通工具駕駛人之酒精濃度呼氣檢測值達 0.25mg/ℓ」的「犯罪在實施中」，兩相根本不可能合致；也就是說，有酒精濃度呼氣檢測值的現行犯，絕不可能測得檢測值的當下「犯罪在實施中」，因為，酒測當下根本沒有駕車行為。相對應的「無酒精濃度呼氣檢測值但有其他情事足認服用酒類或其

他相類之物，致不能安全駕駛」即有可能成為「犯罪在實施中」的現行犯，例如：駕車嚴重搖晃，自車輛內部拋出酒瓶。依此，警察實務認定有酒精濃度呼氣檢測值的酒後駕車，幾乎無法出現「犯罪在實施中」的現行犯，實務工作者必須知悉自己即將逮捕是哪一種類型、哪一個條款的現行犯。

　　第二種類型「犯罪實施後即時發覺者」之現行犯，無論發生在「駕駛動力交通工具駕駛人之酒精濃度呼氣檢測值達 0.25mg/ℓ」或「無酒精濃度呼氣檢測值但有其他情事足認服用酒類或其他相類之物，致不能安全駕駛」之條款，實務運作均有適用並無例外。簡單來說，警察查獲涉犯醉態駕駛罪現行犯之種類，「犯罪實施後即時發覺者」為大宗。

　　第三種類型「被追呼為犯罪人者」之現行犯，其思考模式相當於第一種，原則上不會發生在「駕駛動力交通工具駕駛人之酒精濃度呼氣檢測值達 0.25mg/ℓ」之條款上，只有「無酒精濃度呼氣檢測值但有其他情事足認服用酒類或其他相類之物，致不能安全駕駛」之條款，方可能「被追呼為犯罪人者」。

　　第四種類型「因持有兇器、贓物或其他物件或於身體、衣服等處露有犯罪痕跡，顯可疑為犯罪人者」之現行犯實現在「駕駛動力交通工具駕駛人之酒精濃度呼氣檢測值達 0.25mg/ℓ」或「無酒精濃度呼氣檢測值但有其他情事足認服用酒類或其他相類之物，致不能安全駕駛」之條款，事實上較難以想像，因為，鮮少有人會邊開車邊拿著酒瓶邊喝；縱然，一邊開車一邊喝酒，也不見得與不能安全駕駛之要素相合致。

　　職是之故，實務取締到案的飲用酒類或相類似之物之醉態駕駛之現行犯，多數應為「犯罪實施後即時發覺者」之類型，對「犯罪在實施中」、「被追呼為犯罪人者」、「因持有兇器、贓物或其他物件或於身體、衣服等處露有犯罪痕跡，顯可疑為犯罪人者」顯得罹於想像，警察在勾選逮捕通知書內的逮捕事由時，應更注意法律條款的正確使用。

二、執行逮捕作為

　　現行犯的地位已經形成，下一個問題即為：現場應決定是否逮捕！以現行實務運作，對違犯醉態駕駛罪的現行犯無一倖免地，一律逮捕；相當

可惜是，筆者目前並未見過裁量而不逮捕的實例。依據法條規定，現行犯不問何人得逕行逮捕之，其本身「得」字，原得就不同情境有不同裁量的空間，自始並未剝奪執法人員的決定，現行運作的一律逮捕的實務慣行，並不符合具備裁量的行使。另一方面，欲釐清醉態駕駛罪之現行犯決定是否需逮捕，必須先明晰逮捕之目的。

現行犯的逮捕目的，不外乎有：即時制止犯罪情形發生、防止犯罪造成的實害繼續擴大、知悉國家刑罰權的對象、即時取得供述等目的，對應至醉態駕駛之犯罪行為上，當進行酒精濃度的呼氣檢測時，犯罪行為已經終止或消滅，倘已確認駕駛人之身分後，執行逮捕僅剩完足即時取得供述之目的。然而，為了即時取得「意識不清」的供述，有無違反詢問之規定，事實上相當明顯，則裁量至零的一律逮捕，呈現出不符授權目的的裁量違法，似乎僅能透過平等權的作用，來合理說明對醉態駕駛罪現行犯為何是「一律逮捕」的實務運作，否則，終將仍會得到違法之結論。

實務會遇見的另一種逮捕，是發生肇事送醫診治經醫療院所進行抽血檢驗或執行酒精濃度呼氣檢測後已達刑罰標準的酒後駕車類型，此類駕駛人通常皆需住院觀察，執行方式即為將行為人銬在病床上，二十四小時編排勤務人員在醫院戒護直至出院或康復再行解送。筆者認為，實務運作自始誤解了逮捕的真義，所以才會浪費了人力資源，因為，縱然是現行犯也可以「**不逮捕**」！也就是說，送進醫院診治的現行犯只要確認了身分，本就可先行蒐集其他證據，日後再以通知方式到場製作犯罪嫌疑人的供述證據，再行將案件移送，便不需要日夜二十四小時編排勤務人員到醫院戒護直至出院或康復再行解送，有效節省警力資源，亦可達到不恣意拘束人身自由而達到保障人權的目的，可說是圓滿的職權行使（對每個都好）。對此，實務的思考模式仍需精進，才能保持在合法且適當的軌跡上。

三、決定是否使用警銬

逮捕現行犯是否使用警銬仍有一定要件，主要規定在警械使用條例第4條第2項、第1項上，即：符合該條第1項的法定要件時，得併使用第2項的其他經核定之器械（警銬）。此與前揭逮捕的問題（每次逮捕現行犯，一律上銬）般，長期困擾著實務。

　　筆者認為，現行實務逮捕現行犯後一律執行上銬，也有相同違法的問題。依筆者經驗，違犯醉態駕駛罪之現行犯有接近半數相當配合，行為人心理大多自知理虧不會抗拒，於此情形下執行逮捕的手段「使用警銬」，並不符合警械使用條例第 3 條、第 4 條第 1 項所有款項得以併使用其他經核定之器械的法定要件（意即不合法），則實務一律上銬的作法與法條對照後，出現顯然違法的結論。依此，除有符合抗拒或其他法定要件的使用警銬外，面對相當配合程序作為的醉態駕駛罪之現行犯，依法「不得一律」上銬方才合法。

貳、偵辦期間

　　首先必須確定是，偵辦期間需要準備移送哪一些物品或資料，方能知悉該期間需做些什麼？按檢察官與司法警察機關執行職務聯繫辦法（以下稱聯繫辦法）第 8 條第 2 項規定：「司法警察官、司法警察依同法第 7 條第 2 項、第 3 項解送人犯時，除經檢察官許可外，應隨案檢附相關筆錄、必要證物及解送人犯報告書……」，由此可知，**法條規定**隨案檢附的文書、資料或物品有「相關筆錄、必要證物及解送人犯報告書」，除此之外，還有配合**非法條規定**的其他各別地檢署要求之慣行仍需備送。

　　再者，憲法希望人身自由受到公權力機關拘束的時限越短越好，則上揭隨案檢附的文書、資料或物品製作的時限，必須限縮在拘束人身自由的二十四小時憲法誡命中，而警察偵辦時限，依聯繫辦法第 7 條第 2 項規定應於逮捕或拘提之時起十六小時內，將人犯解送檢察官訊問，此為原則性之規範。但司法警察關或司法警察如有繼續調查證據之必要，不能於前項時限內解送人犯時，應報請檢察官許可後，於檢察官指定之時限內解交，乃例外之規範。依此，讀者可建立：偵辦違犯醉態駕駛罪之案件之時限，警察原則上只有十六小時，例外最長時限至多二十四小時內，於此時限內輔以刑事訴訟法第 93 條之 1 第 1 項各款得以扣除之法定障礙期間，即可得知偵辦期間的時限。

參、解送

　　司法警察官、司法警察逮捕或接受現行犯者，應即解送檢察官，但所犯最重本刑為一年以下有期徒刑、拘役或專科罰金之罪、告訴或請求乃論

之罪，其告訴或請求已經撤回或已逾告訴期間者，得經檢察官之許可，不予解送，刑事訴訟法第 92 條第 2 項定有明文，而醉態駕駛罪之法定刑為二年以下有期徒刑，無但書適用餘地。則警察逮捕醉態駕駛罪之現行犯後，依法應解送予檢察官，並無例外。

惟事事定未盡如人意：假設逮捕醉態駕駛罪之現行犯後，在警察機關發生身體健康突發事由而送醫，是否得為報告檢察官不予解送之事由？讀者尚需細思量，此事實與法定不予解送之要件無關，而係法定障礙之事由！也就是說，經身體健康突發事由消滅得予解送時，再行解送，此段期間不計入二十四小時之時限（反面的說法，得扣除），而該法定障礙期間仍需執行戒護，若發生脫逃事件，則有刑法第 163 條公務員故意或過失縱放人犯罪嫌之探討。

第（四）節　法規範之分野

以首揭二案例，對應至警察勤務作為，便於廓清規範相互間的始點是否清晰？緊密連結或競合程度如何建立思考？釐清這些問題，皆有助於明瞭勤務作為，如下分述之：

壹、分野始點之建立

守望勤務用以行政（行政警察、司法警察）或刑事（任意偵查、強制處分）法規範之想像道具探討相互間是否存在分野始點，事實上相當清晰，尤其自守勢的警察活動加以觀察，更顯一斑，例如：

就本章之首【現行實務機關 (1)】實際執行內容觀以：「第一小隊至○○路橫排，第二小隊至○○路橫排，第三小隊至○○路橫排，不用帶裝備，請立即前往，不要讓民眾突破管制線。」之內容即知，本就具備行政警察身分，而與刑事法規範無涉，理由在於：集會遊行法中的機動保安警察是一個「一」的概念，現場每一個警力只是拿著盾牌的工具，而本身行使職權的狀態係由地區指揮官為命令之下達，縱然發生「警員丙，依然眼神死，僅雙手垂放交叉置於前，以身體為盾阻擋民眾甲推越管制（警戒）

線」狀似刑法妨害公務之個別行為，並無獨立判斷現行犯之權限、無實際轉換、跨越分野的概念、無建立分野始點的實益。縱然機動保安警力依命令開始執行驅離，其目的仍構建在具有公益的排除危害之上，亦無法建立出分野始點。

【現行實務機關 (2)】實際執行內容觀以：「警員丁看見駕駛 A 如此不配合，返回停放機車處拿舉發單準備舉發」內容亦可知，整理交通秩序的舉發工作本與行政法規範之行政警察身分有關，無論自職權本身或立法者所預設的救濟途徑，尚無分別。

基此，守望勤務建立法規範分野之始點因勤務內容單純確無實益，應履行之程序本相對清晰，救濟途徑亦非紊亂，使得觀察之立基點各別獨立，則以下判斷分野之條件，尚無論討之必要。

貳、分野之程序轉換

程序轉換概念建立在單純守望勤務上，除遇較為複雜的取締酒後駕車工作外，其餘的概念只是一個獨立的開端，本質上並無轉換的狀態。

依本章之首【現行實務機關 (1)】實際執行內容觀以：「歷經數小時的對抗，民眾聲音沙啞、警員持續放空且屹立不搖站於崗位上，似乎沒有退去的意思」，自始仍在執行程序中。

【現行實務機關 (2)】實際執行內容觀以：「嗶嗶嗶……（一邊敲車窗），叫你離開是沒聽到嗎？還把頭轉開，是故意的嗎？」之驅離，自始亦同時在裁罰及執行程序中。

第五節　結語

守望，常與其他勤務相互混同運作，夾雜在執行路檢、巡邏等工作中，看似未能迸出調養治安的火花，卻以溫吞慢火隱遁於攻勢之後，作為守勢勤務的基礎，默默發揮自己潛在的影響力。傳統建立的刻板印象，卻促使多號大法官解釋原由，立為標竿，進行著慢如牛步卻堅定的改革，逐步建立起合於現代法治國圖像，刻畫在警察勤務的軌跡中，散發有別於既定勤務思考的光芒。

　　看似單純、簡易的警察活動，對應至法規範的實際執法內容，甚爲清晰，毫無疑問。觀念開掘的奠基之論，非僅構建在簡易的勤務活動，程序之間的作用，確保了國家權力受到節制，劃分權限的層次，帶來的不僅是實踐法治目的，更有保障人權的倒映影像，使之存在於警察的動、靜之間。具體在躍動的文字背後，代表著呆板守勢外觀，蘊藏著不同深度的淨化治安力量，是源源不絕，只是刻意忽略後，剩下空有法治的軀殼而無實質法制骨幹的警察作爲，無法喚醒逐漸沉睡的應有思維，代表著重新建立多樣面向的守望，迫在眉梢。希冀透過上開論述的內容，能帶給實務工作者不同面向的思維，至少從自己做起，發揮相互的影響力，帶領著警察這部大機器一起往前走，或許才能跨越這道已由實務控制許久的藩籬，正式進入法治的領土，作爲一個維護治安、衡平人權的新警察。

第六章

值班勤務

概說

　　現行警察分駐（派出）所唯一不可或缺的勤務：「值班」，在警察勤務條例（以下稱警勤條例）第 15 條第 1 項「每日勤務時間為二十四小時」規定下，等同值班勤務必須為全日不間斷的循環編排並執行。以此前提，無可避免地需先明瞭該條例第 7 條第 2 項授權訂定之警察分駐派出所設置基準[1]，方可窺知此勤物存在之端倪；另一面向，勤務機構內配置之槍、彈、裝備及休憩場所必須有人防護的前提下，同時必須達到有防衛警察駐地及裝備等之勤務功能，縱然低於七人以下需值宿之單位，亦同。看似再也普通不過的值班，事實上占有舉足輕重的勤務作用，只是，實務工作者很容易忽略看似平凡無奇的事務。

【現行實務機關 (1)】

　　警察甲偵辦完 A 的案件，將 A 解送至分局偵查隊後返回勤務處所，看了一下勤務表是「值班勤務」，心想：終於可以在派出所內稍微喘息一下了！將剛才領用的裝備（除槍、彈外）全數歸還並將領用證收妥，在出入登記簿上簽註值班後，與上一班次的值班丙交接，丙告知甲還有一個案件（車禍）甫通報尚未派遣，可請下一班備勤直接到醫院，因為現場交通隊已經在處理了，甲請下一班次的備勤丁前往醫院瞭解 A2 車禍案件。

　　警察甲將剛才辦完的毒品案件副本併入 ISO 書面業務資料歸檔，將整卷資料掃描為自己存檔後，開始看著勤務表中出勤人數，仔細算著各項裝備的領用數、核對裝備交接簿內的數字、前往槍械室查看是否與交接簿內的資料相符，並且檢視著槍櫃、彈櫃、無線電櫃等是否與總數相同。確認無誤簽名後走出槍械室，打開警鈴開關、趕緊將門關閉並加鎖三道，此時電話鈴聲響起……

　　「○○派出所值班警員○○您好，請問有什麼需要我為您服務的嗎？」甲說。電話那頭傳來民眾 B 的聲音：「恁家ㄟ死警察，沒代誌到這

---

[1]　我國警察分駐派出所設置基準，主要以散在制為分布，當代希望將勤務處所作為全面性的普及，設置治安據點，組合警勤區共同服勤，形成治安面、供作服務站為構想，即為我國分駐（派出）所之型態，產生了（俗稱顧廟）必須編排的值班勤務：中華民國 92 年 1 月 27 日內政部警政署警署行字第 0920005713 號令訂定。

來開紅單要幹嘛？」

　　甲：「先生，您說話客氣一點。」B：「我要檢舉！」

　　甲：「要檢舉什麼？」B：「○○路整條違規。」

　　甲：「您可以具體一點嗎？」B：「就是整條路違規停車啦！」

　　甲：「我等一下派人過去！」B：「現在！是聽不懂喔！」

　　甲處理完不理智民眾B陳情案後，陸續接獲勤務指揮中心通報1999，分別有○○路段路面不平、110卡拉OK製造噪音、青少年聚集、飆車族在河堤內競駛、車禍等通報，逐筆登載受理民眾報案記錄簿之文書內，並註明處理人員之姓名，嗣經處置後載明處理情形，一併記載於工作記錄簿（新北市政府警察局另加登載於電腦內），心想：今天運氣不太好，事情很多。

【現行實務機關(2)】

　　甲男拿著一張郵務寄存送達紅色通知聯單走進派出所，值班人員熟稔地告知請甲男出示身分證明文件供以查驗，作為領取法院訴訟文書之必要程序[2]，警察A發現甲男並非領取自己而係其妻乙之訴訟文書[3]。

　　警察A：「這訴訟文書不是你的，他跟你的關係是？」

　　甲男：「是我老婆的。」

　　警察A：「可是，你沒有帶你老婆的身分證，我不能讓你領！」他邊說邊拿著甲男的身分證查詢著刑案記錄。

　　甲男：「我可以打電話給我老婆，讓你跟她求證好嗎？」

　　警察A：「好！」求證完畢後（其妻車禍受傷住院）將訴訟文書拿給甲男，甲男隨即打開，原來是地方法院民事庭判決書，甲男開始詢問警察A問題。

　　甲男：「我老婆跟人發生車禍現在還在住院，法院判對方賠我老婆25

---

[2] 中華民國103年7月31日內政部警政署警署刑司字第1030003991號函修正，第二點規定：具領人前來領取訴訟文書時，應詳細核對其身分證件，並登載身分證統一編號，請其在「受理訴訟文書寄存登記簿」簽章或捺指印。

[3] 民事訴訟法第385條、家事事件法第51條、行政訴訟法第218條等條文皆有一造辯論判決之規定或準用規定，警察實務上曾發生夫妻雙方在離婚訴訟中，為獲「獨任」未成年子女法定代理人勝訴判決之目的，偽詐領取「雙方」訴訟文書後使對造當事人不知庭期，進而向法院聲請一造辯論判決！大多數警察不知道「隨性」讓人領取訴訟文書對當事人影響這麼大，尤其是值班人員更明白訴訟文書的重要性。當然，倘未經查驗之領取程序使當事人權益受有損害，仍不免有國家賠償責任。

萬 3,000 元，跟我當初求償 75 萬差太多了啦！怎麼會這樣，警察先生？」警察 A 接過判決書替甲男瞭解。

　　警察 A：「喔……先生我知道了，判決理由裡面認為你太太與有過失，需擔負一部分的責任，所以才沒有全部判賠啦！當然，也因為你沒有盡到舉證民俗療法、住院等等所受損害及所失利益的因果關係，才會有這樣的判決，看你自己要不要上訴。只是，上訴的時候要先繳裁判費喔！」

　　甲男：「好，謝謝，我再跟老婆商量要不要上訴。」警察 A 看見查詢甲男刑案紀錄畫面中有閃爍光影一看「偵字案公共危險通緝」，警察 A 叫備勤警察 B 過來看，警察 B 心裡有底等一下該怎麼做了。

　　警察 A：「○○先生，你沒有住戶籍地喔？」

　　甲男：「對啊！怎麼了？」

　　警察 A：「你有前科嗎？」

　　甲男：「乁～應該沒有，就……之前有喝酒被抓……」（開始想走出去的動作）警察 B 已經一個箭步擋在門口了！甲男看走不掉便問：「怎麼了？」

　　警察 A：「○○先生，你現在通緝中，我要對你逮捕，你不要抗拒，如果你抗拒或脫逃，我可以實施強制力喔！」

　　甲男自知無法脫困，便由警察 A、B 帶入製作相關資料後，送分局偵查隊解交該管地檢署歸案。

　　警察 B 問 A：「學長，值班[4]也可以抓到通緝犯喔～」A 笑而不答。

　　警勤條例第 11 條第 5 款：「值班：於勤務機構設置值班台，由服勤人員值守之，以擔任通訊聯絡、傳達命令、接受報告為主；必要時，並得站立門首瞭望附近地帶，擔任守望等勤務。」之內容，即為現行運作情形，大多與學理探討之固守治安據點、便於為民服務、命令受領下達執行及民眾倚賴安全守護之機能無異，其勤務方式是為守勢類型，原則上不主動出擊。

---

[4]　筆者擔任基層工作服值班勤務時，即偶有「偵辦」竊盜案。曾有一毒品人口（吸食第二級毒品安非他命，精神狀態不穩定）常無飯飽至派出所門口，見屢弱體態自掏助其熱食，渠感禱在茲。某日值班，又見伊騎乘一重機車到所，心中甚至懷疑「他沒錢怎麼會有機車騎？」僅見伊將機車鑰匙丟至值班台並告知筆者：「這車是失竊的！」讀者應知後續：為了報恩，偷車當績效回饋筆者！無語問蒼天，僅依法偵辦及移送。

　　古往今來，值班勤務執行方式並無驟變，執勤內容單純，目前文獻少有探討與實務較爲相關之主軸，致關注焦點有一定落差，例如：警察在守勢勤務作爲之面向，常忽略了公務員製作之各式文書簿冊[5]，於不同程序中代表何種意義？登載時法規範重點爲何？厥爲單純執行勤務以外爲實務運作鮮少探討之焦點。是以，如本書上冊所云「得反思應用於其他具體個案或勤務執行」之由，釐清各種勤務執行涉及製作文書之工作時，具備反思之機能，意即：**警察無論擔服何種勤務，只要職務上爲登載文書且有一定之效用，應即有本章概念之思考。**

5　警察最讓法院頭痛是調閱相關文書時，字跡凌亂、不知所云、沒有重點的紀錄等情形，皆無助於涉訟當事人澄清事實，尤其在刑事以外的審判程序更顯一斑。

第 一 節　值班之概念及目的

　　基層員警對值班大多還停留在相當呆板的概念當中，除了維護駐地安全為首要任務外，同時擔任通訊聯絡、傳達命令、派遣處事等工作，尚有接受查詢、申請案件、受理報案（告）、協管在所犯嫌或受管束人及其他受指定辦理事項之執行。上開所有執行工作當以「受理報案」規定最為繁瑣、影響人民權益最為深遠，是本文後續兼論的主軸之一。

　　然而，值班是警察勤務機構的重要樞紐，無論擔任通訊連絡、傳遞命令及指派處事之工作，皆需透過此樞紐加以執行，等同神經元（neuron）[6]負責傳導，則執行者即需釐清相關問題及其分類，將資訊完整傳遞、表達，否則，內容有誤可能錯失處置先機而發生憾事。例如：接獲自稱記者來電詢問某案件，對內外通訊連絡時應有一定（新聞性）之敏銳力，第一時間循現行報告系統依序陳報，切勿擅作主張先行透露[7]，錯失處置先機；又如：接獲勤務指揮中心（以下稱勤指）統一發布道路警衛路線崗哨時，實務運作係出勤指執勤員僅告知路線及布崗時間，發布後登載公務電話紀錄簿送批或直接以無線電指派，避免特種警衛對象車輛停滯遭受攻擊之憾事；復如：接獲民眾報案即時派遣線上警力前往處置，消弭危害於機先，並通知有事務管轄權限之機關參與其中，故種種問題根源皆指向值班處置是否得宜，全繫於是否具備一定警察知能。

　　另一方面，值班亦是面對民眾來所查詢、申請案件、受理報案的第一線人員，整個動態查詢、申請及受理流程需有完整的概念，片段零散之思維不足以面對多樣的情境，例如：民眾探詢之事務可能因法規[8]不同而有

---

[6]　醫學研究指出神經元是高度分化的細胞，既是構造單位，也是功能單位，主要由神經細胞及神經膠質細胞組成；參考資料：Solomon, E.D., & Davis, P.W. (1983). *Human Anatomy and Physiology*. Tokyo: CBS College Publishing.

[7]　此處法令規定相當多，如：偵查不公開作業規定、檢察、警察暨調查機關偵查刑事案件新聞處理注意要點、警察機關偵辦刑案新聞處理應行注意要點、警察機關新聞發布暨傳播媒體協調聯繫作業規定等，詳細內容得自行參酌。

[8]　主要以個人資料保護法、行政程序法、政府資訊公開法、檔案法為相關執行之依據，某些含有個人資料需透過申請程序方得提供，非即時可取得，例如：民眾發生交通事故後欲進行民事保全程序（假扣押），必須不動聲色地進行防免對造警覺，惟聲請前需有一定標的，最好方式即先取得住址後前往地政事務所申請該址地籍謄本（大部分民眾都以為無法調閱，這是錯誤的想法），確認該址登記名義人是否為對造當事人，倘是，則可逕向法院聲請保全；若非，再另索驥，此際，即可透過申請獲知住址，後可

不同的回答範圍，申請程序也相對應的不同，在越趨重視隱私（個資）的現代，查詢內容通常會涉及對造當事人，倘不明瞭法規的說明，易生違法事端！受理報案亦同。由是可知，值班時遇有與民眾權益相關事項（即查詢、申請、受理），執行範圍、內容得以遵循「法」軌跡之前提，尚需遞次建構起合法勤務作為的思考，才能保持在適法範圍。至同時執行託管有國家拘禁力之人或受指定辦理事項，應有同樣的思維。

　　我國現行設置警察分駐（派出）所採散在制[9]，有組合警勤區、形成治安面、供作服務站之功能，值班勤務乃基於固守治安據點、命令受領下達、便於為民服務之目的加以編排，其核心工作就是彰顯設置目的。而現行值班勤務：維護駐地安全、通訊聯絡、傳達命令、派遣處事、接受查詢、申請案件、受理報案（告）、協管在所犯嫌或受管束人及其他受指定辦理事項等如何執行之規定相當清楚，上開勤務「執行」的書面資料，是透過（準）文書[10]（如電磁紀錄）紀錄加以呈現，當登載內容涉及民眾權益時，在法律上就不再單純只是文字[11]，而是可能影響訴訟勝敗且具有證明效用之書證。於此，即有必要進一步建構警察撰寫文書時之概念並加以釐清，方得合法地保障所有人（含警察本身）的權利。

　　基於上開說明，值班勤務的概念，可理解是近似人類神經之樞紐，勤務機構內大小事原則上皆需透過它加以分配或傳遞；文書，多是置放值勤

進行查詢工作：內政部警政署 96 年 6 月 22 日警署交字第 0960087774 號；另參照道路交通事故處理辦法第 13 條、民國 105 年 2 月 3 日臺北高等行政法院 104 年度訴字第 1217 號判決。

9　統計至民國 102 年底，全國分駐（派出）所警察所數量達 1,296 所，等同每一時間點最少有 1,296 人／次之值班勤務，尚不含分局警備隊、警察局保安大隊各中隊等專業警察勤務駐地，與學說認為採集中兼散在制似乎有別；數據來源：王卓鈞發行，警政工作年報，102 年，內政部警政署編，2014 年 10 月，頁 433。

10　文書代表實體化的思想，透過文字或符號記載了法律上交往的重要事項，並從內容得知、辨識製作者，一般認為文書具有有體性、持續性、文字性、意義性、名義性五大特徵，且有保證、穩固、證明三大功能。延伸閱讀（刑法部分）：甘添貴，文書、準文書與署押，月旦法學教室第 27 期；甘添貴，名銜、資格的冒用，月旦法學教室第 29 期；吳耀宗，代理製作文書與偽造文書罪，月旦法學教室第 36 期；吳耀宗，論偽造文書罪之足生損害於公眾或他人，月旦法學雜誌第 143 期；吳耀宗，影本之文書性，月旦法學教室第 70 期；盧映潔，好心呼雷親，月旦法學教室第 109 期。筆者仍需強調，實體法對文書概念與程序法並不完全相同，讀者應先釐清。

11　筆者曾於民國 89 年 6 月 2 日遇有報案人王○輝稱：向地下錢莊借貸新臺幣 500 萬元，已償還超過 1,200 多萬，但錢莊仍不罷休，需再 600 萬才算清償，案情討論完畢後決定隔日將負責人盧○○約出，藉由現場報案進行瞭解，王○輝即先行離去，筆者僅簡要書寫工作紀錄簿。隔日，竟見王男雙手上銬全身是血出現在辦公室，問：「你為什麼全身是血？」王：「我殺了人，我把他的頭砍下來了！」日後，法院傳喚筆者前往作證，受命將原工作紀錄簿影本直接陳報臺灣高等法院刑事庭，「文書記錄」這件事茲事體大，你（妳）永遠不會知道日後會發生什麼事；詳參照臺灣高等法院 90 年上訴字第 233 號。

台周遭；另有爲了達到上述值留守護的勤務目的，必須每日二十四小時不間斷編排兼作固守人員，皆能海涵在勤務概念之中。

第二節　勤務內容之構建 [12]

　　警察分駐（派出）所、分局警備隊、交通分隊、偵查隊、勤務指揮中心，乃至警察局保安大隊、交通大隊、刑警大隊等各警察機關，幾乎皆有編排二十四小時之值班勤務，工作內容大同小異，相同部分係以警勤條例第 11 條第 5 款之內容（如前揭條文）爲主要任務；不同之處例如：**分局以上內部**單位（分駐派出所爲**派出**單位）之值班**原則不受理報案** [13]，警察局或警察局直屬隊亦同，其原因乃功能屬性、設備不一所致，勤務內容之構建在職司不同事務時而有所區別，需先辨明。

　　勤務執行構建在通訊聯絡、傳達命令、派遣處事、接受查詢、申請案件、受理報案（告），及其他受指定辦理事項時，少有實施強制力，多在維護駐地安全、協管在所犯嫌或受管束人之際展現強制力，則構建勤務內容之定性、要件、程序及界限在本身未行使職權的守勢作爲，事實上相當難以描述 [14]，尤以要件、程序面向實難憑空想像。本文藉由實務工作者之面向試予描述，作爲日後觀照比對之基礎，謹先陳明。

　　以下仍自「法律定性」、「法定要件」、「法定程序」及「執法界限」分別說明之：

---

[12] 以臺北市政府警察局勤務實施細則第 31 條爲例：「值班勤務工作項目如下：一、勤務機構之安全維護。二、接受民眾之查詢，申請與報案。三、通訊聯絡、傳達命令、處理事故與收聽警察電臺等項作業及其紀錄或錄音。四、簿冊保管與收發公文，及簿冊、公文，與未了事項之移交。五、勤務機構之槍、彈、無線電等保管與交接，以及服勤人員領繳時之核對。移交人員應於交接時，填寫移交登記簿，交由接收人員簽章（格式如附件七）」皆爲主要工作項目；中華民國 101 年 1 月 5 日北市警行字第 10138036600 號函修正。（附件略）

[13] 這是一個警察實務的潛規則，雖有警察機關受理刑事案件報案單一窗口實施要點第 2 點之規定，但仍未擺脫舊有桎梏而認爲：受理是派出所的工作。

[14] 筆者於撰寫曾考慮此部分不再加以說明，尤其現今國內文獻探討付之闕如！惟架構後續法治之思考時發現是項勤務仍有一定要件及程序，重爲補充之。

第一項　法律定性

第一，值班是一種純粹自主執行固守勤務機構、通訊聯絡、受理報案或接受諮詢之勤務活動，在與民眾間單純詢問及對談之面向，原則上不會發生事實或法律上之拘束力，也不會發動具有規制作用或法效性的作為（果如使用強制力，亦非本處所指），與依法令或處分發生法律效果或規制效力不同。

第二，單純執行值班勤務原則未行使職權，於執掌事務權限範圍內執行乃單方行為，過程中未含有任何強迫或規制之作用，亦不具備主動性（並非勤務作為之主動性），例如：提供服務不具備主動性。

第三，值班勤務的執行工作，仍多對一般人民所為，工作內涵具有廣泛社會性，與組織間內部關係不同，且執行本質非權力行為，人民有權利拒絕，在不服從時亦不受行政上強制執行或課予行政罰。

基於上述的理解，值班勤務作為之法律定性與「事實行為」較為相近，對外不發生法律效果且不具有規制作用，接觸民眾時原則並無強制力，得以行政指導職權為之，縱於受理報案時亦同。

第二項　法定要件

前揭警勤條例第 11 條第 5 款「於勤務機構設置值勤台，由服勤人員值守之」之規定，在內部設置之目的主要作為警察勤務集散之場所，執勤時必須自內攜帶相關應勤裝備，而該場所需有人看守保管下設置了值勤台，由專責人員值留守護，使設置勤務機構[15]之同時，發揮了形成治安面、供作服務站之附加價值。又，勤務機構置值班人員部分目的，在外部是為了形成治安面，達成此目的最重要前提是：值守機構之安全，包含人員、裝備、設施及轄區等。易言之，只有值守機構是安全的，才能確保通

---

[15] 此處法條使用「機構」二字，主要原因乃立法用語未經統合發生較不精確所致，需與中央行政機關組織基準法第 3 條第 3 款之機構（如：中央研究院）資以區隔，讀者自得自警勤條例係民國 61 年 8 月 28 日制定公布與中央行政機關組織基準法乃 93 年 6 月 23 日制定公布施行之條文相互觀照即知。以現今而言，本處指明的「機構」，為該基準法第 3 條第 4 款之「單位」。上述說明乃請益李建良老師後由筆者自行補充。
拜研日期：2016 年 4 月 7 日午后；地點：中央研究院法律學研究所研究室。

訊聯絡、傳達命令、受理報告之任務得以有效執行，則該機構是「公行政主體所控制，持續用以達成特定公目的之物及人之整體手段[16]」，即公營造物中行政用物之一種，其公法性質之利用關係接至而來，設置勤務機構及編排勤務之法定要件順應而生，如下分述：

壹、形成治安面、供作服務站之目的

　　警勤條例第 7 條第 1 項規定：「警察分駐所、派出所為勤務執行機構，負責警勤區之規劃、勤務執行及督導。」為設置服勤集散場所授權依據之一，勤務機構（行政用物）的使用營運於所在地周遭產生實質治安面及服務站之功能，對鄰人同時有反射利益（begünstigende Rechsreflexe）。

　　為達形成治安面、工作服務站之目的，設置勤務機構非漫無標準，同條第 2 項授權內政部警政署就其設置訂定基準[17]，以：第一，轄區全般治安、交通等狀況；第二，警力配置；第三，勤務運作及成效；第四，警用裝備器材配置；第五，設置地點；第六，轄境範圍調整對照圖等，對應考量：1.轄區內應有二個以上警察勤務區；2.轄區以不跨越鄉（鎮、市、區）為原則；3.轄區以不分割村里自治區域為原則，進行利弊分析評估後，參酌治安狀況、地區特性、警力多寡、工作繁簡、面積廣狹、交通電信設施及未來發展趨勢等條件，經所在地之地方政府核准設置，該管警察局報內政部警政署備查。

　　職是之故，執行值班勤務要件可自勤務機構設置之基本目的加以審查，而設置勤務機構的要件，建立在欲彰顯構成治安點線面的考量上，且機構內同時設有值勤台供作服務站，從事為民服務工作，使之不間斷地執行是項勤務，並由服勤人員輪流值守之。由此可知，編排是項勤務之法定要件與法規設置機構目的息息相關，進行要件審查即得以設置目的作為基礎加以開展之。

---

[16]　Die öffentliche Anstalt ist ein Bestand von Mitteln, sächlichen wie persönlichen, welche in der Hand eines Trägers öffentlicher Verwaltung einem besonderen öffentlichen Zwecke dauernd zu dienen bestimmt sind." Otto Mayer, Deutsches Verwaltungsrecht II, 3.Aufl., 1924, S. 268.
　　轉引自：陳敏，行政法總論，2013 年 9 月 8 版，頁 1013。
　　法務部將警察勤務機構認定為公營造物，詳參照：102 年 2 月 8 日法檢字第 10204503780 號函。
[17]　警察分駐所派出所設置基準，中華民國 92 年 1 月 27 日內政部警政署警署行字第 0920005713 號令訂定。

貳、執行權限之內容

　　探討值班勤務執行權限之內容，必須先理解有關設置公營造物附隨而生的家主權概念，執行勤務機構的安全維護乃至接受報案工作，方能明晰。再者，明瞭勤務內容與執行權限合併觀察，能收相互攻錯之效，依次如下說明。

　　勤務機構乃行政機關供內部使用之行政用物（又稱公務用物），依其使用目的得授權特定人為特定利用之特別使用，原則不發生對外關係[18]，一般人民之所以得進入警察勤務機構，主要利用該處所提供查詢、諮詢，或親自與承辦人洽辦事務，而**非獨立之利用權限**，如果被授權為特定利用（如：商借場所書寫和解契約），亦非發生對外關係。人民利用（性質上屬於行政使用公物）辦公處所時，與管理人員產生了得以行使家主權限[19]（Hausrecht）之問題，在行政使用公物之管理面向有「公物管理權」（如：制定公物利用規則）、「公物家主權」（如：不符合利用目的，對不符合利用資格所為拒絕之權利）、「公物警察權」（如：符合利用資格之人，在不合乎利用方法之干預）等權限[20]。基此，執行駐地安全維護部分權限，部分來自家主權的授予，其要件需視公物利用規則，方才知悉；倘未制定，則需另覓法令授權之依據，分別適用刑事訴訟法、社會秩序維護法或行政執行法等，構成了法明文執行權限之內容。

　　再者，內政部警政署函頒作業程序說明現行值班工作，主要以駐地安全維護、通訊聯絡及傳達命令受理報案、為民服務及其他法令賦予之任務為執行內容，執行時應詳載於相關簿冊，並立即處理或通報、轉介移請相關單位處理。則上開執勤內容多為內部規範之事項，無對外直接效力，僅

18　陳敏，行政法總論，2013 年 9 月 8 版，頁 1063 以下。
19　辦公處所之家宅權，應由有權之公務員行使之，警察分駐所派出所應為正副所長，以現行實務運作，擔服值班勤務人員亦應得替代正副所長行使家主權限（代理權授予及代理人之概念）。
20　讀者必須釐清，本處所指係分駐所派出所，倘為其他行政機關行使家主權時，警察機關欲介入，應注意「補充性原則」（Subsidiaritätprinzip），需行政機關無法自行排除侵入而向警察請求時，始得為之；詳參照：司法院字第 1922 號解釋。警察實務機關認為：「2015 年 7 月 23 日晚間，反對臺灣高中歷史課綱微調案的學生團體，不滿馬英九政府的回應而突襲侵入教育部，事後請求警方介入。共有 33 人遭到逮捕，其中包括 3 名記者」此案例需要依據教育部的請求，當地分局是否需要加以介入？補充性原則是組織法（在行政機關垂直或平行組織權限分配問題）上加以探討之命題，與作用法上職司犯罪調查（具備司法警察身分）之警察權限不同，學生已經侵入建築物當下似乎已是警察權限之領域，與補充性原則無涉。

在服膺或執行內部指令或規則時，判斷法條中不確定法律概念或概括條款有著實質的補充作用。例如：社會秩序維護法第 85 條第 1 款「於公務員依法執行職務時，以顯然不當之言詞或行動相加，尚未達強暴脅迫或侮辱之程度者」，若其公物利用規則有規定諸如「進入本辦公室不得恣意喧嘩吵鬧」時，具有補充「顯然不當之言詞或行動相加」法定要件之功能之謂；至與民眾有關之勤務作為，多以**行政指導**為之[21]，且不具強制力，其法定權限之要件為：第一，在職權範圍或有事務權限。第二，實現一定之行政目的。末於受理刑案部分，應遵守刑事訴訟法等相關法令之規範。基於上述的理解，值班有來自安全維護的家主權，更有執行任務的相關職權，在構建勤務內容之概念得以相互運用。

　　然而，每一勤務駐點或多或少都有固定幾位不理智的民眾，常以報案為由滋擾警察，其行為有來電謾罵、來所賴著不走、出言恫嚇到口出惡言，甚至發生暴力相向之情形比比皆是，實務工作者可能因畏懼受當事人事後陳情拒絕受理報案而遭懲處之心理影響，或可能受人民濫訴提告後的司法審查出對自己不利的違失或瑕疵而消極以對，養成了某些民眾習慣在情緒失控時找警察就對了，因為大部分的警察都不願惹麻煩。

　　筆者特別指明家主權之概念，主要為了補充值班面對民眾脫序滋擾行為時，可能在影響機構安全的前階段，需有星火燎原重於初現之思考，非容任情事升高無可收拾時方才介入，例如：某甲為某派出所的報案常客，常親至所內檢舉某路段違規停車，告知值班後倘未立即指派人員前往舉發，即去電 110 或其他單位陳情拒絕受理報案；又或雖立即指派，但某甲就是不離去，其行為雖未至妨礙勤務活動，卻仍在執勤心理上造成某程度之厭惡感[22]，警察得否以家主之地位加以命令離去或驅趕於外？為重要的

---

[21]　行政指導時原則上毋需有作用法之授權，惟仍須遵守法律優位原則，不得逾越相關法令之規定，參照行政程序法第 165 條立法理由第一點；實務見解：最高行政法院 88 年度裁字第 835 號。

[22]　本處稱「厭惡感」只是一個形容詞，讀者尚請平心，毋須自行置入類似情境以：警察具有公共性，民眾監督警察係理所當然之權利……云云。筆者意欲補充：觀念自由市場的價值，來自市場中言論皆為均等，惟仔細觀察，多數人表達立場之斯時，多先選擇立場後再尋覓理由，而非自始設定探討之變數及其條件後才得到答案，此種倒果為因的論證模式容易產生前後矛盾，例如：某甲「不知所由」的喜歡某個偶像，會主動找理由來補充「不知所由」，這樣的論述有些倒果為因；比較順向的邏輯推演為「某人外型（內涵……等）是我喜歡的類型，所以他（她）是我的偶像」。

實務課題，筆者將另文專撰，先提供讀者建立「家主權」[23]之概念。

參、值班勤務應符合比例原則

　　警勤條例第 15 條第 1 項規定「勤務時間爲二十四小時，其起迄時間自零時起至二十四時止」，等同只要有勤務機構功能之單位，即一日二十四小時、一年三百六十五日需循環不間斷編排值班勤務，違反比例原則乎？本質上與本書上冊討論編排二十四小時巡邏勤務同，似仍未見學者或實務表示意見[24]。本文認爲，是項勤務乃附隨設置機構而編排，雖該功能未如巡邏、臨檢具有**強烈**公益性（維持法治及社會秩序），惟附麗於共同服勤、形成治安面及供作服務站之設置目的尚屬正當，編排二十四小時連續不中斷之勤務係爲手段必要，值班原則未有「**外部**」損害，尚符合比例原則要求。

　　復以執行勤務作爲觀之，大多未採取壓抑性、規制性及強制性之職權，面對民眾多以服務或指導方式爲之，犯罪偵查之受理報案亦同，則比例原則探討之立足點不似具有強制力職權般強烈。惟實務運作在勤務作爲的選擇上，即有可能忽略了「任意性職權」探討比例原則項下各子原則之問題，尤其在不先進行目的審查，後續探討手段是否適當、必要、合理時，將欠缺足以對應衡酌之牽引，反而模糊當下作爲之方向。例如：聆聽民眾申告內容後行使行政指導職權，在實現一定行政目的下，手段選擇限定於不具法律上強制力之方法，其幾近強制的建議方法超越合法範圍[25]對人民造成損害時（警察提供錯誤意見，人民依循後蒙生損害），反而忽略行政指導任意性的核心，稀釋了原本行政作爲的目的而違反了比例原則，

---

[23] 實務見解（法務部民國 102 年 2 月 8 日法檢字第 10204503780 號函釋）略以：「……民眾至機關場所內陳情、檢舉或接受調查時，因處於非公開之場所，故認其非屬公開行爲，則民眾在該公營造物內，應服從公營造物之秩序權（參照陳敏著，行政法總論，民國 100 年 9 月 7 版，第 1010 頁至第 1012 頁）。是以，機關基於考量內部安全及財產管理權之需求，得視具體個案情形，對民眾之錄影及錄音等行爲有同意、限制或禁止之權限，民眾自應遵守之……」之說明，得對影響勤務機構內部秩序之民眾執行家宅權限。

[24] 此處探討比例原則或有認爲尚無必要，如：「值班本就有固守勤務機構，機構二十四小時開放就應編排二十四小時值班」或其他說法等。惟（內部）勤務時間在公務人員保障法第 18 條至第 21 條加以討論時，連續編排二十四小時不間斷之勤務即顯出一定存在意義；另（外部）因二十四小時不間斷影響到附近鄰人的生活，此原則亦有一定的間接意義（鄰人具反射利益得否請求國家賠償？），只是，國內文獻鮮少就此表示意見。

[25] 讀者得延伸閱讀相當精彩且深入之文章，詳參閱李建良，人權思維的承與變，《論憲法上保護義務與保護請求權之關係》，2010 年 9 月，頁 182-199。

是以，當下需先問自己執行目的、後選擇適當手段，才是審查合法與否的思考順序。

最後，值班面對有必要動用強制力之事件發生時，當下可能會本能地採取壓抑性、規制性及強制性之勤務作為，執行過程亦需符合比例原則，例如：選擇制止之手段係有助於目的之達成（適當性）、有多種手段應選擇對人民侵害最小方式為之（必要性）及造成損害與達成目的之利益需相互均衡（衡平性），其重心應在維持「目的」與「手段」間的均衡關係，項下三個子原則亦應圍繞於此，則勤務作為使用物理力當下，除法定要件審查外，比例原則亦為重要課題（是否為殺雞取卵、竭澤而漁）。

第三項　法定程序

執行勤務過程中，無論係通訊聯絡、傳達命令或接受報告之工作，多以行政指導[26]為手段為之，程序重心均置放於此：

壹、應注意法規之目的

由於行政指導有非權利行政與行政事實行為之現代行政重要特徵[27]，亦可稱為非正式行政行為（informelles Verwaltungshandeln, informales Verwaltungshandeln），應在職權或所掌事務範圍內執行，並注意有關法規之目的，例如：一母親進入派出所內陳明其夫酒後會藉故藤打未成年子女，已非常態，卻又不想報以家暴案件。

值班人員理解後，應先釐清一點：排除家暴案件處置，尚有民事法規得以運用，則該母親**申告目的若僅欲達到約制其夫之行為**而非請警察介入[28]時，得**參酌**民法第 1059 條以下之親屬編（父母子女）**立法目的**，指導該母親於其夫藉口藤打未成年子女時，除可報警外，現場仍得告以其夫

---

[26] 行政指導之類型約略可分為三種：第一，助成性、授益性；第二，規制性；第三，調整性。詳細內容請參閱：蔡茂寅、林明鏘、李建良、周志宏等合著，行政程序法實用，2013 年 11 月，頁 434-435。

[27] 室井力編，新現代行政法入門 (1) 補訂版，2005 年 2 月，頁 10 及 73 以下。

[28] 尚有一定比例傳統女性仍舊認為家醜不可外揚，筆者發現在臺灣不論學歷高、低，女性面對己身家庭問題，仍難脫傳統之桎梏，易言之，不想讓警察介入。或許讀者會問：家暴通報就不用處理？筆者仍需澄清，家庭暴力防治法第 50 條、第 48 條規定之通報義務或處置作為注意事項與本處建議的行政指導作為應分屬二事，互不干涉。簡言之，指導建議應注意相關法規訂定之目的，跟有無通報義務無關，讀者仍需辨明。

依同法第 1090 條規定向法院請求停止親權全部或一部，**藉預告救濟方法**使其警惕或降低恣意暴力的程度[29]，**實質拘束**著施暴者，不失爲另一種解決途徑[30]。當然，有關家庭暴力防治法第 50 條第 1 項就家庭暴力通報事項仍應履行，其行不悖，否則，即有第 62 條第 1 項之違法。

貳、應明示目的、內容及指導者

行政機關對相對人行政指導時，應明示指導之目的、內容，及負責指導者等事項，行政程序法第 167 條第 1 項定有明文。爬梳於此，讀者應知該職權有明示性，無非是想要透過程序規範使行政指導之施行者受到目的的拘束，以明確其執行內容，使指導相對人得有足夠資訊供以判斷。

第一線面對民眾之值班警察，無論執行通訊聯絡、傳達命令或接受報告（案），在職權或所掌事務範圍內運用行政指導爲手段時，應明示指導之目的，告以指導之具體內容及負責指導者。由於該手段通常作爲法規不備時之重要替代措施，兼具有濃厚的臨機應變性質，特別重視其行政柔軟性之機能，著重履行程序要件，使其雜揉於勤務作爲中相互彈性運用，在彰顯警察法律專業素養面向，有著提升形象的正面意義。

當然，接續的問題是：任何行政行爲應有適用行政法上一般法律或法律原理原則之前提[31]下，值班人員對民眾過度的指導，有否違法之可能？簡言之，實務常見**強烈建議**來所民眾朝某方向按圖索驥，但此方向大部分只對警察有利（不用處理），對民眾有部分或重大不利之影響（民眾本身不知）。此際，向民眾明示的是虛僞目的，而掩飾眞實目的之手段及過度指導，**似乎呈現違法之結論**，實務工作者指導時應審愼以對，切勿浮語虛

---

[29] 現今民眾某程度仍存有：警察出現場合＝武力之觀念，在人性慣行的考量上，有時候不請武力（警察）干預是較和緩的解決途徑，一旦具有武裝人員介入家庭紛爭後，家人相互談判的空間可能壓縮至零，毫無彈性。是以，藉由較爲親近的家屬來說出法律救濟的話，造成可能衝突的場面會少一些，話雖如此，在受暴者或其他親屬長期隱忍下，可能會產生突發性的以暴制暴，相當容易鬧出人命，例如：105 年 7 月 24 日上午 5 時在屏東高樹鄉的陳○惟，爲了保護長期受家暴的母親，失控將父親陳○郎以剪刀攻擊致死；瀏覽網址：http://www.appledaily.com.tw/appledaily/article/headline/20160725/37321927/，瀏覽日期：2016 年 7 月 29 日。

[30] 筆者親身經驗發現，此種方法（以法律救濟當作恫嚇的方法）某程度是有用的，尤其尚未完全失去理智的場合中，法律在當下或許眞的是最後一道防線！反之，以法律救濟的恫嚇都無法造成任何心理上的制約時，當事人應小心後續可能被更強烈暴力的對待，因爲此刻，法律在施暴者身上已無任何抽象的拘束力（即施暴者對法律視之無物）。

[31] 參照行政程序法第 4 條以下（一般法律原則、平等原則、比例原則、誠信原則）。

辭、危言聳聽[32]，避免不符目的之指導。

參、受指導人得拒絕及不利禁止

實施行政指導時，受指導人倘明確拒絕指導者，實施者應立即停止，理由在於：指導屬非權利行政之一環，相對人有自由選擇的權利，當得拒絕服從，使之否定事實上之效力，行政程序法第166條第2項亦有明文。警察最有可能遇見拒絕的情形，多在事件或案件的諮詢過程中；另有較為鮮明實例即為：治安風水師的執行、報案滿意度的問卷（不分書面非書面）調查等，在受指導人顯見面有難色或難言之隱時[33]，應視為拒絕並終結指導。

再者，所謂不利禁止（處置），係指基於報復或制裁意圖在客觀上有著不利益措置或不當處置而言，而事實及法律上之不利處置皆包含在內[34]；當然，亦有不當連結禁止之適用[35]。基於人性考量，倘以非報復心理來客觀處置或評論一件事，事實上是相當不容易，尤其受到輕蔑或刺激時更顯珍貴，警察亦然。惟公權力實施指導受到拒絕，法明文指導者不得據此為受指導者不利之處置，以避免嗣後作成處分或決定時受到不相干目的的汙染，例如：報案民眾進入所內申告私有土地遭到占用，值班建議向民事法院起訴請求返還所有物受到明確拒絕時，此拒絕即不得作為後續（如：是否受理竊占[36]或派遣人員前往查看）處置之考量，實要屬二事。

基於上述的理解，行政指導應於相對人同意或協助下進行，若其已表明不服從之態度時，即應停止；對該事項如需採取行政處分或其他公權力等措施時，則不應保留原本受指導者拒絕之不利因素，且不得導致其受有

---

[32] 最常聽見的一句經典句子：如果你（妳）亂告的話，法律會「十倍」奉還（處罰一個不法行為的構成要件只有一個，為什麼法律會「十倍」奉還）？此句話背後的多數原因，即：不想受理報案，因為要製作許多表格、輸入很多文字。更可愛的是，許多民眾還相當信服「法律會『十倍』奉還」這句話。

[33] 筆者接觸民眾多年，民眾大多會尊重並仔細聆聽警察闡述之內容，或許是臺灣人民族性比較善良的關係，通常都不會當面拒絕，面對警察長篇大論最有可能拒絕方式，即：面有難色！當下自身要有敏銳度該是結束的時候到了，避免當一個討人厭的人。

[34] 蔡茂寅、林明鏘、李建良、周志宏等合著，行政程序法實用，2013年11月，頁437。

[35] 人類慣性通常會將不同事務混為一談，受到拒絕後心存善念的人不多，相當容易產生公報私仇之作為，行政指導既有行政法上一般原則之適用且具裁量權，則亦應禁止不當連結（Koppelungsverbot），可自行政程序法第10條觀察；相關實務見解，詳參閱最高行政法院81年判字第1006號判例、同院92年度判字第1426號及100年度判字第1022號判決。

[36] 是否受理竊占罪部分，讀者應考量刑法第128條越權受理訴訟罪，避免純為民事件仍受理而有違法之虞。

不利益，乃理固宜然。

第四項　執法界限

　　無論為法律或事實上之一切行政行為皆不得違法，尚無例外，不具法律拘束力之行政指導，仍受法律之拘束，應遵守實體法及程序法之界限[37]，亦無分別。基本上，行政指導不受法律保留原則之拘束，而事實行為本身即屬適用法律之行為，無須另有作用法上授權，且因未具拘束力，原則上不會對人民造成權利影響，仍不得逾越行政機關在組織法上所掌事務及權限範圍[38]。然行政指導雖屬任意性事實行為，仍係行政行為，不得逾越相關法令及行政法之原理原則，並應注意相關法規之目的，不得濫用，為其執法界限。

　　自積極面而言[39]，行政程序法第 166 條第 1 項揭示了指導不得牴觸法律強行規定，且不得逾越各相關法規目的之限制，實質描繪了法治國圖像及保障人權之分水嶺，將任意性的警察活動限制在職權或掌理事務權限範圍內，以目的加以控制其合法界限；而同條第 2 項後段雖偏向訓示明文使實效性大大減低下，相對人為一定作為或不作為，亦導向相對人無義務受賦課之結論，由內而外地彰顯界限的實質內涵。由消極面探討，姑不論涉及法律保留有否適用之侵害保留說、權利保留說或立於重要性理論，其侵益性（或強制性）已因法明文為任意性，指導過程中未有其他法定事由禁止實施強制力，作為指導之界限。

　　職是之故，基於法治國原則及保障人權之前提作為界限，具任意性之行政指導在民眾（或相對人）真摯拒絕時應即禁止或停止之，亦禁止不當之聯結（例如：懶得受理報案、要下班了等），且指導內容應具公共性[40]，方合於執法之具體勤務作為，即應避免選擇過度或不足之手段。例如：民眾在值班台前接受指導時突然叫囂，選擇對應的勤務作為以「推出

---

[37] 陳敏，行政法總論，2013 年 9 月 8 版，頁 634。
[38] 李惠宗，行政法要義，2013 年 8 月 6 版 2 刷，頁 460。
[39] 陳良豪，警察勤務新論（上）──實務工作者與法律的對話，2016 年 2 月初版，頁 14 以下。
[40] 例如：報案人至派出所內詢問民事法律關係及如何為其權利提起救濟時，期間證明債務人真的很可惡，則警察應建議以法律救濟為主，切勿跟報案人說：「你可以去找討債公司……」，此種指導內涵並不具備執法公共性。

派出所」（過度）或「默不吭聲」（不足）之手段，似乎無法合於現行法規範之作為，尤其指導過程中失控，即代表著拒絕[41]？本文認為，行政指導具有柔軟性之特徵，同時可能逸脫法治遭濫用之危險，輔與公、私益調和的條件考量下，其界限仍應建立在任意性之上（由內而外或由外而內亦同），單純指導的勤務作為不得實施物理力（含心理強制），殆無疑義。

第三節　值班勤務之法治思考

為期使讀者能有漸層之脈絡，將前揭說明化繁為簡，重新說明夾敘夾議之處，即：文書、受理報案、管轄等，作為貫串法治思考之重要命題，藉下列不同法規範角度重述，建構貼近實務運作的法律對話：

第一項　行政法規範

自警勤條例第 11 條第 5 款內容觀之值班，主要工作以通訊聯絡、傳達命令及接受報告為主，然如何貫串其中並為法治思考且符合實務之操作，筆者認為相通復有漸層之命題[42]，得以管轄對應通訊聯絡、祕密及個資對應傳達命令，而報案文書對應接受報告，可見微知著。下依本書上冊建立法規範之方，分別說明如次：

第一款　通訊聯絡

警察勤務機構的電話鈴聲常此起彼落按旨揭案例：【現行實務機關(1)】，接聽來電之人即為值班。筆者昔日任職於基層單位時，常接獲民眾或勤務指揮中心指示處置稀奇古怪之案件，又或為非警察職掌之事務卻

---

[41] 報案人進入派出所大多數都是相當人性化的思考模式，說明的過程其實已經能觀察出報案人的意欲，只是大部分隱藏在說明過程想要主導談話的言詞中，又或者說，話題會朝向自己能掌控的方向走，如果無法達到意欲的方向，少部分的報案人就會開始質疑、說話大聲，甚而叫罵，這種警察與報案人沒有交集的表達方式，事實上就是一般常人使用的拒絕方式。

[42] 管轄、祕密、個資及受理報案，事實上都是個別探討的大方向，個別探討通訊聯絡、傳達命令及接受報告時分別需要更大範圍作為描述，鋪陳在不同標題上，即有依次漸層的輪廓，使讀者能一目瞭然，迅速進入討論核心。易言之，管轄（祕密、個資、受理報案）在通訊聯絡、傳達命令及接受報告皆為共通的命題，祇是筆者認為管轄概念與通訊聯絡較能彰顯其重要性，而將管轄置放本處說明。

隱遁於爲民服務、查報不法而派遣，立於實務運作執行時，需建立完整核心之管轄概念，方可能進行妥適之派遣、聯繫或諮詢；有時，警察不小心成爲輿論攻擊的箭靶，實際上就是與管轄之命題有重要關聯。下就管轄之意義、種類、恆定、競合及職務協助說明之[43]。

壹、管轄之意義

管轄，指依法將一定事務分配於何行政機關之準據，一方面是劃分不同行政機關之任務範圍，他方面確定各該機關處理行政事務之權責領域。行政機關於管轄權內從事公權力行爲，其所產生之權利或義務歸屬於所屬之行政主體之謂[44]。行政機關之管轄權，悉依其組織法規或其他行政法規定之，一般稱爲管轄法定原則，實務常見其他行政機關因認知問題與警察發生齟齬的情形[45]。

值班擔任通訊聯絡時，應先釐清該事件警察是否有管轄權[46]（其種類

---

[43] 按值班之核心問題，理應圍繞於勤務制度上，延伸探討該制度之工作內容、權限規範及權力依據、執勤人員自身權利等（內部行政），集中在勤務運作之法治思考，容日後筆者專撰警察行政法基本十講之公務員法部分說明之。本處仍聚焦於實務工作者執行勤務作爲之法治思考上，謹先劃定範圍。

[44] 蔡茂寅、林明鏘、李建良、周志宏等合著，行政程序法實用，2013 年 11 月，頁 39。

[45]【地方中心／臺南報導】蘋果即時新聞，2015 年 11 月 20 日，新聞標題：臺南防治登革熱，竟喬不定誰先進門。此案例凸顯警察在「現實中」綾人一截的情形，大部分公務員的心裡還是認爲投訴是有效的。此案例主要涉及傳染病防制法第 2 條、第 3 條第 1 項第 2 款、第 7 條、第 25 條、第 37 條及第 38 條，主要問題點發生在第 38 條。
報導全文：
臺南市登革熱疫情超近尾聲，卻爆出防疫人員與協勤警察爲誰先進空戶而激烈口角糾紛。網路流傳一支影片，東區衛生所護理長與甲派出所警員爲了無人住居公寓誰該先進門爆發言語衝突，警員認爲鎖匠開門後，護理長應該先進門，警員才尾隨進入；帶隊護理長則認爲，只要防疫人員進入，警察尾隨蒐證即可。
臺南市衛生局幹部今被上級下達封口令，不願意對外說明；臺南市第一警分局則澄清，雙方是因公務執行上認知有所差異，而產生誤解，並沒有臉書網友所述飆罵情事，警方已向「警察之友會臉書」留言澄清。
昨天下午，衛生局東區衛生所護理長陳郁稜率防疫人員，會同後甲派出所警員到東區中華東路 2 段附近一無人住居公寓，在鎖匠開鎖後，陳郁稜指派一名防疫員進入，並要警員隨後蒐證。但協勤警員認爲，鎖匠開鎖應該由帶頭的護理長進入，而不是防疫員，雙方因此爆發口角，警員全程錄影。
護理長與警員對話影片，今天由網友谷百合上傳「警察之友會臉書」。谷百合說：「登革熱噴藥只是警察的協辦業務，妳憑什麼跩高氣揚的命令警察，還當場打電話向警察局行政組長檢舉這位同仁啊！？」、「鎖匠都幫你們開好門了，你們主辦單位自己不進去執行勤務，卻搖擺的飆罵協辦的警察，要求警察進去並幫你們錄影？」臺南市登革熱噴藥、肄清工作從八月展開，防疫員與警察合作過程中，都沒有爆發激烈衝突，不料，當登革熱病例數已降到每天 20 多例，防疫工作將告一段落時，竟爆發防疫員與警察衝突，臺南市政府高層下達封口令，不准衛生局對外說明，警察局也輕描淡寫，就怕防疫工作壞了形象；瀏覽網址：http://www.appledaily.com.tw/realtimenews/article/new/20151120/736659/，瀏覽日期：2016 年 3 月 5 日。

[46] 實務中最常不作爲（完全不篩選案件）的值班即爲勤務指揮中心（含警察局、分局）之執勤員，或許是對法規之主管機關及管轄概念不甚明暸，下交至派出所爲派遣時，勤指中心通常的理由是：「就去看一下又不會怎樣！爲民服務吧！」

另如下說明），再決定是否派遣，倘審酌無管轄權，應即移送或通知主管機關前來處置[47]，通知後應載明於公務電話紀錄簿內（**文書**），以明權責；另需通知當事人，若無法通知亦應載明於工作紀錄簿內（**文書**），以供查考。例如：民國 104 年 8 月間，某甲將攤販架堆置在北市大安區防火巷內，民眾舉報並「要求」警察前往取締！此案例對管轄權之思考，重點在於：**「防火巷內堆置物品」**而**非堆置攤架之行為**，則需探討防火巷應歸屬何機關之管轄。首要，警察有到場義務[48]並無疑義，於現場確認堆置地點係供逃生用之防火巷內而非道路時，警察對該事件**並無**事務管轄權[49]；再者，應通知市政府工務局[50]建管單位前來查處[51]，「值班」倘清晰管轄之法軌跡，其他行政機關則無拒絕或卸責之可能[52]。基此，明瞭管轄權之概念，是使真正主管機關及專業人員來解決事件，警察毋庸頻頻成為現場或事後受苛責的對象（有權有責、無權無責）。

貳、管轄之種類

行政機關之管轄權，基本上可分為三類：土地管轄、事務管轄，以及

---

[47] 行政程序法第 17 條第 1 項規定：「行政機關對事件管轄權之有無，應依職權調查；其認無管轄權者，應即移送有管轄權之機關，並通知當事人。」

[48] 災害防救法第 30 條第 1 項、第 2 項規定：「民眾發現災害或有發生災害之虞時，應即主動通報消防或警察單位、村（里）長或村（里）幹事。前項之受理單位或人員接受災情通報後，應迅速採取必要之措施。」其實，這個條文有一個相當重要的問題需先解決，即堆置攤架是否就是「發現災害或有發生災害之虞」？如果條文中之「災害」非指堆置攤架的危害狀態，警察似乎沒有義務前往現場處置，僅需通知業管機關前往查處即可；倘該「災害」包含堆置攤架的危害狀態，警察即有義務先行前往處置。依同法第 2 條第 1 款第 1 目、第 2 目之立法定義，堆置攤架的危害狀態並非災害，則依法警察獲報後對無管轄權之事件並無義務到場處理，有義務的部分在：通報主管機關前往查處，不知道警察局、分局勤務中心及分駐（派出）所之值班派遣依據為何？事實上線上警力到場義務之授權可能來自社會秩序維護法第 39 條規定有調查權限，至於堆置攤架於防火巷有無違反該法何條款、需作成裁罰處分等作為，是另外的問題，與到場有調查權無關。

[49] 公寓大廈管理條例第 2 條規定：「本條例所稱主管機關：在中央為內政部，在直轄市為直轄市政府；在縣（市）為縣（市）政府。」

[50] 臺北市建管單位係依據 104 年 4 月 14 日訂定臺北市政府處理違反公寓大廈管理條例第 16 條第 2 項規定優先查處原則第 2 點第 3 款「防火巷弄、防火間隔有下列各款所列違規態樣者，依法優先查處，其餘違規態樣拍照列管依序查處：（三）擺放供營業使用之攤車、櫥窗、液化石油氣、洗手台及其他類似物品者」加以執行。

[51] 可能違反之法條為公寓大廈管理條例第 16 條第 2 項「住戶不得於私設通路、防火間隔、防火巷弄、開放空間、退縮空地、樓梯間、共同走廊、防空避難設施等處所堆置雜物、設置柵欄、門扇或營業使用，或違規設置廣告物或私設路障及停車位侵占巷道妨礙出入。」及第 49 條第 1 項第 4 款「有下列行為之一者，由直轄市、縣（市）主管機關處新臺幣四萬元以上二十萬元以下罰鍰，並得令其限期改善或履行義務；屆期不改善或不履行者，得連續處罰：四、住戶違反第十六條第二項或第三項者。」

[52] 筆者學生偶遇通報主管機關過程中，會因無法清楚表達或不明瞭管轄之概念，受他機關惡言相向並要警察自己處理之狀況，有時只能怪自己不懂，或不願懂，或不懂亦不願找解答。

層級管轄。茲簡要分述如下：

一、土地管轄

土地管轄[53]，係指事務管轄所及之地域範圍內，依地域界限劃分行政機關之權限。該管轄方式通常用於同層級行政機關權限之劃分，例如：警察局與警察局間、警察分局與警察分局間、派出所與派出所間。

土地管轄權限原則上鮮少出現爭執，例外時多以事件恰巧在分地界上發生，例如：關渡橋上發生死亡車禍，機車駕駛死亡地點**剛好在**二個派出所（龍源及竹圍派出所）的**地界中線上**，頭朝向淡水方向，而這二個派出所分屬不同分局（蘆洲及淡水分局）；又如：機車與汽車發生擦撞地點**剛好在**一般道路（派出所管）及高速公路（高速公路警察局管）匝道**地界上**，土地管轄實難分難解[54]。當然，各機關意見相左，即須循管轄爭議解決，值班在通訊聯絡事務上應明晰土地管轄之區別。

二、事務管轄

事務管轄，指依行政事務之種類為判斷標準所定之權限劃分，通常以各機關之組織法律定之。依據行政事務範圍大小，原則可區分為三種：1. 一般管轄。2. 個別管轄。3. 全面管轄[55]。

事務管轄權限對警察機關而言是一個相當複雜的概念，衍生爭議多來自未釐清補充性原則、職務協助與警察權界限的問題，其適用條文主要在警察法第 9 條各款及警察職權行使法第 28 條第 2 項，餘散見在其他作用法規中（如：著作權法第 103 條、災害防救法、森林法、廢棄物清理法、

---

[53] 行政程序法第 11 條第 1 項規定：「行政機關之管轄權，依其組織法或其他行政法規定之。」
[54] 舉此二例皆為筆者親身經歷，其中一次是以猜拳方式決定由何單位處理。通常，基層員警不會白目到讓事件演變成上級長官出面調停或解決管轄爭議，內心想法是：如果最後長官的決定還是要自己做，則此決定權應留給自己，亦無須替長官找麻煩，所以才會有現場猜拳決定，看似荒謬卻又符合現實、人性與法規規定（類似民法第 1059 條第 1 項以抽籤決定）。
[55] 詳細說明請參閱：蔡茂寅、林明鏘、李建良、周志宏等合著，行政程序法實用，2013 年 11 月，頁 41 以下；李惠宗，行政法要義，2013 年 8 月 6 版 2 刷，頁 256 以下。

水利法、食品衛生管理法、精神衛生法[56]等不勝枚舉[57]）。以上揭防火巷案例說明：雖災害防救法第 30 條第 1 項、第 2 項將警察納入補充地位，然堆置攤架於防火巷內並非該法第 2 條第 1 款所稱之「災害」，與要件不符[58]，則查處防火巷內堆置攤架之主管機關即非警察（無事務管轄權）。倘警察獲報仍到場，現場得選擇之手段至少有[59]：1. 通知主管機關到場查處。2. 協助主管機關移置的**安全維護**工作（**非協助移置攤架**）。相當特別地，受派前往處置之斯時，大多只有警察而未見主管機關，而執行過程中，常見違反行為或狀態責任的民眾生氣時，直接對警察大呼小叫，問題是：警察根本沒有**事務管轄**權限，為何要受氣[60]？

　　警察與其他行政機關究竟如何分辨何時為主、為輔之概念？尚需藉助事務管轄權限之界線加以釐清，尤其現行警察實務主輔反串成為輿論攻擊的案例屢見不鮮之情形下，亟需對於「個案」探討法規面主輔關係，惟緩不濟急、紛亂不清的標準及概念，實令警察困惑而無所遵循。不過，學說明確指出[61]：**補充性原則僅適用在組織法上，與作用法之警察權界限論不**

---

[56] 民國 105 年 3 月 31 日中午，北市文山區政大校園之稱「搖搖哥」因受內湖小妹妹遭殺害事件影響，主管機關（即：衛生局）發現本人進行關懷並於護送過程引起軒然大波，律師即向該管法院聲請提審。當地督察單位來電詢問筆者時稱：法院只有傳喚警察到場？筆者一頭霧水，不瞭解為何法院只傳喚警察，而非主管機關或衛生所人員。
筆者所接收到的訊息，本件起因乃衛生局請求警察協助，非報載警察發現，需先澄清被誤認的事實。次按提審法第 2 條第 1 項規定，履行告知提審之機關應為精神衛生法第 2 條之主管機關（即直轄市政府衛生局），警察乃協助同法第 29 條、第 30 條之機關、機構、社福單位等為執行工作（非第 32 條第 1 項執行職務中發現，此概念與補充性原則有關），現場係履行該法及行政執行法第 6 條之職務協助，而非「主管機關」及「應履行告知提審機關」，法院僅傳喚「警察」似乎未能區別該事件數行政機關權限劃分，警察差一點趴著又中槍（不小心成為輿論攻擊的箭靶）。還好，筆者將相關法律意見建議分局後向法院澄清，輿論即不再針對警察（高層原本指示，拒絕法院傳喚表示抗議），此案與今（2016）年 3 月 17 日立委呂孫綾質詢國安局長憲兵濫搜案有相似之處；瀏覽網址：http://news.ltn.com.tw/news/politics/breakingnews/1635755。相關報導：http://www.appledaily.com.tw/realtimenews/article/new/20160401/829779/，警察躺著中槍；瀏覽網址：http://bepo.ctitv.com.tw/2016/04/49776/。
內容：內湖 4 歲女童割喉命案鬧得沸沸揚揚，人心惶惶，社會充斥著恐懼的氣圍。在昨（3 月 31 日）日中午，在政大校園旁傳出有一名學生暱稱「搖搖哥」的街友，竟無端遭警察強制逮捕送醫；瀏覽日期：2016 年 4 月 2 日。

[57] 陳良豪，警察勤務新論（上）──實務工作者與法律的對話，2016 年 2 月初版，頁 102 下註 132、頁 103 及下註 133、頁 143 以下。

[58] 並無適用警察職權行使法第 28 條第 2 項補充性原則之餘地。

[59] 此際，警察得在場的授權依據為行政執行法第 6 條之執行時職務協助，非行政程序法第 19 條。

[60] 筆者後來至文山第一分局督察組，閒聊過程恰好該組巡官有一類似案件加以詢問意見（社會局人員執行獨居老人訪視不在後離去，以電話通知警察要前往訪視），其主管機關是臺北市政府社會局，對警察也是頤指氣使，筆者遂加以簡要釐清與補充性原則有關的重要概念；拜訪日期：2016 年 7 月 18 日午后 13 時許。

[61] 關根謙一，警察の概念と警察權の限界（一），警察學論集 33 卷 10 号，1980 年 10 月，頁 7；林明鏘，警察法學研究，2011 年 7 月，頁 72。

同，更需與**職務協助**與之區隔[62]，則可明瞭補充性原則、警察權界限及職務協助應分屬不同概念。本文認為，欲使現場實務工作者得以簡易判斷，似可依事件先尋覓處置授權之依據（可能為一，亦可能為複數），再依該法規之主管機關為何作為區別，復依法規內有無明文警察相關職權加以判斷事件究竟屬於「警察權界限、補充性原則或職務協助[63]」。

例一：砂石車傾倒廢土。該事件傾倒廢土係一行為，同時有廢棄物清理法（以下稱廢清法）及道路交通管理處罰條例得以處罰。就廢清法第4條之主管（事務管轄）機關為環保單位，單純廢棄物查處與警察無涉，至多僅有「職務協助」；傾倒廢棄物倘以廢清法第45條、第46條（處刑罰）偵辦者，因涉及廢棄物之認定，應俟主管機關判別後**始由**警察主導偵辦，為「警察權界限」問題；警察在獲報現場，主管機關尚未到達或判別前，需依不同事實分別有「職務協助及補充性原則」（組織法概念）之聯想。至道路交通管理處罰條例，警察得本於職權及參酌行政罰法第24條第1項規定辦理之。

例二：民國104年內湖分局漂流木事件。係森林法中涉及「警察權界限及補充性原則」之概念，思考如上例或上冊說明，茲不贅述。

例三：著作權案件之查處。首要，著作權法之主管機關為經濟部，且該法中有處刑罰之規定，先予陳明。再者，該法第100條規定對著作權受侵害事件，原則為告訴乃論，例外在著作物被重製於光碟時（第91條第3項、第91條之1第3項）係非告訴乃論，則有以下之區分。第一，在非告訴乃論範疇，警察係獨立行使司法警察權限，與警察權界限概念相關；第二，於告訴乃論範疇，依該法第103條規定需經告訴後，始得扣押侵害物並移送偵辦，則與警察權界限及補充性原則概念相關；第三，配合主管機關人員查處時，則與職務協助相關。

例四：民國105年政大搖搖哥強制送醫提審成功。首先確定本件僅

---

[62] 延伸閱讀：梁添盛，警察法專題研究（二），2004年9月初版1刷，頁185-190；林明鏘，論警職法第28條之權限概括條款與補充性原則，警察法學第5期，2006年10月，頁11以下；陳愛娥，警察法上的補充性原則，月旦法學雜誌第83期，2002年4月，頁22以下；詹鎮榮，補充性原則，月旦法學教室第12期，2003年10月，頁34以下；張桐銳，補充性原則與社會政策，收於《黃宗樂教授六秩祝賀——公法學篇（一）》，2002年4月，頁223以下。

[63] 大部分學說並不強制區分補充性原則及職務協助的概念，可以說是同屬組織法上權限如何或有無分配的問題。

有精神衛生法之適用，該法中主管機關爲臺北市政府衛生局；較爲特別地，該法對發現有第 3 條第 1 款精神疾病時，在協助就醫之來源分別爲第 29 條之「病人自身、保護人、家屬、主管機關或醫師」、第 30 條之「矯正機關、保安處分處所、機構、場所或社會福利機構及其他場所」，及第 32 條之「警察、消防機關或民眾」，法定就醫之手段以護送爲之，原則並無強制力[64]。基此，無論何人發現通報需護送就醫，警察至多位居補充性地位或職務協助，尚無警察權界限之概念。

基於上述的理解，值班就案件事實應依職權審查有無事務管轄權，派遣勤務時方得清楚傳遞通訊聯絡之內容，對於非屬警察事務職掌之案件或與警察權界限、補充性原則及職務協助相關時，得適時反映予主管機關及其人員，避免獨攬其身蒙受池魚之殃。

三、層級管轄

層級管轄，指同一種類之行政事務，分屬不同層級之機關管轄，現行法律中常見「本法所稱主管機關：在中央爲……；在直轄市爲……；在縣（市）爲……」即爲適例，此種管轄之界分方式，主要採取層級制行政組織體系之架構，同時亦爲決定訴願管轄之基本原則。

警察機關層級管轄之比擬，依憲法第 108 條第 1 項第 17 款、警察法第 3 條至第 5 條、警察法施行細則第 3 條、第 5 條、第 6 條說明較爲適切。警察法將某些組織事務以層級方式爲分配，將立法、執行權限分別賦予中央、直轄市或縣（市），具有一致性之官制、官規、教育、服制、勤務制度及其他全國性警察法制部分，由中央獨攬立法權，執行權則分別交由中央或（地方）直轄市、直轄市或縣（市），中央及地方同有執行權限時，即有層級管轄及因管轄權限衍生上下層級內部指揮、監督（法律、事務、勤務）之概念[65]。

最後，尚需補充管轄之思考脈絡：即個別管轄優於一般管轄，在判斷各種管轄機關時，優先依其事務之個別管轄定其管轄機關；倘逢有層級管

---

[64] 例外情形：精神病患因法定原因先受到管束才送醫，此際「護送」有事實上強制力。
[65] 詳細說明請參閱：蔡茂寅、林明鏘、李建良、周志宏等合著，行政程序法實用，2013 年 11 月，頁 44；陳敏，行政法總論，2013 年 9 月第 8 版，頁 922-925；梁添盛，警察法專題研究（二），2004 年 9 月初版 1 刷，頁 282。

轄，則**下級機關管轄優先於**上級機關管轄[66]。確定管轄機關後同時確定了法律責任歸屬問題。例如：**派出所**值班接獲案件需**分局**偵查隊或外事前來支援處理，嗣現場事件告一段落，原則由派出所勤務人員接續受理該案，即為個別、層級管轄[67]之概念。

參、管轄之恆定

　　管轄權，非依法規不得設定或變更[68]，一般稱為「管轄恆定原則」（Grundsatz der festen Zuständigkeitsverteilung）或「權限不可變更原則」。易言之，行政機關之權限悉由法規為依據，不得任意設定或變更[69]。基此，警察與他行政機關之管轄權限，主管機關是**負有義務處置**具體個案，而非所有一時找不到主管機關或不知主管機關為何者，就通知「警察」來處理。當然，在有危害情形且有補充性原則之適用時，警察仍應先行介入，後續再交由主管機關。

　　例如：前揭登革熱防治噴灑作業、傾倒廢土、內湖分局漂流木事件、著作權查處及政大搖搖哥等具體案例，涉及警察權界限及補充性原則概念之部分，於管轄恆定原則下，皆需由真正、專業主管機關進行判斷，警察

---

[66] 李惠宗，行政法要義，2013 年 8 月 6 版 2 刷，頁 259。

[67] 民國 99 年 7 月 16 日，筆者協助某警局某分局之外事警務員與警政署外事組說理，以撰寫文章方式回覆該事件（申請複製警局內保管之影片內容）准駁權限應為「地方分局」，署承辦人將筆者代寫之文章函請法務部解釋，解釋函記載：宜由該資訊保有之警察機關判斷之（層級管轄之准駁權限為地方分局，非警政署）。亦即，警政署基於監督關係有法律、事務、勤務監督權限，惟對此事件核准權限不宜過度介入，讀者得參酌下列事實：法務部 99 年 11 月 12 日法律字第 0999047059 號。
主訴：警察局函轉有關○○貿易暨投資辦事處轉達該國僑民 MA ○○ ER 請求，為治療當事人創傷後症候群，經醫囑指示欲取得渠傷害案錄影帶拷貝案。
事實：該案由當事人於○○年○月○日至○○派出所報案（e 化案號 P000000000000），稱於○○年○月○○日上午 3 時 45 分許，於○○路○○號前○○ PUB 遭一名不明人士毆打致傷。同年○月○○日由偵查隊簽辦，經調閱監視錄影畫面，僅錄得不詳嫌疑人傷害當事人畫面，並經訪查現場負責人及員工均無知悉當日店外有發生傷害事件，沿線亦無其他監視器，無法得知嫌疑人逃逸方向，故該案簽存（偵查隊簽文、○○所陳報單及當事人筆錄）。
上揭法務部 99 年 11 月 12 日函覆警政署說明四（全文）：查○籍人士 P 氏雖已撤回告訴，惟本件所涉犯罪事實之偵查程序是否終結，或是否仍有本法（按：政府資訊公開法）第 18 條第 1 項第 2 款規定適用，宜由該資訊保有之警察機關判斷之。另是否有刑事訴訟法第 245 條第 3 項規定所稱「保護合法權益有必要者」之情事，亦請一併審酌。
另得參酌法務部 97 年 8 月 5 日法律決第 0970018451 號、99 年 9 月 27 日法律決第 0999040632 號，有關資訊公開之相關函釋。

[68] 行政程序法第 11 條第 5 項。

[69] 一般警察較不清楚的案例，即製作場所之臨檢表，臨檢時通常會載明營業現實狀態，警察機關逕行查報並製作相關卷資移送主管機關處置，係對於違法行為之舉發，並非逕為裁罰行為，未違反行政程序法有關行政機關管轄權之規定；相同意旨參照：法務部 90 年 6 月 1 日法 (90) 律字第 016356 號函。

僅行政一體概念下爲輔助矣，其他行政機關應揚棄「事事皆警察」的錯誤觀念，似乎應本於專業事務之執掌進行查處，方有管轄恆定而劃分不同主管機關存在之必要。

行政機關是否能有效且適法遂行其職務，具備管轄權限是處理事務重要前提，故行政機關對於事件有無管轄權，應依職權調查，如認爲無管轄權，應即主動移送有管轄權之機關，並通知當事人[70]。值班接獲報案或勤務指揮中心指派案件，倘遇有警察爲非主管機關情形時，應循報告系統層轉並作成紀錄，在場警力判斷若未有警察權界限及補充性原則之適用，筆者認爲，得拒絕以爲民服務之名派遣勤務人員[71]，否則，只是顯示出管轄恆定原則在實務運作仍是空談。

肆、管轄之競合

基於管轄恆定原則，行政機關對事件管轄權之有無進行職權調查時，該具體個案涉及行政事務龐雜且多端，常發生同一事件數行政機關均有管轄權者，在所難免，遇此情形應依行政程序法第 13 條、第 14 條辦理之，於此不再贅述。惟警察權界限、補充性原則及職務協助，皆非本處所指，應予釐清[72]。

伍、職務協助

職務協助，乃在不生管轄權移轉或變動爲前提下，行政機關爲完成特定之行政任務，請求他機關於自身權限範圍內，提供必要之協助，以發揮行政一體之機能。亦即，受請求機關主要提供輔助性行爲，該行爲係其權限範圍內始足當之。

警察在「職務協助」相近的概念就是「補充性原則」，基於行政一體的框架是重疊在**組織權限**上探討，二者本質似乎是同一個概念。惟筆者發現，職務協助與補充性原則依現行法制中雖相似但並非全然一致，例如：

---

[70] 行政程序法第 17 條第 1 項。
[71] 得爲判斷之依據，警察法第 2 條、該法施行細則第 2 條；陳敏，行政法總論，2013 年 9 月 8 版，頁 928。
[72] 現行有管轄爭議之事件，應屬「流浪狗」！蓋流浪狗可能是遺失物，或被拋棄的廢棄物，然而並不在廢清法第 2 條第 1 項第 1 款明文規定的範圍中，臺北市主要通知臺北市動物保護處前來處置。

（一）補充性原則具有主動性[73]；職務協助是受請求後始介入的被動性[74]。

（二）現行實務運作之補充性原則，有事務管轄權限之機關大多不在執行現場；警察爲職務協助時，有事務管轄機關皆確實在執行現場。

（三）現行實務運作之補充性原則，警察在現場是處理主管機關權限範圍的事務，例如：警察職權行使法第28條第1項[75]；警察爲職務協助時，是執行自己主管事務的權限（如維持現場秩序），與主管機關權限範圍的事務無關。

（四）警察基於補充性原則處理的事實，法律內**有明文規定**警察介入之權限，如：精神衛生法第32條、災害防救法第30條等，即是轉換警察職權行使法第28條第2項直接爲補充性之適例；職務協助在本部法令**並無明文規定**警察介入之權限，例如：環保機關取締任意丟棄菸蒂，受處分人拒絕出示證件，環保機關欲執行行政罰法第34條第1項第4款之令隨同至指定處所，依該法及行政程序法第19條第2項規定，請求警察協助。

基此，派出所值班接獲有關職務協助之事例，大多是其他行政機關執行取締，民眾拒絕出示身分證明文件時，通知警察到場協助帶返請求協助機關處所確認身分，援引之法令爲行政罰法第34條第1項第4款；分局規劃職務協助之事件，多爲直轄市政府、縣（市）政府拆除違建，援引之法令爲行政執行法第6條[76]。受派遣之人員倘不知執行授權依據，當得詢問或請值班代爲查詢。

---

[73] 筆者必須限定及澄清此處所指之「主動性」：係指其他行政機關無法或不能制止或排除危害時，始得補充爲之，於補充時具有積極介入的主動性，並非在第一時間即主動地越俎代庖；餘概念得參閱林明鏘，警察法學研究，2011年7月，頁71以下。

[74] 李震山，警察行政法論——自由與秩序之折衝，2014年6月3版1刷，頁67以下。

[75] 「警察爲制止或排除現行危害公共安全、公共秩序或個人生命、身體、自由、名譽或財產之行爲或事實狀況，得行使本法規定之職權或採取其他必要之措施」，其中發生「制止或排除現行危害公共安全、公共秩序或個人生命、身體、自由、名譽或財產之行爲或事實狀況」情狀之事務管轄機關並非警察，只是在當下透過自己職權或其他必要措施來處置「原管轄機關」的事務。

[76] 詳細概念之建立，詳參閱陳良豪，警察勤務新論（上）——實務工作者與法律的對話，2016年2月初版，頁64-68。

第二款　傳達命令

　　值班除擔任聯絡通訊外，另一個重要工作即為傳達命令（例：派遣線上警力處理事故），在命令傳達過程較易發生忽略了勤務中所接觸或使用的資訊，常涉及應祕密[77]之事項，尤其越來越重視個人資料的現代，警察執行的勤務作為[78]及其概念，應隨之擴及於此項工作中，則傳達命令的授權基礎及其權限範圍就顯得相當重要[79]，執行過程涉及祕密資訊，當有必要再三說明。

壹、授權之依據[80]

　　各層級勤務機構的中繼人員即為：值班，執行傳達命令主要是行政機關的垂直概念，其授權依據常建立在指揮關係、監督關係及服從義務之面向探討：

---

[77] 2015 年 3 月 1 日，彰化警方因無線電通報音量過大，另有查緝賭博之警察無功而返，往下追查發現案外案；瀏覽網址：http://udn.com/news/story/7321/1471117-%E7%84%A1%E7%B7%9A%E9%9B%BB%E9%9C%B2%E9%A4%A1-%E8%AD%A6%E6%8A%93%E8%B3%AD%E4%B8%8D%E6%88%90%E5%8F%8D%E6%B4%A9%E5%AF%86。標題：無線電露餡，警抓賭不成反洩密，瀏覽日期：2016 年 4 月 4 日。

[78] 以中華民國 101 年 1 月 5 日北市警行字第 10138036600 號函修正函頒之臺北市政府警察局勤務實施細則規定值班工作項目及注意事項為例：
第 31 條（同前註 12）
第 32 條
值班勤務注意事項如下：
一、公務電話作業，均應記載電話紀錄簿，接聽公務電話並應複誦。
二、通報紀錄應立即送請所長核閱，並照所長批示，立即送交有關人員辦理。如需回報者，應將處理情形立即回報。如屬機密者，應注意保密。
三、對民眾尋人之解答，應代為查詢答復之，但應於工作紀錄簿內登記。對問路之解答，必要時得畫圖示知。對問事之解答，除涉及公務機密者外，應懇切解答。
四、對民眾申請事項，應立即處理。應轉知其他單位或人員辦理者，仍應先予受理代為轉知辦理。申請事項於法不合或案件久缺者，應告知其原因，民眾需補辦之事項，應一次告知。
五、受理民眾報案，應表示關切，凡屬本局權責內應辦事項，均應作適切處理。如係緊急案件或重大治安事故，應迅轉報作緊急處理。對一般報案者，應依權責協助之。
六、對勤務機構之安全維護，應全神貫注。對文書、武器、櫥櫃及一切器材，應隨時檢視，特別注意防爆、防竊、防火及保密。
七、所有簿冊應按規定放置，妥為交代，收發公文，均應登記送所長核閱。對視啟之公文應送受文者親自拆封。
八、對傳遞之公文，應注意監督，不准其窺視公文內容。

[79] 實務運作有時會出現不服值班派遣勤務之情形。筆者親身經歷：95 年 8 月某星期六午後，北投承德路、石牌路口發生車禍，線上警力已用罄（星期六、日勤務人員本就較少），恰該路口有編排假日交通整理勤務，遂以電話通知勤務人員陳○福先行處置，未詎，筆者去電陳○福時竟說：「我在七段天橋上照相沒空，你叫別人去啦！」筆者怒回：「你現在是什麼班？交整跑去照相？叫你去你就給我去，我會在受理民眾報案紀錄簿內載明處理人員是你，要不要去隨便你。」話畢斷線，筆者深有感觸，當代警察之地位為何像過街老鼠般，出了事人人喊打不是沒有原因。

[80] 以下均藉由行政法上相同法理，貫串進入值班勤務作為建立思考較易想像，不易產生部門行政法自說自唱卻矛盾之結果。

一、指揮關係

行政主體內部，上級機關對下級機關執行法律，原則具有指揮權，得作成一般指示及個別指示。謂「一般指示」，指上級對下級機關就組織分工、特定事務之處置方式、裁量準則及法令解釋等所爲之抽象指示，實務上稱之「訓令」；謂「個別指示」，指上級對下級就具體事件應如何處置所爲之個別指示，實務上稱之「指令」或「職務命令」。依上揭說明，上級機關皆具有一般或個別指示之指揮權；例外在法律明文規定予下級機關獨立行使職權[81]或事件本質（如事實眞相之確認、資訊公開與否）不得爲指揮者時，自均不得爲任何指示[82]。基此，形成指揮關係之命令，其授權依據乃來自層級管轄中的權限分配，如：臺北市政府警察局勤務實施細則第 6 條之規定[83]。

然而，值班執行傳達命令大多來自上級機關之指示，稱上級者：爲警政署、警察局、分局上級機關；聚焦在公務上之命令，可能來自事故派遣、檢舉案件事實查明等，值班除有上揭不受指示之情形外，客觀上是服膺於指揮關係中命令之傳達工具，而非自居於指示人之地位加以命令；亦即，受派遣人員（如巡邏）是服從於上級（如勤務指揮中心）命令，值班指派當下是一個傳達工具，自身並無命令權限。通常，在實務工作者腦海或耳語中傳遞的一句話：「辦公室除了所長，值班最大」，事實上並非如此，值班單純派遣線上警力處事，與指揮關係並無關聯；更簡單地說，值班勤務並無指揮權。

二、監督關係

上級機關依法令對下級機關行使職權，對合法性、正當性與合目的性所爲監控督導之意，是謂監督關係。通常，上級機關爲了達成監督目的，得依法採取數種手段，例如：上級機關得僅**建議**或**提示**採行何種措施，亦

---

[81] 例如：多數警察分局、隊之督察組皆有規定執行巡邏需盤查人車並登記 3-6 人／車以上供以查考，惟警察職權行使法乃立法者賦予執行人員獨立行使之職權，何得以制定內規（訓令）事前地、抽象地限制執法人員之獨立職權？白話地說，警職法查證身分職權是賦予給勤務人員，不是給督察或分局官長的，爲什麼可以規定「一定」要盤查幾人車以上？

[82] 陳敏，行政法總論，2013 年 9 月 8 版，頁 923-924。

[83] 第 6 條：「本局警察派出所（以下簡稱派出所）爲勤務執行機構，其設置應位於衝要地點並置警務員、巡官，或巡佐爲所長，指揮監督所屬員警勤務之執行，並得酌情配置副所長襄助之。」

得要求下級機關就受監督事項為**報告**，並得自行**調查**事實；再者，上級機關除得以一般或個別指示要求下級機關外，在法明文規定或為重大公共利益所必要時，得自行或指定其他機關，暫時**接管**下級機關之事務，在知悉有違法或不當情事時，得依職權**糾正**或逕行**撤銷**，或令下級機關予以撤銷或另為決定。是以，上下級機關會有監督關係的授權依據，亦來自層級管轄中的權限分配，如：臺北市政府警察局勤務實施細則第8條[84]、第10條[85]。

基於監督關係下之傳達命令，在法律意義上，得以一般或個別指示，左右受監督者之行為；另一方面來說，現行運作在無指揮權時，上級機關仍得依監督關係作為實質上的指揮。例如：前揭警察分局訂定巡邏需盤查3-6人／車之規定，雖已逾越權限而屬違法之指揮，但另一方面，若透過基於監督關係下所為之勤務督導，將達到擁有實質指揮權之效果[86]，成為上級對下級機關相輔相成、互為交替實質指揮的武器。

三、服從義務

公務員服務法第2條規定：「長官就其監督範圍[87]以內所發命令，屬官有服從之義務。但屬官對於長官所發命令，如有意見，得隨時陳述。」同法第3條：「公務員對於兩級長官同時所發命令，以上級長官之命令為準，主管長官與監管長官同時所發命令，以主管長官之命令為準。」又，

---

[84] 第8條：「警察分局為勤務規劃監督及重點性勤務執行機構，負責規劃、指揮、管制、督導及考核轄區各勤務執行機構之勤務實施，並執行重點性勤務。」

[85] 第10條：「本局為勤務規劃監督機構，負責轄區警察勤務之規劃、指揮、管制、督導及考核，並對重點性勤務逕行執行。必要時，得設警衛派出所，在特定地區執行守護任務。」

[86] 最簡單的方法即為：上級督導官不審查盤查紀錄表，直接針對兩小時（假設）巡邏勤務的工作內容加以監督，詢問：這兩個小時處理多少案件？巡簽多少個巡邏箱？有否舉發或查獲案件？如果都沒有處理案件、舉發或查獲案件，又沒有盤查人車，那巡邏兩個小時在做什麼？實質地透過監督關係達到指揮權所不及之處。說得更白話些，上級長官雖無直接或間接指揮權限，只要在執行監督關係所為的督導勤務中，可以藉由撰寫督導所見缺失於督導報告中，即達成實質指揮的目的，如：臺北市政府警察局排有「機動督導勤務」，由各分局之督察員在排定時段中任意選定二個分局督察員組成機動督導，前往其他分局聯合督勤，就是利用編定機動督導勤務之監督權限，達到原本並無指揮權而有實質指揮的目的。

[87] 監督範圍之要件尚需完足，方有服從義務：
一、長官需有地域（土地）管轄及事務管轄權限。
二、執行命令之屬官亦需有相同之管轄權限。
三、長官命令之下達需符合職權行使之方式。
四、下達命令係為職務上之目的。
五、長官應提供足夠之資訊，以示對執行命令之負責。
六、命令須非明顯違法。
詳參閱吳庚，行政法之理論與實用，2015年10月增訂13版，頁265以下。

公務人員保障法第 17 條第 1 項：「公務人員對於長官監督範圍內所發之命令有服從義務，如認為該命令違法，應負報告之義務；該管長官如認其命令並未違法，而以書面下達時，公務人員應即服從；其因此所生之責任，由該長官負之。但其命令有違反刑事法律者，公務人員無服從之義務。」同法第 16 條：「公務人員之長官或主管對於公務人員不得作違法之工作指派，亦不得以強暴脅迫或其他不正當方法，使公務人員為非法之行為。」等，皆為公務員服從義務之依據。姑不論學說 [88] 對服從義務之爭議，實務見解 [89] 肯認「相對服從義務」，而該義務須履行的授權依據即為此。

　　值班接獲上級命令得以形式上審查是否明顯違法，再決定是否傳達或派遣勤務，例如：104 年 4 月 16 日網路瘋傳一紙行政院環保署函請基隆市警察局處理之公文 [90]，請警察依社會秩序維護法對民眾陳情溪畔「蛙鳴噪音」事件進行處置，倘本件以交辦單或線上通報之形式來命令傳達下屬調查，筆者認為此命令顯係違法 [91]，屬官並無服從義務。理由在於：形式上審查該命令，溪畔蛙鳴本屬自然生態之一環，而非由「人」所製造，除有狀態責任的行為人存在外，根本無從構成該法之製造噪音，值班縱然接獲命令派員前往處置，就此事件仍無服從義務。循上，自指揮或監督關係為形式審查後並無違法命令，履行傳達時乃立於傳遞使者之地位，值班是命令內容傳遞之一環。

---

[88] 學說上有採絕對服從說、絕對不服從說、相對服從說、意見陳述說等，詳細說明請參閱：張家洋，行政法，2002 年 2 月增訂 3 版，頁 346-347；李惠宗，行政法要義，2013 年 8 月 6 版 2 刷，頁 194-195；陳敏，行政法總論，2013 年 9 月 8 版，頁 1106-1109。
[89] 參照大法官第 187 號解釋理由書。
[90] 報載：蛙鳴擾人環署竟要警察「規勸」　基層警員看到公文差點吐；瀏覽網址：http://news.ltn.com.tw/news/life/paper/872874，瀏覽日期：2016 年 4 月 6 日。
[91] 社會秩序維護法第 72 條第 3 款、違反社會秩序維護法案件處理辦法第 11 條規定之噪音，需有行為「人」製造之行為或私人飼養為前提，方為法律拘束及處罰對象，而青蛙「不是人」，形式審查其交辦命令顯然違反同法第 39 條之調查法定原則。

貳、應祕密之事項[92]

一、祕密思維之類型化

　　警察機關本身有許多事務、業務及執法與人民日常生活息息相關，擔服值班在傳達命令過程亦無例外，導致有許多資訊、資料、訊息等物品（不分有無實體物）掌握在警察手中，民眾前來詢問時，無論以接聽電話或臨櫃面對之人員皆爲值班，則某些資訊、資料、訊息是否能提供當事人即爲重要課題[93]。基本上，法律規定有關資訊、資料、訊息（以下統稱資訊）之本質，可概分爲「行政法上」及「刑事法上」二大部分。行政法上資訊涉及政府資訊公開法、檔案法及行政程序法；刑事法上資訊與刑事訴訟法有關，此二部分皆涉及了資訊應否祕密。

　　首需釐清行政三法資訊之區隔，原[94]行政程序法第44條至第46條可分爲「一般公開」及「特定申請」，一般公開（第44條、第45條）部分因政府資訊公開法施行而刪除，僅膡餘特定申請部分，則刪除後制定政府資訊公開法之一般資訊公開與行政程序法第46條之閱覽卷宗請求權，當有所不同[95]。再者，依管理程序已進入歸檔管理之文字或非文字資料及其附件，悉依檔案法之規範[96]，亦與上揭法令多有重疊。例如：保險公司人員前來閱覽派出所或交通分隊之工作紀錄簿時（民眾至勤務處所所簽認之內容），是否得許其閱覽或抄寫？又如：線上警力處理現場後返所自行登載於受理民眾報案登記簿或工作紀錄簿（民眾未至勤務處所簽認之內

---

[92] 應祕密事項與公務員保密義務息息相關，參照公務員服務法第4條第1項規定。

[93] 資訊請求權來自於知的權利相關論述，於此不贅。詳參閱：湯德宗，政府資訊公開請求權入憲之研究，中央研究院法律學研究所籌備處專書(3)，2007年3月，頁261-291；湯德宗，論資訊公開與卷宗閱覽──行政法院相關判決評釋，收錄於2005年行政管制與行政爭訟，中央研究院法律學研究所籌備處，2006年，頁123-164；吳志光，行政資訊公開與行政爭訟途徑，律師雜誌第303期，2004年12月，頁43-59。

[94] 民國94年12月28日前。

[95] 閱覽卷宗請求權，係指特定之行政程序之當事人或利害關係人爲主張或維護法律上利益之必要，向行政機關申請閱覽、抄寫、複印或攝影有關資料或卷宗的請求權。此種資訊公開非由行政機關主動爲之，亦非一般大眾得以請求提供，僅限於行政程序中之當事人或利害關係人，需同時主張或維護法律上利益爲必要之法定原因，始有權利，可稱爲「行政程序之個案性資訊公開」，與民事訴訟法242條、刑事訴訟法第33條及第38條、行政訴訟法第96條屬「司法訴訟程序之個案性資訊公開」，皆有所不同；較白話的理解，依行政程序法是程序權利，而政府資訊公開法是獨立的實體權利；蔡茂寅、林明鏘、李建良、周志宏等合著，行政程序法實用，2013年11月，頁105；李惠宗，行政法要義，2013年8月6版2刷，頁293。

[96] 檔案法第2條第2款、該法施行細則第2條。

容），有否權利閱覽或抄寫，甚至申請複印？再如：錄影畫面等情形，在未依法申請公開或閱覽前，值班是否有保密義務，均與上揭概念有關，意即：需透過申請程序來獲得資訊，申請前皆有保密義務，則該資訊爲一般公務祕密事項。

至刑事法上資訊之大宗，原則皆有偵查不公開之適用[97]而爲應祕密事項，有守密義務；例外在刑事訴訟法第 245 條第 3 項「檢察官、檢察事務官、司法警察官、司法警察、辯護人、告訴代理人或其他於偵查程序依法執行職務之人員，除依法令或爲維護公共利益或保護合法權益有必要者外，偵查中因執行職務知悉之事項，不得公開或揭露予執行法定職務必要範圍以外之人員」時，得公開之[98]。

二、操作個案之思考

【個案】[99]民眾○小姐（行動電話 0000-000-000，下稱○女）反映，於民國 103 年○月○日○時許，因房屋（○○區○○街）租賃問題與房東發生糾紛，並請警方到場處理，惟事後得知當時處理○○所警員洪○○有製作書面紀錄，爲確認○員紀錄內容有無錯誤，請求閱覽該所之工作紀錄簿，惟遭該所拒絕，並向警察局督察室反映[100]。

---

[97] 同前註 65 之實例。
[98] 相關內部規定，如前註 7。
[99] 市警局某分局督察組承辦人簽見前，於民國 104 年 10 月 20 日詢問筆者後將法律意見簽陳原文記載之個案（不含可辨識之個資）。
[100] 承辦人初步簽見後，分局長指示如下：
一、本案先電詢市警局秘書室及法規室，釐清派出所之工作紀錄簿是否屬可讓民眾閱覽之檔案資料。
二、次對工作紀錄簿未存放在分局檔案室，如何提供民眾閱覽？申請程序爲何？閱覽場所爲何？派出所是否將工作紀錄簿保存 5 年以上？

市警局秘書室、法規室回覆之意見：
秘書室：該室書記黃○○承告，經詢問市政府法務局專員回覆，該部分屬檔案應用範圍，係指檔案存放於檔案室，並依檔案法相關規定辦理，至於其他非存放於檔案室之檔案，應視該項文書性質屬何單位業管，由該業管予以答覆，相關申請規定，可至○○市民 e 點通網站／業務類別／綜合類／閱覽卷宗參閱，故本案之「工作紀錄簿」非屬秘書室業管。
法規室：該室警務員林○○承告，依政府資訊公開法第 3 條、第 18 條及檔案法第 2 條第 2 項之規定，檔案法爲基本法，次參酌特別法優於普通法之原則，且「工作紀錄簿」係屬員警因執行公務所製作之文書一種，該行政行爲亦有行政程序法第七節資訊公開之適用，應依「臺北市政府及所屬各機關學校處理閱卷作業要點」（民國 95 年修訂）相關規定（含閱卷收費標準表）辦理閱卷作業，相關申請規定，可至○○市民 e 點通網站／業務類別／綜合類／閱覽卷宗參閱，故應由該簿冊業管單位（即行政組）受理民眾申請，並予准駁；另局本部行政科曾依行政程序法第 46 條之規定，受理民眾申請閱卷費用之紀錄。

原承辦人擬處意見（綜簽）：
綜上，旨案經查係屬民事糾紛案件，○員經值班通報後至現場處理，復基於警察不干涉民事原則，勸導

　　按上揭說明應先區分系爭個案屬哪一法規範之資訊？○女係房屋租賃問題與房東發生糾紛，相互間法律關係為民事（民法第 421 條）事件，與刑事案件無關應先排除，則該資訊置於行政法上探討（先區別資訊屬於行政或刑事事件）。

　　次按，警察獲報前往處置後將過程登載於工作紀錄簿內，需先釐清民眾應適用（政府資訊公開法、檔案法及行政程序法）何法作為調閱之基礎？

　　（一）檔案，指各機關依照管理程序，而歸檔管理之文字或非文字資料及其附件；各機關管理檔案，應設置或指定專責單位或人員，並編列年度計畫或預算；檔案管理以統一規劃、集中管理為原則，檔案法第 2 條第 2 款、第 4 條、第 6 條，定有明文。

　　（二）又，檔案法第 2 條第 2 款所稱文字或非文字資料及其附件，指各機關處理公務或因公務而產生之各類紀錄資料及其附件，包括各機關所持有或保管之文書、圖片、紀錄、照片、錄影（音）、微縮片、電腦處理資料等，可供聽、讀、閱覽或藉助科技得以閱覽或理解之文書或物品，檔案法施行細則第 2 條，亦有明文。

　　（三）則該工作紀錄簿屬「檔案法」之檔案，殆無疑義，該市警局秘書室載明「至於其他非存放於檔案室之檔案」，即與筆者之見解同；至**簿冊權責之內部單位可能有所不同，係分屬二事**。另檔案法本為系爭優先適用之法規範，居**特別法**之地位，市警局法規室略以「檔案法為**基本法**，次參酌特別法優於普通法之原則」之部分見解，似尚待斟酌。易言之，工作紀錄簿屬檔案法之檔案，民眾有調閱權利，其調閱程序悉依檔案法之規定，至該文書之閱覽、申請、場所等由警察機關何單位辦理為執行問題，

雙方循法律途徑解決，並將前揭內容記載於工作紀錄簿，惟○女欲申請閱覽該紀錄，係依法向本分局提出申請，派出所本身不宜提供，○員處置並無不當，全案業由本組承辦人於○月○日 16 時 36 分致電○女，可循程序向本分局申請閱覽，或依法律途徑由法院申請調閱該內容；另○女可否閱覽○○所之工作紀錄簿（依內政部警政署 89 年 5 月 22 日警署行字第 69846 號函，該工作紀錄簿保存年限為 5 年）一節，參酌市警局秘書室、法規室之意見，本案民眾○○女士請求閱覽存放於派出所「工作紀錄簿」，涉及政府資訊公開法、行政程序法及市政府及所屬各機關學校處理閱卷作業要點等法令規定，尚非屬「檔案法」之檔案應用範疇無疑。惟「工作紀錄簿」業管單位係分局行政組，且設有保存年限，故請行政組依業管權責，並依「○○市政府及所屬各機關學校處理閱卷作業要點」（民國 95 年修訂）相關規定（含閱卷收費標準表）辦理閱卷作業，相關申請規定，可至○○市民 e 點通網站／業務類別／綜合類／閱覽卷宗參閱，並審酌上揭規定妥處。

不影響適用之法令，而政府資訊公開法乃位居補充之地位。至行政程序法如下補充。

　　文末補充有三：第一，民眾需依法申請後始得閱覽的內部資訊應為**祕密事項**，值班有謹守祕密[101]的義務，在傳達過程亦需釐清命令有否祕密之事項；第二，民眾申請閱覽、抄寫、複印或攝影警察內部文書（含準文書）究竟應優先適用檔案法？政府資訊公開法？或輔以行政程序法？本文見解認為，檔案法第 2 條第 2 款及政府資訊公開法第 3 條同質性相當高，操作概念的差異點原則在有無「管理程序、歸檔管理」，可作為判斷適用時准駁之依據，民眾無論依檔案法或政府資訊公開法皆不影響其申請閱覽或公開之權利；第三，行政程序法第 46 條適用時機應於「程序中」，本件文書紀錄受理申請閱覽時已非在程序中（執行也是一個程序，警察處理完畢當下程序也終結了），理當無該法適用餘地，惟倘**仍在程序中未作成決定或處分前**之卷宗抄錄閱覽，方有增加行政程序法第 46 條第 1 項及其限定在「主張或維護法律上利益有必要者」之要件，併予注意。

參、個人資料之保護

　　個人資料保護法[102]自從 2012 年 10 月 1 日正式實施三年後，首度在 104 年 12 月 15 日立法院院會中完成修法，此次修法主要目的是為了讓個資法施行更能符合社會現況，修正了原本保留的第 6 條敏感個資規範與第 54 條告知義務，為了與個資法施行細則定義一致，同步確認病歷為敏感個資之一；原本針對間接蒐集個資必須在施行一年內告知義務，則放寬為使用前告知即可；而現行強制所有同意都必須書面表示，修法則放寬其他同意表達方式皆可。準此，個人資料是一種越來越重視的權利，警察無論自巡邏、臨檢等多樣勤務活動均無法脫離個人資料，甚至在值班協助民眾領取訴訟文書核對身分時，亦涉及個資概念，筆者如下說明之：

　　（一）個人資料保護法（以下稱個資法）區分為總則、公務機關對個人資料之蒐集、處理及利用、非公務機關對個人資料之蒐集、處理及利

[101] 詳參照個人資料保護法第 18 條、公務員服務法第 4 條。臺北市政府文書處理實施要點第 73 點、臺北市政府主管機密範圍項目彙編等規定。
[102] 最新修正施行日期為 105 年 3 月 15 日；瀏覽網址：http://lis.ly.gov.tw/lglawc/lawsingle?0^C4060398060CD8D8060318CB4DC4C8264318264EC8E02603。

用、損害賠償及團體訴訟、罰則及附則六個部分，首需注意該法第51條第1項，是否有排除適用之情形（如下圖6-1）。

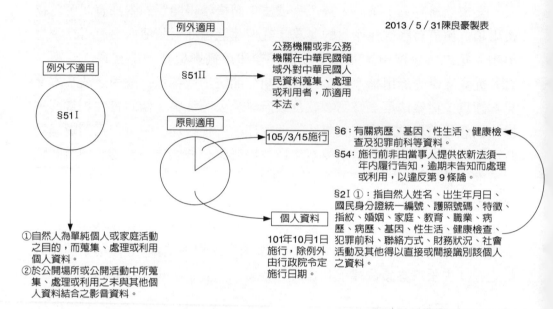

圖6-1　個人資料保護法適用範圍及種類
資料來源：作者自繪。

（二）再者，需建立個人資料之概念僅有「蒐集」、「處理」及「利用」三步驟，而蒐集＝「拿、拍、蒐證」；處理＝「登錄、建檔、書寫」；利用＝「查詢、閱覽、取用」。蒐集及處理需同時符合法定要件及特定目的，方得為之；利用時除需限定在法定職務必要範圍，原則需與蒐集目的相符，倘有符合法定事由，得為特定目的外之例外利用（如圖6-2、圖6-3）。

（三）復將焦點置放於總則及罰則，與警察較相關為第2條之名詞定義、第5條之比例關聯原則、第6條之敏感性個人資料、第8條之充分告知事項、第41條之侵害個資罪等（如圖6-4）。

個人資料保護之觀念應不止於警察機關或人員之傳達命令中，更常應用在同一事件之法定機關通報義務上，尤其機關與機關（不論有無隸屬）間之個資分享更顯一斑。惟現行實務運作對個人資料之理解，多停留在狹

2013 / 5 / 31陳良豪製表

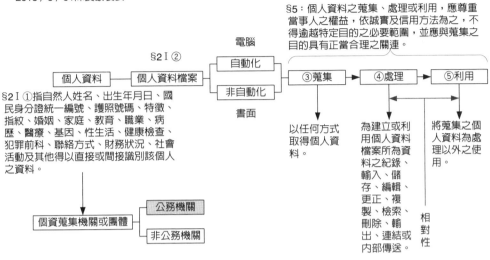

§5：個人資料之蒐集、處理或利用，應尊重當事人之權益，依誠實及信用方法為之，不得逾越特定目的之必要範圍，並應與蒐集之目的具有正當合理之關連。

§2 I ②

個人資料 → 個人資料檔案

電腦
自動化
非自動化
書面

§2 I ①指自然人姓名、出生年月日、國民身分證統一編號、護照號碼、特徵、指紋、婚姻、家庭、教育、職業、病歷、醫療、基因、性生活、健康檢查、犯罪前科、聯絡方式、財務狀況、社會活動及其他得以直接或間接識別該個人之資料。

③蒐集
以任何方式取得個人資料。

④處理
為建立或利用個人資料檔案所為資料之紀錄、輸入、儲存、編輯、更正、複製、檢索、刪除、輸出、連結或內部傳送。

⑤利用
將蒐集之個人資料為處理以外之使用。

相對性

個資蒐集機關或團體 → 公務機關 / 非公務機關

6-2 個人資料保護流程一
來源：作者自繪。

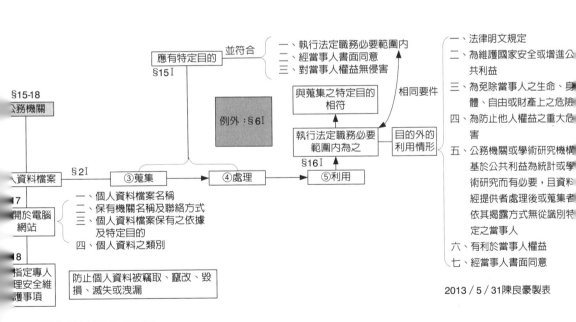

§15I
應有特定目的
並符合
一、執行法定職務必要範圍內
二、經當事人書面同意
三、對當事人權益無侵害

例外：§6 I

與蒐集之特定目的相符

相同要件

執行法定職務必要範圍內為之
§16 I

目的外的利用情形

一、法律明文規定
二、為維護國家安全或增進公共利益
三、為免除當事人之生命、身體、自由或財產上之危險
四、為防止他人權益之重大危害
五、公務機關或學術研究機構基於公共利益為統計或學術研究而有必要，且資料經提供者處理後或蒐集者依其揭露方式無從識別特定之當事人
六、有利於當事人權益
七、經當事人書面同意

§15-18
公務機關

§2 I
資料檔案 → ③蒐集 → ④處理 → ⑤利用

17
公開於電腦網站
一、個人資料檔案名稱
二、保有機關名稱及聯絡方式
三、個人資料檔案保有之依據及特定目的
四、個人資料之類別

18
指定專人理安全維護事項
防止個人資料被竊取、竄改、毀損、滅失或洩漏

2013 / 5 / 31陳良豪製表

6-3 個人資料保護流程二
來源：作者自繪。

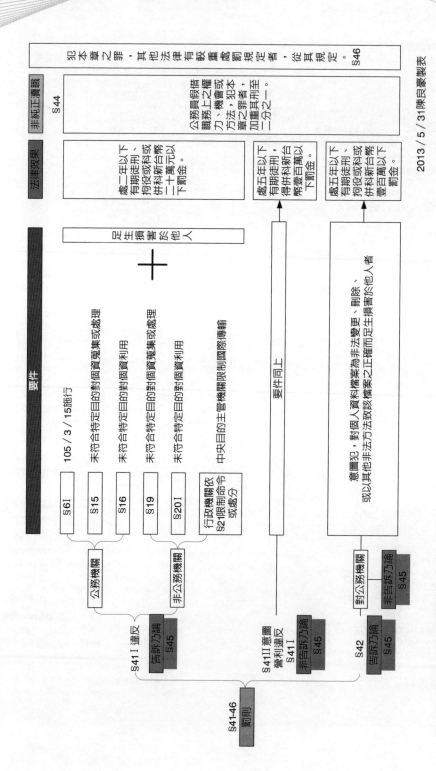

圖 6-4 違反個人資料保護之處罰
資料來源：作者自繪。

2013／5／31陳良豪製表

義的「個人資料」，即：年籍資料上。事實上，法規的保護範圍不僅如此，在個人資料保護法第 2 條第 1 款除含有年籍資料外，更囊括了「自然人之特徵、指紋、婚姻、家庭、教育、職業、病歷、醫療、基因、性生活、健康檢查、犯罪前科、聯絡方式、財務情況、**社會活動**及**其他直接或間接方式識別該個人之資料**」，皆爲保護之範圍，傳達命令時應一併注意。例如：值班面對轄內檢舉案件，無線電派遣同時提醒勤務人員「檢舉人就在現場……」之內容，似乎更應注意通報命令過程有關個資事項的保護；另如：查獲毒品案件填寫「○○市應篩檢個案通報單」是否需載明個人資料[103]，皆有關聯。

第三款　接受報告

實務運作所指接受報告，事實上就是受理報案，以臺北市爲例，值班主要將案件轉介給在所備勤人員，本身不從事篩選及受理之工作，但較爲熱心的同事，多會先行詢問作爲初步篩選，受理過程中亦會協助製作相關表格，而有關「受理報案」類型，置於備勤勤務詳加探討；此處著重於值班**如何製作文書**，使通常不注重公文書記載內容的警察，在書寫或登載時

---

[103] 此乃 104 年 5 月 16 日，筆者接受○○市政府警察局某專屬勤務隊組長詢問之實際案例，主要因該組勤教時，組中小隊長提出疑問，以下部分全文（不含可辨識之個資）提供讀者思量。
現行實務運作：
有關目前警方配合衛生局針對查獲性交易、毒品案件時，無論現行或非現行犯，成年或未成年人，均請填寫「○○市應篩檢個案通報單」，通知衛生局人員到場抽血，若通知衛生局人員無法到場抽血者，將白色通報單交嫌疑人，其自行於週一至週五 8 時 30 分至 17 時 30 分，持單至○○市立○○醫院○○院區進行篩檢，並將紅色通報單留存備查。
問題一：
惟現少年吸食三、四級毒品依據少年事件處理法第 3 條第 2 款第 6 目規定：「少年吸食煙毒或麻醉藥品以外之迷幻物品者」係虞犯行爲，若依上述規定通知衛生局人員到場抽血者其適法性？及少年個資問題？
問題二：
前項現行或非現行犯及成年或未成年人其適法性又爲何？
答覆部分內容二（四）之全文：
警察機關依上開規定通知衛生局人員進行採驗血液工作，其個人資料是否得以告知？或僅履行通知義務，由衛生局人員自行蒐集個人資料？
1. 按人類免疫缺乏病毒傳染防治及感染者權益保障條例第 14 條規定：「主管機關、醫事機構、醫事人員及其他因業務知悉感染者之姓名及病歷等有關資料者，除依法律規定或基於防治需要者外，對於該項資料，不得洩漏。」復按個人資料保護法第 16 條各款規定，將性交易、施用毒品行爲人之個人資料傳遞（即告知）予衛生局人員，並不違反同法第 41 條規定。
2. 雖謂少年事件處理法第 34 條、第 83 條、第 83 條之 2 有保密、祕密之特別規定，惟上開法條之保密或祕密內容，皆與「少年之個人資料」無涉，警察機關得依法傳遞需採驗血液之「現行犯或非現行犯」、「成年人或未成年人」之個人資料予衛生局人員。

能有更接近法律的思維，以為文內前後呼應、尾首契合。

　　首要需先說明，一般實務工作者對文書的性質及效力沒有什麼概念，甚至眾說紛紜，也就是說：在他們的腦海中並沒有建立值班或其他勤務所製作文書的法律思考。例如：多數警察會認為「家戶訪查簽章表」（舊）等僅是內部文書，作為勤務簽到之用，對外並無效力（即未生損害於公眾或他人），就算簽註之日期、時間不正確（**排除過失**），亦不以偽造（公）文書相繩，如此見解顯然有誤。前揭[104]曾說明只要具備五大特徵及三大功能即為**實體法**上之文書，其有書面及非書面[105]的型態，依刑法第10條第3項及第2項之規定「公務員職務上製作之文書」即為公文書。則「家戶訪查簽章表」（舊）本就具備文書之五大特徵及三大功能，乃公務員職務上所製作，當為公文書無誤；又如：獎懲報告單、巡邏簽章表、舉發單等林林總總，亦同。依此，法律上文書概念與實務工作者之想像有段差距，應先辨明。至**訴訟法**上之文書範圍原則較為狹隘，與實體法之文書不同，先指明不同之處。

　　值班勤務需記載之簿冊略有：出入登記簿、值班交接登記簿、工作紀錄簿、受理民眾報案紀錄簿、公務電話紀錄簿等；文書型態略有：各式報案表單（含筆錄、三或四聯單）、陳報單、公文（含報告）、通知書、逕行舉發照片等，皆為公文書。以上無論為簿冊或文書，均不影響公文書之性質，尤其法律對其之真正多有信賴[106]，則製作當下應有「任意性」、「真實性」及「即時性」[107]之特徵，才可能在訴訟程序通過法律的檢驗而

---

[104] 同前註10。

[105] 參照刑法第220條：
在紙上或物品上之文字、符號、圖畫、照像，依習慣或特約，足以為表示其用意之證明者，關於本章及本章以外各罪，以文書論。
錄音、錄影或電磁紀錄，藉機器或電腦之處理所顯示之聲音、影像或符號，足以為表示其用意之證明者，亦同。

[106] 民事訴訟法第355條規定：「文書，依其程式及意旨得認作公文書者，推定為真正（第1項）。公文書之真偽有可疑者，法院得請作成名義之機關或公務員陳述其真偽（第2項）。」警察登載文書或其內容有關民事法律關係時，更顯得文書的重要，尤其在交通事故A3類之情形，事後提出已具備形式上之證據力，法院判斷其形式上證據力時，應受該法推定為真正之拘束，不得行其自由心證；詳參閱：姜世明，民事訴訟法（下冊），2015年2月3版1刷，頁186；王甲乙、楊建華、鄭建才合著，民事訴訟法新論，2005年1月，頁455。

[107] 警察犯罪偵查手冊之規定可看出在受理報案時，受理人員應注意製作文書之任意性、真實性及即時性，比附援引至模糊不清案件製作受理民眾報案時，亦應注意：
第51點：
警察人員受理民眾報案，態度應誠懇和藹（編按：任意性），不論本轄或他轄案件，應即受理並反應處

成為適法之證據[108]。以下簡要析論之：

壹、任意性

　　現行各領域之法律制度對公文書運用在訴訟上有不同的評價，為確保文書內容之真實性，作成過程之任意性即顯得重要（不真實可能欠缺任意性），而任意性包含了二個面向：製作者及被製作者。

　　影響製作者的任意性，通常發生在受警察官長指導而書寫時，此種更動製作者意志之權限大多來自指揮監督關係，倘適法之指揮監督則無疑義。惟為隱遁私心，以指揮監督關係更動了製作者原有之意志，連帶破壞了法律（民眾）對公文書之信賴，進而影響文書內容之真實性，例如：警察官長與承辦人意見相左[109]，常用方法呈現以不蓋章拖延公文辦理時效或於公文內載明「來談」加以影響；又如：派出所內列管竊盜案件已達分局的管制數，所長或副所長可能藉審查報案筆錄、受理民眾報案紀錄、三或四聯單而不蓋章，暗示承辦人是否更改或受理該案後交付受理人員破獲來形成壓力，均為影響製作者任意性之方式[110]。

　　另一方面，干擾或影響被製作者之任意性，通常發生在製作者刻意的壓迫、誘導或指示的情形，此種更動被製作者意志之作法多數來自於人性的牽引而非故意違法，倘為**適法**討論或辨明，其任意性受到某程度之操控或壓抑，似乎無法以違法或違反其意願（尚在**適法**範圍）論，例如：A3類之交通事故，民眾來所堅持提出刑法第 354 條之毀損告訴，值班知其未具告訴權（毀損罪不處罰過失），以「違反其意願」登載於受理民眾報案

置（編按：即時性），且詳實記錄（編按：真實性，非報案內容真實，指警察登載真實）：非本轄案件，於受理及處置後，應迅速通報管轄分局處理。

第 52 點：
　　警察人員受理告訴、告發或自首等案件，不論以書面或言詞為之，均應詳予紀錄後（編按：任意性、真實性）即報告直屬長官，並注意是否有誣告、謊報等情事（編按：真實性）。受理告訴並應詢問有告訴權人是否提出告訴（編按：任意性），記明於筆錄，以維護當事人權益。

第 54 點：
　　受理言詞告訴、告發時，應即時反應處置（編按：即時性），並當場製作筆錄，詳載證據及線索（編按：真實性），以利進行偵查。

[108] 以下內容對文書自訴訟攻防的角度切入，僅觸及民事及行政訴訟，至刑事訴訟於下：刑事法規範論述之，先予說明。

[109] 意見相左原因很多，可能有：官長受人請託、自身法律意見、對民眾或承辦人有偏見等等。

[110] 更為厲害的下屬是：根本不會遇到長官以這種方式來刁難，因為在書寫或簽辦過程早知風向，內容中只呈現長官想看的內容、願意蓋章的想法，當然就不會遇到這樣的困境。

紀錄簿作結（不受理），並履行指明、告知救濟途徑，應不在不法或拒絕受理報案之範圍[111]。再者，尚有被製作者（報案人）之任意性受到製作者以外之人（第三人，可能是家人或朋友）操控或壓抑，再依該他人指示，使製作者（警察）將內容登載於文書簿冊上之情形，除有其他不法外，似乎得傾向其指述仍具任意性，例如：未成年人偷父母的錢，其於派出所內自行書寫自白後，作為登載於簿冊內之附件，父母加以警告未成年人不可再犯，否則就會把他抓進去關云云[112]，倘此例仍保持於保護教養之適當關係，則有否侵害其任意性，尚有論討之空間[113]。最後，若有壓迫、誘導或指示被製作者任意性之情形，**違法**無需再探討。

　　民事訴訟中，有時會援引警察製作之公文書為證據，主要關乎二個層次，分別為形式上及實質上之證據力[114]。謂形式上之證據力，係指文書之成立為真正而非偽造者（文書存在之真偽）[115]；謂實質上之證據力，係指有形式上證據力之文書，其內容能證明待證事實為存在或不存在之價值者（文書內容得否證明待證事實）。此範圍探討文書必先具備形式上證據力，始發生實質上證據力；惟具形式上證據力，未必有實質上證據力。依此，製作過程之「任意性」傾向探討實質上證據力之面向，雖「內容得否證明待證事實」看似與任意性無關，惟除有其他證據得以佐證外，在過去事實已無法完整的拼湊前提下，登載過程受到非自主干擾而缺乏任意性時，仍間接影響著待證事實，尤在不確定事實存在與否時更顯一斑，則受

---

[111] 刑法第 128 條有處罰公務員越權受理訴訟罪，亦是不受理的重要原因，惟實務運作因不熟悉該法條，導致警察官長通常會一味強調單一窗口均應受理之內部規定。

[112] 實務機關常見無法管教未成年子女將其帶至派出所內拜託警察幫忙，倘已違反刑罰時，多以看似可立竿見影之恫嚇方式使之不再犯，留下自行書寫自白為警惕之證據。

[113] 筆者以前常遇父母帶未成年不受管教之子女至派出所內，請求警察幫忙恫嚇，父母同時會要求未成年子女在所內寫下自白書，倘此自白書涉及第三人所有物返還或其他債之關係，於民事訴訟中即可能有該法第 279 條以下自認之法律效果，尤其該自白變成公文書之附件經法院來文調取時，基於保護教養之關係所得自白，卻成為證明一個不利於己的客觀事實，導致內容之任意性可能受到操控。

[114] 姜世明，民事訴訟法（下冊），2015 年 2 月 3 版 1 刷，頁 185。

[115] 其文書真偽不明者，除有法律推定或當事人需舉證情形外，法院應如何判斷真偽？民事訴訟法第 359 條第 1 項、第 3 項規定：「文書之真偽，得依核對筆跡或印跡證之；核對筆跡或印跡，是用關於勘驗之規定。」也就是說，民事法院在審酌警察製作之文書時，主要核對筆跡或印跡，調查方法以勘驗手段為之。現行警察機關對文書登載之模式有二，一為書面手寫，一為電腦登錄，前者製作方式無礙於法院調查，而後者欲取得形式上證據力尚待探討補充之，尤其在最高法院 19 年上字第 2189 號、28 年上字第 1905 號判例拘束下，法院倘未實施鑑定程序不得指為違法之情形，可能會造成民眾刻意透過警察文書加以呈現內心所欲呈現之書證；姜世明，民事訴訟法（下冊），2015 年 2 月 3 版 1 刷，頁 187。

理報案過程及文書內容需出於任意性，才可能成爲訴訟中適法之證據[116]。

　　行政訴訟中，若援引警察製作之公文書爲證據，其界定及效力悉依民事訴訟法之規定[117]，以文書內容區分爲法定要件文書（如行政處分）及證據文書（如聲明書、紀錄），無論何種文書必先具備形式之證據力，始能就實質之證據力加以判斷[118]。依此，本處所指之任意性，較傾向單純作爲證據使用之面向，與成爲訴訟核心問題有所不同（核心問題：提起訴訟類型之審查），意即：倘文書製作完成即發生法律上之效力，是提起行政爭訟審查之前提。惟此處係指「受理報案」之文書，製作完成時不會直接發生法律上效力，乃訴訟攻防中證據使用問題，在登載過程缺乏任意性時，與民事訴訟進行中有著實質影響得否證明之結論[119]。

貳、真實性

　　製作公文書之內容，除以任意性爲基礎外，眞實性亦是確保原有證明功能考量之列；本處所指眞實性，係民眾到所報案陳述後登載之眞實，而非陳述內容證明是否爲眞實之問題，先予說明。基於人性之考量，人們通常對不利於己之事實會加以掩蓋，透過人之轉介、操控、隱匿，可能減損「證明」眞實之功用，法律即有必要加以介入處置並得處罰。依此，警察製作文書爲確保眞實，實際上得以二個面向加以說明，即：「內容」及「名義人」之眞實。

　　影響內容眞實性之問題，仍存在於製作者與被製作者間；名義人之眞實性，亦同。法律對內容有無眞實性之釐清，乃透過該內容與待證事實間得否證明存在或不存在之價值作爲判斷的條件；名義人之眞實性，可經由

---

[116] 例如：103 年 7 月間蘆洲地區某處所發生先生遭太太家暴，警察到現場後將先生帶回所內製作家庭暴力 D/A 量表時，因該量表主要是針對「女性」設計的內容，詢問「男性」時的答詢就會顯得格格不入。104 年間女方提起民事離婚及未成年子女監護權訴訟，主張該量表是僞造的，當事人（女方）沒有家暴，法院傳喚現場處理及製作量表的警察作證，法官即告知女方律師說：「這沒有僞造文書的問題，你要我說幾次？」可見警察受理報案製作之文書，在不同訴訟中扮演不同的角色。

[117] 行政訴訟法第 176 條有關證據未於該法規定者，準用民事訴訟法第 355 條至第 358 條。

[118] 吳庚，行政爭訟法論，2014 年 9 月修訂 7 版，頁 250。

[119] 很特別的是：行政訴訟過程中，法院對於警察製作之文書、準文書或物證是否有「形式或實質之證據力」大多不論，直接論據刑事訴訟法對違法定程序取得之證據能力作爲判決基礎，這是筆者與李建良老師討論之臺灣臺北地方法院行政訴訟庭 102 年度交字第 169 號判決內諸多問題時的其中一個結論，討論日期：2014 年 12 月 4 日午后，於中央研究院法律學研究所研究室；並參照臺灣高等行政法院 104 年訴字第 1335 號判決。

勘驗核對筆跡或印跡之方式加以澄清，透過法定的調查程序，分別以「製作者之內容眞實」、「被製作者之內容眞實」、「製作者之眞實名義人」及「被製作者之眞實名義人」四個面向加以探討及理解。

警察對內容眞實性產生影響之情形已逐漸式微[120]，主要會發生在被製作者陳述內容是否虛僞，進而影響製作者製作內容；易言之，警察依據報案人指述而製作之內容，其眞實性是控制在「報案人指述」之上。此際，製作者被動依循被製作者陳述「不眞實」內容加以登載於文書且無法即刻釋明時，原則不受法律苛責，例如：某甲爲申領保險理賠來所申告某乙前幾日發生（假）車禍，值班人員依甲指述登載於受理民眾報案紀錄簿內[121]，「**不眞實內容**」這件事原則與警察無關。最後，製作者及被製作者之名義人在實務運作鮮少出現錯誤，尤其警察在登載前通常會要求民眾先行出示身分證明文件，較難想像不眞實之情形，於茲不贅。

民事訴訟中援引警察製作之公文書爲證據時，其眞實性面向關乎實質上之證據力，係指有形式上證據力之文書，其內容能證明待證事實且爲眞實者而言（文書內容得否證明待證事實），而多數簿冊屬於報告文書之種類，雖文書爲形式眞正，但傳述之內容事實是否爲眞實，性質上非屬生效性文書者，非當然可得推認，亦非當然有實質上證據力[122]。依此，法律並無推定登載於公文書上之內容即爲眞實，則執筆登錄（準）文書之值班或其他人員無需對內容之眞實性提供擔保，縱登載不眞實，亦不受法律苛責[123]，如果值班發現報案人陳述內容可能爲不眞實情形時，**可向看似欲言又止的民眾如實說明**：訴訟中欲成爲適法之證據尚需具備「內容眞實」，

---

[120] 筆者觀察現行實務運作，已經鮮少有人會故意創設或僞造文書內容之虛僞，頂多對文書事項消極辦理，或提出不相衝突的法律見解矣，出現問題的並不在警察製作者身上。畢竟，亂寫一通背離事實的文書內容，應該沒有長官敢蓋章吧。

[121] 相信一定有讀者會說：「去調警察的錄影監視系統就可以知道某甲指述車禍是否爲事實，不就可以證明某甲是否有說謊，這是比較慎重的方式，不需要民眾一來就直接登載，可以避免錯誤。」此說法與舉發交通違規而調閱錄影監視畫面爲違法是一樣的結論！詳細規定參照：警察職權行使法第10條、個人資料保護法第5條、第16條及第41條。簡單結論即：錄影監視系統監控之畫面資訊，目的是爲了預防「犯罪」，除有法定原因得利用外，該資訊之利用皆受蒐集目的（犯罪）之限制，不符目的之利用均爲違法。

[122] 姜世明，民事訴訟法（下冊），2015年2月3版1刷，頁187-188。

[123] 至行爲人（即報案人）是否有違反刑法第214條使公務員登載不實罪，仍有討論餘地；是否成罪的問題，會出現在警察面對民眾報案時有否形式上審查權限，倘無審查權限則成罪，反之則否；詳參照91年11月26日第17次刑事庭會議（公務員的實質審查義務爲消極要件）、96年6月12日第5次刑事庭會議（公務員具形式審查權仍成立本罪）、96年7月10日第7次刑事庭會議（刑法第214條和公司法第9條保護法益不同）及最高法院103年台上字第3117號判決。

如未真正，書寫紀錄並無法受法律之當然推認。

　　行政訴訟中援引警察製作之公文書爲證據[124]時，其界定及效力悉依前揭任意性之說明。至「內容真實性」以證據資料作爲（非法定要件文書）訴訟中爭執，發生訴訟攻防證據使用之問題時，亦可能涉及不同訴訟類型之舉證責任分配[125]，尤在法律上推定公文書具形式證據力爲真正時，法院對記載之內容與待證事實是否存有關聯，依其記載爲真正，若判斷不慎[126]，可能受到欺瞞進而作成裁判基礎，則斲殤不只是法院，一併將公權力連帶犧牲，追根究柢仍與民眾僥倖、求勝心理有關[127]。是以，登載過程發現未具備真實性內容時，亦得如實說明：倘欲成爲適法之證據尚需具備「內容真實」，提醒報案人勿涉及不法，使之自行決定將記載的陳述內容。

參、即時性

　　法律上探討文書製作之即時性並不多見[128]，前鑑亦同，惟社會事件發生當下即時將過程真實地登載於（準）文書內，是一種還原且較接近

---

[124] 文書之形式證據力：依行政訴訟法第 176 條準用民事訴訟法第 355 條第 1 項規定：「文書，依其程式及意旨，得認作公文書者，推定爲真正。」民眾常藉助報案登載內容時加以控制實際書寫之內容以爲真實，便於日後涉訟提出抗辯；陳敏，行政法總論，2013 年 9 月 8 版，頁 1515。

[125] 陳敏，行政法總論，2013 年 9 月 8 版，頁 1506-1508。

[126] 詳參照最高法院 48 年台上字第 837 號判例；最高行政法院 80 年判字第 1299 號判決。

[127] 警察製作文書過程是否真實，有時需有其他全程錄影加以輔助（讀者勿忘，酒測值單據爲公文書），如：臺灣臺中地方法院 105 年度交字第 6 號行政訴訟判決，以下呈現法院部分說理：
次查，經本院函請被告提供舉發機關員警舉發本件交通違規之錄影光碟以供檢視酒測過程，舉發機關以 105 年 6 月 30 日中市警一分文字第○○○○○○○○○號函內容記載略以：「……二查本案尚無酒測過程影像畫面。」（見本院卷第 39 頁），則本件舉發員警於事發當時對原告實施酒精濃度檢測時，既未錄影存證，即不符合取締酒後駕車作業程序之規定，依前揭規定及說明，本件舉發後駕車程序自屬違反正當法律程序甚明。而且，因舉發員警未全程連續錄影之故，導致本件實施酒測程序是否符合前揭取締酒後駕車作業程序之規定等有利原告之事證，被告均無從再行加以調查，即逕行裁處原告違規，顯與行政程序法第 9 條所規定：「行政機關就該管行政程序，應於當事人有利及不利之情形，一律注意。」有違，不符合正當法律程序。
筆者對法院判決理由有一疑惑，「取締符合法定程序之舉證」與在現場爲行政程序之「應於當事人有利及不利之情形，一律注意」有何關聯？法院判決所指警察未能提供判斷正當法律程序的全程錄影對當事人不利，是一個事後客觀事實，與舉證責任有關；相對於現場舉發之程序應注意當事人有利不利之注意義務，二者之關聯似待斟酌。

[128] 類似探討文書的司法實務見解，臺灣臺北地方法院刑事判決 101 年度審易字第 556 號以資參照，法院重點圍繞在有否違反法定程序製作及二造不爭執：
一、證據能力：
本件認定事實所引用之卷證資料（包含人證、書證，詳下述及者），並無證據證明係公務員違背法定程序所取得，與本案亦有自然之關連性，公訴人及被告甲○○迄至本案言詞辯論終結，均不爭執該等卷證之證據能力或曾提出關於證據能力之聲明異議，本院認引爲證據爲適當，是依刑事訴訟法第 159 條之 5 等規定，下述認定事實所引用之證據方法均有證據能力，合先敘明。

（現）眞實的呈現方式，則「即時性」與民事或行政訴訟之實質上證據力有相當關聯。警察文書亦爲人民生活上事務涉訟時無法遺漏之一環，通常於報案第一時間即行製作，例如：家事事件之裁判離婚訴訟中，提出警察即時製作之家庭暴力通報單，在不堪同居虐待之擧證時，幾乎無法推翻當時有家暴的事實，同時也幾乎確定了家暴的眞實性，即時性在實務運作中顯得重要。

值班有時會遇民眾來所指述「幾年」、「幾個月」、「幾星期」或「幾天」前自己曾發生某事需警察登載於文書簿冊中，報案時點與事件當下已有時間上的距離，在沒有其他任何佐證前，約略可想像未具備即時性之陳述，其眞實性尙待商榷[129]。事實上，即時性的陳述對於拼湊整個事件有相當的幫助，時間長短容易使記憶發生減損或質變，則文書內容能證明待證事實爲眞實者，不可或缺的因子就是即時性，登載時應一併考量。

第四款　身分區分綜合探討

值班勤務相對單純，工作以通訊聯絡、傳達命令及接受報告爲主，在執行通訊聯絡及傳達命令具有被動且靜態的特質，而接受報告（受理報案或自首）可能有主動且動態的外觀。依此，探討警察身分無法單純以工作內容加以區分，應以自身有無行使職權或公權力分別觀察（作用），方有實益，以下簡要說明之：

壹、通訊聯絡、傳達命令

值班爲勤務機構之樞紐，其功能類同神經元，而通訊聯絡、傳達命令就是一種藉由神經元傳導指令的工作，派遣警力處事爲重要之一環，其功能近似於使者，透過己身傳遞聯絡事項及命令，單純地接收及發送訊息派遣線上警力，**內部勤務分配**上並無親臨介入處事。再者，值班本身執行該工作**並無直接**對犯罪預防、鎮壓爲目的產生作用，至多在傳遞過程中扮演

---

[129] 欠缺即時性要素而使事件眞實性大爲遞減，主要依據筆者執勤經驗觀察民眾慣行而將其於此獨立探討。捫心自問，多數執勤經驗未經過研究或量化前，初步獲致結果大多只是處於社會觀察者的角度加以說明，如同主觀意志無法描繪法定要件般，似乎無法說服多數人，惟撰寫初衷係現行實務運作之說法及作法，至是否以之實證得另行研究。

通訊角色而**有間接**作用（準備性之行為），得否與現場警力視為一體之作用，需有討論餘地。但不可否認地，為維持公共安全及秩序，基於國家一般統治權，對人民加以命令、強制，並限制其自然作用之前提，仍需透過值班加以派遣，似乎與廣義的行政警察概念相當，執行是項勤務時具備行政警察身分，部分事項有行政程序之適用。

　　較為特別的是，值班位居事件中內部組織的樞紐，並不直接施以干涉、取締，執行通訊聯絡或傳達命令工作中「若有」違法或錯誤，民眾有無提起救濟之權利？透過何救濟程序？依前揭說明，是項勤務之法律性質係事實行為、執行時具備行政警察身分，依現行法制解釋，似乎未符合警察職權行使法第 29 條第 3 項「行使職權」之救濟要件而無法提起；惟自訴訟權核心之概念[130]以觀，應許對之提起救濟。筆者查閱現有司法判決，似乎未見以值班行使職權有疏漏或不法而提起救濟之案例，其審判權、管轄及提起訴訟之類型皆未有前案詳加說明，甚為可惜[131]。

　　值班在通訊聯絡及傳達命令之工作並不會產生身分曖昧不明之區間，理由在於：執行本身非直接作用於人民，其身分並無法規範重疊之衝突，附此敘明。

貳、接受報告

　　實務運作的接受報告大部分就是受理報案，前雖說明北市警局各單位之值班原則不受理報案，惟臺北市以外之警察局之值班仍需受理報案，則執行該工作之身分即有必要釐清。內政部警政署為使受理報案各項作業能歸於統一，藉助電腦整合了現行實務操作之受理報案 e 化平台，作為實際簡化報案流程、縮減報案時間及便利提供報案資訊[132]，提供了「一般刑案作業系統」、「失車作業系統」、「兒少擅離安置作業系統」、「查捕逃犯作業系統」、「違反社會秩序維護法作業系統」、「失蹤人口作業系統」、「身分不明作業系統」及「其他案類作業系統」之操作使用，上揭

---

[130] 即值班派遣線上警力、通訊聯絡與傳達命令均得視為行使職權之一部或全部，基於有權利受到侵害即有救濟之訴訟權核心概念，應許對之提起救濟而言。

[131] 探討與警察相關者，詳參閱：李震山，行政法導論，2015 年 8 月修訂 10 版 2 刷，頁 232。

[132] 依據 103 年 11 月 19 日內政部警政署警署行字第 1030171150 號函修正之警察機關受理報案 e 化平臺作業要點說明。

系統內提供受理類型均圍繞與刑事案件有關。較爲特別地，警政署爲回應民眾的期待，對諮詢案件不分刑事、行政及民事案件均應協助民眾，亦應於工作紀錄簿登記備查，應可確定本處範圍爲──「所有事件」之報案，皆得納入身分之探討。

有關受理刑事案件報案是對犯罪調查之警察活動，受理報案亦爲司法警察地位形成之始點，勤務作爲會限縮於警察在犯罪之解明、追訴之作用，具備司法警察身分，洵無疑義。然而，受理報案過程以偵查犯罪爲手段解明事實後爲行政或民事案件，又或本屬行政或民事案件，事實上難以辨別受理當下的司法警察身分本質有無轉換或改變，亦相當難以區分同一事件中有刑事、行政及民事關係的報案內容之身分有無改變。筆者認爲欲解決這個難題，應聚焦於：警察作用，意即「受理報案本身」對人民是何種作用[133]？自上冊加以定義之身分加以觀察受理行爲本身，行政警察身分似乎格格不入[134]，反與司法警察身分息息相關。

再者，自報案內容觀察受理及調查行爲本身，似乎亦得到與刑事案件有關從而具備司法警察身分。簡單來說：一般刑案作業系統一定是刑案、失車作業系統與財產犯罪有關、兒少擅離安置作業系統相當於刑事訴訟之通緝、查捕逃犯作業系統即爲刑事強制處分之一種、違反社會秩序維護法作業系統涉及實質拘束人身自由、失蹤人口作業系統隨時會與犯罪相連結、身分不明作業系統可能涉及刑法遺棄等等，皆與「刑事」相關聯，則受理報案無論自「作用」或「報案內容」本身，皆傾向於犯罪偵查司法事項之一環，應具備司法警察身分。

惟曖昧不明之概念產生在實務處理拒絕受理報案、民眾陳情之處置，多數以行政違失加以調查，倘民眾權益因此受到侵害而提起國家賠償以爲救濟，與具備司法警察身分之概念亦產生齟齬。易言之，依上述說明值班受理報案本身具有司法警察身分，但面對拒絕受理報案造成民眾損害的查

[133] 陳良豪，警察勤務新論（上）──實務工作者與法律的對話，2016 年 2 月初版，頁 22。
[134] 行政警察身分：係指維持公共之安全與秩序，乃基於國家之一般統治權，對人民加以命令、強制，並限制其自然之自由的作用，想當然耳，受理行爲的本身雖可透過解釋而有維持公共之安全與秩序，但並無對人民加以命令、強制，及限制其自然之自由的作用，不難看出主張身分區分論者於此事項產生格格不入的概念衝突。

處及提起救濟，竟與行政警察身分有關[135]。事實上，區別身分真正目的在使執行人員明辨履行何種正當法律程序，倘有侵害民眾權利情事時，定其救濟管轄法院。但圍繞在刑事案件的前提下，進行受理報案對報案人詢問本身，應遵循刑事訴訟有關「人證」規範及程序，若因未履行正當法律程序使人民權利受到侵害，應循司法途徑提起救濟（因真正侵害產生在司法並非行政），導致「受理報案之身分」前後衝突，應遵循何種規範及程序亦相當曖昧。

參、曖昧不明之區間

　　警察勤務、業務本就繁瑣，加上以二十四小時不間斷加以執行，許多工作便由人員編制較多的警察先行介入或擔負起任務的履行，當代法規不全的想法（其他行政機關沒有二十四小時輪值，法規訂定：先叫警察），延續迄今仍無法跳脫舊時代桎梏的思維，增加了警察執法判斷上的困難，不斷接續未釐清的法律問題，形成實務工作者在概念上曖昧不明的區間。

　　值班職司通訊聯絡、傳達命令及受理報案（告）的工作，未與民眾有直接接觸，原則上不會產生曖昧不明問題（如前揭說明）；然受理報案卻產生執行時身分與拒絕受理，導致權利受到侵害時救濟管轄法院之不同，陷入曖昧不明身分之區間。以身分必要區分論之思考，著重在對違法行為進行救濟程序之管轄法院，於具有司法警察身分之救濟，訴訟中並無法單獨以之提起救濟，反而變成訴訟攻防之方法，例如：因警察拒絕受理報案使告訴乃論之罪逾越告訴期間，在刑事訴訟中的「拒絕受理報案」，反而成為被告訴訟攻防之方法，被害（報案）人就算主張並非自己遲誤告訴期間，但在法律上該期間並無法回復，則欲平反被告受不起訴、無罪判決之機會幾乎為零，凸顯出具有司法警察身分的拒絕受理報案，民眾在現行法上根本沒有途徑供以救濟，使得受到損害的民眾僅能提起第二次權利保護之國家賠償進行填補，原是設定在具備行政警察身分的救濟管轄制度，究

---

[135] 與本書上冊比較，判斷身分之條件，首要係以行為人之行為察知，再以立法者預設之救濟管轄法院輔助判斷，末依該身分之作用及定義加以澄清。概念清晰的讀者會發現，按首要條件審查，報案人並不會有任何不法（除誣告或虛偽陳述外），第一個條件無法完足：立法者預設因拒絕受理報案受到侵害之救濟管轄法院為行政法院，理應具有行政警察身分才是，輔以第三層次之警察作用及定義發現，受理報案本身均圍繞於刑事案件內外，與行政警察身分根本無涉，在實務工作者觀念裡似乎永遠產生衝突及矛盾。

竟應如何適用此概念於勤務作為上未臻明確，未曾釐清出答案的問題，成為一個曖昧不明之區間。

第二項　刑事法規範

值班雖不如巡邏等勤務外觀上有著積極執法之態樣，不代表沒有討論刑事法規範之必要，其乃勤務機構的中樞（靈魂），執行任務方向的正確與否，仍繫於腦海有合法且適當的法律軌跡，正確地傳達才能彰顯出線上警力受派勤務後合法的勤務活動，本處融入與值班關聯之刑事法軌跡，**聚焦**在通訊聯絡、傳達命令及接受報案（告）之勤務活動有關刑事法部分，與前揭行政法規範說明之文書、受理報案及管轄面向略有不同，先予說明。

刑事案件重要的二個要素：即「被告」、「犯罪事實」，呈現在值班勤務中（通訊聯絡、傳達命令及接受報案）是一個相當抽象的概念，尤其此二要素在時間排序上幾乎是同時出現、缺一不可；再者，顯明在勤務作為的二要素，有可能受到值班傳遞不同資訊分別產生不同的勤務活動外觀，方使抽象概念轉變成為客觀可觀察的自然動態，簡言之，**只有透過具體勤務作為才能看得見抽象的二要素**。例如：報案人報案有暴力（搶奪）犯罪發生[136]，值班受理後立即通知線上警力針對特定特徵或交通工具在周遭進行攔截圍捕[137]（傳達命令），並請所內備勤人員前往現場瞭解（受理報案），另通知鑑識人員前去刑案現場採證[138]（通訊聯絡）。此一事實同時能類分為三面向探討該二要素，每一面向皆得討論與勤務作為關聯之軌跡，具體化在勤務活動中探知法律之內涵，將案件特定起來。

---

[136] 報案人是人證地位，報案內容是證詞，證詞陳明同時形塑被告（行為人）及犯罪事實（搶奪）；此部分勤務活動涉及受理報案之概念。

[137] 下命攔截圍捕是進行現行犯逮捕或緊急拘提之任務，傳達過程通常會將圍捕特徵一併說明，同時形塑被告（行為人）及犯罪事實（搶奪）；此部分勤務活動涉及傳達命令之概念。

[138] 聯絡備勤人員及分局編制之鑑識人員前去犯罪現場，通常會將特徵及案情一併說明，說明同時即為形塑被告（行為人）及犯罪事實（搶奪）；此部分勤務活動涉及通訊聯絡之概念。

第一款　案件之特定

　　「案件」[139]，係指刑事案件，非與刑事有關之部分皆不在此處探討範圍。依本書上冊及前揭說明，判斷案件之基礎仍得以實體法要素為基礎，而與構成要件有關之要素分別為：犯罪行為、犯罪結果、條件關係、相當因果關係及行為人行為時具備故意或過失等，在犯罪行為人有犯罪徵候而顯明這些要素時，警察為調查各要素之真偽得發動符合法定要件之勤務作為，而值班也在必須綜合判斷中之一員。依此，執行通訊聯絡、傳達命令及接受報案工作，如何將案件特定，就是擔任值班必須理解的抽象概念：

壹、被告之特定 [140]

一、通訊聯絡

　　執行通訊聯絡工作只要涉及刑案，無論犯罪在何階段皆有將被告特定之機能，例如：勤務派遣過程，將含有犯罪嫌疑人或其特徵供以查緝的情資相互聯絡、傳遞，就是將被告的過程。

　　值班勤務原則不實際執法，但其角色是實際執法人員手足或感官之延伸，許多刑案資訊需透過它來傳遞，**通訊過程原則有偵查不公開之適用** [141]，對於獲取並傳遞之資訊有時會包含「特定人」，該特定人即可能為

---

[139] 筆者於此需補充有關「案件」之定義，依刑事訴訟法第268條規定：「法院不得就未經起訴之犯罪審判。」則該定義係指已經起訴之刑事犯罪。細膩之讀者會發現，警察偵辦刑案時尚未起訴，筆者何以案件稱之？
理由在於：警察偵辦刑案隨時有可能在不同的時間點發現本案、他案之犯罪事實，即犯罪事實在警察偵辦過程是浮動的，無法限定範圍，若直接以之探討會發生偵辦時，浮動的犯罪事實無法限定討論範圍，得出結論亦是浮動，於是乎，等同沒有結論！依此，藉由犯罪經起訴加以審判稱為「案件」有暫時的範圍，加以討論才有意義。依此，此處以案件稱之方有範圍，才有結果。
詳參閱：林俊益，刑事訴訟法概論（上），2015年9月15版1刷，頁127。
[140] 同本書上冊所採，以意思說為主軸說明，其探討被告特定之重點在第73頁，茲不贅述。
[141] 同前揭註68；新聞報導：無線電露餡，警抓賭不成反洩密；發生日期：2015年3月1日。
法院判決認定之事實：
楊景山前在彰化縣警察局鹿港分局秀安派出所擔任警員，為依法令服務於地方自治團體所屬機關而具有法定職務權限之公務員。楊景山於民國104年3月1日下午3時13分許，因職務關係，配戴警用無線電至轄區彰化縣秀水鄉金興村內處理車禍案件後續事宜，逕至洪春成所經營位於彰化縣秀水鄉○○村○○路○○號檳榔攤內進行查訪。詎楊景山應注意使用無線電話機應注意有無被竊聽或洩密之虞，以避免遭不法人士掌握勤動態；且警用無線電通信內容，係屬國防以外應祕密之消息，又無不能注意情事，竟過於輕率而疏未注意，竟讓在場之洪春成聽聞「110轉報，在那個秀水金興村新興街45號，金興街新興街45號說有民眾聚賭，屋主叫林木河，並經營六合彩，麻煩前往處理」之警用無線電通信內容，而洩漏前揭關於中華民國國防以外應祕密之消息。嗣洪春成知悉後，旋以電話告知林木竹其彰化縣秀水鄉新興街住處已遭人檢舉聚賭之消息，林木竹隨即將麻將等賭博工具收妥而未遭警方查獲。
詳參照：臺灣彰化地方法院105年度易字第137號刑事判決；查詢日期：2016年7月3日。

被告（犯罪嫌疑人）或與被告有關之人。意即，舉凡為通訊所聯絡或傳遞之資訊含有特定人或特徵，足使勤務得以辨別之聯絡作為，皆有將被告特定之機能。

例如：民眾報案夫妻家暴正在發生，妻子於屋內大喊救命。值班以無線電通知線上巡邏警力先行前往時並傳遞「妻子受**先生**毆打在屋內大喊救命，請盡速前往」之資訊，事實上已將被告特定（先生），線上巡邏警力到達後先生仍在現場，只要涉有違犯家庭暴力罪，均應執行逮捕[142]。又如遇有「某地發生搶案，嫌犯騎乘黑色重機車、身穿藍色雨衣、戴紅色滾邊全罩式安全帽、白色運動鞋往某方向逃逸」之資訊傳遞時，亦已將被告（犯罪嫌疑人）特定。上揭適例亦說明了通訊聯絡過程有將被告（犯罪嫌疑人）特定之機能。

二、傳達命令

傳達命令之值班，乃非基於指揮監督關係所為之執行，傳達過程通常會說明相關事實，內容可能包含被告之資訊。例如：前揭說明家暴案例，通訊聯絡過程已將被告之資訊特定，現場人員對事件有所疑惑並通知值班向上釋示如何處置，倘具體命令指示：將實施家暴之先生加以逮捕，則此命令即含有將被告（犯罪嫌疑人）特定之謂。

實務工作者**大多不知**自身執行動作背後（本質）的法律意義，實際上，現在正在執行的運作模式或流程，背後或多或少都有一或一個以上的法條在支持著執行作為，警察「可能知其然，不知所以然」，尤以發生在法律與事實間的涵攝過程，更是容易出錯的環節。但最大問題會出現在「知其然，不知所以然」中法律已變更情形，及現場當事人或民眾看似合理卻不合法的期待上，而做出不合法的勤務作為。

例如：公車上有六個人（含駕駛），其中一人 A 下車前發現錢包不見報警，內心隱約懷疑後方的 B、C 涉有嫌疑，110 值班受理報案後，依循現行通報制度至派出所之值班，執行派遣時將該 B、C 可能為犯罪嫌疑人之資訊傳遞予線上警力，使其有特定對象據以執行，即為犯罪調查之被

告特定。當然，依據同例，線上警力到場後，常發生報案人（被害人）告知與報案內容不相符合之訊息，要求警察進行全車人員（除 A 之外的五人）之檢查，即為「看似合理卻不合法期待」[143] 之勤務作為。

三、接受報案（告）

現今多數民眾選擇報案的方式，除以電話報案外，多至設有勤務處所之警察機關完成受理的程序。報案人無論以電話或親至方式，第一位接觸報案人之人員即為值班，以下就接受報案的雙方（報案人及警察）分述被告之特定：

（一）報案人之被告特定

犯罪之被害人提出告訴，原則上無需將被告特定方得提起[144]，這是值班面對刑事報案需先建立起的第一個概念，現行實務工作者認定的「提出告訴」，需將犯罪事實及被告一併指明之告訴方才合法之觀念，應予揚棄。然「告訴」：係指告訴權人向刑事訴追機關申告犯罪事實，表明訴追之意思為已足，無需一併指明特定之被告，也就是說，值班不可因報案人不知被告是誰，即認定其告訴不合法。惟是，在例外情形需透過刑事實體法之犯罪類型為說明：

1. 可分為告訴（請求）乃論與非告訴乃論，於**非告訴乃論**之罪之告訴，僅為偵查開始之原因，無需一併指明犯人（特定被告）；例如：收到偽鈔、車輛被偷、公司物品被竊等，提出告訴時**不需指明犯人**，僅需陳明犯罪事實為已足，則常見警察問報案人：「你要告誰？要跟我說清楚……云云」，顯係違誤之作法。另告訴乃論之告訴，不特為偵查開始之原因，亦為程序法上之訴追條件，不提告不代表不能偵查，應辨明之。

2. 告訴乃論之罪可分為**絕對**及**相對**告訴乃論，對於**相對告訴乃論**之罪之告訴，除申告犯罪事實與表明訴追意思外，尚**需指明犯人**（將被告特定）；例如：親屬間竊盜、侵占、詐欺等；至於絕對告訴乃論之告訴，無需一併指明犯人。基於上述的理解，**僅相對告訴乃論之罪**需將被告特定，

---

[143] 看似合理卻不合法的期待，意指：民眾找回失物的期待並不能拿來當作執法的依據，欲執行或發動相關職權（查證身分或強制處分）原則皆需個別檢視是否符合法定要件及執行時之比例原則。否則，現場所有人一概成為行使職權之客體，未免失卻法律設定法定要件（基本門檻）方能發動相關職權的意義所在。

[144] 參照最高法院 24 年上字第 2193 號、74 年台上字第 1281 號判例。

應予釐清。

　　相當特別地，實體法概念對應至訴訟法時，僅在相對告訴乃論的告訴，有特定被告之概念，也就是說：值班面對報案人提出告訴（無論以電話或親至）需一併指明犯人，是限縮在「**相對告訴乃論之罪**」，非此範圍之告訴，**僅陳明犯罪事實即可**，現行實務運作的作法或說法是有問題的。另外，尚需排除報案內容是侵害國家及社會法益亦不需要將被告特定始為合法，則特定被告之概念多是存在於執法人員與被告（犯罪嫌疑人）間，與報案人及其陳述之內容關聯性較小。

　　依此，報案人之報案內容有關被告特定的觀念，需排除「非刑案」、「非告訴乃論之罪」、「絕對告訴乃論之罪」、「侵害部分國家或社會法益」等，則建立受理報案需將被告特定之範圍僅在──「相對告訴乃論之罪」。

（二）值班之被告特定

　　值班將被告特定的過程，有時是透過通報、報案等方式加以形塑，與上揭報案人於告訴時需一併指明犯人或陳述犯罪事實時顯明犯人不同，是一種併立但面向不同的概念，二者間指明或顯明「被告特定」的邏輯推導互有關聯，與起訴效力之被告特定[145]，呈現完全不同的概念，讀者需再思辨細量。

　　值班受理報案過程中藉由內容抽絲剝繭或調查，即有特定了被告或犯罪嫌疑人之可能（並非來自報案人自己形塑），受特定後之資訊[146]會交互運用在受理報案的作業程序中。例如：民眾 A 來所申告昨日酒醉路倒時，曾有意識但不確定是否有一男子「在翻找自身身上有無物品，尋獲 A 皮夾並將內有新台幣 5,000 元之現金抽離後，復將皮夾塞回原處」之事實，值班聆聽 A 申告內容後將資訊整合過程已經顯明了特定人（即男子），在同時請備勤調閱附近錄影監視畫面求證時，偵辦即因「被告特定」的

---

[145] 林鈺雄，刑事訴訟法（下），2010 年 9 月 6 版 1 刷，頁 134-135；黃朝義，刑事訴訟法，2015 年 10 月 4 版 2 刷，頁 382-384。
[146] 受特定之資訊事實上同時包含二個要素，即被告、犯罪事實，上冊呈現於巡邏勤務並未將該二要素分別鋪陳、下標，直至此才嘗試分別闡明、釐清接收之資訊與法律規範所指之處再加以細分並說明，使實務工作者偵辦刑案與法院辦理刑事案件的思維一致，藉此處作為涵攝作用之體現。

概念而有了方向。再如：民眾 B 打電話至 110 報案申告隔壁鄰居屋裡飄出塑膠味道，不知道在燒些什麼？稍有從警年資的值班受通知後派遣警力前，應能嗅出約略的敏感度！意即：除真正發生火災外，通常會自屋內飄出塑膠味道之事件，相當可能是：吸食第三級毒品 K 他命，則腦海中所形塑被告之特定[147]乃指：「鄰居」之謂。

貳、犯罪事實之特定

一、通訊聯絡

　　值班在執行通訊聯絡時大多僅接收、發出訊息或任務派遣，對話過程倘涉及刑案之資訊，即需初步判斷內容有否形成刑事案件之要素？著眼在本書上冊組成處罰之構成要件上，即「犯罪行為」、「犯罪結果」、「條件關係」、「相當因果關係」及「行為人故意或過失」，其亦為形塑並將犯罪事實特定的五個要素。實務運作的通訊聯絡多非親自執法，則在聯絡刑案資訊過程中常以描述一個事實加以傳遞，如何快速且精準篩選無關的資訊，該五要素即得作為判斷的基礎[148]。

　　犯罪事實的建立，主要形塑於該五核心要素，而通訊過程只要涉及犯罪所聯絡的資訊，透過五要素的說明，才不會將無關的訊息彷彿跳針般重複或失去焦點，進而忽略了形塑犯罪事實的核心，聯絡之一方亦能在第一時間快速明瞭重點所在，就其具管轄之事務所在進行後續處置，縮短在聯絡溝通上的時程。例如：發生搶案，線上警網前往現場初步瞭解案情回報

---

[147] 筆者再強調被告特定的重要性：假設某人為警察實施偵查之客體，則實際上已取得訴訟主體的地位，國家機關或人員有偵查作為時，應履行正當之法律程序，依此，當被告被特定後（無論在腦海或實際情形），法律賦予之權利、偵查人員應履行之義務會同時發生。

[148] 不知應說可愛還是害怕錯誤，警察機關（無論是基層人員或官長皆同）在刑事案件查獲時最常遇到一個非常基礎的問題，亦常聯絡值日檢察官詢問（參照檢察官與司法警察機關執行職務聯繫辦法第 5 條），即：犯嫌是否為現行犯？刑事訴訟法第 88 條第 2 項、第 1 項規定：「犯罪在實施中或實施後即時發覺者，為現行犯；而現行犯，不問何人得逕行逮捕之。」則是否為現行犯應是執行逮捕的人加以判斷，其要件為「犯罪在實施中或實施後即時發覺者」，與前述五要素息息相關，而非請示檢察官（檢察官並非執行逮捕之人）。

依據筆者從事實務工作之經驗，警察聯絡檢察官請示該問題大部分的原因是：「害怕錯誤」及「找人背書」，或許是警察社會地位較低，為法律評價時不易有完整的論述、公信力不足等原因，才會演化出聯絡詢問後作成公務電話紀錄的實務運作。據本下瞭解，大部分檢察官還是會協助判斷，只不過，有部分檢察官多年前即開始以法律規定來回答警察的詢問，通常答以「如果你已經逮捕了，就送過來吧」加以應對（按：這個答案才是正確解答），鮮少閱讀法律書籍的實務工作者接收到這樣的答案，大概都是認為檢察官不想回答或背書，但實際上，警察的做法是錯的，只需在現場或通訊過程判斷該五要素，完足後就是犯罪，而犯罪在實施中或實施後即時發覺者，就是現行犯，殆無疑義。

分局勤務中心或派出所值班時，應先盡速形塑犯罪事實之五要素，作爲確認後立即聯絡的初報內容，藉以完足攔截圍捕時發動強制處分要件之要求[149]；另於聯絡相關人員（偵查隊值班、鑑識小隊、外事人員等）之通訊內容，亦以該五要素爲基礎陳報，將會更加清晰並縮短時程，形成正確的偵辦方向。

　　基此，無論在通訊雙方的溝通、表達及聯絡，執行通訊時建立篩選各別要素加以形塑犯罪事實之條件，確實能在第一時間形成較爲正確的勤務作爲[150]，且能縮短偵辦案件的時程，當所有警察的腦海能有同樣思考架構及條件，溝通不再產生頻率不對等或障礙，則大部分的勤務作爲就能有效率地完成，等同形塑犯罪事實完畢的勤務派遣或聯絡，可能幾乎已經實質達到有罪判決的效果，使人民及司法機關得以信賴警察專業之判斷，有著提升自我形象及地位之功能。

　　例如：105 年 7 月 11 日，某民眾在臺北市第一銀行古亭分行 ATM 提領現款時，發現不明外國人有異常的提領動作，該外國人爲免遭追緝即放棄盜領行爲並離去，警方到場後聽聞現場民眾（證人）說：外國人好像沒有卡片，錢一直出來云云，當下應可立即判斷：至少有財物損失（犯罪結果）、拿取自動提款機吐鈔款項（可能爲犯罪行爲），行爲與結果間具備條件及相當因果關係，雖未有犯罪嫌疑人（外國人）就該行爲加以說明，但至少在現場的犯罪事實已完足了「客觀構成要件」中的四個要素。**值班**擔任聯絡第一銀行行員時，當可就已明瞭之事實，連絡過程命令行員配合線上警力及偵查隊先行開啓提款機查證，並即刻調閱提領的錄影監視畫

---

[149] 上冊曾說明巡邏在圍捕點進行攔截圍捕，發動刑事訴訟法第 88 條之 1 第 1 項第 3 款「檢察官、司法警察官或司法警察偵查犯罪，有左列情形之一而情況急迫，得逕行拘提之：有事實認爲犯罪嫌疑重大，經被盤查而逃逸者」之強制處分（含追車）時，勤指中心或值班以無線電通報犯罪事實就是在完足上揭條文中「偵查犯罪」之要件，賸餘之情形急迫、有事實足認犯罪嫌疑重大、逃逸之要件，均需在現場各別判斷之；陳良豪，警察勤務新論（上）——實務工作者與法律的對話，2016 年 2 月初版，頁 129、177-180。

[150] 例如：105 年 7 月 9 日、10 日發生在大臺北及臺中地區的第一銀行盜領案，第一個報案（10 日）民眾是發現有現金款項遺留在提款機的吐鈔口前（臺北古亭分行），據媒體報導，警察調查時還有行員不配合情形，果真事實，調查不力即與警察毫無關聯，甚至已經可以討論有否違反刑罰的問題。新聞標題：【一銀盜領】「有人忘了拿錢」，民眾報案意外揭盜領案；瀏覽網址：http://www.appledaily.com.tw/realtimenews/article/new/20160712/906106/，瀏覽日期：2016 年 7 月 16 日；新聞標題：ATM 盜領，傳一銀南臺中分行拒報案；瀏覽網址：http://xn--4gq171p.com/detail/1NX7u4Yh/ATM%E7%9B%9C%E9%A0%98++%E5%82%B3%E4%B8%80%E9%8A%80%E5%8D%97%E5%8F%B0%E4%B8%AD%E5%88%86%E8%A1%8C%E6%8B%92%E5%A0%B1%E6%A1%88/，瀏覽日期：2016 年 7 月 16 日。

面[151]，作爲報案民眾證言與待證事實間正確與否之基礎，進而形塑犯罪事實取得偵辦先機[152]，但如果受通知之行員根本不理值班的聯絡內容呢（**這是實務工作者常見的窘境**）[153]？

二、傳達命令

傳達命令工作體現在實務運作有幾種類型，值班服膺於命令爲工具傳達線上警力前往處理事故的過程，這是第一種類型；其次，即獨立行使職權而爲命令時，這是第二種類型；再者，有上級官長爲特定命令授予執行，這是第三種類型。簡言之，傳達命令實務運作之類型可概分爲二個面向：即「居間使者」與「本於職權」，於此二種方式皆有涉及犯罪事實特定之範圍，以下限定於有關部分加以探討：

（一）居間使者之犯罪事實特定

傳達命令時位居工具地位之值班，命令本身就已經將犯罪事實之特定及建構，原則上[154]並無審查之權限，兩者有先後次序關係，也就是說：犯罪事實被特定後，法律才賦予命令的存在，例如：獲報有刑案（犯罪事實被特定）需線上警力進行（命令）攔截圍捕。

命令的居間使者——值班，只能在形式上審查命令是否合法，原則上沒有形塑犯罪事實的功能。例外發現命令顯然錯誤時，則有實質將犯罪事實特定的過程，例如：傳眞機傳來單一窗口案件的相關卷資，據內政部警政署規定[155]不得拒絕接收或轉送其他分局，受理之 A 分局以「竊盜案」受理，筆錄內略以：「報案人騎機車至捷運站趕上班，將背包遺忘在機車腳踏墊上，返回時已遍尋不著」。**試問**：接收單一窗口之 B 分局及其所屬人員（含派出所值班或備勤）得否審查單一窗口以**竊盜案**受理之命令[156]？

---

[151] 授權依據爲「新修正通過並施行」之刑事訴訟法第 133 條第 3 項，（舊）刑事訴訟法爲同條第 2 項；另需參酌的第 1 項之規定。

[152] 相當可惜的是，如果在案發第一時間累積一定的證據形塑足夠的犯罪事實，發布境管或查緝到案的機率將會大增。

[153] 依筆者經驗，受通知之金融機構大多相當配合，但以配合度來說，以公營轉私營的部分金融構配合度較低（這是曾在現場親自感受），不論是到場時間、進入查看、確認警報等皆有相當差異。

[154] 詳參照公務人員保障法第 17 條第 1 項後段但書規定。

[155] 警察機關受理刑事案件報案單一窗口實施要點第 4 點第 2 項第 5 款：「接獲通報之警察分局不得以非案件管轄責任機關爲由逕行轉送其他分局或拒絕接收，如對管轄責任有爭議者，應報請共同之上級警察機關指定之。」

[156] 這一個實例是筆者在實務機關常發生的情況，由於有上揭註 147 的規定，接收單位看起來沒有權限審查

1. 受理單一窗口案件，首需釐清「不得拒絕接收」與「接收人員認為原受理案類是錯的需更正」，乃分屬二事，也就是說，形式上審查接收單一窗口的卷資內容與警政署的命令（規定）是二個層次的問題，審查受理案類並非所謂拒絕接收。

2. 形式上審查 A 分局受理筆錄的案類，乃基於各別犯罪調查的獨立職權，與居間使者（值班）執行接收命令無直接關聯。

3. 筆錄中載明「報案人騎機車至捷運站趕上班，將背包遺忘在機車腳踏墊上，返回時已遍尋不著」之事實，呈現出該背包客觀上就是遺失物[157]，背包不會因遺忘放在自己機車腳踏墊、其他機車腳踏墊、地上或其他場域而改變它是遺失物（行為客體）之地位，A 分局受理竊盜案顯然是錯誤的，亦為實務工作者最常誤解法律之處。

職是之故，筆者認為值班應得對附屬於命令下的內容進行形式審查，使犯罪事實被特定，如：背包遺忘在機車腳踏墊上，返回時已遍尋不著（犯罪結果）、可能有人竊走（犯罪行為）等過程並非審查命令，後續請求 A 分局重新更改案類、製作第二次筆錄、補充相關資料或自行變更受理案類、通知 A 分局及當事人等作為，均係為特定犯罪事實所行使之犯罪調查職權，而非違抗署頒接收命令本身[158]，在此種例外的情形下，乃回歸本於職權加以形塑，犯罪事實之特定即非框架在命令內。

（二）本於職權之犯罪事實特定

值班本於職權的命令傳達，多數來自犯罪事實已被特定為前提，命令客體則限定於與犯罪有關之人，執行者與命令者通常為同一人（例外為不同人），將其特定之條件判斷亦在構成要件之各要素上，舉一前揭註 4 適例具體說明：

A 分局受理是否合法，不過，筆者當時將受理（竊盜）案類直接更改為「侵占遺失物」，並副知當事人及 A 分局作結。

[157] 無論採學說（支配物的鬆弛或緊密關係）或實務見解，報案人對物的支配已呈現完全脫離的狀態，則該背包本來就是遺失物；詳參閱最高法院 50 年台上第 2031 號判例。

[158] 實務工作者大多認為接收單位在進行審查權漏時，就是一種拒絕。事實上，筆者擔任值班時，看過很多可稱為不入流的單一窗口筆錄，四處缺漏，甚至有時根本沒問到犯罪地就直接傳真。通常筆者都直接請受理單位補齊（因為報案人在受理單位）再傳一次，否則，筆者即以退案作結並無違反規定。有興趣的讀者得自行參閱警察機關受理刑事案件報案單一窗口實施要點第 4 點第 2 項各款（第 1-5 款），即知並無違反接收規定。

1.「心中甚是懷疑『他沒錢怎麼會有機車騎？』」表示筆者當下心證已自可疑提升至嫌疑階段，進入「犯罪調查」階段。

2. 該毒品人口將機車鑰匙丟至值班台並告知筆者：「這車是失竊的！」首要，無論其供述立於被告或證人之地位或原因為何，均無損供述之任意性，亦為法定之證據方法，現場口頭通知暫予留置調查，並應注意有否符合自首要件。

3.「這車是失竊的！」表示，當下最少發現有**犯罪結果**（動產持有狀態被破壞），至偷竊的**犯罪行為**是否為該毒品人口，需另加以調查（條件關係、相當因果關係及故意），惟無礙於當時逐漸累積而特定的犯罪事實。

4. 補充相關事實：該車遭毒品人口騎走與將車輛騎至派出所的時間點相當接近（約莫兩個小時），當下向車主查證時尚未完成報案手續，惟確認車輛係遭竊後即以準現行犯將其逮捕。當時**曾命令不要抗拒逮捕，否則實施強制力**。

擔服值班勤務執行傳達命令過程，並非每每皆是服膺命令的工具，當立法者立法預設職權賦予警察時，事實上並不影響存在於形式命令的外觀，而獨立行使職權部分仍有形塑特定犯罪事實的實質功能，現行實務運作的指揮權限某程度應受到退讓，使「獨立」行使之職權得以獨立。

三、接受報案（告）

在接受報案工作的犯罪事實特定，等同於前揭之被告特定，只是特定的要素不同。上開說明可類分為兩部分思考，一自提供資訊的報案人為特定，另一自接收資訊後的值班加以特定。較為特別地，無論先特定被告或犯罪事實，其中一個被特定後另一通常會同時出現，也就是說，該二要素是一體兩面無法切割，一旦形塑或特定了就會一起顯明或出現。

仍以前揭註 4 加以說明：當該毒品人口將車輛騎至派出所前並至所內陳稱「車輛是失竊的」之斯時，已經形塑了部分犯罪事實之雛形，調查過程只是為了顯明處罰的構成要件要素是否皆已具備。此案例出現第一個要素就是犯罪結果（有一輛機車被偷了），自然可知在結果發生的先前應有一個犯罪行為，已經存在於構成要件中二個要素，無論自提供（報案人）

或接收（值班）資訊之面向，犯罪事實也被當然地特定出來，尤其輔以該毒品人口（被告或證人之地位仍不確定）的供述，欠缺的只剩被告是誰及行為時故意或過失之要素。

　　簡單來說，受理報案過程無論來源為何，大都能篩漏（特定）出與犯罪有關之要素，只要以當前資訊為基礎發現了足以該當的犯罪結果，犯罪事實也會隨之逐漸形成，臏餘的只是將被告加以特定出來，拼湊完所有構成要件要素後，案件很難不被起訴或無罪（除使用違法的調查方法，如刑求）。有了如何將犯罪事實特定的概念及篩選條件，熟悉受理報案所需掌握的法律事實，更能貼近法律規定。

　　特定犯罪事實的功用，無論自訴訟標的[159]或訴因制度[160]的立場來看，事實上跟警察沒有太大關聯，但後續的訴訟程序進行順遂與否，則有先後次序的關鍵影響。也就是說，偵查犯罪之初始──警察，沒有與後續訴訟程序（司法者）呈現一樣的概念，受理或偵辦過程將會疏漏百出、掛一漏萬。更何況，為了確定國家對個人具體刑罰權之內容[161]，警察如何透過刑事實體法將犯罪事實特定，發動合法的偵查作為，亦是本文臚列為標題加以撰寫之本意，是建立犯罪事實特定後加以選擇發動何種偵查作為，將能更貼近合法訴訟程序[162]，避免警察被邊緣化。準此，越趨近法治的執法作為越能爭取更大的權力（如微罪處分權限），對法院紓解訟源[163]有一定的幫助。

參、小結

　　當連續不中斷的自然事實為法律評價時，法律將該事實為數片段的觀察，看似各自獨立卻又彼此相關，交錯複雜的判斷條件無他，目的只是為

---

[159] 林鈺雄，刑事訴訟法（上），2010 年 9 月 6 版 1 刷，頁 261 以下。

[160] 黃朝義，刑事訴訟法，2015 年 10 月 4 版 2 刷，頁 391 以下。

[161] 林俊益，刑事訴訟法概論（上），2015 年 9 月 15 版 1 刷，頁 127 以下，並參閱：最高法院 92 年字第 2238 號判決。

[162] 陳良豪，警察勤務新論（上）──實務工作者與法律的對話，2016 年 2 月初版，頁 72-74；頁 169-174；頁 256-260。

[163] 訟源，事實上有許多面向，在刑事法上許多工作是法院的日常基本工作，例如：通聯紀錄、最新的扣押裁定等，但法官人數沒有明顯的提升，工作量顯著增加，人民進入法院訴訟量未減少的情形下，可賦予有紓解訟源權力的機關，大概只剩警察機關，只是，警察的執法細膩度若與法院差距過大，仍無法成為紓解訟源的樞紐。

了落實國家作為皆保持在法律的底線之上，用時間當作條件，排列出一連串繁瑣的正當法律程序，進而具體化抽象的法律概念。

　　無論現行司法實務在起訴前、後使用不同（犯罪或案件）的名詞，其內涵仍不脫被告及犯罪事實的概念，具體化過程需透過聚焦才有特定範圍，值班對刑事案件處置的思維，亦同。再者，刑事法中重要的二個要素，除有對應實體與程序的功能外，更能清晰地明辨人（被告）與事（犯罪事實）之間的差異與一體二面，在第一時間面對刑事案件就能建構較為完整的處理輪廓，合法運用取證作為使之特定，讓值班有關刑事面向之通訊聯絡、傳達命令及接受報案等工作順遂地執行，而過程中如何完整的指示、派遣、傳達、聯繫，亦可藉該二要素加以類分或表達。

　　職是之故，看似靜態勤務的值班，執行工作順遂與否繫於有否建立案件特定之概念，二要素藉由實體法之犯罪結果、犯罪行為、條件關係、相當因果關係及行為時故意或過失加以組合或澄清，使之決定勤務作為的焦點停留並緊緊相連在犯罪構成要件上，不會與舊有非法律思維的老警察一般，陷入永遠只站在便宜行事的立場來思考，讓實務運作蒙塵在理論與實務永遠是不同軌跡的答案上，作為平行時空的不同對話。基此，以實務經驗取勝的老警察，內心可能知道籠統、文義的「被告或犯罪事實」，但面對看似不同案件或事實時，忘卻了與之連結及表達，後續當然無法決定究竟如何取證，甚至影響到撰寫相關文書的內容，實為實務工作者未構建思考架構所致之憾。

第二款　取證作為之區別

　　一般警察難以想像值班勤務探討抽象的取證作為，於本章之首所舉【現行實務機關 (2)】之實例中，縱然通訊聯絡、傳達命令或接受報案看似簡單過程，事實上仍可能隨時發動取證作為，執行時也需透過分辨偵查及強制處分的概念加以區分，進而走入合法軌跡。例如[164]：某男子血流滿面搖搖晃晃進入派出所內，值班尚未知曉發生流血原因的第一時間先行通

---

[164] 此案例是筆者於民國92年6月間上午7時在木新派出所值班交接時發生的實際情形。

知救護車前來，等待過程詢問傷者，隱約獲知其受傷前在新店某卡拉 OK 喝酒與不認識酒客發生衝突，該酒客將玻璃啤酒罐摔破後以尖銳面往他臉上刺，才造成滿臉鮮血。此一詢問過程就是「取證作為」之適例，則如何在值班工作為適法取證，如下補充說明[165]。

　　本書上冊判別之條件以「是否造成受處分人個人意願、意思自由與權益受到壓抑與侵害」作為初始判斷，並藉雙重功能的訴訟行為來輔助考量其標準[166]，在具體化至警察勤務執行面向，是朝著有無法律明文之強制力作為更實用的思考[167]，使實務工作者能當機立斷。依此，下就值班與犯罪有關之取證作為綜合說明之：

壹、通訊聯絡

　　無論對內、外執行通訊聯絡之工作，雖未直接造成受處分人個人意願、意思自由與權益受到壓抑或侵害之問題，但在事實上可能間接造成個人意願壓抑或侵害，也就是說：值班可能是眾人發動強制力之一環，又或是給予偵辦單位判斷的資訊供給者，兩者皆有事實上的間接侵害。例如：現場警力正在馬路上執行附帶搜索，自犯嫌口中獲知涉案贓物及工具皆在租屋處[168]，惟其不同意警察另對租屋處搜索，此種情形為確保贓物及工具不會被湮滅或隱匿之目的，值班得依法[169]聯絡並請示檢察官是否指揮且允許代為執行緊急搜索，經同意後聯絡現場警力據以執行，即為前者（**發動強制力之一環**）的具體適例，等同（間接）發動強制處分中的一個小環節；後者（**給予偵辦的資訊供給者**）如：對非本轄發生之刑案通報管轄單位**提供資訊**為表達時，亦有間接侵害。基此，警察對具體個案相當容易忽略實體法要素是可以作為法定要件的判斷，倘若在緊急情形，更加直覺、

---

[165] 例如（同段案例）：判斷是否需要緊急拘提？實施扣押？通知犯罪嫌疑人到場接受詢問？現場實施封鎖加以搜索？尋找附近證人等，都是取證的作為，也是當下需立即判斷的緊急情形（不然人死了怎麼辦？），完整的判斷需要建立此概念。

[166] 陳良豪，警察勤務新論（上）——實務工作者與法律的對話，2016年2月初版，頁29-30。

[167] 同上註，頁74、174、260。

[168] 現行警察機關某部分的作法（看單位）是直接問現場受拘捕的犯嫌或運用技巧，對犯嫌的住所或居所發動同意搜索來當作取證作為之授權。但許多警察認為能透過附帶搜索來執行？這是顯然的錯誤及誤解，甚至恣意瞞騙犯嫌及違法擴張法條內「立即可觸及之處所」之文義。

[169] 參照刑事訴訟法第131條第2項、調度司法警察條例第7條、第9條、檢察官與司法警察機關執行職務聯繫辦法第5條、警察機關執行搜索扣押應行注意要點第13點。

本能地置入連自己都不清楚的結論在發動的程序要件中，容易在前階段形成決定採取違法的取證作為。

　　筆者認為，值班執行通訊聯絡中接收資訊時，透過實體法要素加以篩漏後，呈現給線上警力判斷程序要件會有更精確的內容，使執行者不易發動違法的取證作為。假設：接獲他單位的緊急單一窗口通報「某自小客車車號○○○－○○○○涉及刑案朝本轄逃逸，請通報線上警力**協助查緝**」[170]之內容，值班在**概念**上應立即篩漏通報資訊的實體法要素，即犯罪行為、犯罪結果、條件關係、相當因果關係及行為人行為時故意或過失，否則聯絡過程僅接收「刑案」，直接判斷為刑事不法是相當危險的，通報線上警力的「查緝作為」更容易連帶違法，使原得以發動通知到案說明較為輕微的偵查手段即可達到目的而無需緊急拘提，因傳遞錯誤資訊導致執行強制力完畢後，又發生「案不成刑」的窘境結果加以善後時，顯示出真正問題多在：通訊聯絡的資訊傳遞不完整或未建立此概念，造成後續誤判的查緝外觀[171]。依此，看似不起眼的通訊聯絡，卻是實際執行者據以判斷法定要件的重要環節。

　　再者，傳遞或接收經過**區別後**的資訊，是潛在影響發動任意偵查或強制處分之基礎，簡言之，通訊內容可能就是判斷程序要件的實質基礎。例如：「A派出所接獲B派出所值班稱有民眾X報案，其女Y居A轄現正受先生Z家暴，協請派員前往。」該內容已呈現為具體的刑案，「受先生家暴」之資訊客觀上已完足實體法各要素，因「現正家暴」之事實，執法裁量權依法收縮至零，到場處置如果先生仍在現場，尚不得選擇通知而應一律逮捕之，則**資訊內容幾乎已經是決定逮捕的基礎**。

　　職是之故，即便從事通訊聯絡，仍需傳遞足夠且正確資訊提供執勤人員判斷發動合法職權的空間，因該資訊關係著勤務人員之作為是否造成民眾個人意願受到壓抑或侵害，使聯絡內容有著區辨法定要件的功能。是以，**為免讀者困惑**，值班執行聯絡工作至多只有間接侵害，於此並無類似

---

[170] 在實務運作上常不分原因就「協助查緝」，事實上相當危險，倘若客觀上只是單純交通違規，線上警力即以無線電通報請其他警網「協助查緝」，此種情形的協助，筆者無法找到合法授權的依據。

[171] 事實上來說，發動這樣的強制力仍有刑法第21條第1項阻卻違法事由之適用，因為依法令之行為是執法現場判斷有無依法，倘符合法定要件，警察即便抓錯人也能以之抗辯，只是最困難的是，如何跟被抓錯的民眾交代才是現場最難處理的人性問題。當然，如果真的抓錯人也會有國賠事件補償之適用。

本書上冊針對各別警察取證作為加以說明，而警力在現場到底要發動身分查證、通知或其他不具強制性職權或強制處分，值班所提供的資訊是一個重要來源。

貳、傳達命令

執行傳達命令工作，其實質內涵係居於使者地位加以服膺於命令本身，非獨立行使命令的職權之論述已如前述。則警察有哪些命令，在傳達過程中仍然需要區辨任意偵查及強制處分的概念即為焦點。傳達「命令」在概念上可類分為四個部分，即：內部、外部、抽象、具體，本處專指外部具體命令[172]，賸餘並非討論範圍，且限縮在攸關犯罪事項，先予陳明。

通常，值班傳達命令涉及任意偵查與強制處分判斷之事項，其實相當常見不難想像，例如：發生刑案通報執行攔截圍捕（有隸屬上對下）、家庭暴力防治中心通報正有家暴事件發生（無隸屬平行）等都為類此，傳達時需對命令有一定的瞭解，才能明辨與之攸關事項，執行時才能朝正確、有效的方向表達。再者，假設某地點發生搶案，值班傳達勤務指揮中心布署攔截圍捕命令時，同時傳達[173]犯嫌「**可能**」身著白色T恤、藍色牛仔褲、頭戴黑色安全帽、騎乘紅色重機車等特徵請加強查緝，線上警力接獲無線電通報即行前往攔截圍捕點，此傳達命令實際表達出現場警力的取證作為，已橫跨至強制處分的核心領域，隨時可能造成受處分人意思自由受到壓抑或侵害。依此，值班如果傳達著**不確定的資訊**，線上警力執行攔截見**雷同特徵**駕駛人會因不確定資訊產生模糊的勤務作為，似乎也可說為：模糊了任意偵查及強制處分的界線，也影響了線上警力不足或過度的勤務作為。

那麼，值班究竟如何傳達或呈現命令，才足以提供線上警力選擇刑事上取證作為（單純攔查？身分查證？犯罪嫌疑通知？逕行拘提？準現行犯逮捕？）的資訊，相信多數的實務工作者從未釐清！筆者認為，需自「形

---

[172] 在想像上得以區分為四個象限，分別為對內抽象命令、對外抽象命令、對內具體命令及對外具體命令，有關行政的種類與型態之分類，詳參閱李建良，行政法基本十講，2013年9月4版1刷，頁57-78，尤其是第78頁的體系圖，更是需要建立基礎的思考架構。

[173] 此種傳達是實務運作常見的方式，主要因素是：為了避免自己（值班）出錯，但又不想擔負查證過程未執行攔截圍捕的責任，將不確定的資訊先散發出去，說實話，如此地傳達真的很困擾線上警力，當面對同樣特徵的駕駛人時，到底要如何執行是一個很大的問題。

成合法命令」本身內容著手，其組成分子仍得以實體法構成（即前揭的五個要素）。以前段之例說明，傳達攔截圍捕或追緝命令的前提是：**必須已經發生一個刑案** [174]（能否證明，分屬二事），執行時無論對人或物隨時可能造成受處分人意思自由受到壓抑或侵害，也就是說，值班傳達前需確定是一件刑案（完足實體法各要素），傳達命令才會是合法的，若似舊有的警察思維：不篩選實體法要素，立即通報線上各警網攔截圍捕而造成違法，值班責任難辭其咎 [175]。

　　最後，值班提供了足以判斷的資訊，在線上警力有裁量權的前提下，除考量是否符合任意偵查或強制處分之法定要件外，當應注意目的與手段間比例原則之遵守。簡言之，視具體情形**先**審查執行目的，**再**加以選擇合法手段，例如：先確認警察對刑案中犯嫌的執行目的（保全被告或保全證據），再視現場具體情況選擇一種侵害較小的手段（方法）可能有：通知、緊急拘提、逕行逮捕等，使實施任意偵查或強制處分職權時，判斷能更加清晰。

參、接受報案（告）

　　值班在接受報案（告）時通常與報案人（證人）有關，實務工作者對「取證作為」需理解或觸及之問題焦點在：證人於警察受理報案過程中資訊自我決定權及供述任意性之面向（尤其是發生警察以強暴、脅迫、利誘、詐欺、疲勞訊問或其他不正方法受理報案），人證供述受到汙染時，有無與被告訊問類同的法律效果？也就是說，實務運作常答以「**無法立即**

---

[174] 現行實務運作通報執行的攔截圍捕，事實上有相當比例是線上警力執勤發現受檢人拒檢逃逸而展開的，值班接獲線上警力以無線電告知正在追逐車輛協助傳達其他警網支援發生，幾乎未見值班篩選為何需要「協助支援攔截圍捕」的原因，即直覺式的通報，事實上大多未符合刑事取證作為的法定要件！更簡單地說，線上警力見車輛違規攔查時遭拒絕逃逸在後追逐而通報其他警力協助圍捕，根本就是違法的嗎？是的！各警網攔截圍捕就是強制力的展現，沒有法律明文規定本就不得實施強制力；詳參見：陳良豪，警察勤務新論（上）──實務工作者與法律的對話，2016 年 2 月初版，頁 17。

[175] 據服從值班勤務人員的責任會出現在公務人員保障法第 17 條第 1 項但書之規定，即「但其命令有違反刑事法律者，公務人員無服從之義務」，如果未加以審查該命令是否違反刑事法律，則違法責任即與值班有關。

　　思考細膩的讀者會發現，為何值班在服膺於命令下所為的工具型傳達命令工作仍會違法？主要問題出現在：公務員服從義務仍以相對服從為主，詳細內容參閱：陳敏，行政法總論，2013 年 9 月 8 版，頁 1108 以下；李震山，行政法導論，2015 年 8 月修訂 10 版 2 刷，頁 186 以下；李震山，警察行政法論──自由與秩序之折衝，2014 年 6 月 3 版 1 刷，頁 146 以下。

　　思考更細膩的讀者應該還有一個問題待解，即：刑事規範中為何鮮少探討刑事訴訟程序中有關公務員的違法責任？（本書將值班警察通報錯誤的責任置於刑事規範討論，引用的論著多為公法學者）

提供相當事證而報案，就是涉嫌違犯刑法誣告罪」作為推諉、拒絕接受報案之說詞[176]，類同此種潛在恫嚇的取證作為在法律上應如何評價？此與接受報案中取證作為有重要關聯。

　　依「是否造成受處分人個人意願、意思自由與權益受到壓抑與侵害」作為初始判斷，並藉雙重功能的訴訟行為來輔助考量其標準會發現，對人之取證作為**均不得**壓抑或侵害個人意願、意思自由的前提下，報案過程發生的誘導證人詢問、無正當理由拒絕報案或故意過失登載不實等情形，事實上產生了個人意願、意思自由壓抑與侵害的實質結果，此種情形，於修法後[177]無異使警察握有是否違背供述任意原則的選擇權力，如此一來是相當危險地。雖然最高法院[178]調整回實施刑事訴訟程序之公務員對證人（報案人）出於非自由意志取得供述證據能力的修法前見解，但層出不窮的吃案黑數仍存在於實務運作中。依此，警察雖然於蒐集證據詢問證人（報案人）時，並非法定詰問[179]而無不當詰問證據排除之適用，然報案人在報案過程所為陳述仍有供述證據之性質，本諸禁止強制取得供述之原則，發生在實務因懶惰不作為的推案手法，不僅有待商榷，事實上有可能等同違反強制取供原則，此種消極不取證（拒絕受理報案）尚非適法。

　　職是之故，值班面對報案人依資訊自我決定權及供述任意性而陳述了

---

[176] 實務運作是相當常見推諉或拒絕受理報案的理由，目的無他，大多為懶惰；惟接受報案工作是憲法保障人民訴訟權核心之一環，多數刑事案件係透過警察機關接受報案作為偵查之始點，如在此環節都進入不了偵查階段，對人民權利的侵害是相當嚴重的，但有義務的多數警察會因私心而通常地忽略。

[177] 刑事訴訟法第192條於2003年2月6日修正，將證人訊問準用同法第98條部分刪除，輔以同法第196條之1規定觀察，反而可能變成一個警察可以操控的漏洞。實務工作者非常清楚，一旦將供述形諸文字書面化，想要更動說法是機會渺茫，尤其是詢問筆錄末行皆有當事人的簽名捺印或簽章，呈現在法庭抗辯登載不實時更顯出受詢問（報案）人的弱勢，這是存在許久卻乏人問津的問題。

[178] 參照最高法院89年台上269號、98年台上616、4241號、99年台上3080、3277號判決；林俊益，刑事訴訟法概論（上），2015年9月15版1刷，頁565。很重要的指標，清楚明白在最高法院93年台上6538號判決中指出：
被告之自白，須非出於強暴、脅迫、利誘、詐欺、疲勞訊問、違法羈押或其他不正之方法，且與事實相符者，始得採為證據。如果被告之自白係出於不正之方法，並非自由陳述，則不問自白內容是否確與事實相符，均不能採為判決之基礎，故審理事實之法院，遇有被告陳述其自白係出於不正之方法者，應先於其他事證而為調查；該自白如係檢察官提出者，法院應命檢察官就自白之出於自由意志，指出證明之方法，此觀九十二年九月一日施行之刑事訴訟法第一百五十六條第一項、第三項規定自明。所謂強暴、脅迫、利誘、詐欺、疲勞訊問、違法羈押等，僅屬「不正方法」之例示，故修正前同條第一項雖未揭明「疲勞訊問」，但因「疲勞訊問」而取得之自白，亦屬不正方法之一種，應予排除，自無疑義。此項被告自白任意性之規定，於被告以外之人所為之供述證據，亦有適用。

[179] 參照刑事訴訟法第166條之7。
報案人被誘導詢問真正問題發生在修法後產生漏洞，即司法警察依刑事訴訟法第196條之1第2項準用第192條詢問證人之規定，只有準用到同法第74條、第99條，則警察對證人詢問違反第98條時，卻無法可用；參閱最高法院94年台上801號判決。

特定的犯罪事實，根本不應發生涉及形式或實質的強制取證作爲！更白話
地說，舉凡「誘導證人詢問、無正當理由拒絕報案或故意過失登載不實」
等情形，除有明顯不符合犯罪要件之陳述外，受理報案過程本就不該影響
報案人的供述，尤其在未指明特定被告但有犯罪事實的報案，更顯得拒絕
受理就是壓抑了個人意願、意思自由，形成類同強制處分的實質效果。是
以，爲維持具有憲法價值的「禁止強制取供」原則，在接受報案工作中是
一個最低標準，其違法行爲除有積極作爲外，更應包含消極不作爲的態
樣，畢竟，侵害的不僅是人民權利，也同樣斲殤了人民信賴國家有保護義
務的基礎。

第三款　判斷之條件

　　值班勤務探討取證作爲之判斷條件，以工作內容（通訊聯絡、傳達命
令及接受報案）來說，多與強制力職權無關，即：不得實施強制力。則建
立如何判斷任意偵查及強制處分之概念，實益雖相對薄弱，惟前揭說明有
間接形成強制處分或本爲處分中之一環之情形，仍有區分之作用及實益。
爲了在是項勤務中釐清並建立判斷條件，以下就執行工作夾敘夾議之：

壹、司法警察地位形成之時點

　　值班勤務的通訊聯絡及傳達命令工作，雖立於使者加以傳遞資訊或執
行命令，原則與職權行使無涉，惟單純地接收及發送訊息作爲派遣或通知
線上警力，仍然具備一定地位[180]，此即與司法警察地位有關，其變數仍控
制在：「事件本質」方得判斷是否形成。基此，執行前揭工作之事件本質
涉及刑事案件，就是具備司法警察地位，後續隨時可能發動強制處分，例
如：線上警力在外查獲案件，因事出突然未及向法院聲請搜索票，爲避免
證物或違禁物遭隱匿或湮滅，透過值班與法院進行聯絡（通訊聯絡），請

---

[180] 筆者思考許久，值班單純執行立於使者地位的工作，是否即爲刑事訴訟法第231條第2項有調查權限的司法警察？其問題應發生在「司法警察」概念是指個別，抑或爲一整體的概念？倘爲個別，則值班根本毋庸探討司法警察地位；若係一整體，則只要位居犯罪調查一環之人員，皆具備地位而有相關職權。基此，值班對事件管轄權需依職權加以調查，復有本於職權的形式審查權限，很難只限縮「司法警察」概念在「個別」人員之上，爲保有職權的判斷餘地，本處撰寫採取見解係：值班有司法警察地位之探討空間，方與前揭行政法規範內容論述相互一致。

示檢察官是否核發案件指揮書後實施逕行搜索或法官是否核准搜索票，就是立於司法警察之地位；另如，接獲勤務指揮中心通報（傳達命令）在某地發生搶奪案，指揮派出所線上警力前往並查緝，而後線上警力回報正追逐某可疑犯嫌請求其他警網協助，值班協助複誦無線電通報之路線、特徵或其他相關資訊之時點，亦是立於司法警察地位之勤務作為，且為發動一強制處分之一環之謂。

　　另對接受報案之工作何時形成司法警察地位？筆者認為相當特別，因報案人進入勤務機構之初，有時是以諮商方式對談後才進行刑事調查，在一整段接受報案過程（諮詢之初轉至刑事調查），得否清楚明晰時點來分別觀察還是一個相當大的問題。另一方面，以諮商對談故意導引報案人朝向非刑事案件的方向進而結案，本諸禁止強制取得供述原則下，已形成司法警察地位時點，是否就是違法的強制處分？就上揭「事件本質」之條件以觀，警察本就有行政法上、刑事法上之職權，例外在私權紛爭事件上另有權限，倘不備私心地在接受報案過程審查其事件本質，當然「無需切割分別觀察」或「刻意導引結案」，直接於該時點形成司法警察地位加以詮釋即可，省卻了許多刻意迴避後解釋的問題。可惜的是，實務工作者大多無法脫免人類惰性的驅使，使原就具備司法警察地位的接受報案工作，隱遁在看似任意性的行政指導職權項下，進行著實質強制取得供述之作為。

　　職是之故，實務運作依然存在著判斷司法警察地位之模糊區間，以單純視事件本質作為司法警察地位是否形成的條件，將顯明著禁止跨越的界線，亦展現出程序及救濟軌跡，使實務工作者不致迷失在法律叢林，實際踏步走向對人民權益事項有著更上層樓的保障，不再空言於宣示性的辭藻中，使執行通訊聯絡、傳達命令及接受報案的值班勤務，得以區辨司法警察地位形成之時點後，就是進入刑事訴訟程序中；在執行事項徹底明晰得否實施強制處分，又或僅得保持任意偵查手段，達到實踐正當法律程序的內涵。是以，司法警察地位形成之時點，即是刑事法規範中判斷選擇取證作為的重要條件。

貳、犯罪嫌疑心證之判斷

無論是否具備司法警察地位，調查過程依犯罪嫌疑之心證加以獨立判斷，為一相輔之條件。則值班執行通訊聯絡、傳達命令及接受報案等工作，究竟如何判斷犯罪嫌疑心證？厥為重點。理由在於：累積心證判斷有無犯罪嫌疑，後續的取證作為皆與任意偵查或強制處分之區辨有重要關聯，是以，嫌疑心證程度的高低，影響著調查權限的走向。位居於使者地位之值班工作中，單純的通訊聯絡、傳達命令並無需探討犯罪嫌疑心證之問題，當先排除。

然而，於前揭說明「值班代為聯絡向檢察官聲請指揮書或為發動強制處分之一環」（通訊聯絡、傳達命令），則有判斷犯罪嫌疑心證之餘地，因何與單純位居使者地為之執行有所不同？其心證如何累積？

第一，單純位居使者所為執行工作本身不具有審查權限，只是一個傳遞工具[181]，而值班形式上審查命令或聯絡內容有明顯而立即之違法，在現行公務員採相對服從義務之立法論上，仍有判斷心證之餘地，刑事法規範中有關犯罪嫌疑判斷之權限應作同一解釋。例如：筆者曾多次線上發現可疑人欲合法發動強制處分，協請「所內值班」與「偵查隊」聯繫代向檢察官請示時，此「所內值班」與「偵查隊」即非單純傳遞之使者，而是具有形式審查之主體，倘線上警力有違法情形，則有拒絕權力之謂。

第二，具備形式審查權限後，值班就所有接收資訊內容中審查何要件，作為嫌疑心證判斷之條件？審查——「犯罪的實體要件」！即犯罪行為、犯罪結果、條件關係、因果關係及行為人行為時故意或過失等要素。例如：依據線上警力提供之資訊（受檢人不接受盤查逃逸，遭警察攔下過程，發見受檢人將物品丟棄於車內後遙控閉鎖車門，警察不得其門而入查扣疑為犯罪之事證），純自值班立場為上述要素進行審查，理應得不出有任何「犯罪行為」之結論，顯然無法累積心證至犯罪嫌疑。至於線上警力是否另有合法蹊徑[182]，則是另一問題。

---

[181] 詳細說明，參照前揭：值班勤務之法治思考—行政法規範—傳達命令—授權之依據—服從義務。

[182] 線上警力的思維得有另外蹊徑：依刑事訴訟法第88條之1第1項第3款對「司法警察偵查犯罪有事實足認為犯罪嫌疑重大，經被盤查而逃逸者而情況急迫」，得逕行拘提之；同條第3項之「附帶搜索（第130條）及逕行搜索（第131條第1項）準用之」，則合法逕行拘提後即得附帶搜索，而搜索客體就包

再者，接受報案工作之犯罪嫌疑心證，因大多需透過人的供述方得累積，依實務角度，應關注在法定證據方法之證人（報案人或現場之人）上，仍得依實體法要素加以具體化顯明心證的程度。只是，值班最容易遇見困擾之處，來自報案人只站於己身立場所為有利供述或誇飾、推測之詞[183]，此際，值班的心證是否應受影響進而升高為犯罪嫌疑[184]？原則上，判斷犯罪嫌疑心證程度高低的變數是控制在警察手上，但一體兩面，心證程度高低的資訊卻是間接受到報案人供述的影響，呈現互為變數的情形！筆者認為，立法者既將嫌疑心證判斷之**調查權限賦予司法警察**，在判斷犯罪嫌疑心證時，觀察報案人有無為己身立場有利供述或誇飾、推測之詞只是其中一個判斷條件，仍得輔以其他相當事證作為基礎，非全依報案人之指述為依據。綜上，判斷嫌疑心證之權限仍獨立存在於受理報案工作，依實體法要素篩選報案事實，其心證將能有條不紊而非恣意，後續對於刑事案件之特定、發動刑事取證作為之選擇，能更清晰判斷而不致違法。

參、綜合說明

按上開探討內容可知，值班對通訊聯絡、傳達命令及受理報案之執行工作，對犯罪調查權之行使仍有一定要件及門檻，主要控制在司法警察地位及犯罪嫌疑心證的變數上，雖然判斷程度多寡及高低有一定的困難，惟仍於實體法要素及後續程序法定要件得以看出端倪，有了條件之軌跡即能具體化於實務運作，以下延伸說明要件對應至實體法要素區分的具體化標準：

一、司法警察地位形成

值班形成司法警察地位多以受理報案工作為大宗，在少部分通訊聯絡

含使用之交通工具，而無需請值班向檢察官請示核發指揮書執行同法第 131 條第 2 項之緊急搜索。惟雖謂合法蹊徑，仍需擔負相當風險，即：同法第 88 條之 1 第 2 項規定「第 1 項拘提由司法警察執行時……於執行後，應即報請檢察官核發拘票，如檢察官不簽發拘票時，應即將被拘提人釋放」，如檢察官不核發拘票，合法蹊徑將會變成違法拘提，即為風險之處，且依據筆者經驗，實務運作核發拘票的機率相當低，讀者尚須獨立判斷（當然還有其他作法）。

[183] 讀者應辨明，報案人因只站於己身立場所為有利供述或誇飾、推測之詞有無不法（誣告或誹謗），與探討警察犯罪嫌疑心證有否升高，乃分屬二事不應混淆。

[184] 一位自稱父親受到綁架的邱姓女子慌張進入派出所內，過程中指述伊父親與其好友發生嫌隙，昨晚談判後即杳然無蹤，請求警方前往該男住處查看，同時，誇飾了該男子有不法侵害極端武力。筆者的親身經驗，受到該女子報案當下誇飾指述影響，直接衝進該男子住處四處搜索未見違法，差點無法收拾善後，就是此種情形。

及傳達命令的執行過程亦有討論餘地，判斷是否形成該地位，主要區別著調查與偵查的不同；在程序上的轉換，即顯明著進入刑事訴訟程序與不可回溯性，除判斷其他要素而未達嫌疑程度之心證得以終結外[185]，否則皆需

---

[185] 筆者於民國 106 年 1 月 16 日協助時任○○○政府警察局○○○分局督察組警務員在調查民眾陳情案件時，依據現場資料查出報案人所報案件根本自始與刑案無涉，結果，所有與報案人報案有關的一干人等全部被告，就是本文所指具備司法警察地位卻無法使心證提升至犯罪嫌疑之實例，以下即為警務員被告後繕打報告之全文（不含可辨識之個資）以供讀者參考：
一、緣由：民眾○○○（女、年籍不詳，下稱○女）於 105 年（下同）4 月 29 日、5 月 2 日分別以書面向○○○政府警察局○○○分局（下稱○○○分局）提出檢舉，內容提及○○○分局○○派出所（下稱○○所）員警處事不當，涉有失（瀆）職之嫌，請求調查及懲處等情。
二、案情摘要：
（一）○○所警員○○○（臂章編號○○○○，下稱○員）於 4 月 28 日 20 時許，接獲值班通報前往○○路 1 段○○巷 5 之 1 號（市招：○○○○○○餐飲）處理○女所報勞資糾紛，請求警方協助案，○員到場提示該店人員可不提供年籍資料，卻要求○女提供年籍資料，且○女欲抄錄相關人等資料無從得知，員警疑涉瀆職且處理方式不當，要求妥適懲處。
（二）○○所警員○○○（臂章編號○○○○，下稱○員）於 4 月 29 日 20 時 30 分，接獲值班通報至上揭地點再次處理○女報案，○員要求○女應說明報告內容，始能依法調查。
（三）本案○、二員到場處理，除負責人○○○（下稱○女）同意留下年籍資料外，餘均不願意提供，且○女並未提出告訴，而要求處理員警留下店內員工資料，究為民事糾紛或刑事告訴尚無法確定，致○女對員警處理方式有所質疑。
三、調查情形：
（一）本案由○○○分局督察組警務員○○○（時任○○所查責區，下稱○員）負責查處回復，先予敘明。
（二）據○○所○員到場處理○女與○女之糾紛，○員陪同○女到場後，○女自稱要對店內老闆及員工提告，並要求留下該等年籍資料，現場僅老闆○女配合留下年籍資料外，其他員工均拒絕，○員以無急迫性且非現行犯，於法無據依法強制要求民眾留下年籍資料，且○女亦未完成提告程序予以拒絕，○員完成現場蒐證後即離去，惟○女無法接受○員之解釋，當場表示○員有失職之嫌；另檢視○員蒐證內容，與○員報告內容所述大致相同，惟○女於現場強調要求員警抄錄為其權益，並據以提告，否則員警即失職，○員仍耐心向該店負責人及其他在場人說明，其所抄錄資料均為調查所需，相關個資絕不會外洩……云云，但除負責人○女外，均不願隨○女起舞，拒絕提供個資予○員，復經○員向○女說明，因現場人員均非現行犯，且所述兩造之糾紛內容警方並未在場，故無強制依法處理之權限，惟未獲○女認同，故憤而檢舉。
（三）據○○所○員到場處理○女與○女之糾紛，仍要求抄錄該等年籍資料欲作為提告之用，○員向○女表達來意後，再次詢問現場人員個資，惟店內員工對○女無理行為憤恨難平，故不願意提供；另檢視蒐證畫面，與○員報告相符，惟過程中○女對○員頤指氣使，指揮如何處理，顯為不理性陳情人，尚查無○女陳指內容有瀆職情事。
（四）本案○員於 5 月 2 日 19 時 35 分訪據負責人○女稱：○女約 3 月底至該店應徵工作，於 4 月 11 日正式上班，惟其至 4 月 20 日以○女對老員工較好等理由，在工作上有拒絕送餐或臉色不佳情事，影響店內營業，故遭○女解僱，復因○女不禁○女央求，始再應允返回工作，惟○女於 4 月 28 日再以細故與店內員工發生口角，故再度辭退○女，然○女因心有不甘，即揚言對○女及店內員工提告，並手持手機攝影及找員警至店內抄錄相關人等個資，期間○女亦曾與其協議和解，惟未獲其接受。
（五）查本案肇因於○女與○女間勞資糾紛，基於「私法自治」及「契約自由」等理念，民事法律關係之爭執，宜先由私人自行解決（雙方協商、調整，以謀求最佳利益），未果，方訴諸行（司）法爭訟救濟之；另依警察法第 2 條規定：「警察任務為依法……，促進人民福利。」本案屬私權爭執，且警力到場亦無發生危害情事，惟○女要求警力抄錄店內員工資料，且事後未提任何刑事告訴，並頤指氣使，揚言檢舉員警瀆職，意圖以警察權限干擾店家營業，顯為不理性陳情人，復檢視蒐證畫面，尚查無○女稱處事不當等情。
（六）綜上，本案經查係因○女與○女之間勞資糾紛，故報案通知轄區派出所到場，並要求抄錄○女所營業之店內員工年籍資料，復經○○所○、○二員到場對○女報案內容，均能完整處

理、紀錄及蒐證，尚符合「警察偵查犯罪手冊」第三節受理報案之規定，且自始至終○女並未提出任何刑事告訴，處理員警尚無法明確認定○女所陳述內容究屬民事糾紛或刑事告訴（如提告刑法妨害名譽須告訴乃論）之範疇，○女僅需舉證提出報案或告訴即足，至於如何調（偵）查係屬警察之職權，○女無從置喙；另○女對○女之僱用行為涉有違反相關勞資爭議，業於函復公文敘明，應向○○○政府勞動局提出申訴或向區公所調解委員會申請調解，以保障其權益。○員處理本案均按證據及事實調查，○女提出刑事告訴尚難謂合理，鑑視明察。

以上即為初始繕打報告之原文，以下為筆者協助更改還送地檢署之報告全文：

一、緣由：民眾○○○（女、年籍不詳，下稱○女）於105年（下同）4月29日、5月2日分別以書面向○○○政府警察局○○分局（下稱○○分局）提出陳情，內容提及○○分局○○派出所（下稱○○所）員警處事不當，涉有失（瀆）職之嫌，請求調查及懲處等情，伊認案內人員皆違法，爰向○○分局○○派出所提起刑事告訴，特以書面報告說明如次。

二、案情摘要：

（一）○○所警員○○○（臂章編號○○○○，下稱○員）於4月28日20時許，接獲值班通報前往○○路1段○巷5之1號（市招：○○○○○餐飲）處理勞資糾紛案，○員到場先行登載報案人○女之年籍後，籲請店內相關人（含老闆娘及員工）等配合，僅老闆娘○○○（下稱○女）主動提供證件，餘皆拒絕；於登載○女年籍斯時，○女意欲趁機抄錄○女資料，經○員迴避令○女無遮；復因未予抄現場其他人員之資料，陳情員警疑涉瀆職且處理方式不當，要求妥適懲處。

（二）○○所警員○○○（臂章編號○○○○，下稱○員）於4月29日20時30分，接獲值班通報至上揭地點再次處理○女報案，○員要求○女應初步釋明相關犯罪事實，始得依法調查，惟未獲肯認亦陳情之。

三、調查情形：

（一）本案由○○○分局督察組警務員○○○（時任○○所查責區，下稱○員）負責查處回復，先予敘明。

（二）據○○所○員到場處理○女與○女相關卷資指出，○員陪同○女到場後，○女自稱要對店內老闆及員工提告，並要求留下該等年籍資料，現場僅老闆○女配合留下年籍資料外，其他員工均拒絕，○員以無急迫性且非現行犯，於法無據得依法強制要求民眾留下年籍資料，且○女亦未具體指明犯罪事實予以拒絕，現場蒐證後即離去，○女無法接受○員之解釋，當場表示○員有失職之嫌；另檢視○員蒐證內容，與○員報告內容所述大致相同，○女現場強調要求員警抄錄他人年籍為其權益，方得據以提告，否則員警即失職，○員仍耐心向該店負責人及其他在場人說明，其所抄錄資料均為調查所需，相關個資絕不會外洩……云云，但除○女外，其他人拒絕提供個資予○員，○員復向○女說明：因現場人員均非現行犯，並無強制依法處理權限之說法，仍未獲○女接受，故憤而檢舉。

（三）據○○所○員到場處理○女與○女之糾紛，仍要求抄錄該等年籍資料欲作為提告之用，○員向○女初步說明後，再次詢問現場人員個資，店內員工對○女無理行為憤恨難平，皆不願意提供；另檢視蒐證畫面，與○員報告相符，過程中○女對○員頤指氣使，指揮如何處理，顯為不理性陳情人，尚查無○女指述有瀆職情事。

（四）本案○員於5月2日19時35分訪據負責人○女稱：○女約3月底至該店應徵工作，於4月11日正式上班，惟其至4月20日以○女對老員工較好等理由，在工作上有拒絕送餐或臉色不住情事，影響店內營業，故將○女解僱，復不禁○女央求，始再聘僱返回工作崗位，惟○女於4月28日再因細故與店內員工發生口角，再度辭退○女。○女心有不甘，揚言對○女及店內員工提告，並以手機攝影及找員警至店內抄錄相關人等個資作為對抗○女之手段，期間○女亦曾與伊調解，惟未獲共識。

（五）按本件肇因乃○女與○女間勞資糾紛，未涉有犯罪情事，警察原則上不介入私權紛爭，宜先由私人自行解決（雙方協商、調整，以謀求最佳利益），或依法提起私（司）法爭訟救濟。警力到場未有任何危害情事，○女無理要求警力抄錄店內所有員工資料，且未具體指明犯罪事實，事後未提任何刑事告訴，現場頤指氣使揚言檢舉員警瀆職，意圖藉警察職權干擾店家營業，顯為不理性陳情人，檢視蒐證畫面，尚查無○女所稱處事不當等情。

（六）綜上，本案為○女與○女間之勞資糾紛，經報案通知轄區派出所到場，○○所○、○2員到場對○女報案內容，皆能依法處理、紀錄及蒐證，並未違法，○女自始並未提出任何刑事告訴，處理員警依○女指述內容判斷，根本與犯罪無涉；另○女對○女之僱傭關係涉有勞資爭議，業於函復公文敘明，應向○○○政府勞動局提出申訴或向區公所調解委員會申請調解，以保障其權益。○員調查本案皆依證據及事實還原現場情形，○女提起刑事告訴即行濫訴，

有後續偵辦作為方得案結，而明晰該地位之形成，可將進入刑事訴訟程序之始點更清楚地具體化在值班的執行工作，始點後續皆係刑事取證之作為。

二、犯罪嫌疑心證升高

另一個判斷已進入刑事訴訟的要素，即為犯罪嫌疑之心證，通常在位居使者的通訊聯絡及傳達命令對此要素是無關的，而以外範圍與接受報案工作即有密切關聯。需加以判斷該要素的理由亦是相同，即：實施刑事訴訟調查權的始點，該二要素互為表裡、缺一不可。是以，執行過程仍需仰賴犯罪事實及證據供以具體化心證是否已達犯罪嫌疑，透過詢問使逐漸明朗的事實顯明了犯罪嫌疑，建立刑事訴訟調查權之始點後，更能明晰後續作為的程序輪廓。

三、實質被告地位形成

一旦進入刑事訴訟程序中，受調查對象除有明顯不構成犯罪要件情形外，其實質被告地位（犯罪嫌疑人）已然形成，值班在執行通訊聯絡、傳達命令或接受報案時，應該要清楚知悉報案人陳述一個事實形成犯罪後，該犯罪事實中的行為人即具備了實質被告地位（報案人亦可能具備該地位），實質聯絡到場說明等後續的勤務作為，皆與刑事訴訟息息相關，而實務工作者倘認知尚在行使行政調查職權則有相當的謬誤，縱有警察職權行使法的相關作為，亦是刑事法規範中任意偵查之手段。

四、履行告知義務[186]

值班執行工作實際面對（排除未面對面）有實質被告地位形成之人，

鑑請明察。

以上即為筆者修改後逕送地檢署之全文，以下提問提供讀者忖量：

一、值班執行通訊聯絡或傳達命令予線上警力處事時，在資訊篩選後是立於使者？或司法警察地位？該資訊明顯未達嫌疑之心證，單就刑事法規範之範圍探討，有否拒絕派遣警力前往處事之權力？

二、陳情人指揮警察行使職權，現場警察拒絕陳情人指揮的立論基礎為何？法令依據為何？在案件無法特定（犯罪事實）的情形下（同前揭：一體兩面），單就刑事法規範之範圍探討，受派遣警力有否逕行離去之權力？

三、綜上二個提問，警察實務運作是否有所不同？理由何在？法令授權依據為何？

[186] 實務工作者到目前為止（民國106年1月31日），仍有一個錯誤的想法，即：刑事訴訟法第95條第1項履行告知義務是在「實施逮捕」時履行？惟請讀者細看條文規定，係「訊問」被告時履行告知義務！那實務工作者的誤解到底從何而來？難怪，警察怎麼說好像都跟法條沒有關係（因為，都是自己說，只有極少數人會去翻法條）。

即負有履行告知其有法定權利之義務，履行時客觀上就代表確認犯罪嫌疑人之身分（即實質被告地位形成），其已為訴訟之主體，縱於擔任通訊聯絡或傳達命令過程中亦無例外，可說是一個獨立觀察的面向，尚不可轉換、亦不可回溯適用法令。基此，倘警察以警察職權行使法查證身分之職權詢問有關法定要件（例：有犯罪之嫌疑）作為迴避履行告知義務之蹊徑，將嚴重戕害實質被告的程序權利，過程中所為陳述，依法應不得作為證據，除此之外，皆應履行告知。

第四款　取證區別綜合探討

取證作為，就是一種在訴訟法上取得證據的作為。依現行刑事法規範以觀，證據可類分為供述與非供述二種態樣，而法定的五種證據方法可概分為：被告、人證（以上為供述證據）、書證、鑑定及勘驗（以上為非供述證據），取得證據就是透過法定方法及程序取得證據之作為，取證作為即與任意偵查與強制處分手段之區別有關。惟「證據」一詞乃專用於法院而言；相較於程序中與警察有關部分，刑事訴訟法以「證物」概稱之。雖謂如此，證據與證物的取得，其概念仍密不可分，本文探討取證之區別，亦以類分證據的概念說明之，避免進入法院審查證據能力時未與之接軌而遭到排除。

執行值班工作涉及的法定證據方法，多以供述證據為主，也就是被告、人證（報案人），取證作為的選擇，皆需保持在禁止強制取供原則的區間，易言之，不得以強暴、脅迫、利誘、詐欺、疲勞訊問或其他不正方法，來作為取得證據的手段，縱然違反法定程序而取得證據，經法定調查後仍應予以排除並不得採為裁判之基礎。則通訊聯絡、傳達命令及接受報案等工作，涉及供述證據的取得，皆不得造成個人意願、意思自由與權益受到壓抑或侵害，僅能行使任意偵查區間的取證手段，不得使用心理或物理上的強制力。

實務運作較常出現模糊的區間，出現在前揭曾說明**警察**接受報案過程面對報案人的報案內容，多以誘導不成罪或其他方式來逐行拒絕受理報案之目的，此種類型在法律評價上至少是不正方法取得非任意性之供述，造

成報案人意願、意思自由或權益（訴訟權之核心）受到壓抑或侵害，易言之，即實施了強制處分或強制力。

　　然而，另一種模糊區間可能發生在**報案人**身上，按刑事訴訟法第 196 條之 1 第 2 項雖未準用第 189 條第 1 項於警察詢問過程證人有據實陳述之義務，當值班查證後發現報案人並未據實陳述報案內容，拒絕登載於詢問筆錄內，其拒絕的法律效果為何？尤其在後續報案人極可能不受刑法第 214 條使公務員登載不實罪制裁下[187]，現行法對供述任意性的絕對或相對保留，對應於法院或警察的刑事程序中呈現出截然不同之態樣，使得接受報案的過程，大部分在凸顯報案人供述真實與否工作上，造成警察與報案人間不信任的緊張關係，而無法區別警察欲「令」報案人據實陳述或拒絕登載，究竟是任意偵查或強制處分的取證作為？當然，供述的取證作為，絕對不得選擇具有強制力的強制處分為手段。

第四節　以勤務文書為例

　　警察實務機關執行勤務需用的文書相當多樣，為了在探討時無遺漏，此處先儘量詳細臚列不同單位、層級的值班具有的各項（準）文書或簿冊為例，加以整理篩選後，筆者會提出相關判別標準並說明分類原由，接續製作後運用在訴訟程序中法律的評價，將前揭實例逐漸涵攝至行政、刑事

---

[187] 詳參照（民國 91 年 11 月 26 日）最高法院第 17 次刑事庭總會決議：

按刑法第二百十四條所謂使公務員登載不實事項於公文書罪，須一經他人聲明或申報，公務員即有登載之義務，並依其所為之聲明或申報予以登載，而其登載之內容又屬不實之事項，始足構成。若其所為聲明或申報，公務員尚須為實質之審查以判斷其真實與否，始得為一定之記載者，即非本罪所稱之使公務員登載不實，自無成立刑法第二百十四條罪責之可能。戶籍法第二十五條、五十四條、五十六條規定：戶籍登記事項自始不存在或自始無效時，應為撤銷之登記，故意為不實之申請者，由戶政事務所處罰之；次依同法第四十七條第三、四、五項、同法施行細則第十三條第一項第九款、第二項、第十五條之規定，戶籍遷徙登記之申請，應於事件發生或確定後三十日內為之，申請人應於申請時提出證明遷徙事實之文件，由戶政機關查驗核實後為之。足徵戶籍法所謂之遷出及遷入登記，並非僅指戶籍上之異動而已，實應包括居住處所遷移之事實行為在內，故如僅將戶籍遷出或遷入，而實際居住所未隨之遷移，本質上即屬不實，戶政事務所除可依上開規定科以行政罰鍰外，並得以其實際上無遷徙之事實，而逕行撤銷其遷入登記。綜合上開規定意旨觀之，設籍為選舉將戶籍遷入之登記，該管公務員顯有查核之義務，縱為選舉而為不實之戶籍遷入，應無刑法二百十四條之適用（至於是否成立刑法第一百四十六條之罪係另一問題）。

也就是說，同樣法理援引至製作筆錄，倘值班為製作人，乃本於職務且有「實質之審查以判斷其真實與否，始得為一定之記載者」，即不構成該罪。基此，縱然報案人為不實陳述後登載於筆錄上，由於警察有法定犯罪調查權限，得審查供以判斷指述真實與否，難令報案人以偽造文書罪相繩。

法規範對證據的看法，並嘗試建立法規範之分野，使實務工作者有自始至終一連串的完整架構，將此概念反饋在製作文本的當下，具體實踐抽象的依法行政原則。下列以不同單位在**不重複**的前提下所需用之文書說明：

【分駐（派出）所】[188]常態使用為：1.員警出入登記簿、2.員警工作紀錄簿、3.受理各類案件紀錄簿、4.值班人員交接登記簿、5.公務電話紀錄簿、6.車輛使用登記簿、7.監視錄影系統檢查維護登記簿、8.酒測使用登記簿、9.偵訊室使用登記簿、10.偵訊室使用保養維護登記簿、11.民防防空警報器運轉狀況記錄表、12.司法文書寄存及具領登記簿、13.查扣車輛登記簿、14.受理申請運鈔護送登記簿、15.受理拾得物登記簿等簿冊。

【分局偵查隊】[189]常態使用為：1.夜間偵詢同意書、2.犯罪嫌疑人權利告知書、3.執行逮捕、拘禁告知本人通知書、4.執行逮捕、拘禁告知親友通知書、5.提審聲請書狀、6.法律扶助基金會檢警律師陪同到場專案－指派律師通知表、7.自願受搜索同意書、8.搜索扣押筆錄、9.扣押物品目錄表、10.扣押物品收據及無應扣押之物證明書、11.贓物認領保管單、12.刑事案件報告書、13.解送人犯報告書、14.應受尿液採驗人尿液檢體採集送驗記錄（一式二聯）、15.臺北市政府警察局北投分局移送違反「毒品危害防制條例」辦理行政裁罰案件報告書、16.勘察採證同意書、17.現場採證表、18.證物清單鑑定聲請書、19.臺北市政府警察局大同分局處理相驗案件初步調查報告暨報驗書、20.無名屍年貌表、21.屍體運送通知書、22.處理死亡屍體檢核表、23.處理意外事件或不明原因死亡屍體（含無名屍）運送通知書、24.和解書、25.撤回原告訴案件申請書等文書。

【分局交通分隊】[190]常態使用為：1.初步分析研判表、2.A3調查報告表、3.現場圖、4.補充資料表、5.當事人談話記錄表（當事人調查筆錄）、6.關係人談話記錄表（關係人調查筆錄）、7.調查報告表（一）、8.調查報告表（二）、9.當事人登記聯單、10.自首情形記錄表、11.刑

[188] 致謝臺北市政府警察局北投分局永明派出所警員呂育儒協助整理，提供日期：2016年2月26日。
[189] 致謝臺北市政府警察局北投分局偵查隊偵查佐張裕偉協助整理，提供日期：2016年2月8日。
[190] 致謝臺北市政府警察局北投分局交通分隊警員林益豐協助整理，提供日期：2016年2月1日。

法第 185 條之 3 觀察紀錄表、12.號誌運作時相表、13.肇事逃逸追查表、14.照片黏貼記錄表、15.A1、A2 攝影蒐證等（準）文書、16.違反道路交通管理事件舉發單等文書。

第一項　警察文書之類別

　　以前揭文書表單簿冊來看，警察機關無論執行何種勤務，「所有」使用文書種類除與**內部**有關之文書（準文書）外，更常製作與**外部**有關之文書，該文書（準文書）在法規範的意義以「書證」之名為大宗。然依證據的分類，有依物理性質（人與物的證據）、證據資料性質（供述與非供述證據）、證據調查方式（人證物證與書證）、待證事實（直接、間接證據或積極、消極證據）及舉證責任（本證及反證）等不同分類之型態[191]，如此多樣的分類，當有其法律之意義；惟自證據適格之討論時，可能無法建立一個完整且清晰的思考架構。基此，筆者嘗試提出一個簡易區分證據類型的條件，以有否「人」的介入作為標準，建立實務工作者對文書的初始架構。

　　或許讀者會有疑問，為何筆者依「有否人為介入」供以判斷受理報案文書類型之條件為區分標準？理由其實相對簡單，因有了人為的介入，其物理狀態的眞實性將會產生變動，例如：派出所內的工作紀錄簿是（準）文書，登載需透過「人」的書寫或鍵入，則其物理狀態呈現出的眞實性，將被「人為」介入進而轉換成一個變數，也就是說，工作紀錄簿的內容要怎麼撰寫？是掌握在警察手中；受理報案筆錄亦同。另一方面，單純**定數**的眞實性是可以科學預測、重複驗證的，例如：連續錄影的監視畫面、血液的 DNA 透過鑑定，假設未受到人為介入，原始畫面就是原始畫面、DNA 幾乎等於某人之結論，任何人應該都無法否認其眞實性，但人為介入（剪接）後的**變數**反而變成無法預測，則無人為介入的證據較接近眞

---

[191] 黃朝義，概說警察刑事訴訟法，2015 年 9 月 1 版 1 刷，頁 296；黃朝義，刑事訴訟法，2015 年 10 月 4 版 2 刷，頁 483；林俊益，刑事訴訟法概論（上），2015 年 9 月 15 版 1 刷，頁 376；林鈺雄，刑事訴訟法（上），2010 年 9 月 6 版 1 刷，頁 488。易於反思的讀者應該注意到了，為何筆者引用的參考書目幾乎來自刑事法規範？書目中的頁次，為何皆指向「證據」的章節？相信思考細膩的讀者應該逐漸對警察文書在法律上有了一個初始的輪廓。

實。是以，當一件事、一物品、一個人、一頁文書、一檔案、一畫面變得無法預測，其眞實性會當然地影響原本應有證明之效用，法律無法完全信賴呈現一個變數的（準）文書，才設有一定要件審查及調查後方得採爲法院意思表示的基礎。基此，本文建立文書的概念係以「有否人爲介入」爲條件，區別爲「傳聞」或「非傳聞」文書[192]之二種類型，提供實務工作者能更快速建立體系及思考的條件。

壹、傳聞文書

所謂傳聞證據[193]，係指以言詞或書面提出在審判庭以外未經反對詰問之陳述（言詞或書面陳述），以證明該陳述內容（即待證事實）具有眞實性之證據，即是傳述他人（與待證事實有直接知覺之人）之見聞，以證明該見聞內容爲眞實之證據。簡單來說就是間接傳聞而來之證據，於英美法之證據法有所謂「傳聞法則」（hearsay rule），警察文書之一種──筆錄，就是傳聞證據（文書）。然而，如此理解似乎無法提供警察實務爲簡易判斷，筆者嘗試如下另爲定義及界定其範圍。

【傳聞文書】[194] 被告以外之人於審判外之言詞或書面陳述，經警察聽聞後製作之實體（準）文書，供日後進入法定程序提出作爲證據的素材。

上揭筆者對警察文書的傳聞再定義範圍較司法實務爲大，不同的範圍主要未限定在「待證事實」之上，而是把焦點放在有否「人爲介入」的條件！請讀者思量：報案人陳述的每一句話，現實上警察（其他諸如：書記官）有可能一字不漏登打在筆錄中嗎？**不可能**！原因出自：一般陳述的習慣與文字繕打的思考模式截然不同，輸入內容之人會修飾報案人冗長口述內容爲精簡文字製作成文書。然而，當有人爲因素的介入，其眞實性成爲變數後就容易受到人爲的操控。則不論是筆錄、工作紀錄簿、受理民眾報案紀錄簿、初步分析研判表，甚至**刻意迴避某畫面而拍攝之照片**[195]，皆係

---

[192] 筆者再說的更詳細，例如：一顆石頭上有一滴血，經過鑑定後爲某死者的血液，相信沒有人會質疑「死者流下那一滴血時，石頭在死者附近」的事實！但警察聽報案人陳述後繕打出的筆錄，會不會有人質疑內容的眞實性？有！簡單來說，人爲介入後，事物原有的眞實性幾乎都會受到減損。是以，（準）文書只要有人爲的介入，即爲傳聞；反之，爲非傳聞。

[193] 黃東熊，論傳聞法則，軍法專刊35卷1期，1989年1月，頁16；林俊益，刑事訴訟法概論（上），2015年9月15版1刷，頁380。

[194] 與前揭使用的條件相同，即：有人爲（警察）的介入。

[195] 攝影技巧高超的人不在少數，而錯位的拍攝技巧呈現出照片或影片，也確實會影響人類的視覺，例如：

透過人為登載或製作而呈現之實體（準）文書，事實上不可信賴。惟傳聞倘一律排除，很可能經常發生沒有證據的情形，法規範只好妥協去設定一些要件及程序，完足後即得作成意思表示的基礎。基此，本文所指傳聞文書，係經警察之手製作、登載或其他行為所呈現之實體（準）文書。

貳、非傳聞文書

按多數法律書籍的分類，並未出現「非傳聞文書」一詞，本文使用相對應的分類，其意義相當然爾，即傳聞文書以外者謂：非傳聞！

【非傳聞文書】非有人為介入（準）文書[196]本質，供日後進入法定程序提出作為證據的素材。

上揭非傳聞（準）文書的定義，筆者使用了相對應的二分法名詞作為界定，讀者得以更簡要的理解為：傳聞範圍以外而運用在法定程序之證據素材，統稱為非傳聞（準）文書。本文為免操作此界限有遺漏之處，需再詳加說明如何更精準判斷「人為介入」（準）文書的模糊概念，例如：已成照片一幀，單純製作（人為介入）在送案的警察文書中為：非傳聞；成為照片前的拍攝行為（人為介入）乃：傳聞。

第二項　文書於法定程序之評價

首要，筆者觀察：出現在法定程序的文書，法律將其定位於證據素材的運用，經過法定調查程序後方得評價，作為法院意思表示（如起訴、不起訴、緩起訴、裁定、判決等）之基礎，而調查證據素材的程序有繁簡之分。何者繁、何者簡？多繫於前揭曾說明之條件──「人」，且因「製作

魔術為何讓人覺得驚奇？其中奧妙不就在當著你的面騙眼睛這個感官器官，「騙」就是受到人為介入的操控，錯位拍攝呈現的照片，不也是騙以後看見那張照片的人的眼睛！

[196] 筆者於此再詳細操作：人為介入這個條件，例如：某「制式」表格（逮捕通知書）是透過警察印出，到底屬於傳聞或非傳聞？「制式」表格本質並未受到人為介入，該表格屬非傳聞之分類；另某「制式」表格（家庭暴力 DA 危險評估量表）需透過警察詢問後填註被害人指述的答案，究竟屬於何者？筆者認為，雖有（警察）人為填註的介入，但文書內容之本質仍為被害人指述之選項，加上警察大多不認識被害人此二者原因，影響文書真實性的機率相當低，仍應置放於非傳聞之分類。筆者順道一提，家庭暴力 DA 危險評估量表在民事訴訟的離婚（不論訟爭身分或財產）官司中常為爭執標的，也可能是強烈影響法官心證的一種文書，奉勸讀者製作文書時「應」呈現真實就好，即：被害人說什麼，就是什麼，不要代為判斷，因為進入訟爭的時間折磨並不是警察在受，是民眾（被害人）！

人」不同而異其效力及程序。

再者，讀者必須明白，（準）文書大多出現在進入訴訟前的法定程序中，一旦進入訴訟程序就變成證據素材的運用或訟爭之標的。是以，訴訟中認定或調查事實，通常透過出現在提起訴訟前的（準）文書加以評價，其過程以堆砌證據素材後拼湊原始事實，在不違反論理及經驗法則下，作為形式上決定或意思表示之外觀[197]。則警察文書製作當下，自事後提起訴訟的法定程序立場加以觀察，法律通常就已經決定它的命運，也就是說，當下（準）文書的製作過程倘有人為介入的瑕疵或更動原有的狀態，在法定程序中就設計了不同的評價機制及結果，此項條件亦是前揭說明：隱藏在法律背後對證據的法定程序之繁、簡立法，筆者儘量使一般人所能理解其原由所在。

壹、傳聞文書

在行政法定程序面向：可辨明有二個部分，一為**事中**的法定程序，另一係**事後提起**的救濟程序。事中行政的法定程序亦需以作成處分之時點為條件，區分為行政程序及行政執行二個部分；而事後提起的救濟程序，有前置（或相當於前置）與訴訟程序二個部分。

自作成處分時點之前的事中之行政程序，觀察警察製作出的（準）文書[198]，其簡要可區分為「無效、違法得撤銷、合法得廢止」或「純粹紀錄、證明」等類型。前者雖為本文所指有人為介入的警察文書，由於作成後具有法效性，是直接成為訟爭之標的而非訴訟攻防的證據素材（法律推定為真正），進入救濟後的文書，其調查程序就放在作成文書前的基礎事實上，例如：一張酒駕的「舉發單」（文書），民眾認為舉發程序有瑕疵而

---

[197] 具體實例，例如在作成處分（參照行政程序法第2條第1項，以下同法）的舉發交通違規單，警察機關在依職權調查證據，雖不受當事人主張之拘束，但對當事人有利不利事項一律注意（第36條），受舉發人得自行提出車內行車記錄器之影像（第37條），欲舉發的警察亦有權力要求受舉發人提供該記錄器畫面（第40條），倘舉發人拒絕提出或舉發人提出未獲警察採納，警察得斟酌全部陳述與調查事實及證據之結果作成決定（第43條）。整個法定程序中的（準）文書，就是行車記錄器的錄影畫面，而形成證據已在當下存在，只是在法定或救濟程序中援引作為陳述係「真實」的基礎。此問題在法令適用相當繁瑣，應另撰專文探討之，於此暫不贅述。

[198] 除了接下來舉例酒測程序中出現的酒駕舉發單或酒測前確認單外，警察製作其他的（準）文書，原則上也可以為相同的思考，例如：違反社會秩序維護法處分書、現場臨檢表、臨檢異議紀錄表等，讀者可以嘗試操作此概念。

認舉發單爲無效或違法提起救濟，該傳聞文書（舉發單）就是**有**法律效果的訟爭標的而非**無**法律效果的證據素材；而後者，依然是有人爲介入之警察文書，惟製作目的與法規範僅認爲是一種純粹記錄或證明之文書。則進入救濟程序時呈現出爲證據素材的性質（不一定爲眞正），可對其眞僞作爲訴訟攻防的方法，如同上揭例：酒測前有一藍色確認單需受測人簽名，爲確認已飲酒超過十五分鐘以上之事實，因該文書載有「是」、「否」選項得以勾註，依本文的分類方法，係人爲介入作爲確認事實而無法律效果之警察傳聞文書，是提起救濟過程的證據素材，乃作爲警察有否履行正當法律程序的攻防方法。如下簡要的思考圖形（圖6-5）：

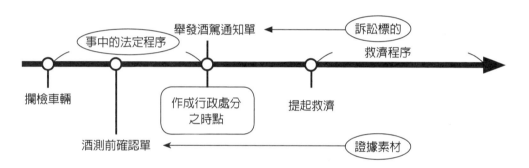

圖6-5　文書在訴訟中之定位
資料來源：作者自繪。

　　至處分作成時點後之執行程序所出現的警察（準）文書，事實上並不多見，筆者能想到大概只有分駐（派出）所仍在執行送達催繳的道路交通管理處罰條例中有關第69條至第84條之裁決書，其思考模式與上揭圖形類同。例如：送達違反道路交通管理事件裁決時，除有裁決書外尙有送達證書，則裁決書本身可爲訟爭標的，而送達**證**書是一種攻防的證據素材之謂。

　　在刑事法定程序面向：讀者須先明瞭，初始的刑事程序原則區分爲二個部分，一爲公訴，另一爲自訴程序，於此二程序皆可能出現警察製作之文書。亦以取締酒後駕車之違反公共危險罪爲例，至少有（現場）全程錄

影畫面、飲酒超過十五分鐘確認單、酒精濃度檢測單[199]、扣車單、違反道路交通管理事件舉發單、（逮捕後返回勤務處所偵辦）筆錄、逮捕通知書（含本人及親友）、移送報告書等（準）文書的出現形成整個卷資，在程序中的評價均是形成犯罪事實的證據素材，為訴訟攻防的方法。附帶一提，前揭雖謂為證據素材仍有破解之處，即：將酒精濃度檢測之證據透過不同審判權見解之拘束或事實釐清[200]，使之無證據能力，則該罪之犯罪事實應不存在。

　　在民事法定程序面向：基於民事處分權主義之三命題，原告未起訴前出現在警察機關的（準）文書多數與民事法律關係之成立無涉，無法成為提起訴訟之標的，縱有提起確認訴訟而與待證事實有關時，至多為證據素材，例如：兩造雙方發生 A3 類交通事故製作相關文書（筆錄等）時，與交通事故發生侵權行為損害賠償的法律關係之成立無涉[201]；又如：一女懷孕即將臨盆，私自在隱密處將胎兒產出後包裹棄置在廢棄工寮，鄰人聽見嬰兒哭聲報警並前往查看，警察調閱錄影監視系統發現該女屍弱捧腹行走的畫面（非傳聞之準文書）、製作鄰人發現筆錄（文書），都與甫出生嬰兒及該女「成立」身分上的民事法律關係（血親）無涉。前揭二例出現警察（準）文書，至多是進入民事法定程序中的證據素材，通常為訴訟攻防的武器，該證據雖在法定程序中被推定為真正[202]，惟非具「形式上證據力」，亦未具「實質上證據力」的證據縱為真正，對訴訟也無實際幫助[203]。

---

[199] 按照道理來說，由機器針對受測人吹氣的檢測數值，理應沒有警察人為介入才是，筆者為何此時類歸至傳聞文書？理由在於：酒測器有強制取樣鍵可供警察視情況，就不足吹氣使機器為強制採樣，此有人為介入的空間，才將該文書類分至傳聞文書之種類中，附此敘明。

[200] 聰明的讀者可以思考一下，筆者寫「將酒精濃度檢測之證據透過不同審判權見解之拘束或事實釐清」是何意義？最後對該破解之道，又有何破解之道？

[201] 已經發生交通事故，一定有「成立」損害賠償的法律關係，只是責任分配及賠償比例是後續雙方調解或提起訴訟的問題，多數實務工作者會將此二問題混為一談。

[202] 民事訴訟法第 355 條第 1 項。同前揭說明之區分條件：人（私人或公務員），一般私人製作之文書沒有受法律推定之效力。

[203] 此處筆者苦思許久，是否將民事法上對文書之證據素材一併清楚說明，使警察在製作當下能居於訴訟輔導之立場對民眾說明？惟許多學者撰寫之前鑑，乃花費多時詳細解釋並舖陳，根本無法一言道盡箇中奧秘，謹予陳明。但此處文書為真正，對訴訟程序一點幫助都沒有的原因在於：當事人筆錄、錄影畫面、鄰人筆錄，都跟「成立」的法律關係無關，例如：錄影畫面跟嬰兒與生母有血親關係嗎？沒有！如果真要討論成立身分上法律關係之證據，只剩事後的「DNA 鑑定報告」了。

貳、非傳聞文書

在行政面向：雖有上揭區分不同程序的探討，惟因未有人為介入改變其本質而足以體現其真實性，無論於何法定程序中，僅需關注真實性與「事實」有無關聯，若與事實無關聯，則無評價之意義。然而，仍需注意非傳聞文書本身在法定程序中仍有「人為介入」之點，即：有權力決定是否有關聯之人身上！例如：受理報案，民眾提出相關私人錄影畫面，值班經檢視後認為與本案並無關聯，此點即是「人為介入」。雖然法律對這種狀況，通常會另外設計一個程序解決被人為忽略的證據素材[204]，使之重新加以評價，惟依現行實務運作會重新參酌的機率相當低。基此，值班面對民眾提供的證據素材應儘量海納，即便明顯沒有關聯也應一併參酌，使進入後續訴訟程序加以篩選，而非當下恣意否定。

在刑事法定程序面向：由於該（準）文書原則上並無人為介入而保有原始的真實性，現行法律設計將其評價程序趨向簡化，例如：將之提示使之辨認[205]、告以要旨[206]、閱覽[207]等方法。只是讀者必須明白，前揭之提示、辨認、告以要旨或閱覽均為法院職權，而警察似乎僅得對合法得來的非傳聞（準）文書加以蒐集，隨案件送交法院，而現行警察實務所為提示、辨認、告以要旨或閱覽而登載於筆錄中之作為，至多是詢問過程發現真實轉換為傳聞文書的型態[208]。也就是說，非傳聞文書主要作用，在使「人」說出來的話產生漏洞或印證為真，尤其在相互對質[209]過程中更能呈現法律不太信任人所說的話背後原因之所在。是以，值班工作涉及刑事法面向之非傳聞（準）文書時，只要與待證事實有關且忠實地將其保留，無論自哪一個法定程序審酌，大多無法對抗可重複科學驗證的物理狀態從而具備真實之結論，簡言之，法律不能對抗科學。

---

[204] 例如：行政程序法第 128 條第 1 項第 2 款、行政執行法第 9 條第 1 項。

[205] 參照刑事訴訟法第 164 條第 1 項。

[206] 參照刑事訴訟法第 164 條第 2 項。

[207] 參照刑事訴訟法第 165 條、第 165 條之 1。

[208] 例如：值班調閱錄影監視畫面給車輛報竊的失主看，使之辨識竊賊有無認識（如是，竊盜案可能會峰迴路轉自非告訴乃論變為告訴乃論之罪），把詢問過程記載至報案筆錄內，不就是將錄影畫面（非傳聞準文書）轉換為筆錄內容（傳聞文書）的型態，此種方式與上揭所載法院提示、辨認、告以要旨或閱覽之職權，不盡相同。

[209] 參照刑事訴訟法第 100 條之 2、第 96 條、第 196 條之 1 第 2 項、第 184 條第 2 項。

在民事法定程序面向：該文書在民事中的評價，事實上與前揭說明當有異曲同工，亦有迥異之處，其背後原因不脫：法規範間之法理、原則不同所致。相同之處如：值班受理交通事故中當事人提起過失傷害告訴，檢附警察恰巧拍攝受有傷害的現場照片，無論在刑事或民事的評價，皆爲過失傷害（或侵權行爲）的證據素材；不同之處在於：民事訴訟就公務員製作之文書被推定爲眞正，而刑事則不然。基此，這種不同情形就會體現在「民眾喜歡什麼事都找警察報案（背書）」之所在，因爲，民事纏訟中援引私人蒐集的錄影監視畫面，相對於法院調閱警察收歸卷宗內影像檔作爲訴訟攻防之方法時，初始認定其證據力將產生大不同的結論。是以，值班無論執行通訊聯絡、傳達命令或接受報案等工作涉及非傳聞文書，納於案件下的附件時，應確保其眞實性，防杜有心人藉警察之力逞己之私。

第三項　行政法規範

值班工作使用到的多種文書，具體描繪在行政、司法警察身分上的作用有時相當模糊，筆者爬梳剔抉於理論與實務間，加以貫串如下：

壹、行政警察之作用

文書，有作用？行政警察身分？「作用」係指組織意義上之警察機關或警察人員爲達成法定警察任務，依法所採取之作爲或不作爲等措施之總稱[210]。以文書之作用來說，乃呈現有規制效力外觀而與人民有關的行政行爲之紀錄，或許可理解爲產自該作用之文書，例如：違反道路交通管理事件舉發單、臺北市政府警察局北投分局移送違反「毒品危害防制條例」辦理行政裁罰案件報告書（處罰）或實施臨檢盤查（身分查證）民眾異議紀錄表（非處罰）等。是以，值班使用有作用之文書，約略得以類分下列二種類型加以探討：

一、訴訟標的之文書

首要，得作爲訴訟標的之警察文書，通常已具備無瑕疵之管轄權，自有權限作成，該文書係交予人民據以提起，視爲對特定人公開（非祕

---

[210] 李震山，警察行政法論——自由與秩序之折衝，2014 年 6 月 3 版 1 刷，頁 177。

密），而其內容登載之個資乃依法填註並符合蒐集之特定目的，送達或交付後之時點所衍生之爭端，皆與警察無關；而送達或交付後，受付人自得依法提起救濟。

就本章之首【現行實務機關 (1)】實際執行內容觀以：「○○派出所值班警員○○您好，請問有什麼需要我為您服務的嗎？」甲說。電話那頭傳來：「沒代誌到這來開紅單要幹嘛？」及甲：「我等一下派人過去！」B：「現在……是聽不懂喔！」整個過程可能至少衍生一以上之文書（如舉發單及逕行舉發單）[211]，可理解為值班受理民眾檢舉具備了**行政警察之身分**。

「甲處理完不理智民眾 B 陳情案後」，此過程應包含指派警力前往、登載於受理民眾報案紀錄簿（或電腦勤指系統）、結報登錄等作為，將出現二以上之文書，即：舉發單或逕行舉發單、受理民眾報案紀錄簿。然值班是作成處分之一環 [212]，實際執行內容已是基於行政警察之作用範疇，出現上開之二文書，僅舉發單或逕行舉發單得為提起救濟之訴訟標的文書，而受理民眾報案紀錄簿在本件救濟中，原則上並非可為獨立提起救濟之標的 [213]。另值班通報警力前往處置「卡拉 OK 製造噪音」、「青少年聚集」、「飆車族在河堤內競駛」等事件，處置完畢後所為之登載文書之內容，應為**行政警察作用**之紀錄。當然，另得於本案中獨立提起救濟之文書，即為本文所指之訴訟標的文書，例如：處理「青少年聚集」所開立的臨檢異議紀錄書。

二、證據素材之文書

首要，探討成為證據素材之文書，警察不一定有無瑕疵的管轄權，可能是基於補充性原則或職務協助之關係，協助執行後所製作的紀錄文書 [214]，該紀錄亦非基於本案固有權限作成且未為特定或不特定公開，應有

---

[211] 實務運作即為：到達現場，車主未在車內而有違規事實，製作逕行舉發單夾於擋風玻璃前或明顯處；車主在車內而有違規事實，當場製作舉發單，只是，不同情境會出現不同文書。另此處不探討逕行舉發單是否為行政處分或觀念通知之爭議，謹予敘明。

[212] 參照道路交通管理處罰條例第 7 條之 1、行政程序法第 168 條。

[213] 該簿冊得為獨立的訴訟標的之路徑，乃透過申請閱覽後依行政程序法、政府資訊公開法或檔案法之名義駁回，始得單獨對之提起訴訟或救濟。

[214] 例如：上揭註 48 之本文曾舉案例，警察先於主管機關（建管單位）到場處理，倘有違規則需主管機關依法作成處分書，而警察協助後返回勤務處所所登載之協助紀錄，就是一個紀錄文書，該文書於本案中

守密之義務。其內容登載之個資乃依法填註並符合蒐集之特定目的，除有法定事由外，縱然提供閱覽文書內容，亦不在閱覽或複製之列。簡言之，證據素材文書大多需透過法定程序加以申請或閱覽，無法單獨對之提起救濟，應予辨明。

就本章之首【現行實務機關(1)】實際執行內容觀以：「甲：您可以具體一點嗎？」B：「就是整條路違規停車啦！」、甲：「我等一下派人過去！」B：「現在…是聽不懂喔！」，過程中，值班在受理民眾報案紀錄簿內紀錄，乃立於**行政警察之身分**，其他「卡拉 OK 製造噪音」、「青少年聚集」、「飆車族在河堤內競駛」；另外，【現行實務機關(2)】「值班人員熟稔地告知請甲男出示身分證明文件供以查驗，作爲領取法院訴訟文書之必要程序」等事件登載之證據素材文書，可能有受理民眾報案紀錄簿、勸導書、青少年勸導單、工作紀錄簿及受理訴訟文書寄存登記簿，甚至現場執勤的錄影畫面，均是**行政警察作用**之紀錄，訴訟中是作爲本案的證據素材之用，原則上無法獨立提起救濟。

基於上述的理解可知，依訴訟觀點，警察許多文書是屬於證據素材，只有具備外部法效性時，才有可能爲提起救濟之標的，而**製作證據素材的過程**，即需具備上開說明之任意性、眞實性及即時性。如此，**應用**在**訴訟**程序中的證據素材，才能強而有力的支撐自我供述或待證事實即爲眞實之結論，採爲勝訴裁判之基礎；若否，該文書將成爲不利於己的攻擊武器，最終可能獲致敗訴之結果，不可不愼。

貳、司法警察之作用

文書，同上？作用？司法警察？本處亦爲前揭所指之作用，只是範圍界定在司法警察。然基於司法警察身分衍生之作用文書，原則上皆與犯罪有關，例外時發生在違反社會秩序事件[215]，可自二面向加以探討：

一、訴訟標的之文書

首要，得作爲訴訟標的之司法警察文書，亦已具備無瑕疵之管轄權，

（防火巷內堆置攤架）最多是證據素材，而無法單獨對之救濟提起訴訟。
[215] 有關身分界定問題，請參閱：陳良豪，警察勤務新論（上）──實務工作者與法律的對話，2016 年 2 月初版，頁 165-166。

依固有權限作成，該文書係交予人民據以救濟，視爲對特定人公開（非祕密），而其內容登載之個資乃依法填註並符合蒐集之特定目的，送達或交付後之時點所衍生之爭端與警察無關，受付人自得依法提起救濟。與司法警察身分作用有關，當屬犯罪發生後無論對被害人、犯罪嫌疑人、證人或證物進行一連串手段所衍生的文書，而對此得單獨提起救濟，即爲本處所指之訴訟標的文書。

　　就本章之首【現行實務機關 (1)】實際執行內容觀以：「卡拉 OK 製造噪音」、「青少年聚集」及「飆車族在河堤內競駛」，值班依通報當下呈現之事實加以判斷，乃具備**司法警察身分**。或有讀者認爲，線上警力尚未到達現場本未施有作用或措施，如何回溯判定值班通報係具備何種身分？警察其實會習慣性地倒果爲因的思考，將後續帶回依違反社會秩序事件辦理之結論，倒回質疑值班通報時都不知道是否構成，如何得知其身分？然獲知資訊的當下作一準據之判斷，是合法行使調查權的正向軌跡，即係基於司法警察身分所爲的通報，至後續有否構成並不影響當下的身分。再者，線上警力受通報後就有否違反社會秩序事件無論爲何種具體措施或決定，皆爲**司法警察身分之作用**。假設已涉及社會秩序維護法有處罰之行爲並進行一連串的具體措施，最後終將衍生出一**處分書**或**裁定書**，得以獨立提起救濟成爲訴訟標的之文書。

二、證據素材之文書

　　探討具備司法警察身分成爲證據素材之文書，警察一定要有管轄權，執行後所製作的紀錄文書，係基於本案固有權限作成且未爲特定或不特定公開，有守密之義務。其內容登載之個資乃依法填註並符合蒐集之特定目的，除有法定事由外，不得提供閱覽或複製。也就是說，證據素材文書大多透過法定程序加以爭執，無法單獨對之提起救濟。

　　就本章之首【現行實務機關 (1)】實際執行內容觀以：「警員甲請下一班次的備勤丁前往醫院瞭解 A2 車禍案件」、「卡拉 OK 製造噪音」、「青少年聚集」及「飆車族在河堤內競駛」及【現行實務機關 (2)】「一手拿著甲男身分證查詢著刑案紀錄……」、「警察 A 看見查詢甲男刑案紀錄畫面中有閃爍光影一看：偵字案公共危險通緝，A 叫備勤 B 過來看，

B心裡有底等一下該怎麼做了……」，值班皆基於**司法警察身分**之作爲。而【現行實務機關(2)】警察A：「○○先生，你沒有住戶籍地喔？」、「警察B已經一個箭步擋在門口了」、警察A：「○○先生，你現在通緝中，我要對你逮捕，你不要抗拒，如果你抗拒或脫逃，我可以實施強制力喔」等作爲，事實上已是基於**司法警察身分之作用**（等同逮捕）。

　　上揭事實中所衍生之文書，諸如：筆錄、逮捕通知書（本人及親友）等林林總總均是證據素材。也就是說，執行逮捕書寫的逮捕通知書，只是在通緝本案中被緝捕歸案的證據素材，並不影響本案訴訟之進行。而筆錄就有所不同，刑事訴訟爲確保供述證據的任意性，製作過程違法輔以無其他證據，整個刑事案件極可能被推翻呈現不起訴或無罪之結論。職是，具備司法警察身分製作文書時，應防免因程序瑕疵而前功盡棄。

第四項　刑事法規範

　　值班可能使用的多種文書，具體描繪在取證作爲之文書相對清晰，筆者爬梳於理論與實務間剔抉，加以貫串如下：

壹、任意偵查之取證

　　文書？取證？任意偵查？「取證」係指國家機關查緝不法時，經由法定程序取得不法事證之作爲。與文書融合，就是呈現取證作爲的書面資料，無論於任意偵查或強制處分，均有可能附隨於後而製作，例如：臨檢異議紀錄書。職是之故，值班通常並非取證作爲之人，惟亦需明瞭在事前通知警力處理及事後協助填表時仍需釐清，則值班可能填註取證之文書，得類分下列二種類型加以探討：

一、訴訟之實體文書

　　首要，警察偵辦刑事案件所需概念均不脫「被告」及「犯罪事實」二個要素，此狀態使用文書來呈現時，即可類分爲與實體、程序或實體兼程序相關的三個區域，而本處所指之實體文書，乃呈現與實體要素（亦可稱待證事實）相關之（準）文書。

　　就本章之首【現行實務機關(1)】實際執行內容觀以：「甲請下一班

次的備勤丁前往醫院瞭解 A2 車禍案件」、「甲將剛才辦完的毒品案件副本併入 ISO 書面業務資料歸檔」、「飆車族在河堤內競駛」，及【現行實務機關 (2)】「就……之前有喝酒被抓……」之事實皆與犯罪有關，原則上製作文書目的就是為了形塑犯罪的實體狀態，例如：偵詢筆錄。然在**任意偵查**之**取證作為**涉及**實體法**要素之**文書**，事實上並不多見，筆者目前能舉例大概只有偵辦公共危險之醉態駕駛罪過程，同時填製之違反道路交通管理事件舉發單及酒精濃度檢測單，因該單並非施以強制處分所獲得，亦得證明醉態駕駛（登載酒精濃度超標）之實體文書。該文書雖得以之為訴訟標的獨立提起救濟，惟審判權限是在行政法院而非刑事法庭，尚需釐清。再者，依上揭各事實作為「被告」及「犯罪事實」的（準）文書，實務運作最可能會出現是：錄影監視畫面！由於該畫面若與待證事實相關聯，其內容物即為證明實體要素之直接證據（未有人為介入），則有顯明該二要素之機能，值班應有取證作為所衍生文書之思考脈絡。

二、訴訟之程序文書

讀者尚須明瞭，實體要素通常皆需透過程序手段來加以確認，而程序中的取證作為，目的就是為了形塑蘊含在「被告」及「犯罪事實」中的實體法要素，執行時法律要求必須呈現為文書的狀態，輔助取證作為有履行法定程序，獲得之證據經過法院調查後得採為裁判的基礎，即為本處所指：程序文書。

就本章之首【現行實務機關 (1)】實際執行內容觀以：「青少年聚集」、「飆車族在河堤內競駛」、「車禍」，及【現行實務機關 (2)】「值班人員熟稔地告知請甲男出示身分證明文件供以查驗」等事實需履行之法定程序，衍生製作相關文書諸如：受理民眾報案紀錄簿、工作紀錄簿、司法文書寄存及具領登記簿、甚及於查扣車輛登記簿，均是實施合法的任意偵查之取證作為衍生之文書，內容需記載著相關法定程序的資訊，例如：發動職權要件的合法事實、發動調查權之原由等，輔助呈現過程中合法的程序作為。

基於上述的理解，在任意偵查之取證作為衍生出（準）文書，無論稱為實體或程序，對警察而言，其目的可以指向：形塑犯罪的材料，而這些

材料的製作，實質監督了履行完畢的合法程序，在未造成受處分人意願、意思自由與權益受到壓抑或侵害過程，同時以實體的文書狀態加以體現，而實務工作者能知悉當下妥適填註的重要性。

貳、強制處分之取證

　　文書？取證？強制處分？逐漸清晰的輪廓，構建在相互對應的類別基礎。本處所指即爲施以強制處分之取證作爲所需製作之文書，其思考仍得概分爲下列二種類型：

一、訴訟之實體文書

　　謂實體文書，乃得以直接或間接證明蘊含在「被告」及「犯罪事實」中實體法要素所製作之文書，而該文書係因執行強制處分之取證作爲而來，例如：搜索扣押證明筆錄。

　　就本章之首【現行實務機關 (1)】實際執行內容觀以：「甲請下一班次的備勤丁前往醫院瞭解 A2 車禍案件」之事實，值班派遣時得提醒警力到場後應施以酒精濃度檢測，倘若不願意配合，得依法[216]強制移由受委託醫療或檢驗機構對其實施血液或其他檢體之採樣及測試檢定，應將執行強制處分情形記載於筆錄中，依文書型態呈現當下之取證作爲，避免日後再生爭執。而值班派遣處置「飆車族在河堤內競駛」之事實，與妨害公眾往來安全罪之實體法要素有關的（準）文書，應當爲現場蒐證的錄影畫面，畫面中同時具備「被告」及「犯罪事實」，惟尚需注意「以他法致生往來之危險」之要件，需與損壞或壅塞之行爲相當，其一經判斷要件合致方得實施強制處分，則該畫面就是發動取證作爲的基礎。至其他事實需用之文書，仍應個別以觀，用以證明該實體法要素。

　　而本章之首【現行實務機關 (2)】之例並無實體文書，理由在於：逮捕通緝犯至多是程序問題，除有查獲他案的情形外，整個過程中發動強制處分之取證作爲，均與實體法要素無關。

二、訴訟之程序文書

　　定義性如前揭說明而不贅述。就本章之首【現行實務機關 (1)】實際

---

[216] 參照道路交通管理處罰條例第 35 條第 5 項。

執行內容觀以：「青少年聚集」之事實，倘有聚眾鬥毆情形而發動強制處分，其取證作為可關注於現場蒐證之錄影畫面。當然，逮捕後續製作之逮捕通知書（本人及親友），亦為本案的程序文書。而【現行實務機關(2)】「警察Ａ看見查詢甲男刑案記錄畫面中有閃爍光影一看：偵字案公共危險通緝」衍生螢幕上的電磁紀錄，乃為輔助發動合法強制處分（逮捕）之程序文書，縱然將通緝資料列印後呈現實體文書的狀態，最終只是加強實施逮捕的程序合法性，不影響當下判斷。

是以，警察通常將實體與程序併存在取證作為所製作的文書中，有時雖難以分別，但僅需建立一個清晰的概念——實體、程序，慢慢地即知欲發現實體，則需透過程序，而程序實體相輔相成、互為表裡，運用在取證作為的合法思考，將進一步地在基層落實法治，有助於提升警察專業的形象。

第五項　法規範之分野

上揭針對警察文書的類型，加以說明在各法規範間分野，有否足以提供實務工作者執行時的判斷條件？各規範間的始點是否清晰？浮動概念的緊密連結或競合程度如何判別？續有詳加說明之必要：

壹、分野始點之建立

無論自行政（行政警察、司法警察）或刑事（任意偵查、強制處分）法規範探討，主要重疊混沌之處在於前偵查行為之概念，具體化於文書之差異點仍在：體系建立的邏輯脈絡不同，惟分野始點應無不同。當然，實際製作文書的運作模式，多在事件發生後才完成並交付，但交付不影響法規範建立始點，其仍控制在刑事偵查核心事項——「嫌疑」。

就本章之首【現行實務機關(1)】實際執行內容觀以：「青少年聚集」之事件是一個不特定的浮動事實，會在演化進程中產生法律上的競合，例如：單純聚集並無不法，但有特定目的的聚集，就是法律需要介入的時點，介入後即有建立分野始點之必要。而在事實中的嫌疑，會建立在刑法第149條「意圖為強暴脅迫」及「受解散命令三次以上」的要件判斷上，此始點即可作為建立分野，聚焦在行政法規範上，始點前就是行政警察身

分，之後即係司法警察身分，事後製作的文書會隨著始點轉換。自刑事法規範觀察，始點前即涉及了任意偵查取證作為之文書，始點後即已進入強制處分的領域之謂。

【現行實務機關 (2)】實際執行內容觀以：「警察 A 看見查詢甲男刑案記錄畫面中有閃爍光影一看：偵字案公共危險通緝」發生之事實，就已經建立了一個清晰的嫌疑始點，執行人員藉由較可信賴的電磁紀錄作為支撐「嫌疑」的浮動概念，作為後續衍生的（準）文書概念之建立，亦可清楚辨別應行之程序。

綜上所述，分野始點對應至文書相對於其他勤務作為，顯然呈現較為清晰的概念，畢竟最容易進入實務運作的其中一條捷徑就是熟悉表單、簿冊，能立即對抽象文字之描述提供對比的資訊而易於理解，使建立分野的始點具體呈現之。

貳、始點判斷之條件

判斷的條件仍繫於「司法警察身分」或「犯罪嫌疑」的法定要件之上，此始點具體化在值班勤務派遣的事實中加以描述：

依本章之首【現行實務機關 (1)】實際執行內容觀以：「飆車族在河堤內競駛」之事實，無論判斷司法警察身分或犯罪嫌疑皆相對困難，在競逐前後對心證的累積亦呈現浮動而不易定量，受到後續牽引的文書概念，亦顯得相對不確定。因此，必須先尋覓合適的實體條文加以對應始點判斷的條件（程序），方得洞悉受到牽引之文書概念。是以，該事實得以依附的法條，應為刑法第 185 條，其要件中之犯罪行為以：損壞、壅塞或相當於損壞或壅塞之他法為前提，而其犯罪結果係造成抽象往來之危險，則「嫌疑」始點之判斷應建立在：「損壞、壅塞」、「相當於損壞或壅塞之他法」及「造成抽象往來之危險」之要件上審查，一旦完足了各要件，同時也具體了始點，而自始點後之文書，亦應隨更動的法定要件軌跡進入偵查程序。

至【現行實務機關 (2)】呈現之事實，始點始終清晰，於此不贅。

參、分野之程序轉換

程序轉換是一個重要的法治概念，在實質干預或侵害人民基本權利的

偵查活動，常伴隨強制力接至而來，為了使執行人員面對始點後的程序更替運作於概念上更能清晰，仍有澄清之必要。

依本章之首【現行實務機關 (1)】實際執行內容觀以：「飆車族在河堤內競駛」之事實，當線上警力判斷完「損壞、壅塞」、「相當於損壞或壅塞之他法」及「造成抽象往來之危險」之要件，事實上也同時具體了始點，該時點後的程序即為實施偵查之階段，無論是具備司法警察身分或執行強制處分之取證作為，應遵守刑事訴訟規定。也就是說，值班得以在通訊聯絡過程中給予線上警力有關實體法要件之資訊，使警力判斷完足要件後，程序進行不再聚焦在交通違規的追蹤稽查，而是程序轉換後的實施逮捕，取證作為呈現在文書上亦需轉換。

【現行實務機關 (2)】實際執行內容觀以：「警察 A 看見查詢甲男刑案記錄畫面中有閃爍光影一看：偵字案公共危險通緝」之事實，已藉由較可信賴的電磁紀錄作為程序轉換的始點，實務運作多伴隨著實施強制力。需提醒讀者後續一個重要的程序概念，卻又被實務工作者誤解的現行法規定：即「逮捕」[217]等同「強制力」[218]，這是一個**錯誤**的概念！讀者務需釐清，「決定逮捕」與「逮捕抗拒實施強制力」是二個不同的層次，倘犯嫌或被告平和接受逮捕，即不得發動法定強制力，不符發動要件而實施強制力，仍屬違法。

基於上述的理解，讀者得自行依上開實例，加強操作對不同事實的文書概念，使值班勤務中派遣警力、簿冊登載、資訊傳遞、傳達命令，甚或接受報案的工作，執行時能更接近法規範，外觀上將「法」的具體實像予以體現。

第 五 節　結語

值班，可以說為目前警察所有勤務方式最綿密、最不可或缺但又最基礎的勤務，實際運作雖相對單純，但仍有許多模糊或根本不清楚的法律概

---

[217] 參照刑事訴訟法第 87 條第 1 項、第 88 條第 1 項。
[218] 參照刑事訴訟法第 90 條。

念存在於實務工作者身上，導致在執行過程中造成違法或侵害基本權利而不自知，體現於接受報案工作更顯一斑。是項勤務的工作內容，事實上相當於腦部的指揮系統，將指令忠實傳遞，事實上需有整體的法律架構並對勤務內容有一定的認知，才能對執行內容駕輕就熟。

對管轄概念的釐清，主要顯現在派遣勤務中，蘊含了組織中所謂補充性原則及職務協助的法律概念，而外部作用法則涉及警察權之界限。製作文書的架構，主要運用在數量龐雜的表單簿冊，背後蘊藏著應祕密事項的界定，需透過一定程序的申請方得獲知資訊，於此之前，民眾知的權利受到法規範程度上的影響。新興觀念的個人資料，主要複合在祕密的概念中，某些可得確定特徵的個資，不同面向有著不同的傳遞模式。

是以，看似單純的勤務內容，事實上必須認知的法律相當多樣，恐怕已經顛覆了傳統對該勤務的刻板印象，內容龐雜的法體系，必須貫串在執行者的腦海中，才能支配著勤務派遣、接受報案的工作；執行通訊聯絡、傳達命令亦無法逸脫管轄等基礎的法律概念，在在顯示位居樞紐的值班，更需有法治國理念的支撐，進而形成警察機關之法文化成就，作為鞏固自然正義的外觀，使得提升警察在民眾心中的社會地位有莫大助益。如是，值班勤務就不再是單純的值班，而是一個促進民眾福祉的窗口，落實著依法行政。

第七章

備勤勤務

概說

　　備勤，實務運作的刻板印象中，帶著有種矛盾情結卻又吃力不討好的勤務項目。由於是項勤務專以**處理事故**為導向，多數實務工作者認為處理事件次數的多寡與射悻性[1]有重要關聯，即「機率」！白話地說，未處理事故前，多數員警本在分駐（派出）所內喘口氣、放空、泡茶或整理文書（如交辦單），而處理事件的多寡（運氣好不好），當然會影響喘口氣、放空或泡茶時間長短，甚至全無的結論；以不同城鄉的差距之條件上觀察，呈現在備勤兼有不成文責任制[2]（線上備勤）的單位中更顯得不討喜，使得勤務執行及發生事故機率的結合，建築在人性上的推諉卸責或拒絕受理報案，就顯得見怪不怪了。

【現行實務機關 (1)】

　　備勤人員丁受警察甲派遣至醫院處理有人受傷的 A2 交通事故，到達醫院急診室門口詢問執勤中的駐衛保全大哥是否有車禍案件的傷者？保全大哥熱心地帶丁往診療室方向前進，過程中閒聊了傷者的傷勢應該沒有大礙，丁也知道該怎麼跟傷者說明了。

　　丁：「小姐您好，我是後續處理這件交通事件的警員，敝姓：丁。」

　　傷者：「警察先生你好。」

　　丁：「小姐，您現在感覺怎麼樣？醫院人員不曉得有沒有通知您的家人前來？需要我協助通知嗎？」

　　傷者：「警察先生謝謝，不用了！這只是輕微的擦傷，醫生說等一下照 X 光後確診骨頭沒有龜裂，外擦挫傷的部分，敷藥完畢就可以離院了。」

　　丁：「OK，小姐，您可以給我您的證件讓我登記一下好嗎？」

　　傷者：「好，在皮包裡，我找一下。」（找到遞給警員丁）

　　丁（一邊登記一邊說）：「林小姐，您所發生的是 A2 交通事故，也就是有人受傷，屬於刑法第 284 條過失傷害罪的範疇，第 287 條規定它是

---

[1]　這個「射悻性」名詞出現在保險法中，白話解釋就是：發生意外的機率。

[2]　謂「不成文責任制」，意即在勤務時間內（多以兩小時為度）分駐（派出）所轄內「所有」發生的案件，都由備勤的那個人全包，在民國 80 年代中期是鮮少有人幫備勤協助處理，如今仍視單位決定是否保有「全包」的責任制！筆者於民國 89 年 5 月 5 日至臺北市政府警察局信義分局報到，就沒有時稱臺北縣警察局各分局的責任制度，沒有責任制是較人性化的不成文規範。

告訴乃論之罪，由於告訴乃論之罪在程序上需提起告訴，您依刑事訴訟法第237條第1項規定，可以在知悉犯人之日起：就是今天開始起算『六個月內』到我們派出所提出，所以您今天就醫完可以先回家休息，不必急於一時決定要不要提起刑事告訴的這件事，而且，原則上肇事責任不會影響是否提起告訴的權利，這樣說明，不知道您清楚您的權利了嗎？」

　　傷者：「好，我知道了！」

　　丁：「OK小姐，這是您的證件，先還給您！有什麼問題也可以打電話問我，這是我們派出所的電話，我叫丁○○，另外，等一下交通分隊的學長會從現場過來，道路交通事故聯單就由他開給您，OK嗎？」

　　傷者：「好的，謝謝。」

　　丁：「小姐，我還有一件女子受到家暴送另外一家醫院的案件需要處理，那我就先離開了！」

【現行實務機關 (2)】

　　丁走出急診室門口跟保全大哥打聲招呼後，戴起安全帽騎車前往另一家醫院處理剛才值班通報的家暴案件。到達後，看見神情慌張的保全大哥問：「你是要來處理家暴的警察嗎？」

　　丁：「是的，怎麼了？大哥。」

　　保全：「送進來的時候還滿嚴重的，醫生交代護士跟我說要先聯絡她的家人，等一下應該要家人簽手術同意書，可是目前依照我們的途徑還沒辦法聯絡上，她先生不是被你們警察逮捕，怎麼過來啊？」

　　丁：「好，等一下我來想辦法。那她現在人呢？你有沒有她的資料？」（保全拿一張寫著王○○的字條遞給丁）

　　保全：「X光照完了，現在送到電腦斷層室了。」（丁隨即拿起電話撥回派出所內）

　　丁通話：「學長，你剛才通報的家暴被害人狀況不是很好，你用點技巧問那隻畜生她娘家的電話，這裡需要有人簽手術同意書。」

　　值班甲：「好，我知道了！我來聯絡。」（值班甲最後透過警政知識聯網中戶役政資料找到受暴婦女家人的資料，聯絡到她家人前往醫院）

　　丁對保全說：「大哥請教一下，她進來的時候意識清楚嗎？能夠說出發生什麼事嗎？」

　　保全：「送進來的時候，她滿臉是血呈現昏迷，急診醫生用燈光照射她的眼睛一看沒有太大的反應，就趕緊簽發各項檢查單並請護士及義工把她推去檢查了。」

　　丁：「這樣好了，大哥，我叫丁○○，我現在留在這裡也沒用，我先回派出所辦她先生及幫她申請緊急保護令，有問題可以打來找我，我再過來好嗎？」

　　保全：「好，有問題我會打給你。再見。」

　　丁甫進入派出所即見家暴先生的媽媽手指著自己兒子破口大罵：「枉費我把你養這麼大，把自己的老婆打成這樣……。」家暴男子一臉不屑調整著固定在牆上銬著手的手銬說：「就叫她不要再說了，嘴秋（碎念）……。」丁制止了老媽媽並請她到旁邊坐下，仔細說了她兒子後續相關的法律制裁及媳婦狀況不佳的傷勢（老媽媽臉色一驚）。

　　值班甲協助丁將所需用的表格拿出，並提醒丁家暴令（含通報）部分與刑案必須分開二卷處理，受傷的太太沒辦法作筆錄，最少要去醫院開診斷書或病危通知書附卷，這樣，先生被羈押的機率會比較高[3]。丁看著現場照片血跡斑斑，內有菜刀、棒球棍、碎裂玻璃啤酒罐等犯罪工具，心想著要扣哪些物品作為移送之證物。

　　過程中，丁將逮捕通知書給老婆婆……等程序履行完畢後，請警員戊協助解送人犯至偵查隊。

　　丁心裡想著：今天真是夠精彩的，法定六大勤務之勤區查察、巡邏、臨檢、守望、值班、備勤全都上過一輪了，完全沒有喘息的時間，到底～是自己的問題？還是這個社會真的生病了？

　　警察勤務條例第11條第6款規定：「服勤人員在勤務機構內整裝待命，以備突發事件之機動使用，或臨時勤務之派遣」之內容，約略可以看出自人性編排勤務之部分原因。此項勤務的執行，確實是繁忙警察工作中得以調節體力的一種勤務方式，尤在現行運作幾乎都是編排連續

---

[3] 於此，讀者必須對羈押事由有所區別，一是違犯家庭暴力罪，依刑事訴訟法第101條第1項之事由聲請羈押；一為違反保護令罪，乃依家庭暴力防治法第30條之1加以羈押。就此處事實傾向刑事訴訟法的羈押，因事實中並未陳明有保護令的存在，尚須辨明。

服勤十二小時的情形下[4]，以備勤穿插在勤務時段中就顯得更為重要，而上開「射倖性」描述的心態，才是容易發生吃案或推案的其中一種真實變數。

　　備勤勤務的法定功能，主要顯現在突發事件處置或臨時勤務派遣之上，無論臺北市政府警察局以**在所備勤**，或是臺北市以外（例：新北市政府警察局）的**線上巡邏警力兼備勤**的近代實務運作，都是著重在事件後續的完整處置，似乎漸漸與法定功能有著分歧的走向，對現有勤務執行產生一定衝突。法定功能對應至編排次數的多寡，卻是考量著人性及勤務需求的二個變數，作為更動或演化現行運作的方向，這才是近代實務的備勤。

---

[4]　現行警察實務機關幾乎都朝向連續十二小時勤務時間的編排方式，但以前筆者因與（蘆○分局○源派出所）派出所主管（舊稱）執法意見相左，反而受到將十二小時分割編排為每日上午 8 至 12 時、14 至 16 時、17 時 30 分每日勤教、20 至 22 時、翌日凌晨 4 至 8 時的方式已不復多見，該勤務表內又無備勤及值班等勤務，等同十二小時的勤務都是攻勢勤務，連續上了一個月，已不知今夕是何夕。白話地說，派出所主管要修理人，就是用勤務表編排不同時段的勤務來修理，現今？仍存在！只是，連續上班時段不敢明目張膽切割，而是用較為辛苦的勤務（如交整、擴大臨檢）作為公報私仇或替代懲罰的手段。讀者可以思考，如果只是執法意見相左就可以公報私仇，這樣的權力未免過大！

第一節　備勤之概念及目的

欲明晰編排備勤勤務的目的，首需確認一個問題：「人」，是否為一個變數？倘為定數，即無必要探討；若為變數，方有論討目的之必要。

或許讀者會問，編排備勤竟需先明瞭人是否為一個變數的問題？理由在於：只有在有人、有變數的情況下，才有法條中「以備**突發事件**之機動使用，或**臨時勤務**之派遣」的顯現，而以「定數」為前提是不會有突發事件或臨時勤務之發生。依此，彰顯編排勤務目的之核心，說穿了就是具有射悸性的「機率」。

本文說明現行編排及運作方式，誠如上揭說明之「單純備勤」及「線上備勤」的二種方式，主要不同之處在於：線上備勤均由巡邏警力兼服；相同之處在於：工作內容皆相同，即處置事故。純就服勤方式之優劣與否，本質上有其考量而各有存在之事由，現行實務編排仍視組織編制內人員是否足額作為判斷純於勤務機構內備勤或以巡邏警力兼服之標準。然，「單純備勤」的編排，通常有符合人性（可休息）的優點，其缺點就是反應能力及裝備較為不足；「線上備勤」雖具備機動使用及臨時派遣的法定功能，惟其缺點係較少考量人性及體力的疲弱。

執行是項勤務所需概念等同於本文上冊之巡邏勤務的構建，二種勤務同質性高，無論在所備勤或線上備勤，並不會改變應該建立勤務架構的思考。以下部分內容，筆者將 105 年 7 月 1 日施行的新沒收制度點綴其中，使備勤人員在蒐集證據過程需理解的法律問題結合在實務運作中，將法治國抽象意念能落實至第一線執行工作中，畢竟，勤務作為的走向常與法令變動息息相關，避免好不容易逐漸建立的法治觀念再次崩解。

第二節　勤務內容之構建

警察分駐（派出）所、分局警備隊、交通分隊、偵查隊、勤務指揮中心，乃至警察局保安大隊、交通大隊、刑警大隊等各警察機關，只要依勤

務分配表執勤的單位，幾乎每勤務時段均有編排備勤勤務，其「實際」工作內容多在休憩、泡茶、整理公文或交辦單，從事與公務裙帶相關之事務，則勤務內容的構建將建立在法定「突發事件機動使用、臨時勤務派遣」上才顯得有意義，單純的泡茶或謄寫交辦單內容根本與勤務內容無涉，且構建之概念不會因在所或線上備勤的不同執行方式受到影響。以下就勤務本身在行政法規範之「法律定性」、「法定要件」、「法定程序」及「執法界限」遞次說明。

第一項　法律定性

第一，備勤本身係在勤務機構整裝待命，並無任何勤務活動，在為介入突發事件處置或臨時勤務之派遣前，原則上不會有事實或法律上之勤務作為，也不會發動具有規制作用或法效性的職權，與依法令或處分發生法律效果或規制效力不同。

第二，執行備勤不具備主動性。未受派遣前並無任何執行工作，與權力、非權力行為無涉。

依此，備勤在未有任何勤務作為前之法律定性，就是「事實行為」，對外不發生法律效果且不具有規制作用。

第二項　法定要件

論備勤勤務的法定要件，事實上有二個面向：一為編排勤務本身，另一係職權行使，而後者已散見各章探討而不贅述。依警勤條例第 11 條第 6 款「服勤人員在勤務機構內整裝待命，以備突發事件之機動使用，或臨時勤務之派遣……」之規定以觀，看不出來有編排與否的法定要件，似乎全繫於突發事件或臨時勤務之上；反面觀乎，因有發生突發事件或臨時勤務之機率，方才編排備以使用或派遣，將「機率」實質地展現出來，亦繫於突發事件或臨時勤務。簡言之，為突發事件或臨時勤務之需要，當需編排；非此目的之編排，概屬違法[5]。

5　編排備勤勤務會發生違法問題，大多出現在警政署所署各保安警察總隊中，尤以保一、四、五更顯一

壹、供作臨時運用警力之目的

　　自警勤條例（勤務規劃）第 17 條第 1 項第 4 款「經常控制適當機動警力，以備缺勤替班，並協助突發事件之處理」規定以觀，就是考量轄區內或勤務上不時有警力調配之需要而加以預擬並編排備勤勤務，作為達到臨時運用警力的目的。基此，只要隨時有警力需求的機率，就無法在法條上設下一定要件；至於編排與否，只要說出個理由即為合法，但需與供作臨時運用警力有關。

貳、執行權限之內容

　　權限內容與執行目的有密切關聯，而其法定要件則散見在各別職權中，如類分自上冊巡邏勤務中所載：為達預防危害、處罰不法或紛爭調解的三種目的中，得以一窺各別行使不同權限的職權要件，諸如處理事故過程運用有多重目的之身分查證職權，其法定要件即建立在「合理懷疑有犯罪之嫌疑或犯罪之虞」。基此，實務工作者究竟如何明晰權限及內容為何？較為簡要的思考就是：審查己身的執行目的，後加以選擇執行方法，例如：獲報前往處理糾紛，到場後現場凌亂疑似有鬥毆痕跡，執行人員需明晰己身究竟要滿足「預防危害、處罰不法或紛爭調解」哪一個目的，再選擇符合目的的合法職權加以行使，假使到場後欲單純達到預防危害之目的，即得選擇執行相關具體職權（如身分查證）。

參、備勤勤務應符合比例原則

　　警勤條例第 12 條第 1 項規定：「備勤為共同勤務，由服勤人員按勤務分配表輪流交替互換實施」觀之，是希望達到公平共同服勤原則之目的，才會有人員輪流交替互換的編排方式，而次數多寡與服勤人員間有否比例原則之適用？另一方面，權限作用在人民時，亦有否比例原則之適用？

　　勤務編排方面，為了達到有效互換及弭平勞逸兩者間之目的，警勤條

班，理由在於：保一、四、五主要任務即在「拱衛中樞、準備應變及協助地方治安」，本質與備勤之「以備突發事件之機動使用，或臨時勤務之派遣」相似。也因為如此，保一、四、五的備勤勤務除出勤外，自始未似外勤人員需與民眾接觸，許多人都會想方設法要編排備勤勤務來申報超勤賺取加班費，此種滿足申領加班費為目的而編排之備勤，即屬違法。當然近年來，專業單位違法編排的狀況已有改善，唯一不變地是：長年任職於保一、四、五的人，完全接受此想法的人並不多見。

例第 16 條第 2 項明文「聯合服勤時間各種勤務方式互換，應視警力及工作量之差異，每次二至四小時，遇有特殊情形，得縮短或延長之」規定，在不同地區、特性框架著原則性的編排方式。依此，在審查比例原則時，倘有編排個別人員全日時段皆為備勤勤務，除有正當理由外，應為違法；另，有實務機關將男警多編排於第一、二備勤，使女警長期置於第三、四序位之方式，亦與比例原則有關。

　　執行權限方面，為達到執行之目的，事實上有多種法定職權得以選擇，警職法第 3 條第 1 項「警察行使職權，不得逾越所欲達成執行目的之必要限度，且應以對人民權益侵害最少之適當方法為之」，即為立法機關預設之比例原則，相關論述將置於後說明之[6]。

第三項　法定程序

　　探討備勤的法定程序仍需聚焦作用職權，方有討論之必要，理由在於：現行法對執行備勤的未見有程序規範，則本處僅得就此面向為說明之：

壹、應注意行使職權之目的

　　實務工作者必須明晰，每一個法定職權的設計，原則都是為了達到某種目的，經由立法程序賦予警察行使。該目的就像地球重力般牽引著法定程序，而行使職權的警察，應該要從目的切入作為優先視角，方得在程序中導引著適當勤務活動。另外，自落實國民主權[7]理念的基礎說明，相關

---

[6] 實務工作者通常對論述比例原則的概念較為薄弱，例如：同一部法令內有多種職權應如何選擇？及不同法律間對同一行為有規範時，可否選擇處罰較為輕微之職權作為依據？此二問題鮮少於前鑑中加以說明。也就是說，「警察行使職權」是否必須限縮在同一部法律內的多種職權才是多種方法，而多部法律皆有對同一行為規範時，處罰時可否以較輕的法律作為執法？例如：「攤販占用道路設攤不聽禁止」之事實，其一行為同時違反道路交通管理處罰條例第 83 條第 2 款及社會秩序維護法第 79 條第 1 款，在法律競合下，執行人員得否選擇處罰較輕的道交條例舉發即可（按內政部警政署 83 年 7 月 13 日警署交字第 42685 號函釋示內容略以：宜依刑法想像競合法理，採從一重處分，擇一適用。惟讀者需先釐清一個問題，前揭函示於今是否仍有適用？沒有！因行政罰法業已於民國 94 年 2 月 5 日立法院三讀通過總統公布一年後施行，即 95 年 2 月 5 日後有施行效力，據該法第 24 條第 1 項之明文，有封鎖處罰較輕法規之作用，則該函示因新法而失效，不知內政部警政署印製之 105 年警察實用法令中（頁 1016），有關社會秩序維護法條文後附錄仍將函示印行，是否代表著官方見解仍有適用之餘地）？依現行的實務運作多舉發道交條例了事，出現了雖符合比例原則卻違反行政罰法第 1 條、第 24 條第 1 項的怪異現象，值得深思（這個問題發生在實務運作中可說：無解！因多數警察對處罰競合論不甚明白，導致在執法當下發生恣意選擇處罰手段的情形大增，但事實上卻是違法，筆者另文撰之。）

[7] 李震山，警察行政法論——自由與秩序之折衝，2014 年 6 月 3 版 1 刷，頁 31。

職權作用於人民時，當應考量國民是將主權釋出之源頭，則行使職權的目的，當無可規避於「保障人民權益」、「維持公共秩序」、「保護社會安全」目的之外[8]。依此，法定程序當無逸脫職權目的，而備勤勤務執行探究其法定程序，即需視個別職權行使之目的。

貳、明示身分並告知事由

詳參照上冊臨檢勤務之程序說明，於此不贅。

參、令狀之原則與例外

現行備勤勤務的運作主要職司處理事故，過程中最容易被實務工作者忽略的法定程序，就是令狀主義「原則與例外」的概念。首要，判斷是否聲請令狀與否本質上不脫「緊急」、「即時」或「危害防止」之條件，讀者需注意的部分乃細部法定要件的差異，而細部差異會體現在立法者價值判斷的取捨，例如：考量現行犯是否逮捕，乃犯罪在實施中或實施後被發覺時存在一個緊急（犯罪在實施中）或即時介入（實施後即時被發覺者）的情狀，立法者不可能要求警察先聲請拘票後方得逮捕，也不可能任由罪犯逃離犯罪現場，為保全證據或被告，此時稍縱即逝的時機使令狀原則必須退讓，無令狀的執行係簡化了法定程序。另一方面，未有緊急、即時或危害防止情境的法定程序，即應遵守令狀原則[9]，非迭以盡速辦完（要下班了）、便宜行事（民眾不懂）的想法，破壞令狀原則的核心。

---

[8] 讀者得省思下列實際案例，思考「警察」行使職權的目的：
李永得被盤查事件：是指 2017 年 3 月 19 日，一位名為李永得的民主進步黨籍男性政治人物因為穿拖鞋買兩瓶飲料而在臺北轉運站遭到警方盤查，要求他出示證件，李永得向警方表示他只是購物沒有帶身分證，而在警方進一步要求他報上身分證字號時，李永得要求警方告知盤查的理由與相關法令，此時在某位路人介入下，警方才放棄盤查，事後他在臉書 PO 文痛批臺北市變成警察國家，但遭網友嗆耍官威；瀏覽網址：https://zh.wikipedia.org/wiki/%E6%9D%8E%E6%B0%B8%E5%BE%97%E8%A2%AB%E7%9B%A4%E6%9F%A5%E4%BA%8B%E4%BB%B6，瀏覽日期：2017 年 3 月 25 日。
[9] 筆者每每至實務機關講演場合現場接受詢問都有一個感觸，就是：多數的實務工作者常先預設立場，才為自己的立場找了許多理由來支持，簡單來說就是：「我要先抓人，再找法條；或我想要進入住宅，再看條文！」如果找不到適合的法條，就隨便找一條相近加以套用，最後陷入循環解釋的泥沼中，怎麼論證都不對。立於法律角度來看令狀原則，只要不符合法定要件，無論壓力來自績效、長官或民意，公務員或警察應該有「拒絕」執法的勇氣。當然，前提是自己要知道更多法條才能避免錯誤的拒絕，否則，一旦養成陷入循環解釋的習慣後，會永遠地先選擇立場再找理由進而持續地違法；實際事例請參照陳良豪，警察勤務新論（上）──實務工作者與法律的對話，2016 年 2 月初版，頁 165 註 201。

第四項 執法界限

　　無論爲法律或事實上之一切行政行爲皆不得違法，並無例外，職權行使仍受法律之拘束，應遵守實體法及程序法之界限，亦無分別，而探討備勤的執法界限，需有執法外觀及限縮在行使職權爲前提。

　　自積極面而言，職權行使不得牴觸法律強行規定的前提下，將各別職權依其立法目的作爲最大範圍的界限，是一種自內而外限定框架的抽象概念；也就是說，無論在預防危害、處罰不法或紛爭調解爲目的的面向，執法界限得用行使職權的目的加以控制，使警察活動不致恣意越過紅線而同時保有自由且受法律的拘束。由消極面探討，執法欲爲特定之行爲，必先有法律之授權始得爲之，作爲由外而內束縛行政機關爲特定行爲的界限。

　　是以，執法界限與行政自由性及羈束性攸關，適切執法的界定，應避免選擇過度或不足之職權，使備勤人員在處理事故過程中明瞭職權行使的「最大範圍」（Maximum）及「最低底線」（Minimum），這塊範圍在過度禁止及不足禁止交相逼近之下，執法者在概念上恍若被置於二道禁令所形構的「走廊」（Korridor）之中，而在國民主權的概念下，人民基本權利的防禦權及保護義務，都是劃定國家行爲的判斷準則 [10]。

第二節 備勤勤務之法治思考

　　備勤勤務的續造，需藉建立法治思考加以實踐，如現行巡邏同在完整處理事件爲目的之前提下，仍得依預防危害、處罰不法及調解紛爭三面向，作爲貫串在突發事件處置或執行臨時勤務之命題，加以建構貼近實務運作的法律對話：

第一項 行政法規範

　　自警勤條例第 11 條第 6 款觀之備勤勤務，主要以面對突發事件或臨

---

[10] 這段文字出自李建良老師著作中，描繪的詞句實在太深刻、太寫實，筆者不覺自然改編；李建良，人權思維的承與變，2010 年 9 月，頁 175 以下。

時勤務受派之用。本文以下僅依該三面向的各別職權中取實務工作者鮮少明辨的「比例原則」置論重點，延續不足之處，以提供簡易判斷的思考條件：

第一款　預防危害

　　備勤人員介入突發事件處置過程，等同上冊巡邏勤務處理事故所需的概念，以預防危害為目的的職權可類分為「行政執行」、「行政（司法）協助」、「行政指導」等三個面向，各別面向涉及的職權包含了**身分查證、直接或即時強制、維護秩序、行政協助、行政指導**等。前揭職權受控在預防危害之中，讓實務工作者最難的衡量就是：比例原則。說更明確地，處理過程可能尚未發生具體危害或危害已經過去的情況，要如何**精準**或**具體**行使「適切」的職權，其內涵是實務工作者概念上最弱的一環，而經常發生是：過度或不足的情境，尤其在社會科學領域不易量測明確標準的前提下，混沌了勤務作為。下以比例原則為基礎分述之：

壹、適當性

　　立法者賦予警察身分查證職權有多重之目的，無論是實害、具體危害或潛在危害的情境，法定要件乃受到目的之牽引，不致使執行過程像喪失重力般頓失方向，例如：在臺北市京站內客運售票處附近，原則上是遊子返家或路途的集散地，通常，一般民眾為了跋涉，**大多會選擇穿著鞋類**使旅途較為舒適，如果突然出現一位**著拖鞋**的民眾正巧經過執行步巡警察面前，格格不入的畫面會自然使感官（眼睛）停留在突兀的人身上，映入眼簾的是「一般人」客觀而不合常理的行為舉止，而行使身分查證職權，是有助於達成預防危害之目的。

　　直接[11]或即時強制，主要目的為阻止犯罪、危害之發生或避免急迫危險之職權行使，原則上**相對人**並無義務存在為前提，警察對危害採取了實力干涉，乃立**於排除急迫危害之目的**，此「急迫危害」的程度，即牽引著

---

[11] 本處所稱直接強制職權，係指行政執行法第 32 條中段之情況急迫，非指同條前段經間接強制不能達成執行目的之直接強制，該強況急迫之直接強制較接近即時強制的概念，雖有學者認為是立法上的錯誤，其觀念確實不同，仍應予區隔；陳敏，行政法總論，2013 年 9 月 8 版，頁 880。

直接或即時強制之手段（方法）選擇；易言之，排除急迫危害程度越高，警察實力干涉的程度可更強大。是以，面對即時、急迫的危害而行使直接或即時強制之職權，亦有助於達到消弭危害之目的。

　　探討單純維護秩序為目的之預防危害，通常面對是：未形諸於外的潛在危害，其職權應控制在發生潛在危害的大小及妨礙危害之該人或物之行為上。簡單的說，單純維護秩序之前提是未發生任何實害，但處理的備勤人員認為後續可能有紛爭，基於排除抽象危害之正當目的，得將妨礙之人車暫時驅離或禁止進入[12]。

　　行政（司法）協助之預防危害，姑不論為程序或執行協助，亦不論行政或司法協助[13]，其目的主要仍區隔在管轄恆定原則「各司其職」之概念。亦即，事件中有二以上之管轄機關，主管機關職司主管事務，在場協助之警察職司確保主管事務順遂執行過程所可能遭遇的危害，此目的並非介入主管事務的處置，而係現場人員安全及事務順利推展的預防危害，則行使行政（司法）協助職權，係欲達到維持現場秩序之目的。

　　至行政指導之預防危害，主要係實現職權或所掌事務範圍之一定行政目的，以輔導、協助、勸告、建議或其他不具法律上強制力之方法，促請特定人為一定作為或不作為之行為，則此職權之預防危害，將限縮在「實現職權或所掌事務範圍」之目的內[14]，方屬正當，除此之外不符目的之指導，應為違法。

貳、必要性（手段必要）

　　法定身分查證之手段（方法）相當多樣，有攔停、詢問、令出示身分證明文件、帶返勤務處所、抗拒帶返實施強制力五種手段[15]，可類分為二個階段，即「攔停前」及「攔停後」（查證中），需分別思考選擇必要的手段。第一，法條中並未限定如何攔停，則其多種有效手段的選擇，可能有：定點以指揮棒指示攔停、指揮棒配合哨音指示攔停、移動時機車對機車側邊指示攔停、機車對機車夾阻迫使攔停等等，實務教學至少有十種以

---

[12] 參照警察職權行使法第 27 條。
[13] 參照行政程序法第 19 條、行政執行法第 6 條及（民事）強制執行法第 3 條之 1。
[14] 參照行政程序法第 165 條、第 166 條第 1 項。
[15] 參照警察職權行使法第 7 條第 1 項第 1 款至第 3 款、第 2 項。

上有效的攔停，但無論何種攔停方法，建立在手段必要之前提下，就是必須選擇對人民**侵害最小**的**有效手段（方法）**進行攔停；第二，攔停後查證中之手段（方法）有詢問、令出示身分證明文件、帶返勤務處所、抗拒帶返實施強制力共四種法定有效手段可供選擇，依現今有發達的科技工具作為執勤之前提，應先選擇對人民侵害最小之有效手段——(1)「詢問」，作為身分查證初始手段的選擇，若無法獲得相關資訊，再 (2) 依令出示身分證明文件、(3) 帶返勤務處所、(4) 抗拒帶返實施強制力之法定方法，將手段依情境遞次增強，而「非」直接使用侵害最大的強制力。

直接或即時強制之手段，原則上皆無法定方法，僅在行政執行法第28條第2項可一窺端倪（如對物之強制、進入場處所之強制、繳銷證照之強制、斷絕營業能源之強制、以實力實現義務內容之強制），而項下各款主要是促使相對人為一定行為或不行為所為多面向之例示方法，皆具備強制力。是以，選擇以直接或即時強制為預防危害之手段，除非有必要，否則應避免先以強制力職權執行。再者，各款內又可細分數種法定方法，以第1款為例：對動產、不動產得以扣留、收取交付、解除占有、處置、使用或限制使用之手段為之，侵害最小的作為，應屬扣留、處置、使用，而收取交付、解除占有或限制使用之手段，通常已寓有強制之實力外觀，二相比較下就有選擇之概念，一旦有了選擇權，則必要性即有適用義務。

預防危害的維護秩序之面向，其法定方法大多散見在各別法律的不同職權中。以警察職權行使法第27條作為第一個基點觀察，行使該職權有著預防危害之目的，在未有危害形成前進行干涉，執行維護秩序時得選擇該職權行使之。藉第一個基點延伸思考，當妨礙事實出現，警察即有暫時驅離或禁止進入之方法供以選擇，是第二個基點。接續，倘人民積極抗拒或消極以對警察行使職權時，經制止不聽，得以實力直接實現與履行內容狀態同一之方法強制執行（已進入，驅離；未進入，禁止進入），此為第三個基點。以上維護秩序之於必要性的實例，如：市政府室外舉辦親子活動，周遭恰有在市政府集會遊行的抗議人士，警察為防免可能衝突，可能會：(1) 於交界處隔離或管制不讓雙方影響各自活動，是第一個基點。(2) 當有抗議民眾欲進入搗亂親子活動時，警察的暫時驅離或禁止進入，是第二個基點。(3) 抗議民眾抗拒警察的職權行使時，制止不聽後即得強

制執行，是第三個基點。依此，有多種方法得以選擇時，應先選擇對人民侵害最小的有效方法，而選擇有效方法的控制變數，乃來自民眾製造的危害本身，危害越大，其方法就能越接近強制（力）執行。

行政（司法）協助對於預防危害之於必要方法，大多需限定在主政或主管機關行為**以外**之協助機關己身之職權，而操作概念已如上述，於此不贅。至行政指導亦係預防危害其中不具強制力（輔導、協助、勸告、建議或其他不具法律上強制力）之方法，只要不使用（有或寓有）強制力，有效指導皆為合法。依此，在不具備強制力前提下的行政（司法）協助或行政指導，審查必要性之審查。

參、衡平性（目的與手段間之均衡）

身分查證之目的與手段間之均衡，條文內容其實表達著國家行使職權不可能不造成損害的前提下[16]，應以執行目的劃定內界限，且控制在不成比例時的外界限以內之範圍，方才符合衡平。例如：透過詢問（方法）即能達到身分查證的目的，其方法僅使人身自由受到短暫侵害，執行目的若已達成，就無需以令出示身分證明文件之方法為之，避免更加侵害相對人之名譽權（命令出示是一個下命處分，將使相對人在公共空間的名譽受損）。是以，使用手段（**詢問**）造成的侵害（**短暫自由權**），乃受到執行目的（**身分查證**）的牽引及限制，在未造成顯失均衡的損害下，即符合衡平性。

直接或即時強制之內涵，就是強制力（Verwaltungszwang ohne vorausgehenden Verwaltungsakt）執行，實施前提乃非潛在危害且情況急迫，亟需以強制力介入方得弭平，則其手段（**強制力**）極可能隨時造成嚴重損害（**生命、身體、自由、名譽及財產**），測定其內界限仍以目的（**弭平危害**）劃定，但判斷困難的是：究竟何時才是未顯失均衡（外界限）。顯失均衡的意義在於：衡量目的、手段間造成的損害；也就是說，需先就

---

[16] 參照行政程序法第7條第3款「採取之方法所造成之損害不得與欲達成目的之利益顯失均衡」。法條其實就已經告訴人民，國家所為侵益行為（干涉行政）不可能不造成人民損害，例如：警察攔停之斯時，就已經侵害人民的自由權之考量下，只好用一個浮動概念去控制損害的範圍，即：「目的」。惟採取的方法是一個連續的自然進程（不可逆），通常會造成比目的更大的損害，衡平性就是說明損害不能逾越目的太多而顯失均衡。詳參閱：李惠宗，行政法要義，2013年8月6版2刷，頁115；李震山，行政法導論，2015年8月修訂10版2刷，頁280；陳敏，行政法總論，2013年9月8版，頁87。

目的與手段加以衡秤，而非直接以手段與損害為基礎相稱，獲其結果後再比較執行目的是否顯失均衡。依此，使用強制力造成損害與消弭危害之目的相衡秤，其顯失均衡之狀態可自：「實際危害」大小加以判斷。讀者需注意，強制力動輒嚴重戕害人民權利，具體化在顯失均衡的意義（或範圍或界限），當可自人民所製造危害的大小一窺端倪[17]。

本於職責的維護秩序，大多在已發生實害後的秩序恢復及未發生實害而藏有抽象危害的失序防免之面向，除有延續危害或擴大的情形發生外，尚無強制力之手段得以選擇。依此前提，預防危害目的之範圍相對狹小，造成的損害應屬短暫、輕微、不便；倘逾越了短暫及輕微，似乎即可認定是顯失均衡。例如：備勤人員在刑案現場管制人車，為排除對刑案現場跡證可能造成破壞的危害，對妨礙之人車作暫時驅離或禁止進入之職權時，人民的自由權受到短暫、輕微、不便的侵害，應可認定並非顯失均衡；若持續且超越了短暫、輕微、不便損害的具體情狀（如：連續管制數日），以目的及手段二者相衡，即具體化了「顯失均衡」。

行政（司法）協助之職權，其目的乃輔助主政或主管機關事務的順遂執行，原則需自執行事務本身加以選擇自身協助的方向，加以判斷是否顯失均衡，與協助執行事務目的之利益有關，[18]例如：警察協助勞動檢查員進入事業單位執行檢查時，未見事業營業，經檢視其內亦未有人而無法進入，警察協助在事業單位外敲門及按鈴致有噪音造成損害，應未顯失均衡；倘同樣情形，並無其他法定事由卻逕以強制力的破門方式協助，當然顯失均衡。

至行政指導，自始未具強制力職權之前提下，以輔導、協助、勸告、建議或其他不具法律上強制力之方法，促請特定人為一定作為或不作為之行為可能涉及顯失均衡的情形，有：使用「恫嚇」手段來迫使民眾接受警察餵養的答案，依法不能強制指導卻實質壓抑了個人決定或自由的空間，可視為「顯失均衡」。

---

[17] 一般基層員警處理事故過程中面對民眾，通常都缺少給民眾一個合於法律的說明，尤其在法定要件跟比例原則概念相互混淆下，更難闡明（表達）比例原則的真義，當受到輿論苛責之際，大多只有被砲轟的分，相當可惜。

[18] 涉及的法令有：勞動檢查法第14條第1項、電信法第55條、漁業法第49條第1項、礦場安全法第34條、就業服務法第62條、公司法第21條、水利法第33條等，皆可能協助其他行政機關執行事務。

第二款　處罰不法

　　依上揭指明備勤人員得承繼巡邏的概念為前提下，選擇以處罰不法為方法時，至少可類分為行政罰、行政秩序罰、行政刑罰之手段，警察多無裁量權[19]，比例原則亦同；也就是說，處罰競合的選擇鮮少有裁量權、比例原則的討論，通常是在進行個別實體裁罰時方有餘地。雖謂如此，處罰不法或有比例原則的足跡存在，例如：進入個別處罰得以實施勸導，裁量權運用即為比例原則的體現，使本處命題仍有廓清實務運作之實益，如下說明之：

壹、適當性

　　行政罰，乃維持行政秩序達成國家行政之目的，對違反行政法上義務之行為人，所科處之制裁。惟達成國家行政目的之手段，有時，無需制裁即可達其目的，替代手段就是：「勸導」（尤其在處以較輕罰緩之低度行為）。行政罰法第 19 條第 1 項「違反行政法上義務應受法定最高額新臺幣三千元以下罰緩之處罰，其情節輕微，認以不處罰**為適當**者，得免予處罰」之明文（便宜原則），即有作成決定免予處罰之裁量。基此，考量國家行政之目的將影響著後續作成決定之結果（處罰或勸導）時，決定之目的需正當且禁止不當聯結[20]，使個別違反行政法上義務之低度行為，所為採取處罰或勸導之手段皆是有助於目的之達成，方才符合執行目的，例如：民眾違規**應受法定最高額新臺幣 3,000 元以下罰緩**之處罰，其態度惡劣，實施勸導顯然無法達到行政目的，當得作成處罰之決定；反之，民眾承認錯誤並懺悔，警察即得考量於前揭範圍內施以勸導（告誡），使其不再犯，達到有助於恢復社會秩序之目的。

貳、必要性（手段必要）

　　處罰不法中之於必要性之審查，同一行為之處罰方法受到行政罰法的相當控制，畢竟，無論是處罰法定或罪刑法定原則項下，沒有對人民選擇侵害最小概念，只有立法者所設定的封鎖作用。例如：上揭註 6 所舉取締

---

[19]　同本章前註 6 之思考。
[20]　參照行政程序法第 10 條。

攤販之實例，假設同時符合社會秩序維護法第 79 條第 1 款、道路交通管理處罰條例第 83 條第 2 款之要件，二相比較其法律效果，道交條例之處罰輕於社秩法。然行政罰法第 24 條第 3 項、第 1 項發揮其封鎖作用，將該行為限定在「依法定罰緩額最高之規定（社秩法）裁處」。是以，探討處以行政罰之必要性，似乎只可能限縮在探討個別法條中擇選多種法律效果（選擇裁量）的範圍，而數法條或數法律的競合處罰，僅得依法定規範加以處置。另行政秩序罰及行政刑罰，亦同。

參、衡平性（目的與手段間之均衡）

處罰不法之於衡平性，同上揭必要性說明，在茲不贅。

第三款　紛爭調解 [21]

紛爭調解是一種需要運用話術的勤務作為，執法者的邏輯性表達應建立在「知法」為前提，而施以調解所應建立的概念，即介於預防危害及處罰不法 [22] 之間，且需限定在為刑事不法中告訴乃論及私權紛爭之類型，除此之外，依法並無調解權限。警察介於兩造雙方當事人為紛爭調解時，行政指導 [23] 為主要方法，其比例原則的思考分述如下：

壹、適當性

自紛爭調解行使之行政指導為基點探討適當性，執行須注意執行目的 [24]，藉以輔導、協助、勸告、建議或其他不具法律上強制力方法中選擇，但並非制式地僅能使用法定方法；於非法定方法實施時，其他方法應類同輔導、協助、勸告、建議之程度方屬適當。易言之，促請特定人為一定作為或不作為之行政指導有多種法定方法得以擇選，如「輔導、協助、勸告、建議」，同時應注意指導內容相關法規之目的，例如：鄰居兩造因

---

[21] 前揭各別說明之預防危害、處罰不法或紛爭調解三大區塊，有無比例原則探討之空間？筆者認為，欲達成目的之不同，並無該原則存在之空間。

[22] 陳良豪，警察勤務新論（上）——實務工作者與法律的對話，2016 年 2 月初版，頁 155。

[23] 警察的勤務作為本身就具有公共性，介入處置當然扮演著國家手足延伸之角色，而行使何種職權當然就需往有公共性的軌跡中思考，並非直接置入民事條文作為執法依據，若直接以民事條文作為執行的授權依據，是相當有問題的思考。

[24] 參照行政程序法第 166 條第 1 項。

細故互毆造成輕微擦傷，備勤人員就雙方訴求事項為調解時，應注意使當事人自由約定，互相讓步，以終止爭執或防止爭執發生[25]之法規目的；選擇非法定之方法時，應與法定（輔導、協助、勸告、建議）方法相同有效之手段為之。

貳、必要性（手段必要）

　　必要性係指多種有效方法中選擇一種對人民侵害最小者為前提下，之於調解紛爭的行政指導，有法定（輔導、協助、勸告、建議）與非法定之方法得予選擇，即需比較二者間的侵害程度。單就輔導[26]、協助[27]、勸告[28]、建議[29]等法定方法加以檢視，似乎是文字不同的同義副詞而無程度上差異，惟細思量，「輔導、協助」相對於「勸告、建議」在程度上應有不同之處。前者在教導、指導或協力幫助時可能伴隨有法律的實際導引作用；後者建立在一般說理之上，加以據理開導人，使人接受或提出意見供別人參考，並無法律導引，則前、後者間程度差異即顯現。基此，呈現出**指明法律救濟途徑**的輔導或協助與**單純說理**的勸告或建議之侵害程度，建立在指明錯誤法律救濟途徑的前提下，得出勸告或建議手段才是**侵害程度較低**之結論，除此之外，前、後者並無程度上侵害之差異。是以，行政指導之於必要性審查似乎沒有存在之空間。

參、衡平性（目的與手段間之均衡）

　　為了達成紛爭調解之目的行使行政指導而造成有侵害之情形，多發生在提供錯誤的法律輔導或協助。依此前提，觀察「採取方法所造成損害不得與欲達成目的之利益顯失均衡」，即圍繞「輔導或協助（方法）」、

---

[25] 參照民法第 736 條。

[26] 意指：教導、指導；瀏覽網址：http://dict.revised.moe.edu.tw/cgi-bin/cbdic/gsweb.cgi?ccd=D6sCKp&o=e0&sec=sec1&op=v&view=0-1，瀏覽日期：2017 年 4 月 13 日。

[27] 意指：協力幫助，《三國演義・第一四回》：「恐夏侯惇孤力難為，故又差臣等倍道而來協助。」《紅樓夢・第三回》：「竭力內中協助，題奏之日，輕輕謀了一個復職候缺。」；瀏覽網址：http://dict.revised.moe.edu.tw/cgi-bin/cbdic/gsweb.cgi?o=dcbdic&searchid=Z00000105908，瀏覽日期：2017年4月13日。

[28] 意指：據理開導人，使人接受。《新唐書・卷一二一・崔日用傳》：「會帝誕日，日用采《詩》大、小雅二十篇及司馬相如〈封禪書〉獻之，借以諷諭，且勸告成事。」；瀏覽網址：http://dict.revised.moe.edu.tw/cgi-bin/cbdic/gsweb.cgi?o=dcbdic&searchid=Z00000103766，瀏覽日期：2017 年 4 月 13 日。

[29] 意指：提出意見供別人參考。《新唐書・卷一五三・顏真卿傳》：「真卿雖然博識古今，屢建議釐正，為權臣沮抑，多中格云。」；瀏覽網址：http://dict.revised.moe.edu.tw/cgi-bin/cbdic/gsweb.cgi?o=dcbdic&searchid=Z00000093524，瀏覽日期：2017 年 4 月 13 日。

「損害」及「紛爭調解（目的）」之間，但損害究竟多大才是顯失均衡？筆者以為，行政指導目的之一在調解紛爭，自國家客觀法秩序之保護義務觀乎，其核心概念應可建立在有權利受到侵害即有救濟途徑的基點上；若無法提起救濟是最大的侵害，則錯誤的輔導或協助造成失權，其顯失均衡即建立在「無法或不能提起救濟」之結論，進而判斷有無違反衡平性。理由在於：錯誤的輔導或協助過程通常都在一瞬間，直到時效消滅或其他原因而無法提起救濟方才造成具體損害，縱然定紛止爭之範圍包含不提起救濟，然其不提起乃受到錯誤指導時，應屬顯失均衡。是以，顯失均衡得以透過「**權利之核心概念**」加以界分，俾在行使職權不可能無侵害的前提下，有否跨越此界限成為違法，作為實務工作者在概念上簡易判別的標準。

第四款　身分區分綜合探討

　　備勤人員執法時之身分，與本書上冊巡邏勤務之思考類同，身分辨別主要目的，仍係區分應履行程序之規範究係行政或刑事程序；不明時，透過立法者預設救濟途徑一窺端倪。然預防危害、處罰不法或紛爭調解為目的之職權行使，仍有必要加以探究及區分其身分，分述如下：

壹、預防危害

　　預防危害為目的之行使職權，有行政執行、行政（司法）協助及行政指導等方法，無論具體化在查證身分、直接或即時強制、維護秩序、行政協助、司法協助或行政指導之行使，執行過程中皆有需遵行之程序，而不同程序當有不同身分，其具備何身分乃決定在人民及其行為，先予陳明。

　　於**比例原則項下**探討，身分概念是建立在初始行使職權之時點，執行漸進過程原則並不會改變原本身分。簡言之，身分問題本就控制在「**行為人行為**」及「**行使職權**」之上，縱然依比例原則選擇較重或輕微之方法加以執行，並不會改變原本之身分，例如：警察職權行使法第 7 條第 1項、第 2 項有不同強度查證身分的方法（其區別目的係為明晰應履行之程序），但是身分是受到「行為人行為」及「行使職權」之**警察職權行使法**

第 6 條各條款上，而使用不同強度之方法並不會改變身分[30]。

貳、處罰不法

處罰不法聚焦於比例原則項下，在各職權（行政罰、行政秩序罰、行政行罰）間並無選擇方法（手段）的裁量權限，則單純執行處罰之身分只有單一，只要按照程序執行，並不會發生轉換之問題。例如：交通違規取締之處罰，自始具備行政警察身分；辦理違反社會秩序維護法事件及科處刑罰，皆具備司法警察身分。是以，除另有其他條件影響原處罰程序中更動原本身分或併行處罰外，**警察身分之概念在此處是清晰**，同一行為觸犯數法律加以處罰時，與比例原則無涉，亦無身分區分之問題。

參、紛爭調解

紛爭調解部分聚焦比例原則項下之身分區分，行使行政指導職權僅具備行政警察身分並無區分問題，於茲不贅。

肆、曖昧不明之區間

許多人面對問題時皆渴望立竿見影獲得答案，實務工作者亦然。但相當可惜地是，只想要獲得答案的**答案**，其實一點都不重要！因為，真正應聚焦在對於問題所設定的「條件」之上，它才是真正影響答案的變數；反面的說，答案是被控制在針對問題所設定的條件（論證過程），**沒有條件的答案**，是無意識的、危險的。是以，討論基點就該聚焦在針對問題所設定的條件，獲得答案反而變得不重要，發生曖昧不明可能就是混淆了焦點[31]。

---

[30] 此問題筆者忖量許久，在比例原則項下討論身分問題，會不會有所更動？事實上，在未有其他條件更動原本的執行作為前（如管束執行中大罵執行人員狗娘養的，就是多了一個「妨害公務」現行犯的條件），身分問題不會因為比例原則有所改變，則應履行的程序才不會受到過多條件影響顯得浮動而不易確定。

[31] 筆者在民國 106 年 3 月 9、16、20、28 日受邀擔任第四年內政部警政署全國師資複訓班期的課程講座，進入課程前，筆者向全國教官再三澄清，面對問題的答案從來不是重點，重點在問題與答案間設下了多少條件？條件的更動或變更都會影響著答案，則重點就是：條件，也就是「論證過程」！
如，筆者問：你（妳）人生當中什麼「人事物」是重要的（問題）？
多數人回答：家人（答案）！
筆者問：各位教官判斷「家人」是重要之條件為何？
（現場沉默一片！）
筆者接續分享：我的條件是「原則用錢買不買得到」作為判斷條件！時間、知識、情誼（親情、友情、愛情）、自由、健康、成就感等等原則都用錢買不到，對我而言就很重要，所以，答案不重要。重要的點是：擇選正確條件，後續得出的答案就相對正確。

　　前揭說明了預防危害、處罰不法及紛爭調解爲目的之行使職權，而比例原則是否也有身分曖昧之區間？事實上，在預防危害及紛爭調解部分之身分相當清晰，並無模糊；最讓實務工作者有曖昧不明之處，會發生在處罰不法，其判斷之條件得設定在：一行爲與否。目前處理法律競合係行政罰法第 24 條第 1 項、第 3 項、第 26 條第 1 項各有一行爲 (1) 違反數個行政法上義務、(2) 同時違反社會秩序維護法及行政法上義務、(3) 同時觸犯刑事法律及違反行政法上義務三種情形。

　　第一種情形原則僅具備行政警察身分尙無疑義，暫不贅述。第二種情形即有曖昧不明之區間，即偵辦時無法判斷身分，在受裁處後方得確定，例如：假設違反社會秩序維護法（以下稱社維法）第 68 條第 1 款「無正當理由，於公共場所、房屋近旁焚火而有危害安全之虞者」，其一行爲應同時合於道路交通管理處罰條例（下稱道交條例）第 82 條第 1 項第 2 款「在道路兩旁附近燃燒物品，發生濃煙，足以妨礙行車視線」，備勤人員當下無法預知法院簡易庭是否科以拘留之處罰，則其過程（參照行政罰法第 24 條第 3 項）可說形成了身分曖昧不明。第三種情形，有刑罰優先原則之適用，偵辦時乃具備司法警察身分並無曖昧不明，只是偵辦過程仍需注意應履行之程序，例如：取締酒後駕車之駕駛人酒測值超過 0.25 mg/ℓ，已同時違反刑法第 185 條之 3 第 1 項第 1 款、道路交通安全規則第 114 條及道交條例第 35 條第 1 項第 1 款，仍需依行政罰法第 26 條第 2 項、第 5 項規定併製作違反道路交通管理事件舉發單舉發之。

第二項　刑事法規範

　　臺灣近年來因社會經濟環境丕變，吹起一股食安風暴，生活上與「食」有關的柴米油鹽醬醋茶皆難以倖免。由於食衣住行之「食」是不可或缺的日常用品，隱藏在銅板交易背後的重大利得犯罪終浮出檯面，人民極爲仰賴的食用油在民國 102、103 年間，接連爆發添加棉籽油與銅葉素

（現場教官恍然大悟）
　　面對問題 (1) 順向地擇選條件 (2)，才能回答出趨近正確的完整答案 (3)，即 1 → 2 → 3，而非 1 → 3 → 2，建立如此的思考模式不容易發生前後矛盾。

的大統事件及使用飼料油混充的頂新事件。經營食用油的大企業長年獲利，在偵查、審理過程中才發現，刑法制定之初設有沒收規定將之從屬於刑罰之地位，原則在裁判時始能宣告，而刑事判決在有罪確定後，才能執行被告所有、供犯罪所用、依犯罪所生或一切違禁物的舊有制度，已經不敷人心思變之潮流所用。藉此契機，立法院於民國 104 年底就刑法沒收制度作出一番重大變革，明定自民國 105 年 7 月 1 日起施行[32]，朝向新經濟刑法的目標前進。

備勤人員在突發事件或臨時勤務受派前往處理過程，自刑法沒收新制正式施行[33] 後，取證作為之概念與以往大不相同，尤其伴隨在新制修法的扣押制度中有所更迭，**雖然警察實務機關似乎看不出有何重大宣導及影響，但某些問題[34] 如果終究可能歸責於執行面的警察，深究此問題即有必要！**是以，無論實體法或程序法有關沒收新制的構建，依然可圍繞在刑事案件的二個要素：「被告」、「犯罪事實」，加以建立相關概念。下以沒收新制為主軸，闡明攸關警察之概念及勤務作為：

第一款　實體沒收之規範

重構刑法沒收新制的原因，無論自學者或官方各提出之立法版本，觀點大致相同[35]，認為：沒收乃除卻犯罪誘因、阻絕犯罪最直接的方式，也

---

[32] 林鈺雄主編，沒收新制（一）刑法的百年變革，2016 年 7 月初版 1 刷，頁 1-4。

[33] 沒收新制，在刑法施行法第 10 條之 3 第 2 項規定：「施行日前制定之其他法律關於沒收追徵、追繳、抵償之規定，不再適用。」意即，散在一百多部法典、植基於舊普通及附屬刑法沒收規定的相關院解、判例及決議等，一併失所附麗，無從再予援用。也就是說，自施行日起的沒收（扣押），舊有執行方法之思維全部都要變更，否則可能違法；詳參閱：林鈺雄主編，沒收新制（一）刑法的百年變革，2016 年 7 月初版 1 刷，頁 2。

[34] 例如：警察查獲犯嫌持有毒品案，但當下只針對毒品為扣押，未對身上來路不明的新台幣 15 萬元一併執行，法院發現該犯嫌來路不明價金係販賣毒品所獲，就很可能責怪當時偵辦「持有」毒品案的警察。

[35] 中華民國刑法（下稱本法）於二十四年一月一日經國民政府制定公布，並於二十四年七月一日施行，其間歷經多次修正，最近一次係於一百零三年六月十八日修正公布。然關於沒收之規定，除於九十四年二月二日曾就專科沒收及從刑種類酌為修正外，尚未就其功能性全面檢討。近年來，重大貪瀆、經濟及社會矚目食品安全等犯罪案件，對於犯罪所得之沒收，發生包括因犯罪所得之沒收客體限於有體物，若取得無形之財產利益則不得沒收之困境。而除違禁物及專科沒收外，沒收客體以屬於犯罪行為人所有為限，第三人若取得犯罪所得，因法無明文則不能沒收，同樣面臨執法之困境。基於「無人能因犯罪而受利益」之原則，消除鉅額不法利益之犯罪經濟上誘因，使犯罪行為人或任何第三人均不能因犯罪而取得不法利益，故應擴大沒收之對象，才能杜絕犯罪。再者，目前沒收制度係屬從刑，除違禁物及專科沒收外，未宣告主刑時即不得宣告沒收，犯罪行為人如因死亡或因逃匿而被通緝時，均因無主刑而無從宣告沒收，顯有不公。本法總則編沒收之規定既有上述缺失，實有通盤檢討修正之必要，並參酌洗錢防制法第十四條、人口販運防制法第三十五條、食品安全衛生管理法第四十九條之一等規定及美國聯邦法典

是對抗經濟犯罪最爲有效之手段，倘繼續框架在舊有沒收概念中，仍屬從刑種類，導致當第三人無償或以顯不相當對價取得，或犯罪行爲人因事實上或法律上原因未能訴追犯罪或判決有罪情形，均因無主刑而無從宣告沒收，顯失公平。發生於我國近年詐欺、吸金或貪汙等案件，部分犯罪行爲人海外坐享犯罪成果，亦非正義，如欲貫徹「無人能因犯罪而受有利益」之目的，消除鉅額不法利益顯現在犯罪經濟上誘因之手段，顯現舊有法制

（U.S. Code）、德國刑法、瑞士刑法、日本刑法、聯合國反貪腐公約（United Nations Convention against Corruption，下稱反貪腐公約）第五章等外國立法例及國際公約規範，爰擬具本法部分條文修正草案，其修正要點如下：

一、將沒收列爲獨立專章。（新增第五章之一）
　　本法現行規定沒收為從刑，惟違禁物與犯罪工具之沒收係爲預防再供作犯罪使用，影響社會治安，而犯罪所得之沒收係避免任何人坐享犯罪所得而失公平正義，並遏阻犯罪誘因，又沒收之性質，應依其規範目的定之，即因沒收標的物性質及其所有權歸屬之不同，或爲刑罰，或爲保安處分，或爲準不當得利之衡平措施，或兼具上開不同性質，是本次修正沒收爲具獨立性之法律效果，爰將第三十八條至第四十條之二相關沒收規定，獨立列於第五章之一，章名爲「沒收」。

二、沒收修正後新舊法律之適用。（修正條文第二條）
　　本次修正擴大沒收對象及沒收客體，有關修法後新舊法律之適用，爲兼顧財產權之信賴利益及法律安定性，原則仍適用行爲時法，至第四十條第二項、第三項得單獨宣告沒收之方式，則依程序從新原則，適用裁判時法。

三、刪除沒收、追徵、追繳或抵償爲從刑之規定。（修正條文第三十四條）
　　本次修正沒收既非從刑，應將沒收自從刑之種類刪除。另本法於九十四年修正時，雖將特別刑法及附屬刑法中之追徵、追繳或抵償列爲從刑之一，然追徵、追繳、抵償實係全部或一部不能沒收時之替代措施，其性質應屬爲執行方法而非從刑，爰予以刪除，故本法所指從刑，專指褫奪公權。

四、依沒收客體不同分別規範沒收之要件，並擴大犯罪所得沒收客體之範圍。（修正條文第三十八條、第三十八條之一）
　　（一）沒收爲具獨立性之法律效果，依沒收客體爲違禁物、犯罪所生之物、供犯罪所用及預備犯罪之物、犯罪所得等分別規範。
　　（二）參酌反貪腐公約等國際公約，均要求沒收犯罪所得之客體包括有形及無形財產，乃參酌洗錢防制法規定，擴大沒收犯罪所得之範圍包括「物、財產上利益及其孳息」。
　　（三）第三人以惡意或因他人違法行爲不當取得利益時，如未剝奪顯失公平正義，爰參酌行政罰法、美國聯邦法典及瑞士刑法等立法例，對第三人以惡意或因他人違法行爲取得利益時，酌予沒收，以防止脫法及填補制裁漏洞。
　　（四）現今社會交易型態常以法人、非法人團體爲交易對象，如其取得犯罪所得時，爲澈底杜絕犯罪，應有沒收必要。故所定「犯罪行爲人以外之他人」應包含自然人、法人及非法人團體。

五、增訂替代沒收之追徵規定。（修正條文第三十八條、第三十八條之一）
　　現行本法除分則編或其他法律另有規定外，於沒收客體全部或一部不能沒收時，並無代替沒收之追徵規定，爰參酌行政罰法、日本、德國與瑞士刑法等立法例，增訂供犯罪所用、犯罪預備之物或犯罪所生之物、犯罪所得，因事實上或法律上原因（如滅失或第三人善意取得）而不存在時，得追徵其價額。

六、增訂於無主刑存在時，亦得單獨宣告沒收。（修正條文第四十條）
　　因事實上或法律上原因未能追訴犯罪行爲人之犯罪或判決有罪者，如因無主刑而不能宣告沒收，將形成犯罪行爲人與其相關之人享有犯罪所得，而顯失公平，故參酌反貪腐公約、德國刑法、美國聯邦法典等立法例，定明犯罪行爲人有上開情形時亦得單獨宣告沒收。

七、增訂沒收之時效及執行期間。（修正條文第四十條之二、第八十四條）
　　沒收雖非從刑，然長期不宣告沒收或不予執行，有礙於法秩序之安定性，爰增訂沒收之時效及執行期間，並刪除專科沒收之行刑權時效規定。

詳參閱：行政院、司法院會銜院總第 246 號 政府提案第 15453 號函。

效用出現瓶頸，順勢將之解放，獨立在刑罰中第三種法律效果[36]，統一了沒收用語、分類及重爲定性。以下就沒收質變、體系及法效果結合警察勤務作爲所需概念，輔以概圖分述說明之：

壹、沒收本質之改變

一、沒收的本質

當代舊有沒收法制之結構，自繼受國外法的立法軌跡觀乎，將其定型在「從刑」及「標的三分說」[37]上，簡單的幾個字，卻主宰了民國 24 年至 105 年沒收的法制基礎。爲了因應社會經濟局勢不斷變化，新沒收立法歷程邁向：沒收根本不是從刑[38]、剔除於刑罰以外第三種法律效果[39]等概念大步前進，並使散見在百多部法典中出現自行演化之追繳、追徵或抵償判斷中的司法標準，全數統一回歸刑法總則之用語，產生了成爲刑罰第三種法律效果的質變。

二、新沒收的前提

由於新法將沒收質變爲「非刑罰」，即不以成立犯罪爲必要，係存在刑事不法爲前提即可適用。簡單來說，就是犯罪案件僅需完足構成要件該當及違法性（Unrecht），法院就可以宣告沒收，至於有無罪責（Schuld）或其他刑罰要件（如客觀處罰條件）在所不問[40]。

再者，雖然多數附隨於下之規定亦發生變動，看似與警察無關，但欲建立一整個連貫刑罰體系（警察偵辦→檢察官偵查起訴→法院審判）之概念，警察機關缺少了新修法後的概念，對新修訂之沒收制度仍是一大傷

---

[36] 詳參閱：立法院，第 8 屆第 8 會期第 14 次會議紀錄，立法院公報，104 卷 98 期 2 冊，頁 245-279；林鈺雄等，刑事法研究會 2015 年 10 月 16 日第三次沒收研討會——「刑法沒收革案之檢討與展望」，紀錄刊於：台灣法學雜誌第 287 期，2016 年 1 月，頁 109-161。

[37] 舊刑法第 38 條第 1 項第 1 至 3 款分別爲：一、違禁物。二、供犯罪所用或犯罪預備之物。三、因犯罪所生或所得之物，即爲標的三分說。

[38] 舊刑法第 39 條：「免除其刑者，仍得專科沒收。」及第 40 條第 2 項「違禁物或專科沒收之物得單獨宣告沒收。」即宣示主刑被免除卻可專科沒收而另有考量（前者），亦顯示無關主刑的單獨宣告當無從屬性可言（後者）；林鈺雄主編，沒收新制（一）刑法的百年變革，2016 年 7 月初版 1 刷，頁 9。

[39] 新法毅然將沒收列爲獨立專章（第五章之一），並另設專屬法律效果，形成了「刑罰」（主刑＋從刑）與「保安處分」以外的第三種類型。

[40] 犯罪三階理論分爲構成要件該當、違法性及有責性，刑事不法是建立在構成要件該當及違法性上即可認定，至於有責性是個人責任爲刑法是否苛責或有解除、排除事由，與成立刑事不法無關。於此前提下，新刑法才能沒有矛盾地建立無罪責之沒收；林鈺雄主編，沒收新制（一）刑法的百年變革，2016 年 7 月初版 1 刷，頁 75。

害。例如：警察執行犯罪偵查過程，若無實體沒收之概念，將無從判斷圍繞在與犯罪事實相關之物品是否施以扣押；又如，與犯罪事實相關之物品已成利益（花費殆盡），倘無此概念，在製作詢問筆錄時可能遺漏登載重要資訊，提供法院作為宣告之參考，即無法達到立法初衷之謂。是以，沒收本質的改變，當為現代警察勤務重要的課題。

貳、沒收之體系

刑法新修正的沒收制度分為二類，一為刑法第 38 條之「犯罪**物品**」，另為第 38 條之 1 之「犯罪**所得**」，此二類皆以「**有無實體物**」再各分為二類型。對「**無實體物**」部分均係透過第 38 條第 4 項、第 38 條之 1 第 3 項之追徵手段達到沒收的目的，臏餘「**有實體物**」部分有著不同概念，如圖 7-1 示之。

一、犯罪物品之沒收

犯罪物品在有實體物為前提的沒收，概念上可類分為「違禁物」及「一般物」二種，由於法律原則不允許有人能合法的持有違禁物，依同法第 38 條第 1 項規定為**應沒收之物**[41]。一般物的沒收，視占有人及其使用目的之不同而異其法律效果，刑法第 38 條第 2 項對屬於行為人所有之供犯罪所用、犯罪預備之物及犯罪所生之物，預設為**得沒收之物**，但有特別規定者，仍依其規定。筆者說明上揭分類最主要運用在：警察發現有**應沒收**之物，**務須扣押**！反之，有**得沒收**之物，裁量扣押。

例如：民國 102 年間，某單位警察處理拉 K 毒 PARTY 案件偵辦過程中，涉案女子在警所內廁所意圖自殺未果而送醫，偵辦人員協請線上巡邏女警至醫院急診室執行搜身，女警在該女胸罩內襯發現一裝有疑似微量毒品殘渣的塑膠夾鏈袋（該女子母親在旁親見），搜身完畢交予原偵辦人員後離去。沒想到，該女子送至地檢署開庭後得知被羈押，藉口如廁時以皮帶刀自殺，檢察官訊問女子母親時，故意將與本案（女子於地檢署內自殺至少涉及過失致人於死）無關的急診室所見聞之事實一併告知（胸罩內襯

---

[41] 例如：毒品危害防制條例第 18 條第 1 項對「第一、二、三、四級毒品」、「專供製造或施用第一、二級毒品之器具」、「製造或施用第三、四級毒品之器具，無正當理由而擅自持有者」，均沒收或沒入銷燬。

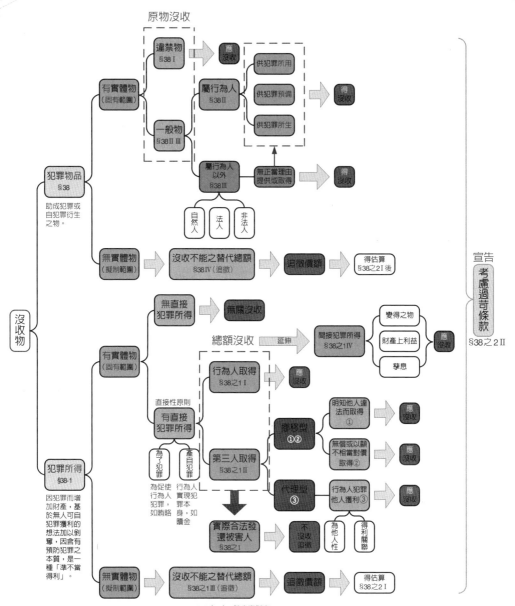

原物沒收

違禁物 §38 I

有實體物（固有範圍）

屬行為人 §38 II

一般物 §38 II III

應沒收

供犯罪所用
供犯罪預備
供犯罪所生

得沒收

屬行為人以外 §38 III

無正當理由提供或取得

得沒收

自然人　法人　非法人

犯罪物品 §38

助成犯罪或自犯罪衍生之物。

無實體物（擬制範圍）

沒收不能之替代總額 §38 IV（追徵）

追徵價額

得估算 §38之2 I 後

宣告

考慮過苛條款 §38之2 II

沒收物

有實體物（固有範圍）

無直接犯罪所得

無關沒收

總額沒收　延伸

間接犯罪所得 §38之1 IV

變得之物
財產上利益
孳息

應沒收

行為人取得 §38之1 I

應沒收

直接性原則

有直接犯罪所得

挪移型①②

明知他人違法而取得①

應沒收

無償或以顯不相當對價取得②

應沒收

為了犯罪　產自犯罪

第三人取得 §38之1 II

代理型③

行為人犯罪他人獲利③

應沒收

為促使行為人犯罪，如賄賂

行為人實現犯罪本身，如贖金

犯罪所得 §38-1

因犯罪而增加財產，基於無人可自犯罪獲利之想法加以剝奪，因含有預防犯罪之本質，是一種「準不當得利」。

實際合法發還被害人 §38之1 I

不沒收追徵

為他人性　得利關聯

無實體物（擬制範圍）

沒收不能之替代總額 §38之1 III（追徵）

追徵價額

得估算 §38之2 I

2016／7／22陳良豪製表

圖 7-1　實體法之沒收架構

資料來源：作者自繪。[42]

---

[42]　此圖表是筆者為了擔任 105 年 10 月 4 日至宜蘭縣警察局擔任全教官、助教、儲備助教及霹靂小組人員授課講座時，先咀嚼林鈺雄老師主編的沒收新制書本，理解反芻其中之數主題所畫，希冀能縮短讀者對文字陌生的距離，完成日期：2016 年 7 月 22 日；林鈺雄主編，沒收新制（一）刑法的百年變革，2016 年 7 月初版 1 刷。

發現一裝有疑似微量毒品殘渣的塑膠夾鏈袋），檢察官查看查扣物品清冊中並無毒品殘渣的塑膠夾鏈袋之登載，立即傳喚在急診室執行搜身的女警前來，訊問後以涉犯刑法第 165 條湮滅、隱匿刑事證據罪新臺幣 3 萬元交保候傳，實在無辜。

自此實例可知，出現在警察面前的**違禁物**，本就不得以便宜行事之作法將之丟棄不辦，實務現仍存在同時查獲實體毒品及殘渣袋時，殘渣袋就可以當成垃圾隨意丟棄而不送辦之舊有思維，就是使自己陷入囹圄，發生此種情形，就是缺少新、舊沒收制度的實務運作之產物。

至得沒收之物，乃與構成要件緊密相關的犯罪物品，得視與犯罪事實之關聯及實際情形來決定是否扣押。前揭無論是違禁物，或犯罪物品的一般物，**警察多是偵辦刑案的第一線接觸者**[43]，倘實體物已滅失或混同，並非什麼事都無法做，而是得將沒收不能之替代價金總額記明筆錄，提供法院作為追徵價額之參考。

二、犯罪所得之沒收

基於無人可自犯罪獲利的想法而加以剝奪的沒收新法，對「犯罪所得」的立法例皆採「**應**」沒收之法律效果，讀者需先予釐清。然為了避免在有實體物的固有範圍內受到株連九族式的沒收，犯罪所得必須在具備「直接性原則」，也就是與犯罪有直接關聯之「利得」，才是應沒收的客體，例如：為了促使行為人犯罪（賄賂）、行為人實現犯罪本身（贖金）[44]。警察需對犯罪所得加以扣押的**應沒收物**，可想像於買賣毒品或走私案件中犯罪行為人身上的「交易價金」，須具備直接性原則，例如：警察偵辦毒品危害防制條例第 4 條之販賣毒品或第 8 條之轉讓毒品時，查緝過程對該交易後價金即得認定具有直接性為應沒收之犯罪所得而加以實施扣押。然而，大部分實務運作沒有扣押的原因來自於派出所偵辦過程有時間壓力[45]，現場或偵辦過程無法即時建立買、賣毒品與價金間的直接性原則（受

[43] 林鈺雄主編，沒收新制（一）刑法的百年變革，2016 年 7 月初版 1 刷，頁 94、100；延伸閱讀：王士帆，德國犯罪利得之扣押與假扣押——以基礎規定（§§111b～111f StPO）為中心，月旦法學雜誌第 241 期，2015 年 6 月，頁 125-154；林鈺雄，沒收之程序問題——德國法之鳥瞰與借鏡（上、下），月旦法學教室第 151 期、第 152 期，2015 年 5 月、6 月，頁 58-71、頁 68-74。
[44] 林鈺雄主編，沒收新制（一）刑法的百年變革，2016 年 7 月初版 1 刷，頁 78。
[45] 參照憲法第 8 條、檢察官與司法警察機關執行職務聯繫辦法第 7 條第 2 項。

逮捕人不承認，又無其他證據顯示有直接性）。另外，常見於竊盜案的動產有汽機車、手機、腳踏車等，皆是具備直接性的犯罪利得，爲應沒收之物[46]。

具備直接性原則而有實體物的犯罪所得之概念，可區分爲由「犯罪行爲人」或「第三人」取得[47]，無論何人取得犯罪利得，新法原則皆是採相對總額沒收[48]，意即不扣除成本、不計算利潤[49]之總額皆係犯罪利得沒收之範圍；惟爲免發生苛刻沒收之情形，立法者以比例原則的過苛條款作爲調節[50]。基此，假設警察在公共場所查獲賭博之犯罪，依新法規定得實施扣押的範圍應包含賭客口袋內「所有財物」。至第三人取得犯罪利得運用在警察實務加以扣押的情形事實上不多見，理由在於：缺少直接性原則！雖然，犯罪利得沒收範圍無關犯罪要件，理論上不適用嚴格證明程序[51]，但終需既存的犯罪事實作爲判斷基礎，才能避免違法勤務作爲的發生。

讀者尙須辨明，「應沒收或得沒收」皆係法院之職權[52]，於此探討最重要的目的是：警察在犯罪現場面對所有的實體物，能有概念地篩選及判斷是否加以扣押[53]，法院才能依法宣告沒收，因爲，建立新沒收制度不僅是司法官需明瞭的法律知識，站在第一線的警察才是更需理解的前端執行者。

參、特殊類型之沒收

警察遇到犯罪物品沒收之特殊類型，多發生在：原住民合法持有自製獵槍，但該獵槍卻被非原住民之人持有作爲犯罪工具，該獵槍究竟是不是

---

[46] 讀者尙請寬心，贓物雖爲應沒收之物，惟新修正之刑法第 38 條之 1 第 5 項規定，犯罪所得已實際合法發還被害人者，不予宣告沒收或追徵，與警察實務運作仍然相同。

[47] 參照刑法第 38 條之 1 第 1 項、第 2 項。

[48] 林鈺雄主編，沒收新制（一）刑法的百年變革，2016 年 7 月初版 1 刷，頁 86 以下。

[49] 參照（新）刑法第 38 條之 1 立法理由五、（三）。

[50] 參照（新）刑法第 38 條之 2 第 2 項。

[51] 林鈺雄主編，沒收新制（一）刑法的百年變革，2016 年 7 月初版 1 刷，頁 92。

[52] 參照（新）刑法第 40 條各項。

[53] 筆者於 105 年 11 月間接受某刑警大隊長諮詢，該事實爲：某甲在某地域以相機拍攝及錄影軍事管制區內動態，將拍錄的檔案傳輸入隨身攜帶筆記型電腦中，站崗軍人發現後通知警察前來。警察到場後發現相機等科技工具內皆有涉案檔案留存，「猜測」所拍錄獲得之檔案應在筆記型電腦中，遂以涉嫌違反國家安全法及要塞堡壘地帶法通知到案返回駐地，依新沒收制度之規定，怎麼找證據？相機、錄影機要不要扣？還是只扣記憶卡？能不能搜索筆記型電腦中檔案？無法開啟筆記型電腦時，可以扣嗎？上列都是警察實務機關應該要重視並釐清的問題，如果在第一時間沒有解決，要如何初步判斷是否犯罪而移送及後續如何執行沒收？

違禁物？抑或為屬於第三人無正當理由提供或取得之物？此問題說更明白些，違禁物是**應沒收**之物，但第三人無正當理由提供或取得為犯罪所用之物係**得沒收**之，二者法律效果不同。例如：原住民 A、B 與非原住民 C 一起去山上打獵，原住民 A 合法持有自製獵槍準備獵殺山豬不成，反遭山豬攻擊逃逸時獵槍不慎掉落，非原住民 C 拾獲該槍欲將山豬打死解救原住民 A，因不諳射擊而不小心將原住民 B 打死，則「該獵槍」究竟是基於違禁物或犯罪所用之物之地位實施扣押？倘為違禁物（非原住民 C 持有該槍的地位是違法，該槍為違禁物），則係應沒收之物，應加以扣押；若為犯罪所用之物（現場一片混亂，可得原住民 A 之承諾合法持有該槍，具阻卻違法事由，該槍非違禁物），係得沒收之物。依此，原住民 A 得否立於合法持有人之地位請求警察現場不得實施扣押[54]？目前新法施行未久，司法實務未有相關見解提供警察作為當下判斷之基礎。

警察遇到犯罪利得沒收之特殊類型，判斷困難的案件會發生在：查緝大型賭博案件中有眾多賭客，一部分正在對賭，一部分在旁休息，但休息的賭客有暗插成數給正在對賭的其中一名賭客，則該名正休憩卻有參與對賭的賭客身上之價金，是否具備直接性而為應沒收之物？例如：該賭場內被查獲 40 名賭客，其中 30 名正在對賭百家樂，正在休息的賭客 A（身上有新臺幣 10 萬元）跟莊家說：賭客 B 每下一次賭金，多插 1 倍，警察查獲後所有賭客均坦承不諱，則外觀上正在休息的賭客 A（也有承認）身上之新臺幣 10 萬元是否為應沒收之物而得實施扣押？

職是之故，警察明瞭並建立沒收制度的新概念事實上刻不容緩，筆者觀察[55]目前的警察運作，實務工作者對該制度仍全然未知或一知半解，或依循舊沒收模式執行，尤其筆者至各警察機關擔任基層佐警講習之授課人員才發現，透過詢問現場員警是否知悉沒收制度的修正，近在場 99％員警眼神是困惑（即有修法嗎？）且茫然，倘第一線的執法人員皆有此反應，是一個警訊，不可不慎。

---

[54] 會碰到這個問題的警察機關，大多是轄區靠山或內政部警政署保安警察第七總隊之森林警察大隊及刑警大隊。
[55] 2017 年 4 月 29 日以前。

第二款　程序扣押之區別

　　宣告沒收後的執行，需完全借助刑事訴訟法中極為核心的保全制度方得加以實現，為配合新沒收的實體法制度，程序規範亦隨之修正，該規範就是：「扣押」。前揭實體法上法律效果：「沒收」、「追徵」之說明，簡要迅速對應至程序法的概念可類分為：「證據扣押」與「保全沒收執行之扣押」二個部分[56]，區別的條件建立在：保全目的之不同，以下就新法之扣押制度輔以概圖簡要說明：

壹、扣押之新制

　　白話地說修法後的扣押新制，相當類似現行搜索的思考，則與強制處分有關之總論及各論概念，亦得援引作為本處建立起令狀、無令狀扣押（讀者得比附援引至搜索有令狀及無令狀搜索型態）之類型。前者（總論）所探討的，大多是各論相通且適用的基本概念，而後者（各論）主要聚焦在如何執行的層面，前、後者觀念皆與警察攸關，以簡圖 7-2 輔助思考。

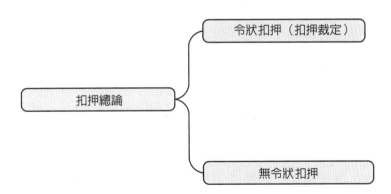

圖 7-2　扣押總論一
資料來源：作者自繪。

---

[56] 林鈺雄主編，沒收新制（一）刑法的百年變革，2016 年 7 月初版 1 刷，頁 235。延伸閱讀：林鈺雄主編，沒收新制（二）經濟刑法的新變革，2016 年 9 月初版 1 刷，頁 323 以下。

一、扣押之主體

　　警察機關在扣押總論部分需關注幾個問題，諸如：執行主體、執行目的、執行客體、執行類型及執行效力，均是共通於各論且需建立的概念。按刑事訴訟法第 136 條第 1 項規定，扣押的執行機關除由法官或檢察官親自實施外，得命檢察事務官、司法警察官或司法警察執行。也就是說，實施扣押原則是以法官或檢察官為執行主體；例外時，檢察事務官、司法警察官或司法警察才是主體。但事實上，依現行刑罰體系之實務運作，司法警察官或司法警察似乎才是執行扣押的大宗。

　　承上，在**執行主體**中有一個警察實務難解的問題[57]：一般認為扣押是連結在搜索後而來，一旦警察並非獨立執行扣押之主體，則非透過合法搜索而來的扣押，概屬違法。例如：警察見一可疑人某甲加以攔查，過程中警察依據自身長年執勤經驗推斷[58]某甲身上有應沒收之物（毒品），直接命令某甲將藏於口袋中之物交付，某甲遵從命令取出一包毒品交付警察實施扣押。依前揭扣押乃附隨於搜索而來之見解，警察並非為（舊）刑事訴訟法第 133 條第 2 項「對於應扣押物之所有人、持有人或保管人，得命其提出或交付」之執行主體，根本無法合法扣押！於此前提下，似乎呈現出警察扣押違法之結論。反之，若搜索及扣押本分屬各別獨立之強制處分皆可單獨發動的前提下，則警察就是扣押的執行主體，可得到合法扣押之不同結論[59]。

　　基此，警察從事犯罪偵查工作有部分查緝到案的方式，就是躍過搜索直接命令民眾交付而扣押[60]，希冀在新沒收制度出現有扣押裁定後，學說或司法實務見解立於解釋論上，能多朝向搜索及扣押乃分屬獨立強制處分之結論，留下警察得獨立判斷本案得否扣押之空間（即係發動本案扣押之

---

[57] 林鈺雄主編，沒收新制（一）刑法的百年變革，2016 年 7 月初版 1 刷，頁 237。

[58] 筆者任職於基層時，也常透過觀察受檢人異常行為比對自身查緝經驗作為推斷是否命其交付的基礎，查獲毒品案件的機率頗高。

[59] 修法後同樣的條文更動至刑事訴訟法第 133 條第 3 項，但同樣的問題仍會在實務運作不斷發生。筆者從事警察基層工作多年回盼，身邊多數警察同事不會莫名對民眾施以命令，憑藉是多年執勤經驗加以篩選，決定發動命令扣押的職權。

[60] 相當特別的是，警察命令受檢人拿出來後，有相對多數的受檢人真的會拿出來，這樣的執勤方式卻不是透過搜索來發動扣押，除非「命令受檢人拿出來而真的拿出來」之行為被認定是刑事訴訟法第 131 條之 1 同意搜索，後續扣押才可能是合法，否則，框架在扣押乃附隨於搜索而來的見解，要得到合法扣押的結論是難上加難。

主體而非僅是執行主體），而無需受制於扣押乃附隨於搜索之概念。

二、執行扣押之目的

　　刑事訴訟法第 133 條第 1 項規定：「可為證據或得沒收之物，得扣押之」，此為達到保全證據或確保沒收之執行之目的[61]，輔以同條第 2 項「為保全追徵，必要時得酌量扣押犯罪嫌疑人、被告或第三人之財產」之內容可知，本案扣押之目的是類分成「證據扣押」（第 1 項）與「保全沒收執行之扣押」（第 2 項）二個部分，而警察偵辦案件大部分著重於本案構成要件有直接關聯犯罪物品之扣押，也就是「證據扣押」（第 1 項），小部分關注在「保全沒收執行之扣押」（第 2 項）。

三、扣押之客體

　　原則上，扣押客體是針對實體物；例外時為虛擬物（如詐欺匯款的銀行帳戶），無論是實體物或虛擬物，均可透過「人」與「物」建立簡易理解的概念。首需理解，扣押一定是對「物」所為的強制處分，「人」無法想像被扣押，則現行法得以扣押之物之種類分為動產[62]、不動產、類不動產[63]、權利[64]或其他財產[65]，實施扣押有提出、交付、占有、登記、收取、禁止清償等方式，而警察最常使用扣押的方法（手段）就是提出、交付[66]、占有。

　　知悉扣押物之種類及其扣押方式後必須理解，物品真正的現實占有人或所有人或持有人或權利人是誰？雖然新法未明文需將扣押物特定歸屬始得扣押，惟仍限定在與構成要件相關的犯罪物品或利得之範圍內。也就是說，扣押物無論在犯罪嫌疑人、被告或第三人的占有或保管中，只要有犯罪物品或利得之外觀，皆得列入決定是否扣押之裁量。

四、法定扣押之原因

　　現行新法的扣押原因仍與舊法相同，有：針對本案之扣押[67]、附隨於

61　參照最高法院 99 年度台抗第 602 號裁定。
62　參照刑事訴訟法第 133 條第 1 項。
63　參照刑事訴訟法第 133 條第 4 項。
64　參照刑事訴訟法第 133 條第 5 項。
65　參照刑事訴訟法第 133 條第 2 項。
66　參照刑事訴訟法第 133 條第 3 項。
67　參照刑事訴訟法第 133 條各項。

本案下的附帶扣押[68]及與本案無關的另案扣押[69]三種原因，結合至與警察相關的概念需注意：法定扣押原因之不同，會影響著警察有否自行決定實施扣押職權的結論。例如：警察必須先尋覓本案合法搜索（搜索票執行、附帶搜索、逕行搜索或同意搜索）事由，發現存在或圍繞本案在犯罪事實中的犯罪物品或利得，當得裁量是否扣押。惟前揭曾說明以**躍過搜索**直接命應扣押物之所有人、持有人或保管人提出或交付的本案扣押，就會顯得與「本案扣押必須附隨在本案搜索」之觀念格格不入，進而得到倘未執行搜索而為本案扣押是違法的結論。

　　至與本案有關而漏未記載所實施的附帶扣押及附隨於本案但與本案無關的另案扣押，警察皆得自行決定。

五、扣押之效力

　　刑事訴訟法第 133 條第 6 項規定，依本法所為之扣押，具有禁止處分之效力，不妨礙民事假扣押、假處分及終局執行之查封、扣押。基此，新法對於實務運作的影響[70]，不單單只有重置了扣押效力，還進一步將檢警調原本習慣於舊有扣押的思維中，一併翻新，應將新法的概念納入偵查計畫中，才足以將扣押新制實踐在偵查作為中。

　　前揭文字說明，以概圖 7-3 呈現。

貳、令狀之扣押

　　欲理解現行法對於獨立的令狀扣押，相當類似搜索的設計，為了避免廣義司法機關或警察機關過於侵害人權，在**非**附隨於搜索之扣押，除以得為證據之物而扣押或經受扣押標的權利人同意者外，應經法官裁定，也就是「獨立的令狀扣押」。

　　首先，除法院自己執行而無需以裁定為之者外，向法院聲請扣押裁定的主體有二，一為偵查中檢察官；一係司法警察官[71]。據此可知，執行公訴任務之檢察官並無聲請權限；另司法警察亦非得聲請之人，僅得透過卷

---

[68]　參照刑事訴訟法第 137 條。
[69]　參照刑事訴訟法第 152 條。
[70]　林宗志檢察官在研討會的發言，詳參閱林鈺雄主編，沒收新制（一）刑法的百年變革，2016 年 7 月初版 1 刷，頁 246 以下。
[71]　參照刑事訴訟法第 133 條之 2 第 1 項、第 2 項。

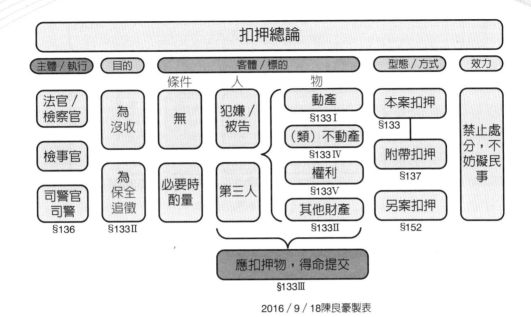

2016／9／18陳良豪製表

圖 7-3 扣押總論二
資料來源：作者自繪。

附層報以司法警察官名義爲之。再者，聲請前提之法定要件，必須是**非附隨於搜索之扣押**，也就是「獨立的令狀扣押」。

扣押裁定之聲請過程，核發程序依法是不公開[72]，核定後裁定內需記載：1.案由。2.應受扣押裁定之人及扣押標的。但應受扣押裁定之人不明時，得不予記載。3.得執行之有效期間及逾期不得執行之意旨；法官並得於裁定中，對執行人員爲適當之指示。由檢察官或司法警察官之聲請經駁回者，不得聲明不服，與聲請搜索票之規定同。

上揭文字說明以概圖 7-4 呈現。

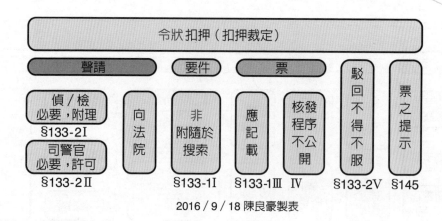

圖 7-4　扣押各論一
資料來源：作者自繪。

參、令狀之扣押

　　警察實務運作得以最彈性、運用最廣應屬無令狀扣押，而無令狀扣押的種類不外乎有下列數種：1. 本案中可得為證據或得沒收之物[73]。2. 附隨於搜索之扣押。3. 非附隨於搜索後之權利人同意扣押[74]。4. 逕行（緊急）扣押[75]。

　　前兩種所為的無令狀扣押，警察得以直接執行，事後並無法定陳報程序。第三種的無令狀扣押，需排除第一種扣押之情形，也就是類似補充規定，但執行同意扣押前應取得權利人真摯同意及履行相關程序，諸如：出示證件、告知權利人有拒絕扣押之權利並且將同意記載於搜索扣押筆錄中，方才適法[76]。第四種無令狀扣押限定在偵查中有相當理由認為情況急迫，有立即扣押之必要，得逕行扣押，而扣押後，法律設有與逕行搜索相同陳報之程序，即應於實施後三日內分別向法院或檢察官及法院報告，法院認為不應准許者，應於五日內駁回[77]。

　　上揭文字說明以概圖 7-5 呈現。

---

[73]　參照刑事訴訟法第 133 條第 1 項。
[74]　參照刑事訴訟法第 133 條之 1 第 1 項。
[75]　參照刑事訴訟法第 133 條之 2 第 3 項。
[76]　參照刑事訴訟法第 133 條之 1 第 2 項。
[77]　參照刑事訴訟法第 133 條之 2 第 4 項。

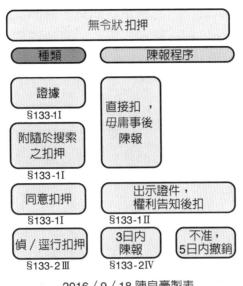

圖 7-5　扣押各論二
資料來源：作者自繪。

第三款　案件之特定

　　如果說，「案件」概念可以貫串實體法與程序法，本次新沒收制度亦是實體法與程序法同步進行修法，當然得以藉著自身對案件之既有概念的理解，觀照新沒收制度相互融會貫通，使備勤的勤務作為建立起簡要的思考架構，作為其他勤務相互運用之基礎。例如：案件實體法之要素為構成要件中之犯罪行為、犯罪結果、條件關係、相當因果關係及行為人行為時之故意或過失，與新沒收制度息息相關；也就是說，考量是否沒收，其範圍是建立在與構成要件有直接關聯，則警察執行扣押之判斷，亦能藉該五要素加以開展。

壹、被告之特定

　　基於新法沒收物之概念，區分為犯罪物品或犯罪所得的二個部分加以觀察，仍圍繞在被告概念中，理由在於：犯罪物品係經被告或第三人來助成犯罪，或犯罪利得在被告或第三人非法持有或占有之狀態，如欲執行扣

押，皆需依附在被告人之上，方得依法處分，縱然暫時未查獲被告持有違禁物之沒收或扣押時，亦同。例如：野生的罌粟花獨自生長，沒有「人」的栽種、販運，當無刑法第 260 條或毒品危害防制條例適用之餘地，法律原則上沒有介入植物自然生長之必要；惟，有「人」的介入施以栽種、販賣或運輸且意圖供製造鴉片、嗎啡之用，罌粟被「人」利用後，因己身效用顯得危險，法律當需即時介入，縱然不知被利用製造成鴉片的行為人是誰，後續亦無妨作成單獨宣告而執行扣押之謂，就是特定被告之扣押。

是以，新法無論是犯罪物品或犯罪利得，皆需建立在有「人」的前提下討論[78]，而實體法上的「行為人」，就是程序法上受到特定的被告，形塑被告之特定，亦得藉實體法之五要素加以觀察。依此，備勤人員在受派臨時事故涉及刑事案件的處置過程，遞次透過審查犯罪行為、犯罪結果、條件關係、相當因果關係及行為人行為時之故意或過失之特定，即可將扣押物一併特定，縱然有無法客觀判斷的要素（如：行為人行為時之故意或過失），仍不影響透過特定被告之後續沒收或扣押的執行。

例如：備勤前往處理妨害安寧案件合法進入住宅後發現，茶几桌上置有類似施用後第二級毒品安非他命的吸食器一組，透過毒品檢驗初步呈現毒品反應，已有證據初步證明有施用毒品之犯罪事實，則正在住宅內的所有人均是被特定的被告，再藉由實體法要素建立真正的條件及因果關係，實質的被告就會出現。倘若發現實質被告（犯罪嫌疑人）後，當然就可對吸食器（實體物）執行扣押，而扣押理由不僅僅是刑事訴訟法第 133 條第 1 項可得為證據之物，更是毒品危害防制條例第 18 條第 1 項的應沒收之物，法條兩相對照下，警察現場並無不扣押的理由。

貳、犯罪事實之特定

警察在現場判斷特定的犯罪事實，原則上是透過既存證據來累積而形成，依本書上冊，亦係藉實體法之五要素來形塑犯罪事實，類同扣押證據

---

[78] 或許有讀者會問：「野生的罌粟花還是違禁物，沒有人，仍得單獨宣告沒收！為何筆者依然限定在有人的前提？」（本處筆者先限定在刑法上討論）刑法第 265 條僅規定「犯本章各條之罪者，其鴉片、嗎啡、高根、海洛因或其化合質料，或種子或專供吸食鴉片之器具，不問屬於犯人與否，沒收之」，在條文中野外自然生長的罌粟花並不在沒收之列，惟一旦有「人」介入施以栽種或其他違法行為，其效用及經濟價值會被非供特定合法用途的人加以濫用，法律當有必要介入，則「人」就是法律要拘束對象的重要前提。

之思考，依附於實體法要素加以判斷的重要功能，可使警察簡易選擇到底需透過任意偵查或強制處分之途徑加以合法執行。由此可知，犯罪事實係由「行為人」之行為創造與形塑，而新沒收制度擴張了犯罪事實之犯罪物品或利得之固有及擬制範圍，倘非合法蒐集的既存證據使犯罪事實逐漸顯明的法定順序[79]，警察很容易排除本可支撐犯罪事實之證據而未加以扣押。基此，備勤人員在刑案現場所為封鎖、鑑識、搜尋、勘查必須從「零」思考，不必然地先預設某方向的事實[80]。

　　例如：取締酒後駕車之公共危險罪，動力交通工具係構成要件中犯罪行為的所用之物，也是造成抽象危險（犯罪）狀態之物（犯罪事實），為犯罪物品得沒收之，司法實務雖不時出現將行為人使用之**交通**工具以犯罪所用之物宣告沒收[81]的判決，但並非說明警察在現場無需執行扣押，此即為扣押與宣告應分離思考之適例；再如：違犯窺視竊聽竊錄之妨害祕密罪之現行犯，於現場扣得攝影機、手機、隱藏鏡頭的背包等科技工具或設備等物品，本就為構成要件中犯罪事實之一部，備勤人員均得圍繞在此概念加以形塑或澄清，決定是否扣押，而對未與構成要件相關之純粹通話之手機排除在扣押範圍之外，仍為合法。

　　警察實務判斷陷於困難之處，有時是來自辦案時間的限制（十六小時），倘欲於時限內釐清複雜犯罪案件進而形塑特定犯罪事實絕非易事，未經思考的執行，當然可能發生錯誤而導致扣押不足或過度的問題，連帶一併出現無實益的沒收宣告。例如：備勤人員獲報前往處理父母舉報小孩

---

[79]　參照刑事訴訟法第 154 條第 2 項。

[80]　【為何她可教化】從心理鑑定師的角度看謝依涵；瀏覽網址：https://www.mirrormedia.mg/story/20170601web003/，瀏覽日期：2017 年 6 月 14 日。
此篇文章雖然自事後鑑定過程得出結論，但某程度與事發查緝謝女到案的當下，相當雷同，尤其是：趙儀珊發現，第一時間的現場，謝依涵回應問訊時已說：「不關別人的事。」然而卻始終被警忽略，偵訊者似乎腦中已有一個先入為主的「犯罪圖象」，所有的問題充滿誘導性：「警察誘導她說的內容，她多次以點頭回應，特別是提及『共犯』做了什麼的時候。而警察也曾提醒被告在檢察官面前必須重複她對警察講過的內容；再加上，影片裡的謝依涵身心狀況不佳，不斷嘔吐，情緒激動。個人在身心狀況不穩定的時候，很容易順著權威誘導的方式『說謊』，趙儀珊說：『在這樣的情況下，才會有四種版本的自白。』在她的鑑定下，這是謝依涵『說謊』的理由。之後，換了檢察官重新偵訊，在中性、開放性的問題，謝依涵身心狀況穩定的時刻，她才說出最後一個版本的『真相』」。這一段內容之報導，幾乎與警察當下偵詢她的情形如出一轍。也可以說，警察偵詢當下的刻板印象，自始停留在如此孱弱女子怎可能獨自殺了兩個人的立場下，才會不停地誘導她朝向有共犯的方向鋪陳，進而使她看起來像心機頗重的毒蠍女，這是一場看起來是罪有應得的法律災難，警察應戒慎恐懼己身是否預設立場。

[81]　5 年酒駕 5 次惹怒法官，男遭判 8 個月再沒收機車；瀏覽網址：http://www.chinatimes.com/realtime-news/20170501004285-260402，瀏覽日期：2017 年 5 月 4 日。

施用毒品案，到場後除扣押第一級毒品殘渣袋、吸食器外，依據父母指證另在背包內有新臺幣 10 萬元是受託前往購毒的價金（假設為眞，只是尚未證明），則該新臺幣 10 萬元得否實施扣押？首先，可以確定的是：警察在現場偵辦方向的法條係朝向毒品危害防制條例第 10 條第 1 項、第 11 條第 1 項的持有或施用毒品，對第一級毒品殘渣袋、吸食器當得依本案違禁物之犯罪物品加以扣押。惟犯嫌之父母指述其子為販賣運輸第一級毒品的共犯而持有新臺幣 10 萬元，在「犯嫌不承認與沒有時間求證是否為眞」之前提，當下根本無法判斷該新臺幣 10 萬元與毒品危害防制條例第 4 條第 1 項之間是否符合犯罪利得之直接性（犯罪事實不確定是否已形成），犯嫌在恐遭託付之人（上游）誤認私吞而報復的重重壓力下，當場否認，亦無其他證據輔助為眞實下，更顯得難以判斷，尤其是未蒐證到父母指述的證據，卻事後矢口否認曾說過的情形，執行扣押與否的窘境就會一再發生。

參、綜合說明

依據上開探討內容可知，備勤人員面對刑事案件執行新沒收制度之相關職權仍有一定要件及門檻，合法執行之前提主要仍繫於：司法警察地位及犯罪嫌疑心證的變數上。此地位及心證雖然無法量化，惟仍得透過發生在事實進程的實體法要素及後續程序之法定要件，一窺端倪。有此軌跡就能具體化於實務運作，以下分別依次建立架構及進行審查，分述執行扣押前對應至實體法區分的具體化標準如下：

一、司法警察地位形成

新沒收制度中扣押之強制處分，類同搜索分為令狀與無令狀扣押，進入有無令狀思考之前提，繫於司法警察地位是否形成？倘形成後，皆為刑事取證之偵查作為。例如：某甲與兄弟某乙因細故以木棍鬥毆，二人均受有傷害，兄弟二人皆自行返家，警察到場未見有人，僅見木棍在地但未見鬥毆痕跡。此際，經現場調查後未果，後續需否執行扣押，實務機關常有疑問；反之，兄弟二人鬥毆後在現場爭論，備勤到場本就具備司法警察地位，應立即判斷對犯罪物品（木棍）有無加以扣押之必要，當與司法警察地位有否形成息息相關。

二、犯罪嫌疑心證升高

　　另一個判斷是否發動強制處分的思考，即為犯罪嫌疑之心證。累積嫌疑心證的目的，對於警察而言，通常是為了建立一個明確實施刑事訴訟調查權的始點，此始點則需仰賴犯罪事實及證據加以澄清或形塑，才能決定透過何種合法扣押之方法為之。也就是說，依現場判斷肯認有犯罪嫌疑，後應緊接是否為令狀之思考。以上揭為例，假設備勤到達兄弟鬥毆現場已無人煙，惟見木棍仍散落在路旁可能是傷害的犯罪工具，趨前檢視赫見木棍上有新鮮血漬的痕跡，有事實足認為現場可能發現鬥毆，報案內容可信度相當高。此際，心證當已升高至犯罪嫌疑，即應思考該木棍是否執行扣押之謂。

三、實質被告地位形成

　　倘具備司法警察地位，同時形成犯罪嫌疑心證，受調查對象除有明顯被排除在犯罪要件以外，反面就代表著實質被告地位的形成，使受調查對象成為訴訟主體進而有相關法定權利。仍依上揭兄弟鬥毆為例，假設備勤到場時二兄弟亦在現場，本就具備司法警察地位，二兄弟受調查或詢問「前」之地位就是實質被告，在確認現場木棍係由何人持有？有否以之實施傷害行為？為犯罪物品決定是否扣押時，應先履行相關法定義務，如：命其交付。

四、履行告知義務

　　實質被告地位的形成即等同具備訴訟主體之地位，立即伴隨著執法人員履行法定告知義務，告知內容是初步弭平人民面對國家實力相互間的不平等地位，諸如：受詢問罪名、緘默權、辯護權、受公正調查權、提審權等，避免在資訊不對等情形下，趁機取得違背人性或壓迫出的供述證據，嚴重違背不自證己罪。以筆者擔任實務工作者的長年經驗觀察，警察大多透過警察職權行使法中詢問身分資料及實施身分查證之法定要件（例如：有犯罪之嫌疑，什麼犯罪嫌疑？）作為迴避履行告知義務之蹊徑[82]，而多

---

[82] 例如：某甲竊得鐵器一批後逃逸，民眾已報案。警察受無線電通報已知有一批鐵器遭竊之情資，某甲運送途中受到知悉竊案發生的警察攔查，但並未確認是否為犯罪嫌疑人。警察當下見某甲載運的該批鐵器似為遭竊，內心懷疑某甲為竊嫌。大部分的警察會透過「合理懷疑其有犯罪之嫌疑或有犯罪之虞」之法定要件執行詢問某甲如：這鐵器是從何而來？為何載運？有無載運或購得證明？等。但，自當下見某甲

數警察於執行時是重大過失不自知，少數爲完全不知。

重大過失不自知之情形，通常爲：查緝刑案過程的詢問，經常以逐漸由淺入深一般言談方式進行，過程突然插入一句法律用語（你有權保持緘默，無須違背自己意識而爲陳述……），事實上不符合一般人言談模式。惟，以此理由無法作爲阻卻未履行法定告知義務的程序違法，縱爲重大過失不自知，亦難脫故意迴避之誹議。至完全不知之情形，通常發生在初出茅廬的新進警察身上，由於缺乏實際工作經驗及難以想像抽象法條的具體態樣，當然就呈現出完全不知實質被告地位形成後應即履行告知義務的情形。

第四款　取證區別綜合探討

同前揭值班勤務所撰「取證作爲是訴訟法上取得證據之作爲」，也就是即時取得供述或非供述證據。依此分類項下可約略粗分五種法定方法，如被告、人證、書證、鑑定及勘驗。證據方法雖爲程序上之規範，仍與新沒收制度息息相關，尤其在第一時間即需作成決定的警察，當然有必要建立或釐清新、舊制度之不同概念，使取得證據皆保持在合法區間內執行，避免進入法院審查證據能力時，違法取得而遭到排除，使實務運作的取證作爲屢屢變成空談。

備勤處置事故過程可能涉及的取證作爲，大多針對非供述證據之蒐集爲主，應儘量保持在「原物」不被汙染的狀態下發動。建立在新沒收制度的警察取證，等同側重在強制處分面向討論；也就是說，新沒收制度都會造成受處分人個人意願、意思自由與權益受到侵害，縱然取得眞摯同意亦係發動強制處分。基此，備勤依新沒收制度在執行面向的勤務活動，必然地依據**情狀緊急與否**作爲判斷是否應先取得令狀，方得有所作爲之條件，獨立地判斷扣押與否，例如：備勤處理街友隨意撿拾鐵工廠外鐵條殺人案，發現該鐵條沾有死者血跡且明顯爲第三人所有，有相當理由認爲血漬跡證隨時可能遭到汙染或滅失，當得逕行扣押。該勤務作爲至少侵奪所有

載運的該批鐵器似爲遭竊、內心懷疑某甲爲竊嫌，其心證早已爲犯罪嫌疑，同時已具備司法警察之地位。此時，詢問已非單純的身分查證，而係實質被告（刑事法上）之詢問之謂。

權人財產法益，當然造成第三人意願、意思自由與權益受到侵害無疑，應執行刑事訴訟之程序。

　　實務工作者較常疑惑之處在於：犯罪利得物品是否得以扣押的問題？多數可說皆以自己漫無標準的模糊觀念加以取捨；更有甚者，連基層分駐（派出）所長亦常說著不知從何而來的判別標準，從而有了眾說紛紜、似是而非的結論，產生相互矛盾之誤解說法。此疑惑問題真正要思考的條件，應係以「與構成要件是否具備直接性原則」判斷。舉一適例：在公共場所賭博的賭客身上賭金，便常成為現場員警猶豫是否扣押的客體？筆者援引立法理由[83]特別指出「依多數實務見解，基於澈底剝奪犯罪所得，以根絕犯罪誘因之意旨，**不問成本、利潤，均應沒收**」，只要有直接性賭博行為賭客身上現款或其他得為賭資之債權、物品，皆是現場應沒收之物得為扣押，呈現出新刑法不採淨額原則的意旨，至灼顯明；另，警察對犯罪物品扣押的概念本就相當嫺熟，茲不贅述。

　　基於上述的理解，備勤處理事故的取得證據分為二個面向，即供述與非供述證據。其中非供述證據的取得對應至新沒收制度多涉及強制處分，該物是否為應沒收之物或得否扣押之判斷，皆需已建立新法體系為前提，方有正確執行之可能，現行實務工作者探究看似隱晦不明之矛盾，仍是沒有體系及篩選條件所肇致。是以，現有實務取證手段的選擇，多來自無法律基礎的訛傳經驗。

第四節　以受理報案類型為例

　　備勤以處理事故為主，上開亦係延伸巡邏勤務相關概念，在本書預設備勤與巡邏的思考邏輯係論述一致的前提，將後續未能完善說明之部分，陸續於本節補充之。

　　依上冊中內政部警政署對各直轄市政府、縣（市）警察局勤務中心110受理報案專線所為受理報案統計之分類，主要以有效或無效案件作為

83　林鈺雄主編，沒收新制（一）刑法的百年變革，2016年7月初版1刷，頁87。

第一個篩選條件，於有效案件再區分為為民服務、治安事件、交通事件、
災害事件、社秩案件、一般案件、重大刑案等種類，迄今仍以表 7-1 的八
種作為統計之分類。

表 7-1　○○○政府警察局受理民眾電話報案統計表

	96年度	97年度	98年度	99年度	100年度	101年度	102年度
為民服務	89,393	111,141	121,527	141,714	158,770	197,418	235,619
治安事件	81	88	38	40	43	57	48
交通事件	195,061	209,620	220,392	243,044	266,283	294,795	323,134
災害案件	4,672	4,866	5,452	5,942	5,437	6,127	6,737
社秩案件	50,657	57,006	73,730	74,247	57,790	61,907	57,313
一般案件	23,877	23,842	22,538	24,197	24,918	21,463	21,669
重大刑案	78	45	745	1,648	223	60	45
有效案件合計	363,819	406,608	444,442	490,832	513,464	581,827	644,565
無效案件	338,130	312,295	311,767	317,152	280,109	308,056	285,470
總計	701,949	718,903	756,189	807,984	793,573	889,883	930,035

資料來源：作者自製。

本文以上開分類開展（案件類別之界定請參照上冊）備勤人員進行案
件處理所需探究之實作於下，一為有關行使職權之比例原則操作，另一將
新沒收制度融合於警察取證作為，利用分類類型具體化在處理過程中應判
別之事務，使實務工作者易於梳文理字，現場處理的思考模式再接近法律
多些：

第一項　行政法規範

備勤人員就受理報案類型處理時，對有效案件之為民服務、治安事
件、交通事件、災害事件、社秩案件、一般案件、重大刑案等與比例原則
關係究竟為何殊值探究，尤其彈性運用的思考及界線，要使原本眾說紛紜
各唱各的調之概念統一實非易事，試以簡要貫串如下：

壹、適當性

一、為民服務

　　備勤進行為民服務的焦點應置於民眾的「需求」，而服務範圍的民眾需求並非索然無度，相對於警察採取方法亦非脫於法度之外。是以，滿足需求所採取方法應有助於目的之達成，是為適當性。例如：民眾錢包遺失無法搭乘交通工具返家，各縣市警察局皆有急難救助經費提供警察給予救助，而為民服務的焦點即為「救助」之費用，通常在返家的交通費用上，至多擴張於「餐食」範圍，對如家庭境遇不好、購置涼飲、衣物汰換等理由申請急難救助金之給予，原則與救助目的之達成無關。準此，逾越救助目的範圍之事項，警察自有拒絕給予之權。

二、治安事件

　　治安事件主要係指聚眾活動之集會遊行，集會遊行通常涉及言論自由，對適當性之執法，應釐清欲執法之目的，再決定達到目的所採取之方法。集會遊行場合之執行目的其實多樣，尤其歷經大法官第445號、第718號解釋後，警察執法更加嚴峻，例如：當保障合法集會遊行排擠其他用路人之權利[84]，係透過事前發布命令或公告劃定管制交通範圍之方法，有助於達到調合二方面權利之目的。更有甚者，當合法集會遊行群眾開始鼓譟、情緒激動，警察旋即將該人帶離現場，亦是有助於達到維護合法集會遊行不受干擾目的之方法。

　　集會遊行的聚眾活動執法，一直是警察的大罩門，可以成事[85]、也可壯烈[86]，這個大罩門可說出現在警察執法的比例原則。通常，備受批評的執法並不在法定要件是否完足，而是縱然採取方法確實有助於目的之達成，也會受到輿論的牽引導致不符合適當性。相當特別地是，法律自有審查適當性之思考，卻常在集會遊行事件執法的解釋論上潛入政治預設的比例原

---

[84] 在建築物法定空地前舉行集會遊行，仍會妨礙「其他行人」的用路權，縱然於室內，亦同。例如：現臺北市大同區勞動部外，即為法定空地，仍屬同棟建築物區分所有權人所有，讀者可不必然地限定集會遊行場合必定在道路或行政機關外之想像，才不會發生無法想像抽象法規範之意旨或文義。
[85] 26高階警異動 方仰寧升官；瀏覽網址：http://news.ltn.com.tw/news/society/paper/808963、http://www.chinatimes.com/realtimenews/20150911004486-260401，瀏覽日期：2018年1月7日。
[86] 陳國恩、邱豐光同時下台 陳家欽升警政署長；瀏覽網址：http://news.ltn.com.tw/news/politics/breaking-news/2198404，瀏覽日期：2018年1月7日。

則，使原本在合法範圍之執行方法及目的產生失眞的輿論，進而導致民眾誤解，如此並無助於建立起民眾對法治國的正確觀念，最終只會削弱各方的能量。

三、交通事件

本處所指交通事件，首重交通事故的處理，備勤依道路交通事故處理辦法第 9 條至第 12 條之規定處理交通事故之目的，係：釐清事實，非探究歸責，首應辨明！則該辦法第 9 條、第 10 條、第 11 條相互間並非個別具體方法，與適當性無涉。然而，該辦法第 9 條至第 11 條規定個別之處置方法，例如：紀錄報案時間、詢問報案人身分⋯⋯等等「紀錄」、「詢問」之職權，即有適當性之討論。也就是說，記錄或詢問的方法可能有很多種，而採取方法需有助目的之達成。再如：現場適當距離處，應放置明顯標誌警告通行車輛之「適當距離」，亦有適當性之探討；其設置目的無非是想達到處置事故過程中不再另外發生交通事故，則其適當距離之考量即需依現場路況（如路幅、車輛限速、車流量等）加以決定。

另一方面的交通事件，係以取締交通違規事件爲主，大數據顯示以違規停車爲大宗。討論有關取締違規停車之適當性，係指道路交通管理處罰條例第 56 條第 4 項、違反道路交通管理事件統一裁罰基準及處理細則第 12 條第 1 項第 6 款、第 15 款、行政罰法第 19 條第 1 項職權之調合上。也就是說，聚焦在「責令移置」、「代履行移置」、「施以勸導」、「舉發」之數種方法，作爲有助於達成恢復交通秩序目的之方法決定如何執行。筆者認爲，立法者有預設取締違規停車方法之法定順序[87]，依序應爲 (1)「責令移置」→ (2) 不予移置或不在車內之「代履行移置」或 (3)「舉發」→於特別情形下「施以勸導」。此時，基於正當法律程序的適當性受到限縮，使警察必須按照預設的順序加以履行。但警察實務機關鮮見違規停車拖吊時有履行「責令移置」（常以拖吊車上的廣播器廣播），通常直接執行「代履行移置」的作爲，此種勤務作爲，似乎錯置了執法目的乃在維持或恢復交通順暢而非舉發或績效，無怪乎多數民眾厭惡執行拖吊。因爲，

---

[87] 詳參照道路交通管理處罰條例第 56 條第 4 項。

警察未執行或畏畏縮縮執行「責令移置」（以拖吊車上的廣播器廣播）之外觀，讓人難權於績效掛帥之想像。

四、災害案件

　　災害案件主要適用的法律為災害防救法，只要有該法第 2 條第 1 款各目情形，即係統計數據之案件。備勤就災害案件所為之勤務作為，多從事外圍管制工作。基於便於救災而管制之目的，其執行之法定方法有二，一係透過警察職權行使法第 27 條之途徑，另一依道路交通管理處罰條例第 6 條加以管制。上開二者探討適當性，係存在於個別職權中各別達到管制目的之方法而言，備勤得視現場狀況選擇能達到管制目的之方法，即暫時驅離、禁止進入、調撥車道、禁止、限制車輛或行人通行。

五、社秩案件

　　備勤辦理違反社會秩序維護法案件時有關適當性之討論，實務著重之重點會放在相關調查權限的行使，與處罰事項無涉，先予限定範圍。以該法第 39 條至第 42 條規定以觀，賦予調查權限是為了釐清事實及保全之目的，對人、對物之方法有別。對人之方法有書面通知與逕行通知及其不服通知強制到場之方法；對物之方法僅有保管一途，則探討適當性應聚焦在前揭個別職權。

　　對人調查之方法是為了達到釐清事實及保全之目的，有助於達到目的之方法，得視事實選擇書面或逕行通知之方法為之，惟需注意，執行逕行通知到場限於不知其姓名、住所或居所而有逃亡之虞及現行違序、不服通知，而確知其姓名、住所或居所而無逃亡之虞，得以事後書面通知之方法執行。讀者仍需注意，社會秩序維護法案件一經調查涉嫌違反均應移送裁處，並**無勸導、不辦之職權**，調查時應謹慎為之。

六、一般案件

　　由於一般案件屬**補充**性質之統計數據，本身定義並非確定，使適當性的討論相當模糊以致本處無法聚焦，讀者得參酌前揭預防危害、處罰不法及紛爭調解中具體化在個別職權的說明，易於理解，於茲不贅。

七、重大刑案

　　備勤面對重大刑案的發生，首須建立的第一個觀念就是：重大刑案是犯罪，則在處置過程中所有相關職權，大多與刑事訴訟有關，先予指明（學長學弟間以訛傳訛的變招經驗傳承必須揚棄）。於此，適當性的討論依然在有效達到目的之個別職權上探討，例如：對重大刑案現場認有必要時，得**封鎖犯罪現場**，並為**即時之勘察**[88]；現行部分實務工作者對實施封鎖犯罪現場一定要有三道防線之迷思，以二道或一道實施封鎖不符合規定？姑不論有否規定，自前揭法條及適當性觀察，封鎖現場所欲達到之目的為保全證據（即時勘察亦是），只要有助於達成目的，無論設置一道、二道或三道封鎖線，皆可得出合法之結論。

貳、必要性

一、為民服務

　　為民服務之作為不涉及強制力，乃給付行政概念之一環，由於民眾乃受益之一方，除有授益及侵益同時存在之為民服務外，尚無必要性探討之必要理由在於：必要性乃「有多種方法能達成目的之方法時，應選擇對人**民權益損害**最小者」，其所指損害，原則沒有授益，只有侵益而言。目前警察為民服務的態樣，尚難想像有授益及侵益同時存在之實務運作，茲不贅述。

二、治安事件

　　治安事件之於必要性，大多發生在集會遊行與公益面向考量之權利相互衝突時，如何在多種同樣能達成目的，選擇對人民權益損害最小之方法上。例如：勞動部前方之法定空地非全然為該部單獨所有[89]，當其他區分所有權人依公寓大廈管理條例召開會議作成決議，設置阻隔器具於地面並陳明一般非因公或非住戶不得入內條款訂入規約[90]，民眾仍入法定空地內

---

[88] 參照刑事訴訟法第 231 條第 3 項。

[89] 勞動部所在位置乃臺北市大同區延平北路二段 83 號，是棟建築物內除有公署外，仍有其他區分所有權人；該址於起造時係依建築法第 11 條各項因建蔽率而預留有法定空地，其所有權仍為全體區分所有權人所有。

[90] 勞動部前之法定空地屬於公同共有，為該建築基地的共有部分，依公寓大廈管理條例第 7 條之規定，於建築基地特定部分不得供作專用、甚至約定專用。惟就該條例第 7 條、同法施行細則第 5 條規定視之，法定空地並未包含在「不得供作專用、甚至約定專用」範圍內（內政部營建署 85 年 3 月 12 日 (85)

進行陳情、抗議、集會等違反規約之行為，警察受該址區分所有權人請求為處置時應如何衡酌執法之「必要性」？

自**住戶面向**探討：該址全體區分所有權人已訂定新規約條款並生效，且已設置阻隔器具（例如鐵具、鐵鍊等，外觀上看起來並非隨意得自由進出），警察受該址住戶或委員會之提請介入處置時，對勞動部抗爭（集會遊行）民眾之行為有刑法第 306 條第 2 項「受退去之要求而仍留滯於附連圍繞之土地」之妨害自由罪討論時，為現行犯，得逕行逮捕（有否提出告訴分屬二事）；警察即便不執行逮捕，亦得將民眾驅離至外部未設有阻隔區域之人行道上，以維住戶權益。

自**陳情民眾面向**探討：請願法第 2 條規定，人民有向行政機關請願之權利，集會遊行法亦有相關規範，縱然依請願法第 11 條規定不得有暴行不法之行為，違者得依法制止或處罰，在未有明顯而立即危害之行為前，對言論自由仍有最大之容忍，需允許其集會遊行之存在。

警察對知悉上開二面向簡要的思考後，首先必須先找出同樣能達成二個正在衝突權利使之併存之方法，諸如：1.請勞動部派代表接受民眾陳情使民眾散去。2.勸離民眾。3.將不願散去之民眾排除至不違反規約之地點等等，再加以判斷有效方法可能造成損害的大小，決定使用損害最小之方法執行。本文認為，具體化執法的必要性，通常需提前預擬數套作為並評估可能造成損害，現場才能有效判斷，否則，不符合必要性要求而違法的機率將會居高不下，其原因應在：腦海中從未有數套作為及評估可能損害的資訊，才無法呈現客觀的合法作為，導致事後進行司法審查時違法連連。

三、交通事件

交通事件如上所述可概分為二個部分，即：處理交通事故及取締稽查。而之於必要性，係在個別職權上討論，與各別職權之間有無必要履行[91]正當法律程序不同，先予釐清！

營署建字第 03278 號書函資以參照）。基此，該址前之法定空地自得為全體區分所有權人召集會議依該條例程序訂定規約，設置阻隔器具（需留人行道之寬度），防止一般非因公或非住戶之人利用空地為滋擾或聚眾之用。

[91] 各別職權中有無必要履行，是決定裁量需考量的問題，與探討行使個別職權的必要性不同。簡言之，此

　　首要，實務對於處理交通事故一直有難解的問題，即：發生在現場傷患救護有無必要強制送醫[92]？此問題即與必要性息息相關。按道路交通事故處理辦法[93]中課予警察義務在：救護、支援、會辦等必要之**通報聯絡**或**盡速通報**消防機關護送傷病患，也就是說，警察係「聯繫義務」而非救護義務。再者，交通事故現場傷患與警察職權行使法第 5 條救助義務無涉（非與警察發生交通事故），亦需辨明。更況，警察非緊急醫療救護法中執行救護業務之救護技術員，法律並無課予急救、送達緊急傷病至適當醫療機構之義務[94]。如是，警察自願承擔義務進行救治，原則上無民、刑事責任[95]。基此，警察非專業人員，無法單純觀其傷勢判斷是否送達適當醫療機構之專業，在未有相關義務及職權前，並無強制送醫及必要性之論討。

　　再者，處理交通事故所為各項職權展開行政調查過程，例如：同辦法第 9 條第 1 項第 4 款（適當距離、設置警戒物）、第 5 款（適當管制，必要時得全部封鎖交通）等等，方有必要性論究餘地，讀者覓文至此，其原由應至為灼然。

　　另警察對單純違反交通事件之舉發，除實施勸導之裁量權違法態樣有必要性之探究外，贅餘存在空間相對狹小，不再敘明。

「必要」（口語）非彼那「必要」（法律），通常，實務工作者都把口語描述的文字推定就是法律上文字的意義，導致不論是表達或書寫或傳承，都常出現說者此意、聽者彼意的結果，吸收入腦海的資訊自然呈現錯誤而不自知。

[92] 車禍拒送醫險死，男不聽勸反告警消，2015 年 5 月 18 日新聞；瀏覽網址：http://www.appledaily.com.tw/appledaily/article/headline/20150518/36556802/，瀏覽日期：2017 年 5 月 13 日。

[93] 參照該辦法第 9 條第 1 項第 2 款、第 3 款。

[94] 讀者有興趣得自行翻閱該法第 3 條（立法定義緊急醫療救護）、第 4 條（立法定義緊急醫療救護人員）、第 24 條第 1 項（救護技術員之級別）、第 26 條（施行緊急救護地點）、第 29 條（救護人員急救及送達醫療機構）等，不過，最有問題應該在緊急救護辦法第 7 條：「救護人員實施緊急救護時，如緊急傷病患或其家屬拒絕接受運送，應要求其於救護紀錄中簽名後，不予運送」之規定中，為何已經是「緊急傷病患」還能自己簽名？雖該辦法授權之母法來自消防法，但有無背離緊急醫療救護之立法目的，則有討論之空間。

[95] 參照緊急醫療救護法第 14 條之 2。筆者為何以「原則上」作結？自願承擔義務加以救治於刑法面向會討論：保證人地位，警察一旦自願進行救治，在救治方法的選擇倘擴大了傷害或中斷交通事故造成傷害的因果關係，發生其他犯罪結果時，便必須由施以救治的警察來承擔法律後果；於民事法面向有無因管理及侵權行為可討論。但無論如何，在未有損害擴大或中斷因果關係的救治行為，原則上沒有民、刑事責任。有關事實詳如：消防員沒論功行賞還要國賠……張博崴山難案 林明溱上訴；瀏覽網址：https://www.ettoday.net/news/20150604/516037.htm；好心同學 背玻璃娃娃滑倒 致死判賠；瀏覽網址：http://news.ltn.com.tw/news/society/paper/31318。

四、災害、社秩、一般、重大案件

就標題之四種案件有否必要性之討論，原則上仍限定在個別職權方有探討空間，讀者得相互對照上冊及本書前揭個別職權的建立思考。

參、衡平性

衡平性係指：採取方法造成之損害不得與欲達成目的之利益顯失均衡，自此可知數個結論：（一）採取方法（行使職權）一定會造成損害；（二）損害之範圍係依達成目的之利益劃定為相互比較之基礎；（三）損害與利益間顯然不成比例時，就是違法。基此，比例性原則相當強調損害與目的間不得顯失均衡，則其權衡之基礎必然以同質性之價值相互比較為前提[96]，免不了需將衡量客體量化、經濟價值化，俾求客觀地獲得標準。然而，萬物非皆有價，改變評量基礎或基點，等同就改變天平上之軸心，軸心一更動，如同回到循環論證無解之狀態。可見，衡平基點是社會通念下的產物，深受時代及環境的價值所影響。

基於上述的理解，為民服務、治安、交通事件、災害、社秩、一般、重大案件統計數據之於衡平性，均繫於行使個別職權中進行審查，其判別之基礎，會隨著社會價值觀的不確定而改變，進行衡量損害及達到目的之利益時，需借助時代及環境變遷因素作為論據之依據。也就是說，警察勤務作為之於衡平性，需視時代及環境形成的社會通念加以判斷採取之方法、欲達成目的之利益加以比較，例如：舊有與現今，對集會遊行（治安事件）有著執法容忍度的大不同，乃因時代及環境對言論自由越趨重視的政治風向，實際影響著警察採取強制力方法執行之次數。

肆、法規範之作用

本處需先釐清一個困惑實務工作者許久的問題，即「行政裁量」與「比例原則」之異同比較，此問題能將個別職權應有遵守比例原則之義務與各別職權有否裁量權限構建出二組不同的立體圖像，描繪各自獨立或關連體系之概念[97]，進而具體化作用法上的比例原則。

相同之處：二者皆有選擇、判斷、衡量及決定之本質，不論是侵害最

[96] 蔡茂寅、林明鏘、李建良、周志宏等合著，行政程序法實用，2013 年 11 月，頁 30。
[97] 以下論述，筆者整理自李震山，行政法導論，2015 年 8 月修訂 10 版 2 刷，頁 296 以下。

小或合義務性之抉擇，均含有目的與手段間之合理聯結關係，需具備合適性（Angemessenheit）及合目的性（Zweckmäßigkeit）。

不同之處：1. 裁量權有**權利**及**義務**雙重性質，比例原則之適用乃為**義務**。2. 裁量權係選擇**最適當**者為之，比例原則乃選擇**侵害最小者**。3. 裁量權可同時或個別單獨存在於侵益及授益處分中，比例原則則否。4. 裁量權是事實裁量問題，比例原則係法律問題，二者不同，因此影響司法審查之密度。

交集之處：裁量權與比例原則有先後次序關係，亦即在選擇最適當方法之裁量後，倘目的與手段間不合比例仍會構成裁量權違法（逾越、濫用），除此之外並無交集。

實務工作者常將**法規範作用**的比例原則與裁量權混同討論、甚而夾雜，無論呈現在預防危害、處罰不法或紛爭調解面向的個別職權，使之無可避免地產生相互矛盾的論述。然而，裁量權與比例原則本各自獨立的二大體系，只有透過相互間的比較，才能分辨出警察在施以作用時，法規賦予二者之間看似重疊性高但仍有不同的執行概念，方能使之彈性運用相關職權。是以，法規範作用的個別職權，在符合法定要件的行使後進行比例原則的審查，無論發生何種類型的案件，皆為同樣的思考軌跡，如此，才能在與人民基本權利攸關的行政作用形塑出適當、必要並衡平的外觀。

第二項　刑事法規範

備勤處理事故過程所運用的職權，常與新沒收制度之概念有關，為了避免實務機關因不知初生立法，而發生警察面對報案所執行的勤務作為傳承自無法律基礎的經驗上。讀者尚需辨明，以下所指新沒收制度之前提，係以實質進入刑事訴訟程序而言，皆需完足司法警察地位之形成或心證累積至犯罪嫌疑之條件，方得進入該制度加以釐清，除此之外的任意偵查手段，尚非本處所指。是以，筆者謹先於警察實務前鑑討論，或有拋磚引玉，試論如下[98]：

---

[98] 自此以下之論述，在為民服務、治安事件、交通事件、災害案件、社秩案件、一般案件及重大刑案等七種類型中，只會擷取與新沒收制度有關之命題加以開展，與沒收較無關聯的為民服務、社秩案件及一般

壹、釐清實體之沒收

治安事件主要適用的法律仍集中在集會遊行法[99]、刑法中討論，則進入沒收討論之前提，需單獨聚焦在個別法條上觀察其各別要素，方得釐清沒收或扣押之體系，其他統計數據呈現的案件類型之思考，亦同。例如：集會遊行法第 30 條規定：「集會、遊行時，以文字、圖畫、演說或他法，侮辱、誹謗公署、依法執行職務之公務員或他人者。」之規定以觀，此法條在沒收的實體概念下只有**犯罪物品中一般物品**[100]**為得沒收**之類型可供討論，端視該物品係行為人或第三人所有之不同，而有不同的沒收要件。

交通事故或交通稽查取締之交通事件類型，需討論新沒收制度之大宗當屬酒後駕車，刑法第 185 條之 3 第 1 項各款規定：「駕駛動力交通工具而有下列情形之一者，處二年以下有期徒刑，得併科二十萬元以下罰金：一、吐氣所含酒精濃度達每公升零點二五毫克或血液中酒精濃度達百分之零點零五以上。二、有前款以外之其他情事足認有服用酒類或其他相類似之物，致不能安全駕駛。三、服用毒品、麻醉藥品或其他相類之物，致不能安全駕駛。」之規定觀以沒收，動力交通工具僅涉及犯罪物品中一般物品為得沒收類型之討論，主要係供犯罪所用之物，至是否屬犯罪行為人或第三人所有，僅係宣告沒收要件之不同矣。

發生災害案件涉及沒收的概念其實相當複雜，但警察在災害現場判斷，其實相對簡單，備勤僅需聚焦在犯罪行為人的相關構成要件要素即可判斷，例如：某甲在公寓引爆瓦斯桶造成爆炸。先思考該災害是否有「人」造成？而後再審查刑法第 176 條、第 173 條第 1 項之準放火罪中炸燬之物為何（瓦斯桶）？即得迅速判斷該瓦斯桶係犯罪物品中一般物品為得沒收之類型。

重大刑案涉及沒收問題的範圍相當廣泛，類歸在警察機關之定義，多

案件，茲不贅述。

[99] 該法並未因大法官第 718 號解釋而全部失效，自中華民國 104 年 1 月 1 日失效部分僅：集會遊行法第 8 條第 1 項規定，室外集會、遊行應向主管機關申請許可，未排除緊急性及偶發性集會、遊行部分，及同法第 9 條第 1 項但書與第 2 條第 2 項關於緊急性集會、遊行之申請許可規定違反憲法第 23 條比例原則，餘皆仍為有效，讀者切勿誤認整部法令已廢止。

[100] 參照刑法第 38 條第 2 項、第 3 項。

與暴力犯罪有關，暴力犯罪的沒收客體皆包含犯罪物品及犯罪利得。判斷是否為何種分類，需借助偵辦或違反法條的構成要件加以釐清。例如：實務運作常把有財務糾紛的妨害自由案以刑法第 347 條之擄人勒贖罪偵辦，緝獲現場有家屬清償**債務**之新臺幣 50 萬元，經認定為擄人勒贖罪之犯罪利得（假設被擄人亦說明該價金確為清償債務之用），警察一併移送至法院有否爭議？純就法律角度而不論警察實務來看，以擄人勒贖罪移送並附隨該新臺幣 50 萬元表面上看起來相當合理，為倘若現場被擄人救出後當下即說明為欠款清償之用，縱然尚待釐清，其是否為沒收之考量，亦應建構在妨害自由罪而非擄人勒贖罪之基礎上，則現行警察的實務運作常併將新臺幣 50 萬元以擄人勒贖罪移送法院，似乎與新法規範背道而馳。是以，警察機關有自己的重大刑案定義，當偵辦單位把案件定位在重大刑案之際，後續對於執行沒收的作為，實已被定位而失卻客觀判斷之權力，則執行應、得沒收犯罪物品或利得的判斷，當然也隨之更動，違法，也在剎那間發生。

貳、判別扣押之程序

治安事件適用之法律集中在集會遊行法、刑法等實體法律，而實現實體規範仍需仰賴程序之手段為之，其標的及法定要件不盡相同。以上揭集會遊行法第 30 條為例，扣押的客體應朝向有侮辱、誹謗公署、依法執行職務之公務員或他人之文字、圖畫物品執行。另，以演說或他法方式則視警察自己或現場之人有否使用科技工具（含手機）攝錄影音，判斷有無達侮辱、誹謗公署、依法執行職務之公務員或他人之演說或他法之犯罪行為後，再加以執行扣押[101]，其餘無關構成要件之犯罪物品所為執行之扣押，應屬違法。

交通事件中交通事故或交通稽查取締之酒後駕車有關扣押的問題，現今實務運作係將刑法第 185 條之 3 第 1 項「駕駛動力交通工具而有下列情形之一者」之交通工具先予扣押，乃視駕駛狀態在未涉及其他案件時，

---

[101] 讀者會發現這樣論述剛開始有些弔詭，因為第三人攝錄到犯罪行為人犯罪行為的手機，在刑法（實體法）並非沒收的客體（第 38 條第 3 項），依法無關沒收，對應至刑事訴訟法，反而成為第 133 條第 1 項、第 133 條之 1 第 1 項除書、第 133 條之 2 第 3 項得扣押之客體？惟現場得否扣押與事後案件進入法院應否沒收係分屬二事，有交集之處在於沒有扣押就沒有沒收之概念矣。

均會請駕駛人通知其親友前來領回，其依據來自刑事訴訟法第 133 條第 1 項（可為證據之物），而後的發還作為係依第 142 條第 2 項之規定，命其保管、暫予發還，供作日後宣告沒收後執行之用，一般實務工作者認為發還本非扣押之陳舊觀念，應予揚棄才是。至其他有關交通事件中涉及扣押之問題，圍繞於實體法中構成要件之相關要素，獨立進行程序審查即可。

災害案件涉及扣押之問題相對簡單，備勤只需聚焦在犯罪行為人的相關構成要件要素即可，判斷為應沒收或得沒收之物後，再思考應以何種無令狀類型之扣押取得供犯罪所用之犯罪物品。以前揭「某甲在公寓引爆瓦斯桶造成爆炸」為例，瓦斯桶本來就是可為證據之物，不論是透過本案無令狀扣押、附隨於合法搜索後之扣押、逕行扣押之方式，均有合法權源。實務工作者可能認為較有問題在於：現場無所有人之物品得否扣押？讀者尚需明晰，扣押犯罪物品雖仍以附隨於有人之條件為前提，但物品可為犯罪事實之證據時，無附隨人當得扣押，例如：火災現場發現疑似放火的打火機。

重大刑案當然也涉及扣押問題，執行扣押需圍繞在偵辦過程逐漸形成的犯罪事實上，而犯罪事實的浮動，實質影響著適用偵辦的法條，但「事實」需透過時間的洗滌才會越趨顯明，附隨在取得證據的勤務作為上，當然就隨之更動。讀者儘量勿受實務運作影響而需建立一個新觀念，即「有些案子在時限內無法取得足夠的證據，就緩著辦！」如此想法，能使勤務作為回歸到冷靜判斷的理智線上，不會因時限問題而強迫使用違法的取證作為，例如：未有合於法定要件的無令狀扣押，即應朝向法院聲請令狀方向的思維前進，尤其是重大刑案證據之堆砌，往往需要長時間才能逐漸形成犯罪事實的輪廓，經過時間澄清犯罪事實之基礎——證據，才不容易在訴訟攻防過程被認定為違法。以上揭妨害自由罪或擄人勒贖罪中的新臺幣 50 萬元為例，刑事訴訟法第 133 條第 1 項規定可為證據或得沒收之物之範圍，應限定在既有的犯罪事實加以觀察；簡單地說，外觀看似受擄人的真實陳述說明該新臺幣 50 萬乃清償債務之價金而非贖金，警察縱然直覺地認為應是贖金，亦與現行法得施以扣押之標的尚有距離。

參、法規範之特定

基於上述之說明，備勤無論處理何種刑事案件藉以觀察新沒收制度，建立扣押的思考架構，依然是透過被告及犯罪事實加以建立。雖然，原則會浮動的部分係犯罪事實，而其浮動的變數又是被控制在發現的既有證據之上，但仍未逸脫於現行的法定證據方法之五種類型，即被告、人證、書證、鑑定及勘驗等，皆能透過既存之證據加以特定（決定扣押←被告、犯罪事實（浮動）←既有證據）。

備勤到達上揭數據有關受理報案類型之犯罪現場，得先透過既存之證據加以形塑犯罪事實，暫時形成了一個犯罪事實及適用法條，再決定針對哪些犯罪物品或利得加以扣押，依據順向排序的審查，相信能當機立斷、鴻野分明。例如：前往處理侵入住宅之報案，首當勿受民眾報案類型之影響進行現場觀察，透過造成門鎖破壞、宅內房間翻箱倒櫃、破壞書桌痕跡等既有跡證顯示，**應該是**一件竊盜案。勘察現場的方向以被告、犯罪事實聚焦，就是找尋可能與被告（菸蒂、指紋、DNA 等）或犯罪事實（對竊取行為之鐵橇、扳手、開鎖器具等物品）相關物品進行扣押。又如，在知悉附近鄰人有自行裝設之錄影監視鏡頭時，亦得協請裝設人播放畫面；倘有，則擷取電磁紀錄後可執行扣押電磁紀錄（非扣押實體物）作為加重竊盜罪之證據。

職是之故，本文不斷透過被告特定、犯罪事實特定之二要素，作為警察面對各式各樣刑事案件說明的基礎，無非欲替現場執法人員建立一個能貫串事件的簡易共通條件，無論在詢問筆錄、勘察現場、執法、任意偵查、強制處分……種種勤務作為，皆能透過簡單且易於記憶的要素進行合法的警察活動，執行扣押取得證據的實際作為越接近法律，被法院認定違法排除的機率就越低，警察有了專業取得社會的共識，進一步使警察取得微罪處分權及雙偵查主體，似乎才能真正有效提升警察的社會地位。

第三項　法規範之分野

以首揭案例，對應至警察勤務作為之比例原則及新沒收制度，仍需澄清法規範之分野。基此，現場執行在概念上的分野，得便於廓清規範間的

始點是否清晰？浮動概念的緊密連結或競合程度如何判別？釐清這些問題，皆有助於明晰勤務作為，說明如下：

壹、分野始點之建立

　　無論以行政（行政警察、司法警察）或刑事（任意偵查、強制處分）法規範之想像道具探討相互間是否存在分野始點，主要有混沌之處在於前偵查行為究竟是不是刑事偵查？其聚焦於比例原則或新沒收制度仍在：建立在刑事偵查核心事項：「嫌疑」作為分野的起始點，方得討論前偵查作為或刑事偵查各別職權的比例原則；未確定分野點，直接探討比例原則獲致之結論，並無實益。

　　就本章之首【現行實務機關(1)】實際執行內容觀以：「受警察甲派遣至醫院處理有人受傷的 A2 交通事故」之通報內容，其犯罪事實至少可確定在過失傷害罪名之上，除有其他證物顯示可能涉嫌他罪使犯罪事實產生擴張之外，本就具備「嫌疑」並無疑義。之後的勤務作為包含：詢問傷者、證件登錄、告知權利義務等，皆係司法警察身分之作用及任意偵查之取證作為，主要應行刑事訴訟程序。至其他職權之行使，另需視有無合於法定要件，方能判斷分野始點建立後屬於何種概念。

　　【現行實務機關(1)】中有關新沒收制度的概念，聚焦在本案之實體法面向，應朝犯罪物品為構建（如車輛撞擊後碎裂產生的碎片等），以與構成要件**有直接關聯**之一般物且屬於行為人判別，法定為**得沒收之物**；依刑事訴訟法第 133 條第 1 項之程序規定，**得扣押之**。至於在其他案件類型有關沒收或扣押的思維，亦同。

　　【現行實務機關(2)】實際執行內容觀以：「前往另一家醫院處理剛才值班通報的家暴案件」之通報內容，已建立了一個清晰的嫌疑始點，但此刻犯罪事實仍是浮動，因為，家暴案件的演化，有可能從單純精神言語暴力因不同時點逐步發現既存證據的歷程，呈現出犯罪事隨時可能擴張之狀態。例如，保全告知到院之警察：「送進來的時候還滿嚴重的，醫生交代護士跟我說要先聯絡她的家人，等一下應該要家人簽手術同意書，可是目前依照我們的途徑還沒辦法聯絡上，她先生不是被你們警察逮捕，怎麼過來啊？」時，已經使單純家暴案件，因證人之供述而擴張了犯罪事

實，使司法警察身分之作用及取證作爲之概念，已朝著有強制力職權的方向思考，後續實施強制力之職權，即有比例原則之適用，讓位居於核心概念：「嫌疑」，能作爲區隔不同概念的機能。

【現行實務機關 (2)】中有關新沒收制度之概念，本案實體法需關注的焦點在於：殺人、重傷害、傷害罪有直接關聯之構成要件中發生實害之犯罪結果之犯罪物品。簡言之，就是實行殺人、重傷害、傷害行爲的犯罪工具，其爲得沒收之物，依法得扣押之。假設，殺人之兇刀不見蹤影，現場無法執行扣押，經詢問施暴先生坦承兇刀丟棄於友人甲之家中，警察前往甲家中執行扣押準備採證及送驗鑑定遭到拒絕，若情況急迫時當得逕行扣押，惟事後應於執行後三日內另卷報告檢察官及法院進行適法性審查，法院認爲不應准許者，應於五日內撤銷之。如此依法陳報，才不會將辛苦取得的證據在本案訴訟過程中認定爲違法取得而不具證據能力。

綜上所述，建立分野始點後對應至備勤處理實際案件，能使程序規範呈現出較爲清晰的分水嶺，依據既存的犯罪事實作爲進一步決定行使職權的方向。倘非緊急或符合其他法定要件，新法之扣押裁定，將是未來警察合法偵辦刑案的利器。是以，刑事訴訟核心要素：「嫌疑」，代表著無法回頭的起始點，建立後的方向，僅得在司法警察身分之作用與任意偵查及強制處分間，擇選最合法且適當的職權行使之。

貳、始點判斷之條件

本書判斷條件仍以「司法警察身分」或「犯罪嫌疑心證」的法定要件，作爲建立「嫌疑」核心的要素，至於如何具體化，筆者以首揭二案例加以說明：

無論是【現行實務機關 (1)】或【現行實務機關 (2)】的報案內容可以很清楚地知悉，備勤在整個勤務作爲過程都已具備司法警察身分，毫無疑問。另外，犯罪嫌疑心證之判斷，以【現行實務機關 (2)】之重點並非放在自懷疑至嫌疑心證的問題，而是逐漸出現在事實中供述、非供述證據使得犯罪事實呈現浮動的現象，況且，嫌疑心證自單純家暴及傷害，可能因證據逐漸出現使其提升至重傷害或殺人。於是，抽象犯罪事實隨著證據不斷出現的擴張，無形中向警察透露著「裁量收縮至零」之重要訊息，後

續的勤務作為不再將任意性納入考量，應立即將強制力列為首要執行的職權，才是合法、合理、合情的適切思維。

至有關【現行實務機關 (1)】或【現行實務機關 (2)】之新沒收制度與司法警察身分或犯罪嫌疑心證之討論，與前揭說明的思考邏輯並無二致，茲不贅述。

參、分野之程序轉換

程序轉換是警察實務的一個重要法治概念！由於程序有否轉換，會實質干預或侵害人民基本權利，尤其偵查活動常伴隨相互交疊的強制力，若未落實轉換，只會使法治倒轉；另一方面，程序轉換會同時形成刑事訴訟主體之地位，為了使執行人員更貼近法律賦予權力、課予義務之命題，本處必須澄清。

依本章之首【現行實務機關 (1)】實際執行內容觀以：「受警察甲派遣至醫院處理有人受傷的 A2 交通事故」報案內容，早有嫌疑始點，分野後就應執行刑事訴訟程序，使取證作為皆受到刑事訴訟法則的制約。倘若，在既有犯罪事實中並未擴張的情形下，則應優先考量與任意性有關之職權，例如：刑事訴訟法第 71 條之 1 第 1 項（犯罪嫌疑人）、第 196 條之 1 及第 175 條（證人）通知等。

【現行實務機關 (2)】實際執行內容觀以：「送進來的時候還滿嚴重的，醫生交代護士跟我說要先聯絡她的家人，等一下應該要家人簽手術同意書，可是目前依照我們的途徑還沒辦法聯絡上，她先生不是被你們警察逮捕，怎麼過來啊？」之事實，依據現有證據判斷，犯罪事實已然擴張，藉由現場可信的傳聞證人（保全）說明「送進來的時候，她滿臉是血呈現昏迷，急診醫生用燈光照射她的眼睛一看沒有太大的反應，就趕緊簽發各項檢查單並請護士及義工把她推去檢查了」，代表著備勤務須朝向有強制力的職權思考。

至有關【現行實務機關 (1)】或【現行實務機關 (2)】之新沒收制度，讀者僅需確定已建立始點，始點分野後程序的轉換需以新沒收制度為主軸，附隨在程序以外的其他職權，其目的皆為了合法取得證據，切勿忽略了勤務作為是以新沒收制度為主軸的執行。

第五節　結語

　　備勤勤務，是建築在處理受理民眾報案的核心工作內之延伸，兩相同質性高，建立的思考模式應爲同一。本文於此，將巡邏勤務著重在建立法規範概念中合於法定要件（先合法）的區塊，以備勤勤務補充個別職權的比例原則（再講方法），輔以新修正通過的新沒收制度，作爲填補實務工作者無暇明瞭的相關規範，使抽象的法律文字具體化在案例中的勤務走向，加以呈現應如何合法的新思維。

　　勤務作爲中比例原則的展現，與憲法的保護義務密切有關，依筆者觀察近二十年來各警察機關的實務運作，對此問題非僅相對陌生，而是**非常陌生**，不僅操作模組未成體系，思考類型的架構更見疏漏，勤務作爲才會陷入僅合法但不符比例原則，或不合法卻符合比例原則的泥沼中而不自知。讀者必須明晰，遵守比例原則是行使個別職權之義務，不是權力，當不符比例原則的勤務作爲發生時，民眾抗拒警察而攻擊，是否還能成爲妨害公務的犯罪行爲人則不無疑問，實務工作者的觀念應與時俱進；更何況，執法者本就有合於比例原則作爲之義務，如何能恣意免除之。

　　新沒收制度的實體執行有部分工作需仰賴警察，當執行者未能有效建立新法架構而胡亂執行時，斲殤好不容易建立警察執法值得信賴的基礎，尤其顯現在修正後之犯罪物品及犯罪利得之分類上，更顯一斑。對應至程序執行的授權基礎，實務工作者亦應有新扣押裁定的概念，聲請程序的思維與搜索票類似，以令狀爲原則、無令狀爲例外。有了獨立的扣押票，可使警察遵循著合法的腳步前進；縱然在緊急情形，法令仍允許逕爲扣押，後補行聲請程序之規範爲補充，使之彈性運用。

　　是以，看似單純處理事故的過程，絕非僅是三言兩語即可說明，倘無體系錯亂地依己身累積之經驗指導、諮詢、提供意見，只會使人民權利受到怠忽。筆者長年在實務機關觀察，獲致了民眾法治教育仍處於萌芽中之結論，若僅靠著警察看似傳遞快速但無任何自我篩選機制的龐雜資訊作爲判別，又充斥著漫無標準的國家公權力，似乎又將走回公務員可以恣意怠惰不作爲的年代。是以，無論是巡邏勤務或備勤勤務，處理民眾報案當仍

需以法規範爲基礎，而非全依快速的經驗傳承作爲執法依據，才能眞正落實保障人權的抽象口號[102]。

---

[102] 筆者有感而發，在警察機關欲落實保障人權的概念，眞正無法跳脫的枷鎖出現在：在位者！某程度而言，現今對待自己機關內部人員的管理措施，大多仍存在舊有官僚體制下的思維，而並非與時俱進以法律爲依歸；以此基礎，對外部人民執法怎可能建立具體的法治國圖像，使基層執法人員腹背受敵，此種情形在警察專業單位更顯一斑，顯示出不懂得尊重自己部屬之官長所爲的內部管理措施之手段，常可能沒有依法行政的具體思維，就更不必高談闊論要如何落實保障人權的口號了！

第八章

使用警械

概說

　　警械，通常隨著勤務出現在警察身上，「佩掛」在身上是一種武力、剛性的表現，也是一個保護自己、民眾的武器。多數實務工作者剛接觸時對它充滿憧憬，習慣後嫌它是個累贅，需要時認為它不夠就手，不需要時希望它自己消失，相互矛盾情結的糾葛，發展出長年不熟悉合法使用警械的勤務慣行，口耳相傳的經驗法則，具體化在沒有法律支持、似是而非的論點上傳承，這呈現了現今警察對警械有諸多想像的描述。下以一實際案例[1]作為開場薦介：

【現行實務機關】

　　證人即執行逮捕之警員蔡維雅已到庭證稱：「（問：當天經過情形為何？）當天我與甲○○騎機車在巷道繞，後來甲○○在巷子內看到自訴人，我們就馬上追，後來自訴人跑到茶室內，我們就追進去茶室，當時我們右手都拿槍，左手抓住自訴人，但自訴人一直反抗，我們左手一隻手抓不住自訴人，剛開始我們進去時，看到自訴人從左邊衝，後來自訴人看到無路可跑，就回頭要衝上樓梯，當時我左手捉住自訴人的右邊，莊凡昂抓住自訴人左邊，後來自訴人的手抓住我的槍枝，隨後我聽到槍聲，最後聽到一聲槍聲，自訴人就說他中彈，在我們抓自訴人過程中，我就有聽到槍聲，最後一聲槍聲是自訴人抓住我的槍枝後才聽見，後來我聽見自訴人說他中彈，不要再壓到他的腳，後來我就沒有聽到其他槍聲。」
　　「（問：當時你的左手如何抓他，為何自訴人的手可以抓住你的槍？）當時我右手持槍，左手抓住自訴人右衣領，要將自訴人往下壓制，因為左手力量不夠，自訴人右手一直反抗，自訴人的右手抓住槍的另一邊，之後就聽到槍聲。」
　　「（問：自訴人抓住槍的另一邊時，是否感覺自訴人要做何事？）我當時只是要將自訴人壓制下去，怕他用手扣扳機傷到人，因為當時我們的槍都上膛。」
　　「（問：是否因自訴人握住你的槍後，被告才開槍？）是。」等語（見

----
[1]　詳參照臺灣士林地方法院 91 年自字第 190 號刑事判決。

本院九十二年三月二十日訊問筆錄）。

　　證人即執行逮捕之警員莊凡昂亦到庭證稱：「（問：當天逮捕自訴人經過為何？）當時派出所好幾組人馬在淡水已繞很久了，後來到淡水鎮○○路一二九巷十八號外面時，甲○○看到自訴人並喊不要跑，就跟著追進去，當時我也跟著追進去，後來自訴人跑到屋內左側，自訴人於無路可跑後，就想衝到屋子右邊樓梯去，我們就與自訴人發生扭打，要抓自訴人，我與蔡維雅一人一邊，我抓自訴人左手，當時蔡維雅拉自訴人右手，當時自訴人掙扎力氣很大，甲○○站在我的左側，後來有聽到槍聲，自訴人就蹲下去，當時我與蔡維雅都一手拿槍，一手抓被告，後來聽到槍聲。」

　　「（問：案發當時是否有其他人在屋內？）當時甲○○看到自訴人時，有先喊警察，但自訴人還是往屋內跑，甲○○就追進去，因為怕在屋內開槍流彈亂竄，而當時屋內正在裝潢，左側地上有放置油漆桶，甲○○有對廁所油漆桶鳴槍示警，屋內人就都跑走了，有的人往樓上衝，有的往屋外跑，屋內現場除我蔡維雅、被告與自訴人外，就沒有其他人了。」

　　「（問：甲○○事後有無向你說為何對自訴人開槍？）後來甲○○告訴我，當時因為自訴人抓住蔡維雅的槍，所以他才開槍。」等語（見本院九十二年三月十日訊問筆錄）。

　　證人即隨後到場支援之警員王成金亦證稱：「（問：有無聽說為何自訴人右腳膝蓋被開槍？）當時我到場後，看到自訴人的腳受傷，有問自訴人為何受傷，甲○○說因為自訴人要搶蔡維雅的槍，他看見自訴人搶槍，就朝自訴人的腿開槍。」

　　「（問：進屋內時，是否看到其他人？）無。」等語（見本院九十二年三月十日訊問筆錄），是證人蔡維雅、莊凡昂、王成金證述之前開內容核與被告所辯上情大致相符。

　　又證人蔡維雅於九十年一月十六日所寫之開槍報告書亦載明：「職（即蔡維雅）於九十年一月十六日十二時三十分許至淡水查緝逃犯乙○○，奉命由巡佐甲○○帶領，與警員莊凡昂為一組展開搜尋，於本日十六時三十分在淡水鎮○○路一二九巷發現嫌犯乙○○行蹤，職等立即上前逮捕，張嫌見狀往巷內逃逸，職一路追逐並大聲喝令張嫌不要動，張嫌仍不聽制止後，王巡佐對空鳴槍三響示警，張嫌仍不聽從繼續逃逸竄入該巷十八號一樓茶藝館內，職等三人趕至並上前逮捕，但張嫌拒捕與職等發生扭打，王

巡佐又對地鳴槍一響警告，張嫌不為所動持續頑強抵抗變本加屬，以右手搶奪職手中警槍（當時警槍已握在張嫌手中）。王巡佐見情況急迫，非使用警械不足以預防同事及本身安全受到危害，朝張嫌右腿擊發一槍，始順利逮捕，並立即通知救護車將張嫌送往淡水馬偕醫院救治。」等語，有開槍報告書一份在卷可參。

　　足見被告所辯：伊當時是與蔡維雅、莊凡昂等人一起到現場逮捕乙○○，伊等在門口遇見乙○○，即先開四槍示警，乙○○就跑到屋內，伊等就追到屋內並與乙○○發生扭打，伊為制伏乙○○故有以槍柄先打乙○○頭部，但乙○○並未被制伏，仍繼續與伊等扭打。伊與蔡維雅、莊凡昂三人之右手當時均持槍，僅剩左手，無法單手制伏乙○○，後來乙○○就用右手抓住蔡維雅槍枝，當時伊因擔心槍枝遭乙○○搶走而發生危險，故在不得已情況下，才會朝乙○○之膝蓋開槍，始順利逮捕乙○○等情，堪認屬實。

　　警械使用條例第1條第1項指明了「警察人員執行職務時，所用警械為棍、刀、槍及其他經核定之器械」之警械種類，讀者須先明瞭此條文背後所蘊含的法制概念，才能建立起合法使用警械的架構。例如：警械，乃警察執行任務，為排除危害所使用之方法（手段）之一，最為強大且具殺傷性者，其發動稍有不慎，極易侵害國民之權利，當需被要求以法律明確規定其行使之條件（法律保留原則）[2]。易言之，警械為什麼要以法律來定？因為它的武力非常強大，不小心使用就會造成很大的損害，當然要以法律的位階訂定來拘束著使用者；另一方面，由於一般國民不能任意持有警械，無形中剝奪一般人民擁有財產或武力的權利，其位階當然亦需以法律定之，方符憲法的基本要求。

　　基於上述的理解，警械既然是臺灣目前首屈的強大武力，而且就在每個執行勤務的警察腰上，當然無法不去討論；由於隨時可取人性命，亦需界定合法使用之範圍。於此思考下，實務工作者建立一個合法使用警械的體系，當有其必要，釐清發動要件及必要合理地使用，亦是警察義務，方不違背尊重生命最基本的初念。

---

[2]　李建聰，警察法規逐條釋論，2003年10月15日自版，頁224。

第一節 警械使用之實例

　　爲了使讀者快速進入主題，以下所舉使用警械之實例，皆以經各地方法院判決認定之事實作爲基礎，更能感同身受使用當下的情境；尤爲避免讀者誤認筆者有將**法律**與警械之**實務運作**分離觀察、各唱各的調之錯覺，先以建林 [3] 方知樹茂作爲鋪陳：

法院	裁判字號	判決用槍事實	備註
臺灣士林地方法院刑事判決	100年度交訴字第18號	練樹來前於民國99年間，因公共危險（服用酒類，不能安全駕駛動力交通工具而駕駛罪）案件，經本院以99年度湖交簡字第361號刑事簡易判決判處罰金新臺幣（下同）72,000元確定（於本案不構成累犯），詎仍不知悔改，其於100年4月9日晚間7時許，在新北市三芝區埔頭坑164之1號住處內飲用私釀米酒數杯後，已達不能安全駕駛動力交通工具之程度，竟於飲酒後，仍駕駛動力交通工具車牌號碼2B-6116號自用小客車，搭載其胞弟練永隆外出至新北市○○區○○路附近尋訪友人。於同日晚間19時50分許，練樹來駕車途經新北市○○區○○路與中正路口時，因違規闖紅燈，為適巧駕駛警用巡邏汽車（下稱警車）執行巡邏勤務行經該處之新北市政府警察局淡水分局三芝分駐所警員吳庭瑋、葉明忠發現，吳庭瑋、葉明忠乃欲攔停稽查取締，隨即開警示燈、鳴警笛示意練樹來停車受檢，惟練樹來不僅不停車反更加速前行，吳庭瑋、葉明忠見狀，乃按喇叭、鳴警笛、開警示燈自後緊追，練樹來逐更加速拼命逃逸，葉明忠見狀，依其經驗判斷其車內疑有違禁物或有不法犯罪之虞，認為更有依警察職權行使法對車內之人查證身分之必要，吳庭瑋遂駕車緊追，至新北市三芝區埔頭坑164之1號，練樹來駛入庭院停下後與練永隆均待在車內不下車，2人又將座椅椅背放倒後均平躺在車內，吳庭瑋遂將警車停在門外，與葉明忠（均著警察服）徒步至練樹來車駕駛座	交通違規受攔檢，以鐵器圓鍬頭攻擊警察，因而用槍射擊小腿。

---

[3] 筆者與讀者分享：在閱讀書量不足的狀態下很容易見樹不見林，一個快速理解所欲建構命題的方法，就是閱讀大量的事實，再析透出事實內的共同分類；也就是說，先找出許多有關命題的事實，藉由數量龐大的資訊加以區分有同質性、共通性的條件，析透出可簡易理解之共同條件，如此一來，資訊就變得容易分析、便於記憶，腦海中有資訊後，才能藉由思考具體呈現在警察的勤務作爲上。

法院	裁判字號	判決用槍事實	備註
臺灣士林地方法院刑事判決	100年度交訴字第18號	外，要求練樹來出示證件；練樹來、練永隆前雖有飲酒之行為，惟均不影響其二人辨識行為違法或依其辨識而行為之能力而拒不下車，練永隆更表示不用理會警察，且為護蔽練樹來遭警攔檢查獲酒後駕車，而與練樹來共同基於妨害公務執行、侮辱公務員之犯意聯絡，練永隆先下車徒手朝員警吳庭瑋施暴出拳3下，前2下吳庭瑋閃開，但第3下擦到吳庭瑋之右耳，使吳庭瑋受有右耳紅腫之傷勢，吳庭瑋為壓制練永隆，因而受有右手掌挫傷瘀腫約2×2公分之傷害，葉明忠亦上前支援，而與練永隆發生拉扯致受有右上臂挫傷瘀腫紅痕約5×1公分之傷害（練永隆、練樹來所涉傷害犯行未據告訴、起訴），練樹來遂趁機下車直奔屋內2樓，此際，練永隆、練樹來當場接續以台語「幹你娘」、「幹你娘雞歪」等穢語辱罵依法執行職務之公務員吳庭瑋、葉明忠。吳庭瑋壓制練永隆之後又再鬆開，練永隆竟起身當場以台語對吳庭瑋謾罵「幹你娘雞歪」，繼而跑向倉庫拿出其不知情之父親所有之金屬製之圓鍬1把（全長約97公分，圓鍬頭之長度約29公分、寬度約25公分），練樹來乃承前對公務員依法行職務時施強暴之單一犯意聯絡，在2樓以台語對練永隆大喊「打給他死」、「打給他死」，並接續由練永隆持圓鍬朝吳庭瑋跑去欲為攻擊，吳庭瑋見狀急逃至大門外，練永隆接續朝員警葉明忠追擊，並揮打3下，前2下經葉明忠閃開，而誤擊牆壁、警車左側照後鏡上方A柱，練永隆逼近欲再朝葉明忠揮擊時，葉明忠因無退路，又一再口頭制止無效，乃拔槍嚇止，但練永隆仍朝葉明忠繼續攻擊，葉明忠遂緊急朝練永隆正面右小腿射擊1槍，練永隆中槍後倒地，練樹來並於練永隆追打員警過程中，與練永隆接續以台語「幹你娘雞歪，侵門入戶到我家」、「幹你娘」、「幹你娘雞歪」等穢語辱罵員警吳庭瑋、葉明忠，練樹來、練永隆2人即共同以此強暴方式妨害員警吳庭瑋、葉明忠之公務執行並當場出言侮辱（練樹來、練永隆所涉公然侮辱犯行未據告訴、起訴）。葉明忠於練永隆中槍倒地後，迅速呼叫救護車前來將之送醫急救，練樹來於支援警力到場後亦遭逮捕，警察並在現場扣得前揭圓鍬1把。練樹來於同日晚間10時25分許在三芝分駐所內接受員警實施呼氣酒測，測得其吐氣所含酒精濃度達每公升0.98毫克而查獲。	交通違規受攔檢，以鐵器圓鍬頭攻擊警察，因而用槍射擊小腿。

法院	裁判字號	判決用槍事實	備註
臺灣臺中地方法院刑事判決	105年度審易字第2207號	范海星前因竊盜案件，經臺灣臺中地方法院判決判處有期徒刑4月確定，於民國102年6月9日執行完畢出監。詎猶不知悔改，於105年6月16日14時40分許，騎乘車牌號碼○○○-○○○號普通重型機車行經臺中市梧棲區民生街與梧棲路口處時，因違規闖越紅燈，為臺中市政府警察局清水分局義梧棲分駐所警員張書育及王文福駕駛警車執行巡邏職務時發現，自其後方鳴笛示意其停車受檢，惟范海星拒絕停車反加速逃逸，嗣范海星騎車至臺中市○○區○○街○○號前停車，警員張書育及王文福下車欲盤查范海星時，發現其所騎乘之上開機車疑似為失竊車輛（其所涉犯竊盜部分，另案偵辦中），范海星再次趁隙騎乘機車逃逸，警員張書育及王文福於同日14時45分許，在臺中市梧棲區中和街與民生街口攔停范海星，詎范海星明知張書育及王文福均係依法執行職務之公務員，竟基於妨害公務之犯意，於張書育及王文福上前攔查之際，騎乘上開機車衝撞警員張書育，致警員張書育受有左、右手手腕挫傷之傷害，范海星於衝撞警員張書育後竟未停車，又再騎車加速衝撞警員張書育，警員王文福見狀即使用警槍朝空射擊一發子彈後，警員張書育及王文福上前壓制范海星，范海星仍抗拒逮捕，導致警員王文福受有左手食指挫傷之傷害（警員張書育及王文福受傷部分，均未據告訴）。	疑似騎乘贓車受衝撞，對空鳴槍。
臺灣臺中地方法院刑事判決	95年度重訴字第1234號	嗣經檢察官指揮臺中縣警察局清水分局、刑事大隊及刑事警察局中部打擊犯罪中心偵六隊組專案小組追查，並過濾轄區監視系統發現可疑三名歹徒，乃於同年七月四日約十二時四十分許，由臺中縣警察局清水分局洪廷國小隊長帶班成員，於清查梧棲鎮○○路○段198號公寓三樓302室之際，突發現屋內有聲音但拒不開門，經會同屋主同意敲破玻璃，洪小隊長持槍順利開啟房門，其他警力作掩護，喝令房內之人走出，丙○○、乙○○二人即主動走出屋外向警投案，惟肖桓則獨自取出其在不詳時日、在不詳地點、向不詳人士取得之制式90手槍（含彈匣及子彈）而私自持有之槍彈朝員警射擊，員警陳為正臉頰及頸部遭槍擊子彈貫倒地受傷，仍不顧危險於倒地後持續開槍，並擊中肖桓右胸一槍（由右胸部外側射入，自右側第九肋骨間近中線之胸椎射出，此處應為第一處槍傷），嗣經警加強警力並全力攻堅，肖桓在攻堅行動下，自行舉槍朝頭部射擊自殺不治死亡（一槍由頭部右耳貫入，頭部右耳貫出。此為主要致命死因。此槍傷應係第二處槍傷）。	查緝強盜殺人案有員警遭開槍死亡，其他人用槍，惟歹徒自殺身亡。

法院	裁判字號	判決用槍事實	備註
臺灣桃園地方法院刑事判決	94年度訴字第2091號	庚○○於民國94年8月6日下午1時40分許搭乘丁○○騎乘之機車，行經桃園縣龍潭鄉凌雲村竹窩子8號後方，適遇桃園縣警察局平鎮分局警員己○○（起訴書誤植為黃志雄）、戊○○及甲○○接獲線報至桃園縣龍潭鄉凌雲村竹窩子8號查緝販賣毒品之案件，己○○見丁○○騎乘之機車前來，即左手持證件示意丁○○停車熄火接受檢查，丁○○即按照警員之指示停車熄火接受攔檢，**庚○○見狀為避免身上藏匿之第一級毒品海洛因、第二級毒品安非他命等物遭查獲，即跳車往後之方向逃逸，己○○見狀立即追捕欲將庚○○攔下，庚○○即將己○○推開**，己○○則拉住庚○○並以其腳將庚○○絆倒，詎庚○○竟基於妨害公務執行之犯意，徒手毆打著便服刑警己○○、戊○○，庚○○與己○○、戊○○扭打過程中，置於庚○○腰間之黑色腰包內毒品海洛因、安非他命掉落地面，警員己○○、戊○○便對庚○○稱：「你在販賣毒品」等語，庚○○聽聞此言益加緊張，而於與己○○、戊○○扭打場面混亂之際，**明知手槍、子彈均為槍砲彈藥刀械管制條例所管制之物品，未經許可，不得無故持有，竟憤而強行奪得己○○左手所持之警用制式手槍（含子彈10發、槍枝編號2515號）1枝**，未經許可，無故持有警用制式手槍後，即以槍托敲擊刑警己○○、戊○○頭部及身上多處，致己○○受有頭部外傷、後枕部皮下血腫，表淺性多處擦傷在左手臂、左手腕、右手臂及雙側膝蓋、腰椎挫傷等傷害，戊○○受有左頭部瘀血2×2公分、左膝、右膝、右手臂多處擦裂傷等傷害，斯時己○○、戊○○警員體力耗盡而為庚○○掙脫站立，斯時庚○○明知該手槍係警用制式手槍，殺傷力強大，如擊發子彈將有致人於死之危險，竟因不滿員警攔停查證及對其實施強制力與扭打，一時怒氣未消，頓失理智，而萌生殺人之故意，拉槍機朝身旁尚未站立之警員己○○頭部射擊，幸因該把警用槍枝保險未開而未擊發，己○○見狀立即往左邊跳開閃躲，庚○○又拉該把警用槍枝第二次槍機，接續對著警員戊○○射擊，復因保險未開而未擊發，己○○迅即上前拉住庚○○衣服，然為庚○○順勢將衣服脫去掙脫，庚○○就往後逃逸，己○○緊跟在後追趕，高喊把槍丟下來，庚○○置之不理，戊○○則向位於桃園縣龍潭鄉凌雲村竹窩子8號查緝毒品控制人犯之警員甲○○高喊「小隊長槍被搶，趕緊過來支援」，甲○○立即向丁○○借得機車，騎乘前去追捕庚○○，庚○○逃逸過程中一邊逃逸一邊側身持前開警槍接續朝追捕警員己○○、戊○○方向射擊，惟因該槍保險未開啟，而所幸	查緝毒品過程警槍被歹徒搶，用槍射擊歹徒受傷。

法院	裁判字號	判決用槍事實	備註
臺灣桃園地方法院刑事判決	94年度訴字第2091號	無人傷亡，庚○○隨後繼續逃至桃園縣龍潭鄉凌雲村竹窩子9-2號旁農田處，警員甲○○騎乘丁○○機車追至田邊停車，甲○○就對空射擊兩發鳴槍，然後高喊「警察，不要動，把槍丟掉」並朝庚○○方向往前走1、2步，斯時警員己○○、戊○○追趕至現場，與警員仁啓棟呈扇形位置，庚○○已開啓該警用槍枝保險，側身持槍對著甲○○、己○○、戊○○方向平射開槍射擊，甲○○則適時持槍反擊擊中庚○○後，倒地之際猶持該警用槍枝朝警員己○○方向射擊1發後把槍丟置旁邊，警員甲○○發現該把警用槍枝滑套固定在後，顯示槍枝內子彈已經射罄，警員仁啓棟即至庚○○倒地之位置，看庚○○嘴角流血，一直喊著要喝水，判斷庚○○已中槍，立即以行動電話請勤務中心叫救護車過來，並查獲其身上之警用槍枝1枝、海洛因14包（毛重共計7.1公克）、安非他命9包（毛重合計5.36公克）、電子磅秤1個、毒品分裝袋1大包、安非他命吸食器1組、行動電話1支、放置毒品隨身包等物。	查緝毒品過程警槍被歹徒搶，用槍射擊歹徒受傷。
臺灣南投地方法院刑事判決	97年度訴字第126號	嗣警方於九十六年九月二十三日十八時許接獲民眾報案，獲悉系爭自小客車內藏有槍械，乃展開查緝，於同日二十三時五十分許，在南投縣埔里鎮○○街九四號前，對乙○○所駕駛之系爭自小客車（當時車上搭載有案外人即乙○○之友周廷龍、乙○○之女友翁嘉菱二人）進行盤查。惟乙○○於該車旁因疑似欲自其攜帶之上述藍色手提袋內取出槍械，遭前往查緝之警員劉進義當場對空鳴警槍制止後，竟仍上前往劉進義之方向靠近，劉進義因恐乙○○對其奪槍，為求自保，乃持警槍向乙○○之左大腿處射擊一槍，乙○○始遭制伏，並經警扣得上開乙○○所有之藍色手提袋一只，發現內裝有上述紙袋與黑色手提袋各一只，再自該紙袋內發現系爭制式轉輪手槍一枝與系爭制式子彈二顆；另自上開黑色手提袋內發現系爭非制式子彈二顆，乃將之一併查扣且查獲上情。	誘捕偵查過程，對空鳴槍。
臺灣南投地方法院刑事判決	102年度交訴字第53號	許宏藝於民國102年6月19日18時許，在南投縣南投市○○街○○號住處，飲用米酒後，明知服用酒類後不得駕駛動力交通工具，竟基於酒後駕車之犯意，於同日19時許，駕駛車牌號碼○○○-○○○號普通重型機車沿公路行駛。於同日20時30分許，行經南投縣南投市義守公園處，見吳美瑩駕駛車牌號碼○○○○-○○號自用小客車通過該處，許宏藝因認日前在家中與同事飲酒唱歌時遭警到場取締，係鄰居吳美瑩舉報之故，對吳美瑩心生不滿，先在上開公園內撿拾2塊石頭，放置前開機	前往處理酒醉滋擾民眾被以石塊攻擊，因而用槍射擊小腿。

法院	裁判字號	判決用槍事實	備註
臺灣南投地方法院刑事判決	102年度交訴字第53號	車腳踏板上後，駕駛該機車尾追吳美瑩之上開自用小客車，並在南投縣南投市省府路與營北路交岔路口處，追上吳美瑩之自用小客車，即以腳踹該自用小客車之右後方葉子板，致該片葉子板凹陷（許宏藝所涉毀損罪嫌部分，未經告訴），吳美瑩發現後，即駕車至南投縣南投市○○路○號之南投縣政府警察局中興分局府西派出所，報警稱遭騎乘機車之人尾隨攻擊，該派出所值勤之制服警員陳志宏、林富泉即前往查看，在上開派出所前之虎山路與民族路交岔路口處，見許宏藝手持2塊石頭，頭載安全帽且散發濃厚酒味，因認許宏藝有犯罪嫌疑，將不配合查證身分之許宏藝帶到該派出所內接受查證，許宏藝與警員陳志宏、林富泉一同進入府西派出所後，不配合身分之查證且心生不滿，明知陳志宏、林富泉係依法執行職務之警員，基於侮辱依法執行職務公務員之犯意，當場以「幹你娘」等語侮辱正依法執行職務之警員陳志宏、林富泉；另基於妨害公務之犯意，接續以右手毆打林富泉左側臉部，以右腳踹林富泉腹部，經陳志宏見狀向前支援，並以手勒住許宏藝頸部與其一同倒地，此時因陳志宏所配載之眼鏡遭許宏藝撥飛，倒地後許宏藝仍以雙手拉扯陳志宏身體，林富泉見狀將陳志宏右側配載之警用手槍（編號TVP7262號）取下，之後陳志宏起身尋得該眼鏡並重新載上，許宏藝趁機起身朝向林富泉，以右手拉住林富泉所著警察制服衣領，使該制服由上而下之第2、3、4顆鈕扣脫落，同時以左手抓住林富泉持用上開警槍之右手，並以臺語稱「按下去、按下去」等語，使林富泉以左手握住自己右手以保持所持警槍槍口方向並向後退行，當林富泉退至上開派出所後方接近廁所處，因無路可退，為防止危害而以所持警槍朝下射擊1發，擊中許宏藝之左小腿，許宏藝受傷後始停止抗拒，並遭陳志宏從背部由腋下架住，而此強暴方式妨害陳志宏、林富泉執行公務，並使陳志宏受有臉、頭皮、頸挫傷、肩部及上臂挫傷及扭傷、肘、前臂及腕磨損及擦傷之傷害；使林富泉臉、頸、頭皮、手、小腿擦挫傷之傷害（許宏藝所涉傷害罪嫌部分，未據告訴）。嗣經警將許宏藝送至南投縣草屯鎮佑民醫院診治，並同日21時21分許在該醫院對許宏藝施以酒精濃度測試，測得其呼氣酒精濃度達每公升0.52毫克，超過法規規定標準，而查悉上情。	前往處理酒醉滋擾民眾被以石塊攻擊，因而用槍射擊小腿。

法院	裁判字號	判決用槍事實	備註
臺灣桃園地方法院刑事判決	89年度訴字第1346號	另被告雖不否認於右揭時地有遭警以拖吊車等車輛圍捕之情事，惟一再辯稱不知壬○○等人係警員，及其未衝撞警車云云，然被告右揭妨害公務之犯罪事實，亦據證人即拖吊車司機徐政章到庭證稱：案發當天修車場老闆要伊與黃明順支援警察圍捕人犯，由我們負責各開一部拖吊車，警員則著便服坐於旁邊，警員知道被告車輛之車型與車號，在路上遇到時，便要求我們跟車，至大有路跟大興路口時，就叫我們攔車，我們即一前一後將被告攔住，然後警員出示證件，要被告不要動，當時並沒有鳴槍，被告沒有下車，即開始衝撞拖吊車，此時警員才開槍，後來被告撞來撞去，他就跑掉了……警員是在車門旁邊喊他們是警察，並亮出證件，叫被告不要動，當時係九點多，警察尚未拿槍出來等語甚詳，而證人即拖吊車司機黃明順到庭，除自承因其所駕拖吊車係擋在被告前方致未見警方出示證件外，其餘證述均與證人徐政章相同（參見本院卷一第二二三頁、第二二四頁、第二二八頁），查證人徐政章、黃明順二人與被告並無仇隙，且均在偶然情況下參與圍捕被告行動，衡情應無捏造事實構陷被告之理，上開證述均自可採信，足見被告所辯：警員未表明身份，且一下車即開槍對之射擊云云，並非實情。	誘捕偵查過程，嫌犯駕車衝撞而對交通工具用槍。
臺灣桃園地方法院刑事判決	93年度易字第594號	丙○○另於九十三年一月二十一日之農曆除夕夜間，駕駛其所竊得之懸掛車號DU—二七四七號車牌之車號Z六一八三八九號自用小客車，搭載不知情之同居女友郭佩嘉（另案由臺灣桃園地方法院檢察署檢察官不起訴處分確定）自桃園縣八德市擬返回其臺北縣鶯歌鎮○○路七○○巷十弄三號住處，遂沿大溪往桃園方向行駛，而於同日晚間二十三時許，行經桃園縣八德市○○路○段欲右轉和平路之際，斯時擔負巡邏勤務之桃園縣政府警察局八德分局四維派出所警員唐亦強發現車號DU—二七四七號車牌業經報案協尋乃一路駕駛車號DM—四五三六號（編號九一一號）警用巡邏車一路尾隨，並通報線上警網攔捕，且鳴放警報器示意丙○○停車受檢，惟丙○○仍拒絕停車反加速往桃園縣桃園市後火車站方向逃逸，並於車行至桃園縣桃園市○○路與昆明路之交岔路口時，適遇紅燈且前方業有二輛小客車正在等待燈號變換，而警員唐亦強則駕駛車號DM—四五三六號（編號九一一號）警用巡邏車將丙○○所駕駛之自用小客車包夾在中間，詎丙○○見狀心慌急欲逃逸，雖明知警員唐亦強身著警察制服並坐於警用巡邏車內而為依法執行職務之公務員，然為逃避警方之攔查，竟基於施	追緝贓車受衝撞，對空鳴槍。

法院	裁判字號	判決用槍事實	備註
臺灣桃園地方法院刑事判決	93年度易字第594號	強暴以妨害公務之犯意，當場迅速以倒車衝撞後方車號DM─四五三六號（編號九一一號）警用巡邏車，再急駛往桃園縣桃園市○○路、建國路方向逃離之強暴手段，致車號DM─四五三六號（編號九一一號）警用巡邏車右車輪、右前葉子鈑、右後視鏡及前車門處嚴重受損，而危害警員唐亦強之生命、身體，警員唐亦強隨即依警械使用條例之規定槍制止示警，並自後追趕，惟丙○○將車駛至桃園縣桃園市○○路與紹興路口時，旋與郭佩嘉分頭棄車逃跑，郭佩嘉當場為警於同日晚間二十三時三十分許逮獲，丙○○則逃逸無蹤，其後由警依郭佩嘉之供述而循線查知駕駛臟車者係丙○○，再由警向臺灣板橋地方法院聲請對丙○○核發搜索票後，先於九十三年四月二十一日晚間至桃園縣桃園市○○路一六八號敏盛醫院一○○五號病房內查獲正在該病房內照顧女兒之丙○○，並扣得與本案無關之奧利多水煙斗一組（含玻璃球管一支）、安非他命二小包（含袋毛重各約三‧三○公克、一‧五五公克），再由警於同日晚間十九時許帶同丙○○至其臺北縣鶯歌鎮○○路七○○巷十弄三號住處執行搜索，再扣得吸食器一組（丙○○違反毒品危害防制條例罪嫌部分，另案由檢察官偵辦中）、丁○○遭竊之身分證、健保卡及車號三七一一─HC號自用小客車繳款書與燃料費通知書，經警追問丙○○失竊之車號DU─二七四七號車牌二面、車號Z六一八三八九號自用小客車、丁○○遭竊之身分證、健保卡及車號三七一一─HC號自用小客車繳款書與燃料費通知書之來源時，經丙○○之供述而查悉丙○○之竊盜上情。	追緝臟車受衝撞，對空鳴槍。
臺灣高雄地方法院刑事判決	98年度訴字第86號	戊○○明知海洛因係毒品危害防制條例第2條第2項第1款所管制之第一級毒品，不得持有、販賣，竟與甲○○（甲○○共同販賣第一級毒品部分，經臺灣高等法院高雄分院以96年度上更二字第295號判處有期徒刑10年，最高法院以97年度臺上字第1786號駁回上訴確定在案）意圖營利，共同基於販賣第一級毒品海洛因之犯意聯絡，先由其等於不詳時、地，向真實姓名、年籍不詳之人以低價販入海洛因7包（共計淨重62.95公克，純度61.19%，純質淨重38.52公克，另有空包裝袋重3.01公克，如附表一編號1所示），並意圖販售予他人牟利。嗣辛○○因毒品案件為警查獲，其經警勸諭下，供出毒品上游來源並答應與警方配合將之查緝到案，辛○○遂透過綽號「阿惠」之女子丁○○，聯繫綽號「姐仔」、「秀秀」之戊○○，表示欲購買價值新臺幣（下同）	查獲毒品誘捕上游時受到抗拒，用槍射擊輪胎。

法院	裁判字號	判決用槍事實	備註
臺灣高雄地方法院刑事判決	98年度訴字第86號	100萬元之海洛因，並約定於民國93年11月15日晚間10時許，在高雄縣岡山鎮高雄縣立文化中心前見面，復由甲○○於同日晚間10時55分許，駕駛車牌號碼9U-9899號自小客車，載送戊○○並攜帶附表一編號1所示之海洛因前往高雄縣岡山鎮高雄縣文化中心旁，此時辛○○、辛○○之夫庚○○與「阿惠」丁○○（未據檢察官起訴）、「阿惠」之丈夫即「大胖」丙○○（未據檢察官起訴）等人亦共乘1部轎車抵達，前來交易之雙方停車會合後，辛○○車上之「大胖」丙○○下車，與戊○○接觸並測試海洛因之樣品後，向戊○○表示決定購買，雙方再約定在文化中心旁邊之高雄縣岡山鎮後壁湖海產店前交貨。嗣戊○○與甲○○乘坐之前揭車輛與辛○○乘坐之車輛分別抵達後壁湖海產店門口，2車並排正欲交易如附表一編號1所示之海洛因毒品，此時埋伏於現場之警方乃上前圍捕，甲○○見情況不利，竟開車衝撞員警逃離該交易現場，員警見狀即使用警槍將甲○○所駕之自小客車輪胎擊破，並自後方追捕，甲○○駕駛車輛逃至高雄縣岡山鎮○○路92號前，因輪胎破裂而為警逮獲，警方自甲○○所駕之上開自小客車內查獲上開毒品，及甲○○所有供販賣海洛因所用之電子秤1臺（如附表一編號3所示），及與本案上開犯罪無直接關連之甲基安非他命（如附表一編號2所示）。	查獲毒品誘捕上游時受到抗拒，用槍射擊輪胎。
臺灣高雄地方法院刑事判決	102年度訴字第695號	迄於102年6月13日上午10時許，員警接獲線報得悉前開租屋處藏有槍枝毒品等不法情事而前往查緝，鄧玉發自大樓管理員處得知有人來訪，遂指示林宏澤先出房門查探，林宏澤因見電梯附近有人即退回房內，鄧玉發隨即將數量不詳之第一級毒品海洛因及第二級毒品甲基安非他命等物拋丟至大樓對面空地後，在屋內將前開手槍上膛後步出房門，旋在走廊接受員警盤查，詎鄧玉發竟基於妨害公務之犯意，於盤查過程中突往前衝，並持前開手槍以槍托敲擊員警陳建霖頭部（陳建霖因而受有頭部挫傷之傷害，傷害部分未據告訴），鄧玉發乃先擊發第1槍，旋與在場見狀欲奪取該槍之員警陳建霖、蔡亞儒及林文弘發生扭打拉扯（蔡亞儒因而受有左手及右膝擦挫傷、林文弘則受有左腕挫擦傷，均未據告訴），員警繼而將鄧玉發壓制於牆角，鄧玉發仍持續反抗並擊發第2槍，以此強暴方式妨害前開員警執行公務，隨後員警蔡亞儒即持警槍擊中鄧玉發右大腿，鄧玉發始停止反抗而遭逮捕，並當場扣得附表編號1、9所示之物（及與本案無關編號10所示之物），另於該大樓對面空地及前開租屋處扣得附表編號4至8所示之物（及與本案無關編號11至30所示之物）。	查緝刑案時受槍擊，用槍射擊腿部。

法院	裁判字號	判決用槍事實	備註
臺灣高雄地方法院刑事判決	95年度訴字第2221號	於95年4月2日13時許，駕駛竊得之車號G4-2020號自小貨車，沿高雄縣燕巢鄉深水村靜和安養院前旗楠公路往義大醫院方向行駛時，為該車車主庚○○之友人鍾兆源及其妻李美怡發覺並撥打110報案，而高雄縣政府警察局岡山分局深水派出所所長甲○○接獲通報後，因當時派出所內無足夠警力可參與追捕丙○○，即由適在深水派出所之深水社區巡守隊員寅○○駕駛該巡守隊車號ZH-1731號之巡邏車，搭載甲○○（坐在副駕駛座）前往參與追捕，寅○○、甲○○在國道十號燕巢交流道附近追上丙○○所駕自小貨車後，便開啟警報器、車頂警示燈，丙○○發現已遭警方追捕，即加速往高雄縣大社鄉觀音山方向逃逸，並駛入觀音山翠屏路，寅○○則駕車緊追在後，甲○○於經過觀音山廟宇後，打開其警槍（手槍）之保險，右手持槍伸出副駕駛座車窗外，先朝天空擊發子彈鳴槍示警，再針對丙○○所駕車輛輪胎開槍，共擊發5顆子彈，惟丙○○並未停車，仍繼續蛇行逃逸。雙方行駛至位於翠屏路112巷1之11號與同巷3號間之轉彎處時，因該處道路較寬，寅○○欲從丙○○所駕車輛右側加速超車以攔截該車，丙○○本應注意車輛行駛中，不應碰撞其他高速行駛之車輛，以免其他車輛因此無法控制方向而發生事故，且依當時天候晴、日間有自然光線、路面無缺陷或障礙物、視線良好等情形及其智識能力，並無不能注意之情形，竟未予注意，而基於妨害公務之犯意，貿然將所駕自小貨車向右偏移，致車身右後方與上開巡邏車左前車身發生擦撞，以此方式對依法執行逮捕準現行犯職務中之員警甲○○施以強暴，寅○○所駕巡邏車因而偏向右方撞擊右側路邊鐵皮圍牆，甲○○伸在窗外之右手被鐵皮圍牆撞回車內，並因遭到撞擊而誤觸所持警槍之扳機，子彈擊發後先射穿甲○○抓握座位右上方把手之左手臂，再射入坐在駕駛座之寅○○頭部，甲○○因而受有子彈穿透傷合併左後上臂（入口）穿透傷及三頭肌部分斷裂、左前肘部（出口）穿透傷合併動脈挫傷及左肘正中神經部分完全斷裂、左食指、拇指運動受限及左手掌、食指、拇指、中指麻等傷害，另寅○○則受有單一槍擊傷（頭部），送醫急救後，仍於95年4月6日11時20分許傷重不治死亡。	追緝現行犯用槍，不小心把第三人打死。
臺灣彰化地方法院簡易刑事判決	102年度簡字第671號	洪建森猶不知悔改，其於102年1月14日14時40分許駕駛車號○○○○-○○號自小客車，前往臺中市○○區○○路○段○○○號「依戀汽車旅館」，向黃坤萍、詹鳳英（所涉違反毒品危害防制條例案件之販賣毒品罪嫌，由臺灣臺中地方法院檢察署檢察官另案處理）購買海洛	查緝通訊監察對象受抗拒，用槍射擊輪胎。

法院	裁判字號	判決用槍事實	備註
臺灣彰化地方法院簡易刑事判決	102年度簡字第671號	因及安非他命各一小包之過程，在臺中市政府警察局第四分局員警實施通訊監察中發現，員警楊國興、何聖智待洪建森於上址完成毒品交易後駕車尾隨之，洪建森察覺遭員警跟蹤，逐加快車速，員警楊國興、何聖智等人進行拘捕，嗣於彰化縣彰市○○路○○○號前，洪建森在紅綠燈路口被他車阻擋無法前進，員警伺機駕駛車號○○○○-○○號偵防車停放在洪建森所駕駛上開車輛後方，另駕駛其他兩部偵防車停放在洪建森車輛之前方、左側包夾之，員警楊國興、何聖智隨即下車，何聖智前往洪建森所駛上開車輛左方前車門及後車門中間大喊「警察，下車」，並出示服務證及持警槍表明身分與依法執行公務之旨。洪建森見狀後，竟基於以強暴行為妨害公務員執行公務之犯意，駕駛上開車輛倒車衝撞員警上開自小客車（毀損部分未據告訴），而對依執行警察職務之員警楊國興、何聖智等人施強暴行為，適楊國興位在洪建森上開車輛右前方，於洪建森衝撞之際，對空鳴槍並持槍射擊洪建森上開車輛右前輪，洪建森見逃逸無望，始開啟車門，旋遭員警當場逮捕，並在其上開車輛扣得上開毒品（另由本院檢察署檢察官偵辦）。	查緝通訊監察對象受抗拒，用槍射擊輪胎。
臺灣苗栗地方法院刑事判決	99年度訴字第101號	於99年1月23日晚上，苗栗縣警察局通霄分局苑裡分駐所員警接獲報案，得知車號1513-VH號（當時懸掛0968-NC號車牌）自小客車為贓車並藏放於上開地點，乃於翌（24）日凌晨0時許，由該所所長壬○○與警員己○○駕駛車輛，埋伏在苑裡鎮苑東里興隆80之17號房屋之東南側約10幾公尺處、警員丙○○駕車埋伏在該屋東北側約20公尺處，警員戊○○、辛○○則駕車埋伏在該屋南側約50公尺處。迄24日凌晨1時41分許，乙○○駕駛上開竊得之PE-0071號自小客車附載林淑卿（涉犯收受贓物罪嫌部分，亦經檢察官另案起訴）前來，暫停於車號1513-VH號贓車後方，直至凌晨2時50分許，林淑卿下車進入車號1513-VH號自小客車欲駕駛該車離開時，壬○○與己○○迅即上前表明警察身分，林淑卿約略遲疑後下車就逮。斯時，警員丙○○亦前往車號PE-0071號自小客車旁，乙○○見狀，立即駕駛啟動該車，丙○○遂拔起裝填有12發子彈之美國SMITH＆WESSON廠5904型、口徑9mm制式半自動警用手槍1枝（槍號：TVT0164號），警告乙○○不要跑，否則開槍，然乙○○仍高速倒車逃逸，丙○○見情況危急，隨即自後徒步追捕，嗣因乙○○倒車至該屋東北側空地時失控衝入草叢卡住，乃下車逃離，丙○○為免逮捕時發生誤觸板機之危險，乃將槍枝關保險後驅身撲向乙○○，詎乙	查緝案件拔槍遭搶槍後射擊下肢體癱瘓。

法院	裁判字號	判決用槍事實	備註
臺灣苗栗地方法院刑事判決	99年度訴字第101號	○○因不願被捕，而於執行公務之丙○○對其逮捕之際，明知手槍、子彈均為槍砲彈藥刀械管制條例所管制之物品，未經許可，不得無故持有，且為免遭受槍擊，竟意圖為自己不法之所有及妨害公務執行之犯意，與丙○○兩人互相拉扯並扭打在地，俟雙方起身繼續扭打，即趁丙○○不及防備之際，順勢奪取丙○○所持有之上開警用手槍1枝（含彈匣1個、子彈12發），丙○○旋即出手抓住槍枝，欲搶回手槍，乙○○遂用力一推，致丙○○重心不穩，乙○○見狀，恐丙○○搶回槍枝繼續追緝，竟萌生殺人之犯意，朝丙○○右肩方向射擊1槍，經緊急送往苑裡李綜合醫院急救，再轉往行政院國軍退除役官兵輔導委員會台中榮民總醫院、台北榮民總醫院治療，始未喪命，惟因子彈貫穿丙○○胸腔，擊中第6、7節脊椎，造成丙○○右側創傷性氣血胸右側鎖骨骨折併臂神經叢損傷胸椎第6及第7節脊椎骨折併脊髓損傷，因而左右兩側下肢體癱瘓，右側上肢體乏力。嗣乙○○逃逸過程中，因不慎跌倒而另擊發1槍，現場遺留已擊發之彈頭1顆（此部分並無證據證明被告係向何人擊發，至起訴書記載乙○○接續對壬○○、戊○○、辛○○等人射擊部分，因無證據證明，業經檢察官當庭更正，刪除此部分之事實，見本院卷第184頁）。乙○○旋攜帶上開搶奪之槍彈逃離現場，並自該時起，未經許可，持有上開制式手槍及子彈，至99年1月27日被警查獲止。	查緝案件拔槍遭搶槍後射擊下肢體癱瘓。
臺灣臺中地方法院刑事判決	105年度訴字第568號	陳克林於民國105年5月3日晚上10時30分許，駕駛車牌號碼○○○-○○○○號自用小客車，在臺中市○○區○○路○段○○號違規紅線停車，因臺中市政府警察局保安警察大隊員警陳有勝駕駛車牌號碼○○○-○○○○號（巡邏車編號7321號）自小客車，搭載高俊傑、張耿僑，將上開警用巡邏車停放在陳克林所駕駛之上開車輛左側，而陳克林因另案遭通緝且車上放置第二級毒品甲基安非他命等毒品（涉嫌毒品危害防制條例部分由檢方另行偵辦），深恐遭員警查獲，於員警欲實施盤查之際，竟拒絕接受盤查，且基於對依法執行職務之公務員施以強暴及損壞公務員職務上掌管物品之犯意，駕駛上開自用小客車先倒車衝撞停放在其後方由員警郭俊沅所駕駛搭載小隊長施志穎車牌號碼○○○○-○○號（巡邏車編號7309號）之警用巡邏車後，又往前加速衝撞由賴仲麒所駕駛之車牌號碼○○○-○○○○號自小客車（該車輛停放在該處，僅賴仲麒之友人林婕乘坐在車上）及衝撞編號7321之警用巡邏車，前後衝撞數	違規停車抗拒盤查時，用槍射擊輪胎、以警棍敲打擋風玻璃。

法院	裁判字號	判決用槍事實	備註
臺灣臺中地方法院刑事判決	105年度訴字第568號	次，欲撞開攔查之巡邏車及前車加以逃逸，致編號7321警用巡邏車右前保險桿、編號7309號警用巡邏車之前保險桿、前保險烤漆、前保桿拆裝校正、右前葉子板鈑金校正、右前葉子板烤漆、右前旗竿均受有損壞，賴仲麒所駕駛之上開自小客車受有後保險桿損壞（此部分毀損未據告訴），而以此強暴之方式，妨害臺中市政府警察局保安警察大隊員警依法執行公務，並損壞員警職務上掌管之上開警用巡邏車。員警高俊傑見狀乃持警槍朝陳克林所駕駛之上開自小客車之左後輪胎射擊4發子彈制止該車繼續衝撞，因陳克林仍不下車，員警張耿僑、陳有勝遂持警棍破窗，將陳克林拉出車外，始予以逮捕。	違規停車抗拒盤查時，用槍射擊輪胎、以警棍敲打擋風玻璃。
臺灣臺南地方法院刑事判決	92年度訴字第29號	周雙福因另涉傷害案件，經本院於民國（下同）九十一年十月三十一日，以南院刑緝字第○○○五一五號發佈通緝。台南縣警察局永康分局大橋派出所警員陳明得悉上情，遂於九十一年十一月一日下午五時三十分許，單獨未攜警槍前往台南縣善化鎮牛庄里六四號周雙福住處，並於向周雙福之兄周川泉打探周雙福下落時，得知周雙福雖在屋內但有暴力拒捕之可能，遂電請台南縣警察局善化分局安定分駐所警員丁○○前往支援，丁○○因而身著制服並配帶警槍與同所警員丙○○（亦著制服，但配帶警棍）於是日下午六時許到場配合陳明典緝捕周雙福。該等警員向身處大門上鎖房屋內之周雙福表明警察身分，並告知其現經本院發佈通緝，要求其一同前往台南縣警察局安定分駐所製作筆錄，周雙福聽聞後，隨即以穢語三字經辱罵該等依法執行逮捕職務之員警，並出言恫稱：「誰要抓我就要給你死」、「要讓你死」等語脅迫警員丁○○、陳明典、丙○○等三人，丁○○再度要求周雙福配合，周雙福竟基於傷害之犯意，手持其所有之菜刀一把衝出屋外，朝丁○○、丙○○及陳明典揮舞追趕，丁○○等三人因而退至庭院，多次對喝令周雙福將菜刀放下，然周雙福不聽勸阻，丁○○於是對空鳴槍示警，陳明典及丙○○則以警棍及木棍敲擊周雙福手臂欲擊落菜刀未果，周雙福非但置之不理，反而執意持菜刀追趕丁○○，丁○○一路面向周雙福往後退步，卻因不熟悉地形且時值天色昏暗，不慎撞及圍牆倒地，周雙福見狀高舉手中之菜刀，迎面欲朝丁○○砍下，而對於依法執行職務之公務員施強暴行為，丁○○因生命、身體遭受立即之危害，遂即刻朝周雙福左胸開槍射擊一發，周雙福中彈倒地，旋經丁○○等電請救護車送醫後逮捕銷案，並扣得前述菜刀一把（周雙福傷害未遂部分未據告訴）。	處理事故受攻擊，用槍射擊其人致命部位。

法院	裁判字號	判決用槍事實	備註
臺灣臺中地方法院刑事判決	92年度易字第26號	丙○○於民國九十一年十一月二十一日晚間八時三十分起至十時三十分許止，在位於臺中市○○里○○○街友人趙開武住處飲用高粱酒，其本身因服用酒類已達不能安全駕駛動力交通工具之程度，明知酒後注意力不能集中且反應遲鈍，貿然駕駛動力交通工具將觸犯刑法，竟不顧自己及其他用路人之人身、財產安全，於同晚約十一時許駕駛其所有之車號M二－六一五○號自用小客車，沿臺中市南屯區○○○路由西往東（起訴書誤載為由東往西）行駛欲返回住所。嗣於同晚十一時五分許，劉某駕車行經五權西路與忠勇路交叉路口時，本應遵守燈光號誌之指示轉彎，竟在前方仍係紅燈禁止直行或轉彎之情形下，違規左轉進入忠勇路，恰為駕駛車號DM－四七○五號警車執行巡邏勤務之臺中市警察局第四分局春社派出所之警員甲○○及所附載之乙○○目睹，旋即鳴放巡邏車警笛示意丙○○停車受檢，劉某惟恐無照駕駛、違規左轉及酒後駕車遭警取締，明知闖紅燈並高速蛇行均足致生道路交通公眾往來危險，竟心存僥倖並基於妨害公眾往來安全之故意，未遵從指示停車反而迴車往烏日方向加速逃離，並以時速約九十至一百公里之高速在臺中市文山里內包括文山一街、文山七街、文山八街、文山九街、保安一街、保安五街、保安六街等街道流竄，再由文山一街衝出沿忠勇路、永春北路、永春路、環中路等路段高速蛇行，途中並多次闖越紅燈疾駛，以此方式致生公路上人、車往來之危險。其間，丙○○明知車後有執行交通勤務之員警駕駛警車在後追捕，為防止該警車超越攔阻，猶基於妨害公務之接續故意，先於永春路高速公路涵洞下，趁警車欲從左右兩側超越時，以高速側擦撞警車而對警方施以強暴行為，致警車兩側防撞鋼樑及左後角保險桿板金凹陷掉漆受損（毀損部分未據告訴），警方不得已於同晚十一時十五分許對空鳴槍以制止該自用小客車行進。距丙○○耳聞槍聲非但不停車反加速左轉環中路逃逸，警車仍緊跟在後追趕至環中路近五權西路口欲再行超車攔停時，丙○○繼而又左右蛇行以阻止該警車超前，並意圖衝撞警車，再於警方依法執行職務時施以強暴行為，斯時（同晚十一時二十二分許）警員乙○○見狀遂立即朝該自用小客車左前車輪射擊，丙○○至此心慌不願事端擴大方停車受檢為警當場查獲，並於同晚十一時三十二分許施以酒精濃度呼氣測試，當場測得丙○○酒後吐氣所含酒精成分為每公升○‧五○毫克，逾每公升○‧二五毫克之相對安全駕駛標準；復對其施以觀察測試，發現其服用酒類已達不能安全駕駛動力交通工具之程度。	追酒駕不停，用槍射擊輪胎。

法院	裁判字號	判決用槍事實	備註
臺灣桃園地方法院刑事裁定	92年度聲判字第52號	（二）本件被告等二人遇葉光貴駕駛贓車欲逮捕時，遭葉某駕車衝撞，以當時情況危急程度，被告二人實無法及時注意車內就有無強大火力，更無法判斷駕駛座與外部車胎間之高低距離，其等所發射之子彈分別朝右側車門、輪胎，後車窗玻璃、後車廂蓋及後保險桿部位射擊（有桃園縣警察局現場勘驗報告及相片在卷可查），均係車體下方位置；又按卷附照片所示，被告倒臥位置血跡旁有車輪痕跡，堪信係葉光貴於車內即遭警槍傷並流出大量血液後走出車外，因車輛尚未熄火而繼續往前滑行，車輪始輾過血跡而留有痕跡，嗣葉光貴倒地而亡；況本件經解剖結果，認葉光貴係頸部遭遠距離穿透式槍創造成右頸動脈破裂出血性休克而死亡，此亦據法務部法醫研究所鑑定屬實，堪信被告二人所辯，渠等於為逮捕駕駛贓車嫌犯葉光貴，並於查獲過程遭葉某追撞，於無足夠時間判斷之緊急情況下，在雙方相距十餘公尺距離（有現場圖附卷），以逮捕為目的連續射擊，竟因前開車輛內部設計與一般房車不同，而導致不幸事件發生，且葉某乃車內中彈後步出車外，非下車後被告二人再持槍故意朝葉某射擊等言屬實。綜上，被告二人於使用警槍之際，難認有應注意、能注意而不注意之情形，自無何過失行為可言。此外復查無其他積極證據足資證明被告確有殺人犯行，認其等犯罪嫌疑不足，而為不起訴處分。聲請人不服提起再議後，臺灣高等法院檢察署書面審查後，另以：（一）按警察人員執行職務時，遇有生命、身體、自由、裝備遭受強暴或脅迫，或有事實足認為有受危害之虞時，或警察人員執行職務時，遇有搜索、扣押、拘提、羈押及逮捕等須以強制力執行時，非使用槍械不足以制止時，得使用槍械。（警械使用條例第三、四條參照）查本件依被告桃園縣警察局楊梅分局草湳派出所警員乙○○、甲○○二人九十年五月三十一日報告，九十年六月一日上午檢察官赴現場勘驗路樹、消防栓、陳屍地點、葉光貴所駕汽車，警方盤查警車勘驗筆錄，林重信、張育彬二人之警訊筆錄，及附於九十一年度偵字第一五九四四號、九十一年度相字第九六二號相片所示：九十年五月三十一日上午九時三十五分，乙○○駕駛編號四一五號、車號八Ｎ一七二三三號巡邏車，搭載甲○○，行經桃園縣楊梅鎮○○○○○路時，發現葉光貴駕駛一輛紅色自小客車（為第三人林重信所有，於同年、月、二十七日失竊，該車之車牌號碼原為Ｌ七一四八二六號），其上懸掛張育彬所失竊號碼為Ｔ三一五六三○號之車牌，乙○○將巡邏車駛於上開車輛前，由甲○○下車欲盤查時，葉光貴即倒車加速逃逸，倒車時車速過快，後保險桿撞及路	追贓車抗拒盤查，用槍射擊輪胎將嫌犯打死。

法院	裁判字號	判決用槍事實	備註
臺灣桃園地方法院刑事裁定	92年度聲判字第52號	樹，渠等亦即自後追攔，駛至桃園縣龍潭鄉○○區○○路與龍園四路交叉路中時，被害人所駕上開汽車撞倒路邊之消防栓，致水大量流出，渠等見該車停下，即下車欲盤查時，葉光貴卻突然復加速倒車欲逃，衝撞上開巡邏車左後側，甲○○因立於巡邏車後行李箱處，不及閃避於巡邏車被撞時倒地受傷，此時被告二人以槍示警，惟葉光貴未停車續駕車衝撞巡邏車致該車移位，被告二人始朝上開紅色自小客車射擊欲使該車停止進行，葉光貴嗣於轉彎時開車門下車旋即倒地，而該紅色自小客車因未熄火仍續向前左前方向至碰到安全島後停止，當時現場路面尚留有該車因輪胎上沾水而滑行之痕跡。又依被告等所發射之子彈分別係朝該紅色自小客車右側車門、輪胎，後車窗玻璃、後車廂蓋及後保險桿部位射擊，該車前座留有血跡，亦有桃園縣警察局現場勘驗報告及相片在卷可查，且葉光貴經解剖結果，其係頸部遭遠距離穿透式槍創造成右頸動脈破裂出血性休克而死亡，生前有吸食安非他命，此亦據法務部法醫研究所鑑定屬實，堪信被告二人係於為逮捕，駕駛懸掛失竊車牌之葉光貴，並於欲逮捕過程中遭葉光貴撞擊，其中被告甲○○亦因受撞擊受傷，顯該二人當時生命、身體、裝備遭受強暴，足認為有受危害之虞，渠等為逮捕連續衝撞巡邏車，拒絕接受逮捕、欲逃離之葉光貴，以槍對行進中之自小客車射擊，亦當係為阻止葉光貴駕車逃逸，可認當時情況緊急，亦無法判斷當時車內有無槍枝情形下，在雙方相距十餘公尺距離（有現場圖附卷），以逮捕為目的連續對該車多屬下方部分射擊，雖有一發子彈貫穿汽車後右車窗玻璃，使葉光貴於車內中彈致死亡，誠屬憾事，然依首開說明，尚難認被告二人使用槍械有違警械使用條例規定，且該二人亦無應注意而不注意之情形，更非殺人之行為，依上開說明，被告二人使用警槍，雖致葉光貴頸部遭槍射中而死亡，然因屬合法使用。雖聲請人認葉光貴駕駛贓車，拒絕攔檢駕車逃逸，亦非緊急狀況，顯無用槍時機，被告二人係為搶功而用槍射殺葉光貴，顯具殺人故意云云，然被告二人之巡邏車當時既遭葉光貴駕駛上開紅色自小客車衝撞，且甲○○因遭撞受傷，葉光貴復仍繼續駕車欲逃離，於當時瞬間，自不得謂非緊急狀況，而被告二人使用槍械目的無非為使葉光貴停車接受逮捕，且依卷附該紅色自小客車之相片，該車前方駕駛座及其旁邊座位之玻璃、前方擋風玻璃均無彈孔，且葉光貴亦僅頸部中一槍，足認被告二人並非以車內葉光貴為目標而射擊，自非聲請人所認該二人有殺人之故意。	追贓車抗拒盤查，用槍射擊輪胎將嫌犯打死。

法院	裁判字號	判決用槍事實	備註
臺灣雲林地方法院刑事判決	97年度易字第707號	緣雲林縣警察局虎尾分局虎尾派出所警員林世彬、王忠民於97年5月15日晚上9時20分許，在雲林縣虎尾鎮○○里○○街247號前，發現甲○○所駕駛之車牌號碼S6-9138號自用小客車逆向停放於該處，因查知甲○○另案經臺灣雲林地方法院檢察署發佈通緝而為通緝犯，乃通知該派出所所長方世波協同警員廖振村共同駕駛車牌號碼7W-4616號巡邏車到場支援，並將該巡邏車停放在甲○○前開自用小客車之右前方，林世彬、王忠民則將騎乘之重型機車停放在甲○○車輛之後方，以阻擋甲○○離去。嗣方世波、林世彬走向甲○○之駕駛座旁，並向甲○○表明為警員而要求甲○○下車，甲○○明知林世彬、方世波、廖振村已分別站立在其所駕駛前揭車輛之右側、後方及前方，均係依法執行勤務之警員，為脫免查緝、逮捕，竟基於妨害公務之犯意，乃先開啓車門作勢下車，惟卻猛踩油門倒車衝撞林世彬、王忠民，致林世彬遭車門及路旁之電線桿夾傷，受有左小腿挫傷之傷害（所涉傷害罪部分未據告訴）。王忠民、廖振村見狀，分別對空鳴槍警告，甲○○猶駕車往前衝撞擋停在前方之巡邏車，使站在該巡邏車後方之廖振村倒臥於地（未受傷）。方世波復持警槍朝甲○○駕駛之上開自用小客車左前輪胎射擊，惟射中甲○○之腹部（受有前腹壁深撕裂傷），甲○○仍負傷駕車逃逸，而以此強暴方式，抗拒警員之逮捕。嗣於同日晚上10時許，甲○○撥打電話予不知情之友人沈峻弘，沈峻弘復協同不知情之林瑛勳駕駛車牌號碼0839-NW號自用小客車前往雲林縣西螺鎮台156號公路某處，將甲○○載往雲林縣西螺鎮新豐里新社321之90號「慈愛綜合醫院」就診，而為警於同日晚上23時21分許，據報前往「慈愛綜合醫院」查獲，始悉上情。	通緝犯拒絕盤查，意欲用槍射擊輪胎卻打到人。
福建金門地方法院刑事判決	92年度重訴字第3號	申○○於民國八十七年九月二十八日凌晨五時十分許，輪值金門縣金寧警察所值班台勤務，趁所有同仁均回寢室休息，四下無人之機會，擅離職守並持供執班警員自行保管使用之警車鑰匙駕駛警車，駛至金門縣警察局大門口，見正值當日凌晨四時至八時大門警衛勤務之警員曹義國（身上配帶警用制式九○手槍一枝，槍枝號碼：TVV5918號、彈匣二個、子彈共二十二顆，子彈批號：WP93號及S腰帶一條等裝備），竟意圖為自己不法之所有，興起殺人奪槍之犯意，先誘騙曹義國上車後，駕車由金門縣金城鎮往金寧鄉○○○路右轉，至約距離金門縣警察局約三點二公里處偏僻之金門縣金寧鄉安美村四埔林場隱密樹林內，再以自己之警槍脅迫曹義國，使曹	警察用警槍殺死警察。

法院	裁判字號	判決用槍事實	備註
福建金門地方法院刑事判決	92年度重訴字第3號	義國不能抗拒，交付執勤時所配帶之手槍等配備。申○○當場即以該警槍，射擊曹義國左頸部，子彈貫穿曹義國頭部右顱部，致曹義國當場死亡。申○○再取走曹義國執勤所配帶之上開警槍、彈匣、子彈及S腰帶，從容離開現場，並於當日六時二十分許，返回金寧警察所繼續執勤。嗣於同年十月一日十六時許，有民眾到金門縣金寧鄉安美村四埔林場產業道路旁草叢丈量土地時，始發現曹義國屍體而報警處理。	警察用警槍殺死警察。
臺灣桃園地方法院刑事判決	103年度囑訴字第19號	葉驥為桃園市政府警察局楊梅分局永安派出所警員，依法令從事治安維護、犯罪偵查工作，為從事業務之人。其於民國103年2月16日14時至16時輪值轄區巡邏勤務，同日15時20分許，其接獲值班警員張國城通報桃園市○○區○○里○○號旁資源回收場前疑似有人變賣贓物，遂立即前往上址。嗣同日15時30分許抵達後，其發現車牌號碼○○-○○○○號自用小客車停放該處，駕駛人並未在車上，經以警用小電腦查知車主為羅文昌，且因竊盜案件經臺灣新竹地方法院檢察署通緝中，乃向附近鄰居王冠中探詢是否有見及車主羅文昌，見王冠中示意羅文昌已返回車上後，葉驥立即趨前至該自用小客車左後方，同時持警槍上膛警戒，惟此際羅文昌已發動引擎並倒車準備離去，葉驥見狀旋即衝上駕駛座旁將車門打開，羅文昌一發現葉驥，立即將車門拉回關上，惟葉驥又再次打開該車門，喝令羅文昌「停車」、「不要動」，羅文昌不聽制止，葉驥遂對空鳴開1槍示警，然羅文昌仍舊置之不理，以順時針方向倒車繞過葉驥欲逃離現場。葉驥本應注意羅文昌雖有倒車拒捕之舉動，然並無對其衝撞或攻擊之情形，且過程中葉驥均站立於開啟之駕駛座車門左側外，而無遭拖行之虞，其生命、身體並未遭受迫切危害；又本應注意為逮捕羅文昌雖得依法使用槍械，惟仍應基於急迫需要，合理使用之，且不得逾越必要程度，而當時開槍射擊羅文昌腿部並非侵害最小之手段，且與所欲達成逮捕竊盜通緝犯之行政目的亦非相當，復均無不能注意之情事，竟疏未注意上情，誤認羅文昌之倒車拒捕行為已危及其安全，且誤認開槍射擊羅文昌之腿部合乎上述比例原則而為法律所容許，乃基於防衛自身及制止羅文昌脫逃之意思，貿然從開啟之駕駛座車門外朝車內駕駛座下方即羅文昌之腿部近距離接續射擊3槍，該3槍子彈貫穿羅文昌左大腿，並有2次槍擊子彈再進入右腿貫穿，致雙下肢貫穿傷達10個傷口。羅文昌遭受槍傷後，仍持續倒車拒捕，並於完成倒車後駛離現場逃逸，葉驥隨即騎乘警用機車沿羅文昌逃	警察查緝通緝犯時將駕車逃逸之通緝犯開槍射擊腿部致死。

法院	裁判字號	判決用槍事實	備註
臺灣桃園地方法院刑事判決	103年度矚訴字第19號	逸之方向追捕，嗣在距離上址約560公尺外之桃園市○○區○○里○○○○號前，發現羅文昌所駕車輛已偏離道路而墜入左側田埂間，羅文昌則坐在駕駛座內並陷入昏迷狀態，葉驤見狀隨即主動通知值班警員上情並請救護人員到場救治，後雖經救護車緊急送行政院衛生福利部桃園醫院新屋分院急救，仍於同日16時16分許，因損傷下肢動靜脈血管出血致出血性休克死亡。	警察查緝通緝犯時將駕車逃逸之通緝犯開槍射擊腿部致死。

　　以上含首揭實例共有20個警察使用警械的基本類型，在判決書文字的背後有一個共通點，即：無論是年代較為久遠或是近年來的警械使用，多以隨身槍械作為現場即時反應的第一個動作（拔槍、射擊）！筆者就實務工作者的心態加以深度思考，為何多數警察遇到狀況之第一個動作就是拔槍？可能原因有：1.槍就在身上，隨手可得。2.槍是最強大的武力，有恫嚇效果。3.陷入取用武力最強大的工具，就一定能保護自己的迷思。4.民眾大多會服膺在槍械之武力等等，皆是第一時間常拔槍的原由。也就是說，槍械有方便、強大、恫嚇的特徵，實務工作者認為取出使用應有立竿見影的控制效果。

　　然而，在非法槍枝漸易取得的現代，臺灣法律並未改變對一般國民持有槍枝仍採取封鎖管制的政策走向，主要以合法持有槍械之自衛槍枝條例作為軸心，劃出未經許可等要素如：非法持有（違反槍砲彈藥刀械管制條例）之區域，制約著多數不法者不會、亦不敢莫名其妙在街頭非法持械，甚至開槍造成恐慌的行為；易言之，人民縱然自行購入非法槍枝，多數也不敢膽大妄為拿著槍在街頭張牙舞爪。依此，警察執行勤務過程遇見歹徒身上有槍枝的機率，事實並不多見[4]。如是，依罪責相當原則是國家處罰人民的基本要求，復依警察並無監獄行刑法第90條執行死刑之權力等二個基本論點，警察合法擁有最強大武力當需建立更小心使用槍械的概念。畢竟，（尤指槍械）警械過當使用通常會發生不可逆事件（每個人只能死掉一次）的機率相當高，則合法拿槍的警察，當然有義務明瞭立法意旨及其

---

[4] 筆者必須澄清，本處撰寫原意係指：警察勤務過程遇到手拿槍枝四處跑的人實不多見，非指實務工作者無需注意執勤安全，特予陳明。

真諦才能合法地不濫用[5]。

第二節　警械使用之構建

　　依筆者觀察，警械使用會熱烈討論大概只類分二種情形，一種是不小心開槍射擊把人打死或受傷造成很大的輿論爭議，另一種聚焦在集會遊行過當地使用武力的情形。則若欲構建警械使用的基本架構，亦無逸脫「法律定性」、「形式要件」、「法定程序」及「使用界限」等命題之探究，以下遞次簡要說明之：

壹、法律定性

　　第一，使用警械是一種干涉行政的警察活動，除具有命令、禁止、干涉而有涉及人民之自由、權利、義務之特質外，更有因執行後撤銷無實益之特性，係一種實際行動，原則會發生物理作用。

　　第二，警械使用的警察活動，介於意思行為及觀念行為間之作用，透過單純行動發生行政法上之權義效果，且行為一經實施即已完成，並無法恢復原狀或以法定撤銷方式加以廢棄。再者，使用警械不以發生法律拘束力為目的，僅意在消弭事實的危害狀態，與作成處分有所不同。

　　依此，警械使用之法律定性，可說是一種行政「事實行為」之狀態，原則對外未直接發生法律效果，乃具有事實上規制效力。

貳、形式要件

　　警械使用的形式要件依現行法分為二個部分：一係使用警械的公示性，一乃可使用警械的種類。下以較為簡單的公示性概念予說明，再論持續有爭議的警械種類加以釐清諸多問題。

一、使用警械之公示性

　　警械使用條例第 1 條第 2 項規定：「警察人員依本條例使用警械時，

---

[5]　筆者未將使用槍械的「人性」本能列入討論的理由，乃充滿不確定性及公婆都有理而無標準得以依循，方將其排除於外，希冀讀者在思考面對突如其來的實務理由，能以法律為基礎，才不致陷入人類本能與法律拉鋸的盲點。

須依規定穿著制服，或出示足資識別之警徽或身分證件。但情況急迫時，不在此限。」也就是說，為了執法明確性，立法者預設了警察制服就是國家行使公權力的外觀，使人民在第一時間可依公示外觀加以判斷，避免受到假公權力的侵害。惟為符合警察實際運作，在情況急迫時，其使用警械之公示性受到退讓。

二、使用警械之種類

警械使用條例第1條第1項規定：「警察人員執行職務時，所用警械為棍、刀、槍及其他經核定之器械。」此條文在民國103年4月22日（進行立法院衝撞拒馬時與警察發生衝突遭以**塑膠束帶**束縛雙手）受到現場律師群的嚴重質疑。當時，現場律師的質疑是：「束帶不是警械，警察不能用！」[6]臺北市政府警察局事後行文予內政部警政署請求釋示，而警政署為求慎重[7]，乃發函各直轄市政府警察局、縣（市）警察局就相關案由協助調查幾個意見。

調查表中警政署[8]的初步回應為：「依據警械使用條例第1條規定，警察人員執行職務時，所用警械為棍、刀、槍及其他經核定之器械。同條第3項並規定，警械之種類及規格，依行政院訂定之警察機關配備警械種類及規格表辦理。爰具有繩帶功能之束帶，為警察人員執行職務時使用，始為警察機關配備警械種類及規格表所列應勤器械之警繩。」調查後定調

---

[6]　這個質疑與使用警械之種類有重要關聯，筆者方將爭執事實及背景撰寫於此。
[7]　參照內政部警政署103年5月12日警署行字第1030093168號函。
[8]　警政署當時草擬給各警察機關的初稿意見，不知是否即為函請行政院釋示所函覆的內容，詳參照行政院103年5月9日院台專字第1030027598號函，內容如下：
邱委員就近日群眾事件問題所提質詢，經交據內政部查復如下：
一、依警械使用條例第1條規定，警察人員執行職務時所用警械，為棍、刀、槍暨其他經核定之器械。按行政院核定「警察機關配備警械種類及規格表」警繩為應勤器械。為警察機關配備警械種類及規格表無「圖例」、「尺寸」、「材質」等，揆其本意當係基於「公益」以獲取維護公共秩序之實質效果。
二、具有繩帶性質之束帶由警察機關統一採購，並配發員警執行職務時使用，始屬「警繩」範疇，為警察人員依法使用之警械。
三、依「警械許可定製售賣持有管理辦法」第2條規定，得申請許可定製、售賣、或持有之警械以警棍、警銬、電器警棍（棒）（電擊器）、防暴網為限。而民眾持有之束帶非屬「警繩」，是以，無須依警械許可定製售賣持有管理辦法申請許可，亦無違反警械使用條例第14條第1項規定而予以沒入之問題。
四、至警察使用「非列為戒具之塑膠束帶」而送懲戒1節，按警察依警械使用條例規定所使用之器械為警械，本案懲戒係被付懲戒人使用塑膠束帶不當，而造成他人傷害，併此敘明。
參照立法院公報，第103卷第43期，中華民國103年6月9日（星期一）出版，頁30（三十四）案。

的函頒內容與調查表意見相同[9]。筆者只能說，警政署為了回應「束帶不是警械，警察不能用」這句話，陷入了一連串的迷思及邏輯陷阱中。因為，**真正應解決的問題**在：警察可否使用「非」警械，而不是一味將「非警械」定義為「警械」；更白話地說，民生用品（束帶）就是民生用品，為何要因提出法律質疑便扭曲原本的物理狀態，而將束帶朝警械的法律方向加以解釋？

　　警政署作成具有繩帶性質之束帶為警察所用即為警繩之結論，本文認為尚不妥適的理由如下：1. 警政署為了迴避警械使用條例第 14 條第 1 項之規定，使一般人民在函釋後仍得合法持有，增加了「為警察所用」之法所無之要件[10]，已逾越行政機關得以解釋的界限。2. 警察在符合法定要件的強制力，本得使用任何物品（無論警械或非警械）加以執行，則實施逮捕或管束的強制力，當然包含使用束帶在內，與「束帶不是警械，警察不能用」無關。3. 合法使用警械或束帶作為強制力的內容，僅是阻卻違法事由之不同，例如：依警械使用條例第 12 條的使用警械係依法令之行為；使用非警械（束帶）作為執行強制力的內容，則可能有不同阻卻違法事由，諸如：依法令之行為、公務上、業務上之正當行為、正當防衛或緊急避難等。4. 使用束帶並未侵害訴訟權之核心，理由在於：使用非警械，有國家賠償法之適用；使用警械，逕依警械使用條例。基此，警政署似乎是為了回應當時質疑，扭曲了**束帶**本是民生用品的物理狀態而自陷盲點，似乎多此一舉！所幸，後續對辣椒水的法律定位，另闢蹊徑[11]構建在「應勤裝備」之概念上，可謂扳回一城。

　　職是之故，法定警械之種類為棍、刀、槍及其他經核定之器械，除「警察機關配備警械種類及規格表」中種類及器械外，皆非警械！尤以便

9　參照內政部警政署 103 年 4 月 25 日警署行字第 1030086184 號函。

10　筆者必須指明本處，謂增加法所無之要件乃自民眾使用束帶之立場而言，非專指警械使用條例。簡單來說，束帶任何人都可以持有、使用，不需要特別有法律規定，警察亦同。為何警察用後產生爭議的解釋，即必須以現行法所無之「為警察所用」作為區隔？

11　讀者可知筆者為何使用「另闢蹊徑」？警政署如果將辣椒水又列為警械，依警械使用條例第 1 條第 3 項之規定，需陳報至行政院核備，說實話緩不濟急；倘定位於警察勤務條例第 23 條第 1 項、第 2 項之裝備機具，僅需警政署自行決定而無需陳報至行政院而處處掣肘，果真為蹊徑。也就是說，警察人員使用防護型應勤裝備注意要點第 2 點本就載明「本要點所稱防護型應勤裝備，指以辣椒精、胡椒或芥末等非瓦斯化學成分製造之防護型噴霧器及其他防護型應勤裝備」，資以區隔為非警械。

於攜帶的應勤裝備更需區隔[12] 如此劃分之概念。惟仍需明晰，警察如何執行合法強制力之裁量，與有無阻卻違法之事由，乃分屬二事，不容混淆。

參、法定程序

警械使用條例觀以法定程序得自二個方向爲例加以思索：1. 情境不同，履行不同程序。2. 需先合於法定要件，後審查比例原則之程序。

首要，該條例第 5 條與第 2 條至第 4 條規定使用警械的法定情境有所不同，例如：該條例第 5 條乃依法令執行取締、盤查等勤務爲前提；而第 2 條至第 4 條並無勤務情境的限制，只限定在**合法執行職務**及**法定情形**之要件上，二者情境不盡相同。再者，第 5 條賦予警察有「如有必要得命其停止舉動或高舉雙手」及「並檢查是否持有兇器」與「如遭（按：行使前二項職權時）抗拒，而有受到突擊之虞時，得依本條例規定使用警械」等職權；反之，單純探討第 2 條至第 4 條使用警械**並無**第 5 條相關職權，解釋上可以有先後次序（**先**依第 5 條，**再**視第 2 條至第 4 條發動要件使用警械）或各自獨立分別適用之二種組合，應予區辨[13]。是以，使用警械情境不同實有不同的程序規範，讀者建立抽象概念時，可嘗試將法定程序排列組合，方能明晰如何大膽且合法使用警械。

另一方面，已經進入決定使用警械後，其程序思考遞次爲「先合法」、「再論方法」。先合法指第 2 條至第 4 條的法定要件；再論方法係比例原則的展現。探討使用警械的法定要件通常單一，不太容易出現概念上的混淆（第 2 條至第 4 條）；惟使用警械的比例原則，依筆者淺見就顯得複雜無比，可概分爲二個部分：1. 公法上比例原則[14]。2. 警械使用條例之比例原則[15]。

具體如圖 8-1 之思考：

---

[12] 警政署在民國 105 年 11 月 10 日以警署行字第 1050164333 號函頒警察人員使用防護型應勤裝備注意要點，作爲主要攜帶的法源依據。

[13] 白話來說，立法者認爲警察單純爲取締、盤查等勤務時，並不需要隨意將警械拿出來恫嚇民眾，可先選擇「命其停止舉動或高舉雙手」、「檢查是否持有兇器」等職權加以行使，已足夠先行弭平可能燎原的星星之火（行爲），與該條例第 2 條至第 4 條具有特殊情境得以直接使用相對應的警械而有所不同（除第 4 條第 1 項第 6 款，警察需先履行告誡拋棄方得使用警械），讀者仍需區辨細微之處。

[14] 主要指警械使用條例第 6 條、警察職權行使法第 3 條第 1 項、行政程序法第 7 條所稱之適當性、必要性及衡平性。

[15] 又稱：使用警械之限制，主要指該條例第 7 條至第 9 條。

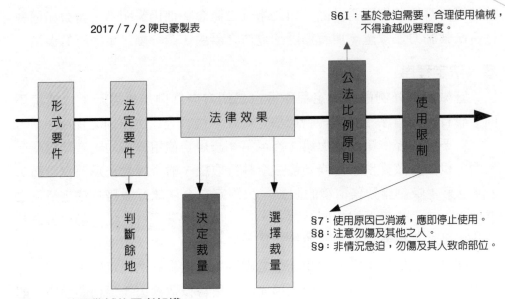

圖 8-1　使用警械的思考架構
資料來源：作者自繪。

　　依上圖所示，爲使用警械的法定程序，需遞次的思考諸如：1. 形式要件乃指該條例第 1 條第 1 項、第 2 項的警械種類及使用警械之形式外觀，原則上需完足讓民眾初始信賴的外觀，接續方有審查使用警械法定要件之餘地。2. 法定要件係指立法者預設使用警械的規範事實。3. 決定裁量指完足法定要件後決定是否使用警械，倘是，接續選擇裁量；反之，退出審查。4. 選擇裁量係指決定使用警械後，選擇該條例中何種警械[16]（如警棍或槍械）。5. 使用過程中需符合適當性及必要性。6. 使用過程中有限制之事由，並有注意義務。透過前揭依序的審查，允爲警察依法定程序使用警械。

肆、使用界限

　　辭藻語句描繪使用警械的抽象界限，得以「互爲表裡」作爲上下樓板的審查概念，下樓板代表著使用門檻；上樓板可想像爲受控制的最後防

---

[16] 讀者必須明白，該條例第 3 條之警棍與第 4 條之槍械（實務已無警刀，故不列入討論）乃互爲表裡的選擇關係，觀以第 3 條第 3 款及第 4 條第 1 項第 7 款自知甚明，同時亦會探討比例原則。

線，越過得以控制的防線則應終局地放棄使用。

　　使用警械的下樓板門檻，會因警械種類的不同使門檻有所高低，例如：1. 該條例第 2 條建立了遇有指揮交通、疏導群眾及戒備意外得使用警棍指揮的法定要件（門檻），原則相當低。2. 第 3 條、第 4 條建立了遇有八種情形得使用警棍制止、使用槍械的法定要件（門檻），不同武力展現出的門檻當有所不同，尤以警棍制止、使用槍械的交互調節，更顯出下樓板隨時位移的動態；而第 4 條第 2 項之得併使用其他經核定之器械之下樓板，與前揭論述相同。3. 第 6 條建立了使用槍械除需符合第 3 條、第 4 條之法定要件外，更加上「基於急迫需要」的下樓板，作為控制警察不得任意使用最強大武力的更高門檻，方得以區分出不同武力間的位移概念。另一方面，讀者相對應延伸的思考，必須建立下樓板（門檻）更低或本線以上的區域，仍得使用「非」警械之概念。然而，如何簡易判斷使用非警械？筆者認為，得與警械之武力作為對照，例如：非警械的空氣噴射釘槍，其武力強大，亦有自遠方射擊的功能，與警械對照下，幾乎可與槍械相比擬之謂，此際，使用與槍械有相似功能的非警械（空氣噴射釘槍），理論上應類推適用該條例第 4 條與第 6 條相關要素的事實建立下樓板之概念，方為合法使用的界限。

　　使用警械上樓板界限的判斷，並非依警械之種類加以區別，係以情境仍得「受到控制」的最後防線，作為判斷是否**終局地放棄**使用警械之條件。按警察職權行使法第 3 條第 1 項「警察行使職權，不得逾越所欲達成執行目的之必要限度，且應以對人民權益侵害最少之適當方法為之」之規定，乃以執行目的作為使用警械上樓板之基礎界限[17]，即為判斷是否終局地放棄使用警械之要素。簡單來說，為了有效控制現場狀況而無論使用何種警械，其功能一定有極限，超過極限的範圍就像是隔靴搔癢般無效，即應終局地放棄使用，方能防免已經不受控制的情境繼續擴大，例如：警察駕車追緝歹徒，過程中歹徒駕車四處亂竄並朝後方警車開槍射擊，警察亦使用槍械還擊。當還擊一段時間仍**無法阻止**歹徒駕車四處亂竄及開槍射擊

---

[17] 讀者一定會覺得很奇怪，為何筆者未援引警械使用條例第 6 條？請讀者細琢法條文字，該條內容僅針對「槍械」，非全部的「警械」，而內文係以警械為文字說明，非僅對槍械，爰引用警察職權行使法中比例原則作為論述之基礎。

時（危害已經不受警械還擊的控制，繼續射擊有何用），縱然無法即時制止歹徒，也應該暫時停止使用槍械[18]；再經其他方法如攔截圍捕，仍無法將車輛包夾攔停時，亦應終局地放棄追逐，避免造成無辜民眾傷亡事件的發生，即為上樓板界限。

　　實務工作者臨場判斷最困難之處通常不在下樓板的問題，而是上樓板，理由在於：事後進行司法審查時，司法者代為判斷法定要件之空間原則有限（下樓板）[19]。然上樓板以「執行目的」為基礎輔以「必要」之二要素，此界限卻顯得相當不確定，尤其受到與法律不相干因素的苛責後，法條中之「必要」似乎變得異常豐富的人云亦云、事後諸葛了。況且，討論無關的苛責焦點，反倒創造更多人為的解釋空間進而壓縮當下判斷的法律事實，使警察使用警械在事後評價上顯得笨拙、無知，此窘境反將建立起更不確定或無關因素的上樓板界限。也就是說，「執行目的」與「必要」聚焦在法律上討論時，必須持續限定在當下判斷的事實，多數事後諸葛「假想」使用警械後發生的實害或抽象的危害，原則並非所問。是以，判斷是否使用警械通常只在一瞬間就要決定，盱衡現場情境、周遭環境、人員、行為等眾多需判斷之重要因素顯示，似乎無法呈現最正確的判斷，當下或許只有最好選擇而無最正確之判斷，有了這種想法才能補充、具體化當時「執行目的」及「必要」之上樓板界限，來提供實務工作者現場判斷及事後司法審查的準則。基此，具體化不確定的上樓板界限，非全然無法應用在勤務作為中，較為困難之處在：建立每一位執法人員腦海有類似或相同判斷的使用界限，或許才是不斷地教育訓練真正之目的。

第三節　使用警械之法治思考

　　警械使用，如不可能逸脫於法治之外，則尋覓相當標準作為建立簡易的思考架構，當有必要進一步探究迅速判別之方法。下藉法制史軌跡堆砌

---

[18] 讀者再比對該條例第7條，現實使用警械原因仍未消滅，本得繼續使用；惟使用未獲得任何效果或無法弭平危害時，則應停止使用，即為本文所指。

[19] 此部分的原因，請讀者往下閱讀至判斷餘地，即明瞭司法介入審查之空間有限。

歷來演進過程供以釐清，再深入探究合法使用及方法供以忖量，讓使用警械在客觀上形成法律對話：

第一項　法律進程

　　民國 22 年 9 月 15 日，是最初始警械使用條例誕生的原型，建立起使用強大武力的法律依據及相關使用的法定方法。至 57 年 11 月 8 日 [20]，主要有幾個修正方向：第一，將原使用警械人員之警官警士，擴大範圍至警察人員；第二，將原定警械之棍、刀、槍擴大至其他經核定之器械；第三，具體明定使用警棍時機；第四，明定對被害人醫藥費撫卹費賠償之標準；第五，將使用警械之行為，明定為依法令之行為等，乃形塑迄今的基礎架構。

　　民國 74 年 1 月 18 日 [21]，修法原因指向邇來私槍氾濫，歹徒持槍拒捕或任意以之攻擊執行公務警察事件，已有逐漸增加之趨勢，前因該條例部分條文限制過嚴，致使員警臨事逡巡瞻顧，無法發揮警械使用之效能，爰參酌國外及目前社會治安實際需要而修正，其方向為：第一，明確規定使用警棍之條件；第二，明確規定使用警刀或槍械之條件；第三，明定警械之使用時機；第四，增列駐衛警察執行職務適用本條例之規定等，修法軌跡逐漸放寬使用的法定要件，以因應社會治安的變動。

　　自 91 年 6 月 4 日 [22] 第六次修法迄今為現行版本，仍以歷經民主改革，經濟快速發展，社會多元開放，治安環境日趨複雜，歹徒擁槍自重者日增，暴戾兇殘之風日熾，常有悍然持槍抵抗警察，社會輿論一致呼籲應盡速將不合時宜之處修法，其焦點為：第一，修正得使用槍械之情形；第二，增訂臨檢盤查之執行程式及措置；第三，明定使用警械之比例原則；第四，刪除「行將消滅」應立即停止使用之限制規定；第五，簡化使用警械後之責任，明確規範對象、項目等；第六，將本條例適用之主體修正為

---

[20] 立法院公報，第五十七卷第六十二期；瀏覽網址：http://lis.ly.gov.tw/lgcgi/lgmeetimage?cfcecbcecfcbcfcfc5cbcecbd2cbcdcd，瀏覽日期：2017 年 5 月 29 日。

[21] 瀏覽網址：http://lis.ly.gov.tw/lgcgi/lgmeetimage?cfcec8cbcfc9cfcfc5cec9d2cdcd，瀏覽日期：2017 年 5 月 29 日。

[22] 瀏覽網址：http://lis.ly.gov.tw/lgcgi/lgmeetimage?cfcacfceecdcfcfc5ccccc8d2cccacf，瀏覽日期：2017 年 5 月 29 日。

概括規定，使其他司法警察人員執行職務時得一併適用；第七，增訂警械定製、販售或持有之申請等事項之管理辦法，由內政部定之。

自制定迄今的立法歷程，除了可看出時代變遷的縮影外，更在修法重點中釐清某些共同事項，諸如：使用警械法定要件之具體化、比例原則之明文化、使用後責任之明確化等。惟實務工作者在未熟稔該條例前的思考，卻一再出現雜亂無章使用警械的勤務作為，呈現著人類本能與法律間交相混淆之處。然而，警察法規乃行政法總論之分支，屬各論，其中各項概念當需借助總論加以釐清。警械使用條例為警察執法之重要法規，亦是警察法規之一環，欲徹底理解其內涵，需藉助行政法總論方得區辨。而該條例中看似簡單的幾個條文，必須先理解行政法總論中有關判斷餘地與行政裁量之概念，才有辦法進行實務性的操作，將法律條文融入勤務作為之中。為了弭平法律與實務工作者二者間之差距及更符合實務運作，將深入說明下列命題作為後續鋪陳之核心概念。

第一款　序說[23]

立於行政觀之，其功能多以公益為取向，無論在處理公共事務、形構社會生活或實現國家目的之各種面向，皆有積極性、主動性、公益取向性等基本特徵；反之，立於法治主義之支配，行政必須保持在法律所設定的框架下行事，並受憲法及一般法律原則之拘束，法與行政間等同腹背關係。法律執行乃行政機關之基本任務，行政法一方面賦予行政任務及權限；另一方面，規範行政行使的方式與程序，一體兩面呈現出行政作用的運行同時併存法之拘束，可說為法治國家的行政係「受法規範」的國家作用。

雖謂行政受法的拘束，卻無法全然抹滅行政權具有主動、積極的性格，且負有形成公共事務及實現公共利益的職責，使行政機關與執法機器有所區隔。行政既非機器，則行政權的運作往往帶有某程度的創造性及形成性，立法者在預設法規範時，自需為其保留若干彈性及判斷餘地，讓行

---

[23] 以下內容，主要參照李建良老師撰著書本加以鋪陳各論至本章命題之結構，在此指明，讀者有意詳讀，請參閱李建良，行政法基本十講，2013 年 9 月 4 版 1 刷，頁 261 以下。

政擁有一定程度之權宜及自由，才能針對各種具體事實，作出切合個案的決定。不僅如此，社會事件千差萬殊，法律條文縱然鉅細靡遺的詳予規範，仍無法滴水不漏地涵蓋各種社會生活。於此前提，基於合目的性的考量及個案正義的要求，立法者通常會給予行政機關一定程度的轉圜權力，遇有特殊個案得有迴旋空間。因此，如何給予行政自主形成空間，同時又能固守依法行政原則，確實是一個棘手難題。

　　行政本要執行法律，卻又受法律拘束，故法治行政之實踐要難與法律的解釋及適用脫鉤探討，而行政的法拘束性及自主性之問題自然存乎於此。法規範表現在法律條文之結構，可以分為「構成要件」及「法律效果」兩部分的條件句上，於完足構成要件內容時，發生一定之法律效果。行政法規的適用過程與一般法律無異；不同者乃：行政法場域負責法規解釋與適用分別為行政機關與司法機關（法院），通常由行政機關遂行行政目的適用法律於先，再由法院盡司法審查之責適用法律於後，即係彰顯依法行政原則。準此，行政機關的認事用法過程，舉凡法律構成要件之解釋、事實調查與確定、事實與法規之涵攝、法律效果之確定等各環節，原則上均為法院得加以審究，如有違誤或違法之處，法院當得糾正之。

　　然行政活動的司法審查看似密度高，實則未然，理由在於：立法者常在法律構成要件中撰定了不確定法律概念之文字，法律效果復常有「得為」規定或設有多種法律效果，致使構成要件是否該當、法律效果發生與否，以及如何選定法律效果，行政機關往往享有一定的自主空間。前者不確定法律概念，事涉事實存否與法律**構成要件**是否該當之判斷問題，可稱「**判斷**餘地」，後者對**法律效果**選定的裁度推量，可稱「行政**裁量**」。在上述規範方式之下，行政機關藉由不確定法律概念之解釋及適用與裁量權之運用，通常得以獲得一定的自由空間，與前揭介入行政活動的司法審查權限，產生了一定程度的衝突，成為行政法學說及實務長期論爭不休的課題。易言之，二者（行政與司法）產生衝突代表原則不可併存，則行政有自由，司法審查即少；反之，司法要審查，行政自由即少。

　　上開探究「行政**裁、斷**」之司法審查所應具備的基本問題意識厥為：「不確定法律概念」的解釋及適用（判**斷**餘地）與「行政**裁量**」之行使，應以行政機關或司法機關為終局的決定者？自憲法權力分立原則以觀，乃

涉及行政權與司法權各自有何特徵及差異，同時發生二權力如何界分之問題。易言之，行政自我判斷及裁量之自由空間相對於司法控制行政之課題本身，就是權力分立之實踐，具有憲法位階之高度，非僅爲法條詮釋的法解釋問題。

　　職是之故，欲知合法使用警械的基本法學知識，應自行政法學總論之概念加以開展，輔以警械使用條例中法律條文勾勒出行政自由與司法控制之範圍，加以具體化至執法當下，方有合法勤務作爲之展現。依此，下以行政自由性原則不受司法審查之範圍加以開展，再以描繪司法控制介入之程度作爲主軸，聚焦於使用警械的勤務作爲上。

第二款　判斷餘地[24]

　　基於憲法位階「法明確性原則」之要求，立法者於制定法律構成要件時，其所使用文字的概念或用語，應力求明確，使人民便於遵循，舉措有方[25]。惟因規範事實常有多樣性與歧異性，立法者往往無法預測而作完全明確的規定，必須選用具有多義性的「不確定法律概念」文字，方以涵蓋錯綜複雜的社會事實。類此概念不僅出現於民、刑事實體、程序、制裁、非制裁規定中，於行政法規更是屢見不鮮，茲舉數例說明之：

壹、不確定法律概念

　　（一）公路法第38條第1項規定：「公路主管機關，審核經營汽車運輸業之申請，應按下列之規定：一、合於當地運輸需要者。二、確能增進公眾便利者。三、具有充分經營財力者……。」

　　（二）（舊）電影法第26條第1項規定：「電影片不得有左列情形之一：一、損害國家利益或民族尊嚴。……五、妨害公共秩序或善良風俗。六、提倡無稽邪說或淆亂視聽……。」

---

[24] 憲法、行政法上之「判斷餘地」（Beurteilungsspielraum），係由德國學者Bachof率先提出的詞彙，將「不確定法律概念」（按每一個法律條文之概念大抵上都有「概念核心」與「概念外圍」，前者爲概念內容之絕對確定部分，亦即對其概念屬性毫無疑義部分；但後者爲概念內容之不明確部分，亦即對其概念屬性常有疑問而須認定之部分）區分爲「價值概念」與「經驗概念」兩個部分而分別說明其均有「判斷餘地」存在之可能。亦即，「判斷餘地」的存在法律領域並不以「價值概念」爲限，於「經驗概念」中亦得存有「判斷餘地」，允許法定機關或法定專業組織做進一步之認定。

[25] 請參閱司法院大法官釋字第491號解釋。

　　（三）（舊）姓名條例第 6 條第 1 項規定：「有左列情事之一者，得申請改名：……六、命名文字字義粗俗不雅或有特殊原因經主管機關認定者。」

　　（四）**警械使用條例**第 4 條第 1 項第 1 款：「為避免非常變故，維持社會治安時。」、第 2 款：「騷動行為足以擾亂社會治安時。」

　　上開規定中，諸如「當地運輸需要」、「公眾便利」、「充分經營財力」、「國家利益」、「民族尊嚴」、「公共秩序」、「善良風俗」、「無稽邪說」、「淆亂視聽」、「粗俗不雅」、「有特殊原因」、「**非常變故**」、「**社會治安**」及「**騷動行為**」等用語，均屬不確定的法律概念。

貳、解釋適用

　　此類概念的解釋與適用，泰半係行政機關先行為之，由行政機關闡明其意涵並適用於具體事實，例如：前舉電影法第 26 條規定，電影片不得損害「國家利益」，主管機關應先解釋何謂「國家利益」？其次審究接受檢查的電影片是否損及國家利益？再據以做出決定，其結果不是「損及國家利益」，就是「未損及國家利益」。又如：警械使用條例第 4 條規定，警察人員使用槍械前必先明瞭「非常變故」、「社會治安」及「騷動行為」等意涵，判斷現場事實是否合致法定要件，再據以作出是否使用之決定。

　　由此可知，不確定法律概念的解釋與適用，基本上是一種法律上的「判斷」，其「正確」與否，應由職司法律解釋與適用的法院加以審查。惟因不確定法律概念的意涵多半模糊，行政機關於當下解釋與適用時，多少會帶有預測或衡量的作用，則法院得否作完全的審查？審查範圍是否跨越權力分立之界線而失衡？在在影響著現職警察使用警械的勤務活動。

參、司法審查 [26]

　　不確定法律概念之文字本身具有多義性，在行政機關判斷的當下自然有多種不同的涵義，除有「描述性的概念」外，仍有許多文字本身伴隨著

---

[26] 於此，筆者暫且不論行政法上頗富爭議的學說（完全審查論、部分審查論：適當性理論、評估特權理論、判斷餘地理論、規範授權理論），原則先限定於學說與司法實務承認有判斷餘地的幾種類型，才有可能建立現行就是合法的軌跡。

價值性或規範性的概念，例如警械使用條例第 6 條之急迫需要，警察在適用上難以脫離價值判斷及利益衡量，法院是否得作完全的審查，實非無疑。是以，法院進行事後審查行政機關當下判斷應有其界限，於行政機關對不確定法律概念有一定判斷餘地之空間時，法院應予尊重。則目前司法實務上承認行政機關適用不確定法律概念享有「判斷餘地」之情形，約有下列數種[27]：

（一）考試成績的評定：考試成績的評定或類似考試之決定，泰半涉及學術上的評價，而且考試情境與過程大多無法重複舉行，法院自應予尊重。只是對於諸如：典試委員是否符合法定資格、漏未評分或計分錯誤或給逾超過總分等，仍得介入審查。

（二）具有高度屬人性的決定：係指對於個人的能力、資格或品行等事項之判斷，因事涉個人主觀之評價，故不宜由法院做完全的審查。

（三）由社會多元利益代表或專家組成的委員會所做的決定：行政事務的決定，若係由「社會公正人士」或專家組成委員會為之判斷，因組成成員多代表各種利益或具備專業知識，且決定需經一定程序時，與公務員執法當下所作之判斷，當有所不同，法院原則上應予尊重。

（四）由獨立行使職權之委員會所做的決定：具有獨立職權之委員會泰半具有**準司法**的性質，法院原則上應尊重其決定。

（五）具有預測性或評估性的決定：行政機關對不確定法律概念之適用或解釋，若涉及預測性或評估性的決定或判斷者（特別是自然科學、科技等），宜由行政機關做終局的決定，法院進而審查之範圍應有所限度。

（六）具有高度政策性的決定：行政事務若涉及高度政策性的問題，例如舉行集會遊行等事項，法院原則上應予尊重。

建立有上述司法審查行政機關對不確定法律概念的解釋及適用後，讀者可嘗試思考，民國 104 年 12 月 30 日警政署長陳國恩先生[28]對桃園楊梅分局警員葉驥查捕通緝犯使用槍械遭法院判刑六月確定，除表達全力支持以外，更陳明未來將成立「警察人員因公涉訟審議委員會」，由各機關召

---

[27] 詳參閱大法官第 319 號、第 382 號、第 432 號、第 462 號、第 553 號解釋。
[28] 瀏覽網址 http://www.ettoday.net/news/20151230/621854.htm，瀏覽日期：2016 年 2 月 10 日。

集相關公正第三人協助面對用槍爭議[29]，其成立委員會審查之意涵爲何？

筆者認爲，此舉在法律上眞正用意在於：警察自身使用槍械當下的事後審查，並不在上開目前司法實務承認行政機關具有判斷餘地的例外類型之中；簡單來說，警械使用條例得以使用槍械的法定要件，大多非以不確定法律概念之文字加以規定，警察應無判斷餘地，則司法即得全面性地審查。依此，欲增加行政自由性而減少司法審查強度的途徑，似乎僅剩第三種「由社會多元利益代表或專家組成的委員會所做的決定」組成「警察人員因公涉訟審議委員會」，藉由膨脹行政自由性作爲是否移送法院的先行機制，避免案件一旦進入法院，員警用槍判斷是否合法的命運，全交由無法「完全」體會用槍當下情境的司法者來進行全面性的審查，此種創設各機關組成的審議委員會作成決定，就是隔出司法實務應予尊重行政機關判斷餘地的空間，同時符合司法實務承認的例外類型。如此一來，各警察機關主官不用擔負不移送就是包庇下屬沉重的法律包袱，也無需擔心委員會若作出移送決定而可能遭受輿論或下屬的謾罵，同時使員警用槍後的初使命運掌握在警察手中。

只是，如此作法仍有幾項問題需重視，例如：第一，組成警察人員因公涉訟審議委員會的判斷是否包含案件移不移送？（第二，如是，法源依據爲何？第三，倘否，成立有何意義？）第四，縱使委員會組織合法、亦有判斷權限，傷亡之家屬依法向法院告發，是否仍有移不移送之權限？（第五，如是，法源依據爲何？第六，倘否，審查有何意義？）第七，委員會成員得否在法院進行審查時擔任鑑定證人？第八，有無迴避事由？第九，證言對法院的拘束力爲何？……等問題，如得以全然貫穿解決，則警察使用警械是否違法的決定權將落在委員會的判斷上，如同實質取得警察微罪處分權般，將有著支持警察的法治後盾。簡單來說，「事後」組成委員會加以審查「當下」用槍的法定要件作爲是否移送的決定，需先解決前揭一連串的法律疑問句。如無法解決，當司法介入審查時，有時隱遁在輿

---

[29] 如 NPA 署長室臉書說明；瀏覽網址 https://m.facebook.com/NPA4U/photos/a.827869690584027.1073741828.818773044827025/928582033846125/?type=3&comment_id=928587200512275&comment_tracking=%7B%22tn%22%3A%22R2%22%7D。

論背後那股不得而知是厭惡或欣羨力量的操控，絕非當前所樂見[30]。

第三款　行政裁量

壹、裁量權概念

行政機關執行法律時，立法者若規定行政機關應於一定要件成就時，即需作成某種決定（應為規定）或不得為一定之行為（禁止規定），自應受法規之拘束，原則上並無自由裁決之空間，稱為羈束行政；依其作成之行政處分，稱為羈束處分。相對而言，立法者面對社會事件的多樣性，泰半需給予行政機關一定空間，在法律法定要件該當時，行政機關仍得視個別具體情狀，決定法定法律效果是否發生或如何發生時，稱為行政裁量，依其所作成之行政處分，稱為裁量處分。上開二者在行政處分中構成一組相對應的分類概念，例如：

一、羈束行政或羈束處分：

（一）警察職權行使法第18條第1項規定：「警察依法取得之資料對警察之完成任務不再有幫助者，**應予**以註銷或銷毀。但資料之註銷或銷毀將危害被蒐集對象值得保護之利益者，不在此限」、第2項規定「應註銷或銷毀之資料，**不得傳遞**，亦**不得**為不利於被蒐集對象之利用」，準此，警察對依法取得之資料，若無助於任務完成時，原則有註銷或銷毀之（作為）義務，且不得傳遞或為不利於被蒐集對象之利用（不作為義務）。

（二）道路交通管理處罰條例第56條第1項第1款規定：「汽車駕駛人停車時，有下列情形之一者，處新臺幣六百元以上一千二百元以下罰鍰：一、在禁止臨時停車處所停車」、第4項前段規定「第一項及第二項情形，交通勤務警察、依法令執行交通稽查任務人員或交通助理人員，應責令汽車駕駛人將車移置適當處所」以觀，據第1項規定，主管機關對於違規停車（構成要件該當）屬實，原則要科處罰鍰（法律效果）；據第4項前段規定，執法人員有責令汽車駕駛人將車輛移置適當處所之義務（羈

---

[30] 「……他接受司法調查，相較前兩次不起訴……」，相信基層檢察官都支持著勇敢執法的警察；瀏覽網址：https://udn.com/news/story/7316/2457220；http://tw.on.cc/tw/bkn/cnt/commentary/20170628/bkntw-20170628000525508-0628_04411_001.html，瀏覽日期：2017年6月25日。

束處分）。

　　（三）警械使用條例第7條規定：「警察人員使用警械之原因已消滅者，應立即停止使用」、第8條規定：「警察人員使用警械時，應注意勿傷及其他之人」及第9條規定：「警察人員使用警械時，如非情況急迫，應注意勿傷及其人致命之部位」之內容觀乎，倘完足第7條、第8條及第9條中使用原因消滅、使用時及情況急迫與否，**應**立即停止使用或**應**注意勿傷及其他之人或**應**注意勿傷及其人致命之部位（羈束行政）。

二、行政裁量或裁量處分

　　（一）停車場法第32條第1項規定：「汽車駕駛人於公共停車場，應依規劃之位置停放車輛，如有任意停放致妨礙其他車輛行進或停放者，主管機關、警察機關或停車場經營業**得**逕行將該車輛移置至適當處所。」據此，主管機關對於公共停車場未依規劃之位置停放，且有妨礙其他車輛行進或停放的車輛，得將其移置到適當處所。其中「移置車輛」即為本條**之法律效果**，主管機關得視法定要件的違規程度，進而決定是否採取移置（拖吊）之措施（行政裁量）。

　　（二）道路交通管理處罰條例第56條第1項規定：「汽車駕駛人停車時，有下列情形之一者，處新臺幣六百元以上一千二百元以下罰緩」符合法定要件得以處罰之**法律效果**即為「處新臺幣六百元以上一千二百元以下罰緩」，至於罰緩之數額，可在新臺幣六百元以上一千二百元以下**選定**（裁量處分）；另據第4項後段規定，執法人員對違規之汽車駕駛人不予移置或不在車內，執法人員**得**視具體情況決定是否採取移置拖吊之措施（行政裁量）。

　　（三）警械使用條例第4條第1項規定：「警察人員執行職務時，遇有下列各款情形之一者，**得**使用**警刀或槍械**。」據此規定，警察人員執行職務遇有符合法定要件情形時，得視具體情形**決定**是否使用警械及**選擇**何種警械（行政裁量）；同法第5條前段規定：「警察人員依法令執行取締、盤查等勤務時，如有必要**得**命其停止舉動或高舉雙手，並檢查是否持有兇器」，據此規定，警察依法令執行取締、盤查等勤務時，得視具體情形作成命令停止舉動或高舉雙手之處分（裁量處分）。

　　基於上述的理解，行政機關有否裁量權，原則上需自法律規定的內容及立法意旨加以探求推敲，多以在法律規定的構成要件與法律效果間有一「得」字及「……以上……以下……」區間具體呈現裁量權；此種文字表達的方式並非絕對，因為，有時法條文字中出現有一「得」字，並非全然屬法律效果之裁量授權，例如：消防法第 28 條第 1 項前段規定：「直轄市、縣（市）政府，**得**編組義勇消防組織，協助消防、緊急救護工作」條文中出現「得」字係指地方消防主管機關掌有編組義消組織之權限，而**非授予**作成特定法律效果的裁量權，讀者需特別注意。

　　相對而言，法條中未見「得」字，行政機關未必全無裁量之餘地，此部分需探求各該法律的立法意旨，以資確認。例如：道路交通管理處罰條例第 78 條規定：「行人在道路上有左列情形之一者，處新臺幣三百元罰緩：一、不依標誌、標線、號誌之指示或警察指揮……」，此規定雖無「得」字相間於法律效果之前，惟行政裁罰所為之科處，仍以維持行政秩序所必要者為度，故警察對於行人違反交通規則情事，仍得按其情節之輕重，決定是否科處罰緩，尤其是行人不依警察指揮之情形，是否科處罰緩宜由現場指揮交通之警察衡酌[31]個案情節決定之。易言之，行政機關有否裁量（行政裁量及裁量處分），非全然以法條設定條件句中是否出現之「得」字加以判斷，有時需透過探求立法意旨後，方可完整得出應有且適當之結論。

貳、行政裁量之類型

一、決定裁量與選擇裁量

　　行政裁量的基本類型有二：一係「決定裁量」，一為「選擇裁量」，前者係指法定構成要件實現時，行政機關得自由決定是否採取一定之措施；後者乃指行政機關在多種措施中選擇一種或數種行之，或在數名義務人中選定處分之相對人；本質上，決定裁量也是一種選擇裁量，即為是否作成法律效果之間做出決定的選擇。於此基本類型下有三種可能之組合：

---

[31] 關於此處罰規定中雖無「得」字相間，但行政機關仍有裁量權尚可自行政罰法第 18 條第 1 項：「裁處罰緩，應審酌違反行政法上義務行為應受責難程度、所生影響及因違反行政法上義務所得之利益，並得考量受處罰者之資力」獲得佐證。

（一）法律賦予決定裁量而無選擇裁量者，例如：警械使用條例第2條規定：「警察人員執行職務時，遇有下列各款情形之一者，得使用警棍指揮：一、指揮交通。二、疏導群眾。三、戒備意外。」基於此項規定，經判斷符合法定構成要件的情形，警察得依具體事實情節**決定是否使用警械**執行之，倘決定使用警械執行，則僅有警棍得以使用而**無其他**工具可資**選擇**。

（二）法律賦予選擇裁量而無決定裁量者，例如：兒童及少年福利與權益保障法第56條第1項規定：「兒童及少年有下列各款情形之一，非立即給予保護、安置或為其他處置，其生命、身體或自由有立即之危險或有危險之虞者，直轄市、縣（市）主管機關應予緊急保護、安置或為其他必要之處置：一、兒童及少年未受適當之養育或照顧。」據此規定，若遇有兒童及少年未受適當之養育或照顧之情形，且非立即給予保護、安置或為其他處置，其生命、身體或自由有立即之危險或有危險之虞時，主管機關必須採取一定的救護措施，並無決定是否執行之餘地。不過，在法條中給予主管機關得在緊急保護、安置或其他必要之處置之間選擇其中一種或多種措施之裁量。

（三）法律同時賦予決定裁量及選擇裁量者，例如：警械使用條例第4條第1項第6款規定：「警察人員執行職務時，遇有下列各款情形之一者，得使用警刀或槍械：六、持有兇器有滋事之虞者，已受警察人員告誡拋棄，仍不聽從時。」依此規定，若行為人持有兇器有滋事之虞，經告誡拋棄凶器後仍不聽從，**警察即得決定**是否使用警械；若決定使用警械，則進一步**得選擇**警刀或槍械加以執行。

二、個案裁量與一般裁量

立法者制定法律賦予行政裁量權之目的，在使行政機關於實際執法時，得以對具體個案所發生的事實，參酌法規之意旨及權衡相互衝突的利益，為合目的性及合理性的考量後，作出切合個案情節的決定。易言之，行政裁量的行使具有現場性、即時性、具體性、機動性等特性，依其本質難以為預先性、一般性、抽象性或劃一性的規定，則**裁量**通常是一種「個案裁量」。

　　惟在各面向的行政實務上，常見主管機關針對賦予裁量的事項訂定統一的標準，作為執行人員行使裁量權之準據，此種統一性裁量的準據方式不一，有固定表列者，亦有條文之形式，其泰半由主管機關本於職權訂定，但亦有出於法律授權者。例如：交通部會銜內政部訂定「違反道路交通管理事件統一裁罰基準及處理細則」，即是基於法律授權所訂定，性質上為法規命令之一種；又如：警政署函頒「警察人員使用槍械規範」[32]，即是本於警械使用之職權[33]另行訂定之裁量基準。上開裁量的統一性規定，在警察實務上數量頗多，甚至有傾向作為常例的趨勢，此種規定可稱之為「一般裁量」。

　　原則上，就裁量權概念的原意本身，類此裁量基準或標準的發布，似乎與法規授權給予執法人員有裁量之本旨有所未合；但自個案之事實千殊萬別，實際運作的裁量權難免因執法人員之能力或認知而有差異，造成事實與認定常有所出入之情況不在少數，為避免因人異事而需謀求法律上適用之公平合理，允有必要由上級機關先就裁量事項予以統一規定，供執法時有所依循。是以，無論法律有否明白授權訂定裁量準則之明文，訂定裁量準則（一般裁量），原則並非法所不許，上級機關皆得本於職權或依法之授權訂定。不過仍需注意，基於平等權之要求訂定一般裁量基準之內容，通常僅就裁量事項中相同或類似的處理，而對於「特殊」的具體個案，非裁量基準訂定當時所始料未及者，仍應回歸至法律授予裁量權之本旨，獨立作出妥適的處分或措施，非一定墨守成規、機械用法，以致於犧牲個案正義，方為立法意旨與平等權相衡下應有的行政裁量表現。

參、司法審查

　　行政裁量也有著與判斷餘地同樣的爭議問題，主要出現在裁量本身受到法律拘束的程度及司法審查的範圍。基本上，行政機關僅在法定要件完足時，始有運用裁量的餘地，而行政裁量乃屬法律效果的裁決，行政機關在行使裁量權時，當然受到法律的拘束，應恪遵法律所預設的要件或程

---

[32] 中華民國105年8月4日內政部警政署警署刑司字第1050005258號函。

[33] 自該規範第1點：「內政部警政署（以下簡稱本署）為迅速排除社會治安及人民之急迫危害，並保障警察人員執勤安全，使警察人員合理、合法使用槍械，特訂定本規範」之目的甚明。

序。基此，司法對於行政機關裁量行為之審查，應先審究有否符合法定要件及程序規定，倘有違誤，即構成（程序）違法，原則上應予撤銷。若具備法定要件，行政機關在法律授權範圍內，自得依個案斟酌決定法律效果是否發生或如何發生，其所決定或選擇縱然有不合目的之情形，乃僅構成不當之處分，原則不生違法，行政法院不得加以審查[34]。

司法對不符法定要件及程序規定之行政行為得以介入審查，而符合法定要件及程序後的裁量行為是否亦得介入審查？可自行政裁量的行使若違背法令授權之目的、逾越授權之範圍、違背比例原則、平等原則等一般法律原則者，構成裁量瑕疵之違法時，得由行政法院予以審究並撤銷或除去[35]，一般稱為「裁量瑕疵理論」。然而，行政裁量之行使何種情形構成違法？學說與實務眾說紛紜，但大抵可歸納為三大類型，諸如：1. 裁量逾越。2. 裁量怠惰。3. 裁量濫用。

一、裁量逾越

裁量逾越，係指行政機關選定的法律效果或處分相對人逾越法律授權的裁量範圍，例如：主管機關對違反道路交通管理處罰條例第 56 條第 1 項規定：「汽車駕駛人停車時，有下列情形之一者，處新臺幣六百元以上一千二百元以下罰鍰」之受處分人，裁決新臺幣一千五百元即為裁量逾越之適例；又如：警察發現有交通紊亂情形，決定以槍械加以指揮，亦為適例。

二、裁量怠惰

裁量怠惰，乃指消極不行使裁量權，也就是說，法律雖明文賦予行政機關裁量權，惟行政機關未予衡酌具體個案之情節，即遽以做出決定。通常此種情形有二：為行政機關不知有裁量權的存在，或故意漠視法律授權意旨，消極地不行使裁量權而言。通常，難以想像警械使用條例有裁量怠惰的情形；較常見乃違反道路交通管理事件，例如：違反該條例第 56 條違規停車時，自始未衡酌行政罰法第 19 條或違反道路交通管理事件統一

---

[34] 附帶一提，倘民眾受不當之處分時，應如何救濟？此等不當的行為，仍得由處分機關的上級機關，依其監督權予以導正，或由人民依法提起訴願，請求訴願機關撤銷之。

[35] 按行政訴訟法第 4 條第 2 項規定：「逾越權限或濫用權力之行政處分，以違法論。」此項規定基本上是針對行政裁量而言；反之，行政裁量若無逾越權限或濫用權力之情形，則不生違法之問題。

裁罰基準及處理細則第 12 條第 1 項第 5 款、第 6 款（有無妨礙交通等）之個案情節[36]，遽以做出處分即為適例。另外，行政機關於裁處罰鍰時，倘不分個案輕重一律科處最高額度之罰鍰[37]，亦屬裁量怠惰類型之一種，惟此同時又與後述裁量濫用之態樣相符。

三、裁量濫用

　　裁量濫用，係指行政裁量權的行使，發生有牴觸法律授權目的、漏未審究應斟酌事由、違反一般法律原則或憲法保障基本權利意旨等情事，為權力行使之失誤或濫用而構成違法，原則有三種類型：

　　（一）衡量瑕疵：指行政裁量漏未審究應斟酌事由，或對應加斟酌之要素未作合乎授權意旨之適切考量，而實務工作者較常發生衡量瑕疵的情形，多發生在逮捕現行犯解送過程是否需要使用警銬之問題[38]。筆者認

---

[36] 究如何適用二法的相關爭議，詳參閱：陳良豪，警察勤務新論（上）──實務工作者與法律的對話，2016 年 2 月初版，頁 148 下註 138。

[37] 實務論述可參閱最高行政法院 99 年判字第 925 號判決：「經查本件被上訴人係於 95 年 2 月 3 日係初任稅務機關股長職務，前並無辦理公職人員財產申報之經驗，係第 1 次因申報財產而違章，且接任股長之日，距其父林文龍過世之日，僅 2 個多月，違章情節非重，上訴人僅依逾期申報時間之長短，遽依該基準第 1 點第 13 款規定裁處法定最高之罰鍰 30 萬元，顯未審酌上訴人自行制定之罰鍰額度基準第 1 點第 14 款所規定之相關事實，僅憑逾期期間即遽以最重罰鍰，原判決以上訴人裁量權之行使難謂妥適，而有裁量怠惰之瑕疵，因將訴願決定及原處分，併予撤銷，命上訴人重作處罰時，斟酌相關事實，妥適行使裁量權，依法自無違誤。」

[38] 據 2009 年 2 月 6 日報載「離譜　挖 2 塊錢路旁菊花婦銬腳鐐訊七小時」；瀏覽網址：http://www.apple-daily.com.tw/appledaily/article/headline/20090206/31371048/，瀏覽日期：2017 年 7 月 6 日。
【蕭鳳眉、許淑惠／臺中報導】實在小題大作！臺中縣一名家庭主婦，前天在路邊誤挖兩株屬豐原市公所所有的波斯菊，雖僅價值兩元，竟遭員以現行犯當場銬上手銬逮捕，偵訊達七小時，遭檢察官複訊飭回但限制住居。婦人昨氣憤地說：「這是我這輩子最大的羞辱！」警改會發言人馬在勤痛批：「警察為春安工作衝績效衝過頭，看到黑影就開槍。」
居住豐原市的婦人高麗棋（五十六歲），昨帶記者重回她挖的豐原大道旁人行道。她說，她前午發現這裡一片雜草叢中有幾株波斯菊，下午二時許從家裡拿鏟子回來挖了兩株，不料立即有兩名豐東派出所警員上前，以她偷竊豐原市公所栽種的波斯菊為由，將她上銬逮捕回警所。
高婦的手銬在製作筆錄時曾解開，但晚上七時三十分移送地檢署複訊時還被戴上腳鐐，腳鐐約在半小時抵達地檢署後解開，手銬則到晚上九時三十分被飭回時才解開。警方認定高婦涉及可處五年以下徒刑、拘役或五百元以下罰金的竊盜罪，在警所製作筆錄後，將高婦送偵查隊再轉地檢署複訊。其間，警方認事涉民事求償，還請來花主、豐原市公所的清潔隊員代表林秋森，雙方以兩元達成民事和解。林秋森昨說，波斯菊一株成本一元，「我接到通知到派出所製作筆錄時，還為警察開玩笑；我覺得此事有些離譜，所以也不好意思拿兩元和解金。」
高婦丈夫心疼地說：「老婆為了兩元的波斯菊，就一輩子染上竊盜罪污名。」高婦長女在警局見到媽媽被上銬，更是難堪地哭訴：「我媽媽不是故意偷東西，有那麼嚴重嗎？為何要上銬？」豐原市長張瀞分則說：「如果每人都摘兩朵花，花就會被摘光了。」市公所去年公物遭損失至少百萬元，該處波斯菊本該種得密密麻麻，現在變得稀疏，懷疑是因民眾亂摘，「很謝謝警察協助保護公有物。」豐東派出所所長黃東榮指出，當天高婦手持鏟子，將波斯菊挖到塑膠袋，是現行犯且行竊意圖明顯，警方依規定上銬逮捕。豐原分局長陳清新說，警員依法逮捕沒有錯，「但我們會檢討執行取締或逮捕嫌疑犯時，考量社會觀感和現實環境。」
具律師資格的馬在勤批評：「現正值警方春安工作期間，竊盜績效很重要，但此案明顯是警察衝績效衝

爲，警察機關因常年時有發生人犯脫逃之事件，影響了本有裁量卻傾向不衡量具體個案的現況 [39]，如此劃一的使用，使實務運作長久存在著瑕疵衡量。簡單來說，是否使用警銬可依警察偵辦現行犯案件之時序來思考，分別爲「執行現行犯逮捕期間」、「候詢期間」、「解送期間」等三個部分，據現行規定**皆有是否使用之裁量權限**，但警察實務運作皆劃一全面性的使用，對個案應斟酌卻未作合乎授權意旨之適切考量，似乎存有濫用之瑕疵。

（二）濫用權力：指行政機關行使裁量權時，混雜事件無關之因素，或存有悖於授權目的之動機，充作考量之條件，特別是在行政機關假藉裁量，達到法律授權意旨以外之目的或憑藉個人主觀好惡或個人恩怨，而做選擇性執法，類此裁量處分概屬違法。例如：警察對某路段違規停車加強取締之理由，僅因曾與該路段中某店家吵架，即屬之。

（三）違反一般法律原則 [40] 或憲法保障基本權利意旨：指裁量權之行使仍受法律原則之拘束。筆者需特別指出，行政機關行使裁量權作成處分時，尚須遵守比例原則 [41]，也就是說，該行政處分不僅必須適合於行政目

過頭，看到黑影就開槍，根本沒考慮主觀犯意等因素。」中縣議員陳清龍也痛斥：「爲了價值兩元的波斯菊將婦人送辦，單是警方製作筆錄的紙張、警員薪水、巡邏車往返的油錢就不止兩元，警員小題大作，太過擾民！」一名常至豐原大道遛狗的江小姐，獲悉竟有人因在此摘花被捕，驚訝地說：「這裡這麼凌亂，到這裡摘波斯菊就會被逮捕，實在太可怕了！」對豐原市公所強調該處是綠美化地，永椿園藝負責人劉和純則批評：「幾株波斯菊便種一種，公家機關這樣綠美化實在離譜，難怪民眾會當成空地。市公所應重視綠美化的事後維護。」律師黃雅琴表示，民眾觸犯竊盜罪等輕罪時，依微罪不舉原則，檢察官可緩起訴或不起訴；律師詹漢山說：「如果在婦人的認知中，這兩朵波斯菊是不屬任何人所有的野生花，有可能獲不起訴。」

臺中地檢署襄閱主任檢察官洪培根說，警方捉到嫌犯依法須移送法辦，婦人帶著圓鏟挖波斯菊，涉《刑法》加重竊盜罪，可處六個月以上、五年以下徒刑，被裁定限制住居是比較輕微的強制處分，最後會不會構成犯罪，由承辦檢察官認定。

[39] 現行犯使用警銬適用法令的問題，可依時序建立排列，筆者整理如下：「執行現行犯逮捕期間」、「候詢期間」、「解送期間」等三個部分。

一、「執行現行犯逮捕期間」：依（一）刑事訴訟法第 90 條得使用強制力。（二）警械使用條例第 3 條第 1 款需執行強制力逮捕。（三）警械使用條例第 4 條第 1 項第 7 款、第 2 項必要時得併使用經核定之器械（警銬）。也就是說，依前揭規定需先有「抗拒或脫逃」，方得實施強制力，且執行強制力認爲必要時，才得使用警銬。

二、「候詢期間」：依 104 年 11 月 2 日內政部警政署警署刑司字第 1040007297 號函修正（原名稱：「警察機關拘捕留置人犯使用警銬應行注意要點」）之被告或犯罪嫌疑人候詢期間使用警銬注意要點」第 2 點以下，作爲具體判斷是否使用警銬的認定依據。

三、「解送期間」：依 102 年 11 月 19 日內政部警政署警署刑偵字第 1020202557 號函修正之警察犯罪偵查手冊第 195 點、第 196 點以，作爲判斷是否使用警銬之準據。

[40] 參照行政程序法第 4 條以下之一般法律原則、明確性原則、平等原則、比例性原則、誠信原則等，將不成文規範明文至成文法中。

[41] 讀者需與前章備勤勤務中法治思考之處罰不法的比例原則論述相互觀照，方得一窺裁量權與比例原則間

的之達成，尚不得逾越必要限度，且須與所欲達成的行政目的保持一定比例，否則即構成裁量之濫用。例如：社會秩序維護法第 80 條規定，警察對從事性交易區域以外之性交易行為，處以新臺幣三萬元以下罰鍰，惟性交易的情節（受裁處次數）若非重大或再次違反，一律對初次受處分之人以法定最高額三萬元予以裁罰者，即係比例原則之違反。另一方面，行政機關對相同案件長期處理方式，若已形成某種行政先例者，亦不得恣意變動，否則有違平等原則及信賴保護原則，一般稱為「行政自我拘束」[42]；惟仍需注意，行政自我拘束之形成，乃基於憲法之平等原則要求行政機關對事物本質相同之事件為相同之處置，而其平等權之前提係合法之平等，不包含違法之平等，則行政先例亦需合法[43]，方有適用行政自我拘束原則之餘地[44]。

第四款　小結

使用警械之法學概念，至少需對判斷餘地及行政裁量與司法審查有一定程度的理解，才能有效且明晰合法使用之軌跡。除此之外，更需建立警械乃強制力其中一種執行工具之觀念，方能掌握合法脈絡。依此，在使用警械法定要件有判斷餘地之部分略有：第 2 條第 3 款之「戒備意外」、第 3 條第 2 款「遭受脅迫」、第 4 條第 1 項第 1 款「非常變故」、「社會治安」、第 2 款「騷動行為」、第 4 款「受危害或脅迫」、第 5 款「有事實足認為」、「受危害之虞」、第 6 款「凶器」、「有滋事之虞」、第 5 條「有必要」、「受到突擊之虞」、第 6 條「急迫需要」、「合理使用」、

之關係。

[42] 參閱最高行政法院 99 年判字第 212 號判決。

[43] 憲法的平等原則，並非賦予人民有要求行政機關重複錯誤之請求權；詳參閱最高行政法院 93 年判字第 1392 號判決。

[44] 行政自我拘束原則適用於實務運作中最典型的案例，就是取締違反道路交通管理事件！通常警察在取締過程，民眾常以：「別人也有違規，你為什麼不抓」資以抗辯，大部分警察針對這句話多立即想到「不法平等權」的錯誤觀念，事實上「別人也有違規，你為什麼不抓」之明示意欲並非主張不法平等權（不討論民眾暗喻警察不要舉發部分），乃是警察對相同違規行為之數人應為相同之舉發作為，應探討之命題係行政自我拘束原則，實與「民眾暗喻警察不要舉發的不法平等權」無涉。也就是說，警察針對民眾此種抗辯理由，應關注於道路交通管理處罰條例第 7 條之 1（民眾檢舉）的違規行為是否屬實，倘確屬違規，則應選擇違反道路交通管理事件統一裁罰基準及處理細則第 10 條第 2 項之當場舉發或逕行舉發之方式為之，才是合法且正確的處理。當然，現場有無能力做到一邊當場舉發違規、一邊逕行舉發其他同種類違規，係另一執行問題（原則上一個警察在一個時段只有舉發一張的能力），仍需區隔以觀。

「必要程度」、第 9 條「情況急迫」、「致命之部位」等，均屬不確定之法律概念，警察自應先行判斷且占多數之詮釋，司法審查除有顯然不符要件之情形外，原則應尊重第一線事中判斷並退居二線，以為行政保有事中判斷之部分自由空間。

　　另符合使用警械要件後之賦予裁量權略有；第 2 條之「得使用警棍指揮（決定裁量）」、第 3 條「得使用警棍制止（決定裁量）」、第 4 條第 1 項「得使用（決定裁量）警刀或槍械（選擇裁量）」、第 2 項「得併使用（決定裁量）其他經核定之器械（選擇裁量）」、第 5 條「得命（決定裁量）其停止舉動或高舉雙手（選擇裁量）」、「得依本條例規定使用警械（決定裁量）」、第 7 條「應立即停止使用（裁量權收縮至零）」等，在無裁量權違法情形下，事後司法介入審查時，原則亦應尊重警察當下所作之適度裁量。

　　是以，有了上開法學基礎及其概念，復重回警械使用條例中檢視各法條之條件句，即得迅速理解並建立有體系之架構，對於使用當下應完足法定要件之事實有更清晰之圖像，在決定或選擇使用警械時，應能相對冷靜推度，作出最適切且合法裁量，方得呈現警察尊重人民權益所為的合法使用。以下就法條呈現出條件句之事實，逐步拆解及重新簡易組裝。

第二項　警械使用條例

　　以下內容，係依前揭法定程序之思考圖表（如圖 8-1）中顯示遞次之各階段，將警察實務發生之事實與警械使用條例相互涵攝所為之測定，並與後節有關法院判決之見解綜合解析，以為結合警察實務運作與司法實務見解，使兩者朝向同一目標行之。

第一款　形式要件

　　警械使用之主體，係以警察人員為中心[45]，向外擴及至其他有警察權

---

[45] 本處所指警察人員，原則係指部分組織意義的警察人員，其乃依警察人員人事條例第 3 條規定：「本條例所稱警察人員，指依本條例任官、授階，執行警察任務之人員。」而組織內未具警察官身分之一般行政人員、依法聘用教育人員、技術職務人員、約聘僱用人員等，並非使用警械之主體。讀者倘欲釐清，

限外觀之人，諸如：警械使用條例第 13 條第 1 項之其他司法警察人員、執行司法警察、軍法警察職務之憲兵、經內政部核准設置之駐衛警察等，皆成為使用之主體。

使用警械時，依警械使用條例第 1 條第 2 項規定，原則上「需依規定穿著制服，或出示足資識別之警徽或身分證件」，為使用警械前**應完足**之形式要件，主要目的係給予人民初步判斷公權力得否信賴的外觀。惟是，若僵化地一味要求警察需絕對完足形式之外觀，事實上並不符合實際運作，例如：警察穿著便服偽裝民眾趁隙逮捕正跟監之犯嫌，執行過程鮮少有不抗拒的情況。為與實務運作同步，同條項後段但書規定，情況急迫時，無需完足使用警械的形式外觀。

完足法定要件後，警察若**決定使用**警械，據警械使用條例第 1 條第 1 項「所用警械為棍、刀、槍及其他經核定之器械」之規定，**僅得選擇**警察機關配備警械種類及規格表所列之警械使用之。

或有讀者相互觀照後將指出：束帶既非警察機關配備警械種類及規格表所列之警械，係透過解釋後的比附援引，而非真正明定之警械，則前揭陳明 103 年 4 月 22 日現場律師質疑「束帶並非警械而警察不能用」應為正確主張，與本書論述應有矛盾問題！讀者尚請注意，前段說明「僅得選擇警察機關配備警械種類及規格表所列之警械使用之」之前提，乃「警察**決定使用**警械」；倘警察決定「**不**」**使用**警械而用以非警械，即無需受到警察機關配備警械種類及規格表的限制，上列說明與前節形式要件之論述，互有補充但不矛盾，讀者尚需辨明。

第二款　法定要件

使用警械之法定要件，同前節使用界限之概念，乃依使用警械種類之不同而有不同的上、下樓板之概念。依此，本處所指法定要件乃延伸補充描述下樓板門檻，輔為鋪陳後續比例原則，以個別法條之要件為題，綜合探討使用不同警械之事實，謹予陳明。下述皆以警械使用條例之法條號為

詳參閱：李震山，警察行政法論——自由與秩序之折衝，2014 年 6 月 3 版 1 刷，頁 129 以下。

標：

壹、第 2 條各款

　　此條文乃使用警棍指揮，明文之法定要件有三，分別為指揮交通、疏導群眾及戒備意外，如下說明之：

　　警棍指揮交通之情形，與純為擔服交通整理勤務使用指揮棒應有區隔，主要不同之處有：第一，交通指揮棒與警棍原則有先後補充關係：警察於交通指揮多以指揮棒為之，乃一般民眾認知之行政慣行；警棍非常為指揮交通所用，其取用即有散發武力之外觀，若執行純為交通整理勤務之警察忘卻交通指揮棒而有警棍時，使用警棍指揮才為適當；第二，兩者適用時機不同：使用交通指揮棒指揮交通，通常屬交通整理勤務之一般性質；警棍本身隱有武力乃不爭事實，取用亦有武力表徵，則其使用應建立在無適當指揮工具或道路因車輛或行人臨時通行量顯著增加，或遇突發事故，足使交通陷於停滯或混亂而在執行調撥車道或禁止、限制車輛或行人通行時[46]，使用警棍指揮尚為妥適。基此，法條中所稱使用警棍的指揮交通，在事實涵攝時，概念上仍應與一般勤務性質之交通整理有所區隔。

　　警棍疏導群眾之情形，在維持交通秩序的必要範疇內（原則上不區分群眾是否有集會遊行之目的），多指**一整個群體**可能造成交通紊亂的群眾而非個別的民眾，亦得使用警棍指揮之，例如：105 年 8 月 23 日報載[47]，因手機遊戲 Pokemon Go 風靡臺灣，抓寶勝地的北投公園出現了眾多人潮，為了維持交通秩序，女警只好用擴音器指揮人群保持在人行道上行走，此種情形同時得使用警棍指揮群眾。另合法集會遊行舉行**過程**倘出現有代表武力的警棍指揮，其突兀的用棍指揮，易使集會遊行群眾與施以武力相互聯想，本文認為，此情形尚不合於警棍指揮之立法目的，理應排除在適用範圍內；惟若在合法集會遊行舉行**後**以警棍指揮作為疏導群眾之執行方法，方符其要件。

　　警棍戒備意外之情形，其法條用語為不確定的法律概念，當下警察自

[46] 參照道路交通管理處罰條例第 6 條。
[47] 北投抓寶爆人潮女警：不要給我凸出來；瀏覽網址：http://www.appledaily.com.tw/realtimenews/article/new/20160823/934590/，瀏覽日期：2017 年 7 月 9 日。

有判斷餘地，司法審查時原則應予尊重。只是，令筆者相當疑惑是：實務運作中何種意外的戒備與警棍指揮有關？事實上警棍指揮是一種**動態**的執行行為，與戒備意外的**靜態**作為，似乎分屬二事，尤其所謂意外之意義，乃指料想不到或意料之外為前提的「戒備意外」，實難與「警棍指揮」有直接關連；筆者遍查立法資料[48]，似乎未見對初立修法訂定戒備意外需用警棍指揮之情形加以探討。筆者可以想像，戒備意外的警棍指揮，僅可能在集會遊行場合中機動保安警力人員列陣橫排隔離時，盾牌後方持長警棍及齊眉木棍人員橫向揮動以為阻隔，戒備民眾可能趁隙丟擲物品發生意外，方有該款之適用，否則，殊難想像「戒備意外」與「警棍指揮」有直接關連的實務運作。

貳、第 3 條第 1 款

此條文規範之情形，乃得使用警棍制止及使用警刀或槍械；也就是說，符合法定要件後，警察決定使用警械後的選擇有四：以**警棍**制止或使用**警刀**或**槍械**[49]，且於必要時，得併使用**其他經核定之器械**，先予陳明。

本條款之法定要件為協助偵查犯罪，或搜索、扣押、拘提、羈押及逮捕等須以強制力執行時，方得決定是否選用警棍或槍械。依此，就上開條款的組合方式有[50]：第一，協助偵查犯罪、需以強制力執行；第二，施以強制處分（搜索、扣押、拘提、羈押及逮捕）、需以強制力執行。以上兩者使用警械要件中，仍須符合其他法律之要件，尚需辨明。簡單來說，「協助偵查犯罪」的法令授權依據為何？「施以強制處分」（搜索、扣押、拘提、羈押及逮捕）的法令授權依據為何？「強制力」的法令授權依據為何？皆在合法發動為前提且符合上開二種的組合方式後，使用警械加以執行才是合法。

協助偵查犯罪是一個廣義的概念，原則上只要是聚焦在偵查犯罪，無論進行何種勤務活動，均屬之。則前偵查程序所為**與犯罪有關**的身分查

---

[48] 立法院公報，第 57 卷，第 62 期號，委員會紀錄，頁 2；第 58 卷，第 7 期號，委員會紀錄，頁 7-15；第 57 卷，第 81 期號，委員會紀錄，頁 22-35；第 57 卷，第 82 期號，委員會紀錄，頁 2-9；第 57 卷，第 83 期號，委員會紀錄，頁 2-6。

[49] 本處以下均排除警刀討論，係因實務運作幾乎未曾在近代警察勤務中出現警刀的配掛或攜行。

[50] 讀者必須明晰，無論在協助偵查犯罪、施以強制處分及需以強制力執行，均是以合法為前提，違法的偵查犯罪、強制處分或強制力使用警械加以執行，將失所附麗。

證、集會遊行的資料蒐集、動態掌握的跟監、遴選第三人祕密蒐集資料、通知鑑識身分、訪查治安顧慮人口、即時強制，甚或職務協助、保護私權之勤務活動，均能成為填充使用警械要件之原因。是以，引用該條款作為合法使用警械，至少要能說出警察「在偵查什麼犯罪」及「勤務活動的授權依據」二部分的法律理由，例如：警察在**竊盜的高犯罪熱點**發現一男子鬼鬼祟祟地觀察某區域住戶的動態，**依法**進行警察職權行使法第 6 條**身分查證**之職權，即可符合前揭之說明。

惟自狹義的概念解釋，刑事訴訟法第 229 條至第 231 條中，依警察層級之不同對檢察官有不同的檢警關係，以第 229 條第 1 項之關係為「協助」，第 230 條第 1 項之關係為「應受檢察官指揮」，而第 231 條第 1 項之關係乃「應受檢察官及司法警察官之命令」，實際影響著前揭廣義的解釋。本文認為，刑事訴訟法就檢警關係的法條描述之思考，與所謂協助偵查犯罪的使用警械的字義不同；簡單來說，在刑事訴訟法沒有與警械使用條例一同修法、相互參酌，則此「協助」應非彼「協助」[51]。

施以強制處分相對於協助偵查犯罪範圍較小，僅限定在後續有授權強制力執行之明文種類中，諸如：搜索、扣押、拘提、羈押及逮捕等。執行強制處分通常會發生受處分人抗拒的情形，其抗拒型態多樣，若未給予警察警械使用權限，如面對歹徒擁有自動步槍、半自動步槍、手槍或同等的強大武力時，警察不可能徒手執行，使用警械當為首選。

讀者尚需辨明，合法協助偵查犯罪或發動強制處分之職權，**不代表即可施以強制力**，其法定**要件**並**不相同**。施以法定強制力之要件，大多建立在「抗拒」為前提，亦輔有「脫逃」情形。上開二組合皆有「需以強制力執行」之要件，較為特別是第一種組合，在實務運作中通常與刑事訴訟法無關，而是散見於警察法規中，例如：身分查證過程中，依法顯然無法查證，帶往時遇抗拒需以強制力執行時[52]，即得使用警械。至第二種組合的「需以強制力執行」，原則皆在刑事訴訟法中，只是，施以強制力的情形

---

[51] 筆者參閱初次修正（民國 57 年 11 月 5 日）立法歷程中討論該款的焦點，是放在刪除「時」字並增加「各款」二字之外……這些細瑣的逐字修正，而非就文字為實質內容的討論，相當可惜；詳參閱立法院公報，第 57 卷，第 82 期號，委員會紀錄，頁 5；瀏覽網址：http://lis.ly.gov.tw/lglawc/lawsingle?00264320ACCC00000000000000000001E000000005FFFFFA00^01171057110800^00084001001。

[52] 參照警察職權行使法第 7 條第 2 項。

會因發動強制處分之不同而有所不同，例如：搜索得實施強制力[53]的情形僅有「抗拒」；扣押得實施強制力[54]的情形有「無正當理由拒絕提出或交付」或「抗拒」；拘提或逮捕得實施強制力的情形有「抗拒」或「脫逃」；羈押得實施強制力[55]的情形有「抗拒」或「脫逃」。

基於上述的理解，在依法適用該條款使用警械的事實涵攝，上述第一種組合為：1.「在偵查什麼犯罪」。2.「勤務活動的授權依據」。3.「有強制力的職權」。其法律的邏輯語句可描述為：警察在**竊盜的高犯罪熱點**發現一男子鬼鬼祟祟地觀察某區域住戶的動態，依法進行警察職權行使法第6條**身分查證**之職權；過程中顯然無法查證，帶往時遇**抗拒**需以強制力執行時，即得使用警棍（或其他警械）加以制止並執行之。第二種組合為：1.「執行何種強制處分」。2.「強制力的要件」。其法律的邏輯語句可描述為：對現行犯逕行**逮捕**時，因其**脫逃**需以強制力執行時，即得使用警棍（或其他警械）加以制止並執行之。

參、第3條第2款

本款規範之情形與上開條款同，在符合法定要件後決定使用警械後的選擇有四：以警棍制止或使用警刀或槍械[56]，且於必要時，得併使用其他經核定之器械。**為免疊床架屋贅述，以下各款在符合法定要件後決定使用警械的選擇與前揭論述皆同，在此指明。**

本條款之法定要件為依法令執行職務，遭受脅迫時，在完足要件即得決定是否使用警械，決定使用後再加以選擇何種警械。原則上在「依法令執行職務」並無疑義，主要係審查有無符合執行職務之法令。惟遭受脅迫在實務運作中，似乎顯得難以確定，例如：家暴後的現行犯在警察到場後，拿槍指著自己的頭要求警察放自己走，是否屬於脅迫？在初步未深究的探討一定會得到：槍又不是指著警察的頭，怎麼是脅迫？又，現行犯未完成逮捕前被跑走，警察根本不會犯罪，根本無法脅迫[57]。然而，深入討

---

[53] 參照刑事訴訟法第132條。
[54] 參照刑事訴訟法第138條。
[55] 參照刑事訴訟法第103條第3項準用第90條。
[56] 本處以下均排除警刀討論，係因實務運作幾乎未曾在近代警察勤務中出現警刀的配掛或攜行。
[57] 刑法上所謂脅迫，則係指用言詞或舉動對他人通知惡害事實，使人心生畏怖，以遂行犯罪之目的者而言；延伸閱讀：最高法院68年台上字第198號判例；94年台上字第7041號判決；司法院(78)廳刑一

論家庭暴力防治法第 29 條第 1 項明文將發現，警察對家暴的現行犯之法律效果爲：「應」逕行逮捕而非「得」逕行逮捕（裁量權收縮至零），則家暴現行犯爲脫免警察逮捕而拿槍指著自己的頭，怎麼不是脅迫？延續下一個問題，「非」家暴的現行犯爲「得」逮捕之人，同樣爲脫免警察逮捕而拿槍指著自己的頭，是否爲脅迫？

基於上述的理解，本款所定之要件，無法割裂觀察，它是一連續不中斷的條件句，縱然遭受脅迫的法律語句是不確定法律概念，只要符合「依法令執行職務遭受脅迫」，即係合乎法定要件，則警察援引本款作爲使用警械之事由必須說明：係**依何法令**執行職務？及如何受到言詞或舉動**通知惡害事實**？目的係**逐行何種犯罪**？

肆、第 4 條第 1 項第 1 款、第 2 款

本款之法定要件分別乃「爲避免非常事故，維持社會治安時」及「騷動行爲足以擾亂社會治安時」二種不同情形。本文透過不同條款間相互比較發現，其他款（第 3-6 款）條文內容相當具體，但第 1、2 款要件之文字相對模糊，查閱歷年來修法理由及立法歷程未作實質討論、填充各款應涵蓋之法事實，可能造成土牛石田，好看無法用。

筆者大膽假設，當初立法芻議將本 2 款以文字載明「非常事故及騷動行爲」須造成社會治安動盪的情形，應指一群體人的行爲或個人行爲對整體社會治安造成影響，常見於集會遊行場合已經脫序的群體行爲，理由在於：群聚力量不可輕忽，一旦引發群眾不滿情緒的脫序行爲時，場面除難以控制外，更容易發生對社會治安有所動盪的事件。讀者的思考即得爲：欲消弭「非常事故及騷動行爲」的失控、脫序行爲，得決定使用警械中其他器械之高壓噴水車加以制止之。

另一種情形應屬孤狼式的不法行爲造成社會治安重大危害，倘不使用警械，根本無法消弭或防止擴大其危害，例如：102 年 8 月 13 日萬華分

字第 1692 號。問題是，刑法的脅迫就是本款的脅迫？本款的脅迫一定要達到刑法不法的嚴重狀態才能使用警棍加以制止？這是一個法解釋論常見的問題，通常，在討論本部法令未加以規範而出現有解釋的空間之際，皆會先援引他部法令相類似的概念加以詮釋，此時，立刻出現援引之他部立法目的有無與本部立法目的相違背或矛盾的問題。倘若不盡相同，縱然法條使用的文字相同、概念雷同，仍需受到本部立法目的拘束，作出解釋或許才是眞正適切的方向。

局張景義在西門町鬧區將四處逃竄的駕駛射擊致死[58]、105 月 6 月 13 日法國馬尼昂維爾開卡車衝入步行區輾斃多人[59]、106 年 1 月 20 日開車撞行人澳洲墨爾本 4 死 31 傷非恐攻[60]、106 年 3 月 23 日英國會遭恐攻駕車衝撞又襲警 5 死 40 傷[61]、106 年 4 月 7 日尼斯柏林倫敦斯德哥爾摩駕車撞人成恐怖攻擊首選方式[62]、106 年 5 月 18 日紐約時報廣場非恐攻汽車撞人 1 死 22 傷[63]、106 年 6 月 4 日倫敦驚傳恐攻事件 3 嫌駕車衝撞持刀砍人[64]等等，無論國內外案例中之事實，皆已造成社會治安嚴重實害，當與「避免非常事故」之要件同。

　　基於上述的理解，此二款與其他款不同之處，乃定義在指一群體人的行為或個人行為對整體社會治安造成影響（屬孤狼式的不法行為造成社會治安重大危害）之範圍。當然，另有個別性的事實應優先適用其他具體條款，只有在不符合其他具體條款或有群體性行為或造成群害情形時，方有本第 1 款、第 2 款適用餘地，資以區隔，亦是本文將之獨立探討之由。

　　但第 1 款：「為避免非常事故，維持社會治安」之具體意涵究為何指？尤其是「非常事故」是一個不確定法律概念，如何詮釋來提供實務工作者作為判別標準乃當務之急。不過，可以確定的是，非常事故的程度需足以影響社會治安。例如：民國 95 年 9 月 9 日發生紅衫軍反貪腐活動[65]，數十萬的群眾集結在臺北市凱達格蘭大道及臺北車站嘗試對政府造成壓力，可想而知，數十萬的群眾聚集在一起，只要稍有不慎，對社會治安絕對會造成重大影響，甚至可能撼動政府執政的基礎，類此情形就是一

58　瀏覽網址：http://tw.on.cc/tw/bkn/cnt/commentary/20170628/bkntw-20170628000525508-0628_04411_001.html。

59　瀏覽網址：https://cn.nytstyle.com/international/20170524/europe-terror-attacks/zh-hant/。

60　瀏覽網址：http://www.nextmag.com.tw/realtimenews/news/229882。

61　瀏覽網址：http://news.ltn.com.tw/news/world/breakingnews/2013399。

62　瀏覽網址：http://trad.cn.rfi.fr/%E6%94%BF%E6%B2%BB/20170408-%E5%B0%BC%E6%96%AF%E6%9F%8F%E6%9E%97%E5%80%AB%E6%95%A6%E6%96%AF%E5%BE%B7%E5%93%A5%E7%88%BE%E6%91%A9%EF%BC%9A%E9%A7%95%E8%BB%8A%E6%92%9E%E4%BA%BA%E6%88%90%E6%81%90%E6%80%96%E6%94%BB%E6%93%8A%E9%A6%96%E9%81%B8%E6%96%B9%E5%BC%8F。

63　瀏覽網址：https://tw.news.yahoo.com/%E7%B4%90%E7%B4%84-%E6%99%82%E5%A0%B1%E5%BB%A3%E5%A0%B4-%E6%B1%BD%E8%BB%8A%E6%92%9E%E4%BA%BA1%E6%AD%BB22%E5%82%B7-%E5%88%9D%E6%AD%A5%E6%8E%92%E9%99%A4%E6%81%90%E6%80%96%E6%94%BB%E6%93%8A-030200793.html。

64　瀏覽網址：http://news.pts.org.tw/article/360669。

65　瀏覽網址：https://zh.wikipedia.org/zh-tw/%E7%99%BE%E8%90%AC%E4%BA%BA%E6%B0%91%E5%80%92%E6%89%81%E9%81%8B%E5%8B%95。

種「非常事故」。另一種無政治目的的非常事故，如：民國 84 年 8 月 17 日發生在臺北市及臺北縣大豐與全民計程車駕駛個別鬥毆事件，演變至二派人馬在臺北縣三重市重新橋下劇烈暴動，對社會治安造成莫大影響。基此，非常事故的定義，需與本質相同的騷動行為相互比較。

第 2 款：「騷動行為足以擾亂社會治安時」之具體意涵究為何指？本款與前揭說明同，即：可確定它是一連續不中斷的條件句，會相互影響，無法將文字割裂分別定義，且該騷動行為足以擾亂社會治安，在醞釀未實際影響前，就可能已經符合使用要件。然究竟「騷動行為足以擾亂社會治安」之法事實如何詮釋？與前揭「為避免非常事故，維持社會治安」有否量或質的差異？抑或兩者有本質上的不同？本文認為，縱然騷動足以擾亂社會治安的行為與非常事故概念上並無不同，理由在於：兩者同時存在對社會治安有抽象危害之結果，惟在非常事故的避免與騷動行為足以擾亂二者，似有量與質的差異。例如：106 年 6 月 30 日反年改群眾在蔡總統蒞臨三軍聯合畢業典禮過程[66]，受到大批抗議民眾丟擲雞蛋、礦泉水、鞋子等，類此化整為零的群體，至少是一種能引起現場民眾情緒亢奮、激動的騷動行為，若再升高演變成總統受困於內之情形，即與非常事故相當。基此，無論是個別或群體的舉止已經不只影響到其他人的自由，本身更具有足以感染情緒的牽引力，達到擾亂社會治安的程度時，即為騷動行為的具體描述。

伍、第 4 條第 1 項第 3 款

本款之法定要件乃「依法應逮捕、拘禁之人拒捕、脫逃，或他人助其拒捕、脫逃時」之情形。首需釐清實務運作的第一個問題，應係如何詮釋：依法「應」逮捕、拘禁之人？讀者覓文至此，應知現行法規範僅有家庭暴力防治法第 29 條第 1 項的現行犯為「應」逮捕之人，餘皆為「得」逮捕之人，則該款使用要件的「應」逮捕之人，是否僅限於違犯家暴的現行犯？這是實務運作常見思考問題的模式！但此問題，在法律上需釐清：乃發生該款「應」字究竟為裁量權收縮至零之情形，抑或為實務運作單純

66 瀏覽網址：http://www.appledaily.com.tw/realtimenews/article/new/20170630/1151186/。

比較口語描述與法條文字之間的應逮捕？易言之，法解釋學有一定的規則及邏輯，與一般人口語化的多樣解釋，事實上有著迥異的論證軌跡，基於約定俗成的口語描述，原則上無法成為法解釋之一部。

本文認為，本款所指「依法應逮捕、拘禁之人拒捕、脫逃，或他人助其拒捕、脫逃時」之「應」字，乃裁量權行使後決定執行的助動詞，而非裁量權收縮至零的作為義務；也就是說，本款「應」字之解釋似無關裁量權之行使。依此，只要決定逮捕或施以拘禁的執行作為，遇有拒捕、脫逃之情形，或他人助其拒捕、脫逃，即應符合使用警械的要件。例如：酒後駕車之某甲，經酒精濃度檢測呼氣檢定值超過 0.25mg/ℓ 為刑法公共危險之現行犯，警察履行告知「後」決定逕行逮捕，某甲有拒捕或脫逃情事而言。

實務運作最常發生思考上的錯誤，在以：倒果為因作為合法使用的論證；也就是說，當下根本不確定使用警械的客體（人）到底是否為依法應逮捕、拘禁之人，見該人有拒捕或脫逃的情形就先使用槍械，幾乎是一場豪賭而非執法。例如：警察見某甲駕車神情詭異欲上前攔停，某甲駕車逃逸，警察隨後追趕，追不停便開槍[67]；通常情形下，警察將之攔停可能發現某甲因自知受通緝或車內有違禁物以該款作為使用槍械的合法事由。請讀者忖量，該款使用警械的「依法應逮捕、拘禁之人」（客體），乃當下使用「已知」的事實，方為合法！惟前揭說明的用槍當下，警察尚未攔停，怎知駕駛是通緝犯或車內有違禁物？實務運作的多數情形並非用槍當下判斷使用要件，而是開槍攔下後查證方知人為通緝或車內有違禁物之下，如此思維，將使實務運作永遠桎梏在倒果為因的思考模式上。更簡單地說，因為警察查獲通緝或車內有違禁物（事後），所以反推回用槍當下（事中）「已知」某甲是通緝或車內有違禁物就是依法應逮捕、拘禁之人？如此思考，應該是一場隨時可能發生致命的豪賭，只是，三方（警察、某甲、路人）賭輸了可能再也回不來人間，代價似乎顯然失衡。

最後，讀者仍需注意，有具體條款資以適用時，應優先適用；非具體

---

[67] 105 年 3 月 7 日，臺北市大安分局對乘坐計程車內的外勞盤查，伊心盧徒步逃逸過程遭警自後開槍射擊 5 發，擊中屁股後就逮；【開槍畫面】警連開 5 槍，擊中逃逸外勞；瀏覽網址：http://www.appledaily.com.tw/appledaily/article/headline/20160307/37097446/。

而保有判斷餘地（不確定法律概念）之條款，應居補充地位，此為相當基礎的法學知識（特別法優於普通法優先適用[68]），應予辨明。

陸、第 4 條第 1 項第 4 款

本款之法定要件乃「警察人員所防衛之土地、建築物、工作物、車、船、航空器或他人之生命、身體、自由、財產遭受危害或脅迫時」之情形。其所定要件的事實有二種組合：一、警察人員所防衛之土地、建築物、工作物、車、船、航空器遭受危害或脅迫時。二、他人之生命、身體、自由、財產遭受危害或脅迫時。

本款所定「遭受危害或脅迫（不確定法律概念）」，應指「故意」製造危害或脅迫之行為，與過失行為所製造之危害或脅迫有別，理由在於：使用警械的客體（人）製造危害或脅迫之行為，通常已構成刑事不法。然刑事不法之前提乃行為人有故意或過失，欠缺主觀要件產生危害或脅迫之行為，應非刑事不法，無適用該款餘地。再者，所謂過失係注意義務的違反及有預見可能性，應以對於行為之結果有無認識為判斷標準[69]，則製造危害或脅迫與有無注意義務分屬二事，過失行為應排除在本款適用之外。最後，製造危害或脅迫之行為必須**存在當下**，因為過去已經過去、未來尚未發生，過去與未來的危害或脅迫並無該款適用之餘地。依此，本款「遭受危害或脅迫」**係指故意、當下（現在）的危害或脅迫。**

職是之故，無論是「警察人員所防衛之土地、建築物、工作物、車、船、航空器」或「他人之生命、身體、自由、財產」遭受危害或脅迫，以故意為前提，方有適用該款之空間。前者如：**常見民眾受氣拿鞭炮炸派出所**[70]；後者如：**人質受到歹徒持器械挾持中**，該款之具體情狀應不難想像。

柒、第 4 條第 1 項第 5 款

本款之法定要件乃「警察人員之生命、身體、自由、裝備遭受強暴或脅迫，或有事實足認為有受危害之虞時」之情形有二種組合：1. 警察人

[68] 中央法規標準法第 16 條。
[69] 參照最高法院 50 年台上字第 1690 號判例。
[70] 嫌警難婆，4 少持鞭炮雞蛋攻擊派出所；瀏覽網址：https://www.youtube.com/watch?v=ipOSWhRcVE8。
太歲頭上動土，2 男拿磚頭砸派出所玻璃；瀏覽網址：https://www.youtube.com/watch?v=gC8rIC8y1nU。
心有不甘，無照駕車遭開單砲轟派出所；瀏覽網址：https://www.youtube.com/watch?v=5YFNA-31Xhs。

員之生命、身體、自由、裝備遭受強暴或脅迫。2. 警察人員有事實足認為有受危害之虞時，適用前提皆與**警察人員**有關。

筆者需再釐清一個困擾實務機關許久的問題，即：是否得朝人背後開槍射擊？答案當然是肯定的，只是需符合本款之要件。例如：民國 100 年 7 月 11 日凌晨 4 時許，北市內湖地區處理家暴時受到失控的林姓男子拿菜刀追砍警員朱世凱[71]，假設一同前往處理的另一位員警見林姓男子正砍殺警員朱世凱，在急迫需要且情況急迫下自林性男子背後開槍射擊，當然符合上開二種使用警械的組合，理由在於：該款「**不限**」使用警械（特定）的警察受到強暴或脅迫或有受危害之虞，其他警察人員倘符合該款要件之情境，亦在適用之列。至自背後開槍射擊要打哪裡？會不會打到自己同事？皆與本處討論的法定要件無關。

與本款密切相關但常被誤解的第二個問題，如：「103 年 9 月 21 日在高雄地區[72]，一名駕駛賓士的婦女逆向停車買滷味遭警察舉發時，王女上車欲將車輛駛離，員警站在車前阻擋，但王女未停反以龜速前進，警察朝右前輪開了一槍」之事實，看似符合本款之要件。請讀者細思量，真正問題在：遭受強暴、脅迫的**情境**或有危害之虞之**危害**，如果是警察自己（**員警站在車前阻擋**）故意製造出來，仍有該款適用之餘地？本文認為，原則上遭受強暴、脅迫的**情境**或有危害之虞之**危害**，不能由警察創造出來，若似此案例由警察自己創造出強暴、脅迫或危害的外觀，再據以使用警械，似乎不符合本款使用之要件，甚已違反警察職權行使法第 3 條第 3 項之規定。

當然，該款仍有例外適用的情形，如：104 年 1 月 19 日在臺中清泉崗機場發生的槍戰即屬例外情形[73]，理由在於：航警取締未戴安全帽過程與張男發生嚴重爭執，航警緊張地拿出警棍時，**警棍掉在地上**！又緊張地把槍械抽出來，**槍械也掉在地上**！警察撿拾槍械的動作**又比張男更慢**，導致張男拿起槍就拉動滑套上膛。此際，雖然張男取得警用槍械的危害狀態或

---

[71] 富家子揮刀追，警轟 5 槍擊斃；瀏覽網址：http://www.appledaily.com.tw/appledaily/article/headline/20110712/33521278/。

[72] 火氣大，違停女駕駛執意開車，警員竟開槍；瀏覽網址：https://www.ptt.cc/bbs/car/M.1411307317.A.C99.html。

[73] http://www.cna.com.tw/news/firstnews/201501195014-1.aspx。

以槍械射擊作為強暴、脅迫情境是警察創造出來的，惟警察是過失創造出本款的情境，與故意陷人入罪的行為有別，方能與前述內容呼應不矛盾，當符合本款用槍的要件。

　　基於上述的理解，本款適用前提乃：原則上，遭受強暴、脅迫或危害的情境不能被警察**故意**創造出來，於此前提且無上揭例外情境時，方有本款之討論。基此，諸如：106 年 6 月 30 日凌晨 4 時許[74]，新北市永和分局協同刑事局幹員及霹靂小組跨轄，**在新店某汽車旅館查緝時在樓梯間與查緝對象相互駁火 12 槍**，即有本款適用之餘地[75]。

捌、第 4 條第 1 項第 6 款

　　本款之法定要件乃「持有凶器有滋事之虞者，已受警察人員告誡拋棄，仍不聽從時」之情形。本款要件相對寬鬆，理論上只要持有兇器，大多推定有滋事之虞，使用警械前必須先履行告誡拋棄的程序，若不聽從始完足該款要件。有時曾聽聞實務工作者對「凶器」如何界定提出質疑，本文藉由刑法第 321 條第 1 項第 3 款之攜帶凶器竊盜罪加以描述。司法實務[76]認為：竊盜攜帶起子、鉗子，雖係供行竊之工具，然如客觀上足對人之身體、生命構成威脅，仍應成立攜帶凶器竊盜罪；也就是說，舉凡客觀上足以危害生命、身體之器具皆屬之，如刀、槍、棍、棒、扁鑽、鐮刀等，客觀上足對人之身體、生命構成威脅，即為該款之凶器。

　　細膩的讀者應該要發現，前開於第 3 條第 1 款論述中曾說明：警械使用條例第 3 條第 1 款所稱之協助並非刑事訴訟法第 229 條至第 231 條中

---

[74] 槍犯摩鐵開毒趴，警匪駁火 12 槍 1 嫌中彈命危；瀏覽網址：http://news.ebc.net.tw/news.php?nid=68778。
[75] 筆者於該日上午 7 時 35 分接獲現場攻堅人員來電請求協助，除立即求證並還原事實，協助繕打當日攻堅之用槍報告腳本，才是真正的幫助，而非僅口沫橫飛的批評，試供讀者析論如下：
　　於 106 年 6 月 30 日上午 4 時許接獲偵查隊承辦人○○○迳行拘提之命令，由本局所屬霹靂小組 1 組 4 人執行，執行前僅知該處所除有拘提對象○○○外，依現場判斷尚有其他組織犯罪成員數名（不知年籍）在內，情資顯示犯罪成員間持有多種槍械，武力強大；另監聽譯文顯示○男曾言明，倘與警遭遇必有殊死。
　　執行人員先自旅宿業者處取得鑰匙備以不時之需，後至處所前敲門表明警察身分，室內人等皆聞風未動，透過門縫見一干人等確在屋內，遂以鑰匙開啟鎖扃以為執行。未證，開啟門後，室內人等（不知何人）開始以槍械對警察射擊，由於情況急迫需要，執行人員僅得對有射擊火光處用以槍械之對等武力加以開槍反擊，以達適當壓制火力之目的。執行過程中，室內人員為脫免逮捕而進入相互射擊之對抗火線中，發現同為犯罪成員之○○○（執行後方姓其年籍）受有○○處槍傷，俟室內人員均受控制後，立即將受傷之陳男送醫救治，並將拘提對象施以迳行逮捕，上情乃現場實際情形之始末，特予陳報。
[76] 民國 74 年 3 月 19 日最高法院第三次刑事庭會議決議。

檢警關係之協助，本處因何援引刑法有關凶器的概念**等同**本款所定凶器之結論？進行法學比較 [77]，大多將性質相近事務，藉由立法、歷史、合目的性等不同面向進行相互比較之解釋，結論原則有二，即：「相同」或「不相同」。本款「凶器」之概念與上開司法實務相當接近，皆有客觀上足對人之身體、生命構成威脅之意涵，只是在刑法面向需加重處罰，而本款則可作爲使用警械之事由，加以抑制滋事的行爲；與前揭比較原理相同，惟比較後獲致不相同之結論矣。是以，實務工作者在判斷各款法定要件時，得先尋覓性質相近之依據加以比較、推敲，初步有結論後再引據作爲準則，使之能更快速辨明各款間差異。

玖、第 4 條第 1 項第 7 款

本款之法定要件乃「有前條第 1 款、第 2 款之情形，非使用警刀、槍械不足以制止時」之情形，筆者刻意未在前揭第 3 條第 3 款處探討之由，乃本款展現出警棍、槍械間之比例原則，容後併說明之。

第三款　決定裁量

符合上開說明使用警械要件後，無論本條例第 3 條或第 4 條規定，執行人員皆有決定是否使用之裁量，只有：「使用」或「不使用」二種情形。實務工作者經常將「不符該條例所定要件的違法」、「裁量權違法」及「違反比例原則之違法」誤解爲同一事，**惟事實上均有所不同**，先予澄清。

實務運作鮮少發生不符要件的使用，但常發生裁量濫用的情形，濫用的具體狀況通常發生在比例原則的審查。例如：105 年 2 月 18 日凌晨 [78]，新莊分局明志派出所處理自小客違停，駕駛昏睡車內，駕駛車輛女子後來驚醒，慢條斯里的駕車逃逸。同時，現場站於駕駛座門邊 B 柱的甫畢業的員警一時緊張，隨即拔出槍械朝駕駛座方向射擊，開槍當下有效射程的

---

[77] 本處所指與上冊畫設圖表不同，讀者切勿混淆；陳良豪，警察勤務新論（上）——實務工作者與法律的對話，2016 年 2 月初版，頁 250 註 118。

[78] 女子拒盤查衝撞救護車，警開 15 槍仍逃逸；瀏覽網址：http://news.ltn.com.tw/news/society/breaking-news/1605634。

火線後方尙有救護人員、其他警察及一般民衆，此案例即係筆者所說：符合使用要件但違反比例原則的裁量濫用之適例[79]。

行文至此，筆者必須提及曾參加與使用警械裁量攸關的二段歷史：

壹、105 年署全國術科教官複訓

105 年 3 月 2 日午后，筆者接獲保一總隊維安特勤隊代理隊長林聖育及術科教官蘇崇碩來電知會，爰內政部警政署教育組辦理是年全國教官複訓班期[80]其中某部分課程需筆者襄助講授[81]，主題雖以「案例教學法」爲名，惟實質乃桃園縣政府警察局楊梅分局永安派出所警員葉驥追緝通緝犯遭判刑六月確定，網路上引起衆多討論，警政署長陳國恩擔憂基層員警執法的士氣恐受影響，遂有開設案例教學法課程之決議。

當時，警政署發布新聞稿呼籲「員警應勇於執法」[82]，並期待司法機關作爲執法人員之後盾，已經使第一線執法人員誤會警政署「應勇於執法」新聞稿之原意[83]。爲了導正此誤會，「案例教學法」係以講授合法使用警械

---

[79] 筆者認爲很可惜的一點是：當（105）年 3 月間對警政署辦全國術科教官複訓班期之學員進行授課時，課程內所舉案例的當地分局教官，少部分會以拒絕聽課的方式來迴避可能受到他人異樣眼光的注目，似乎不想知道未來在各自分局的常年訓練課程中，如何精進或建立合法使用警械的觀念，實在可惜。

[80] 共計四期，分別於 105 年 3 月 7 日至 11 日爲一期（以下類推），筆者襄助課程排定於同年 3 月 11 日、18 日、25 日及 4 月 1 日上午各四小時。

[81] 找上筆者原因：一、101 年、102 年警政署拍攝電化教學教育短片「用槍時機問題探討（一）、（二）」之劇本、現場督演、部分事後剪輯、相關審查會及說明，皆由筆者及北投分局葉佳青教官全程參與並撰寫，署承辦人委託筆者請益臺灣高等法院施俊堯法官劇本內相關法律意見（102 年 10 月 2 日上午）及拍攝內容。二、筆者 103 年、104 年襄助警政署全國教官複訓班期之課程，部分教官有推薦。三、筆者有 15 年第一線的實務工作經驗，亦有法律背景。四、筆者於 104 年 6 月 8 日、15 日、10 月 6 日、14 日、105 年 1 月 6 日在維安特勤隊，無償分階段（每次二至三小時，共計約十三小時）將警械使用條例詳盡說明完畢，並與實務訓練相結合。

[82] 【記者楊佩琪／臺北報導】：登稿日期：2015 年 12 月 29 日。新聞標題：葉驥擊斃通緝犯遭判刑警政署呼籲員警應勇於執法
新聞內容：
桃園縣楊梅分局員警葉驥在值勤時，擊斃企圖衝撞的通緝犯羅文昌，遭到最高法院判決 6 個月有期徒刑，併科罰金 18 萬元定讞，消息一出引發激烈爭議，警政署也表示，對於這樣的判決結果深表遺憾。
警政署認爲，的確員警即便有合法使用槍械，也必須符合「警械使用條例規範」，但員警執勤時面對各種狀況，做出臨場判斷，靠的是實務經驗累積。葉驥從警資歷將近 20 年，大多都是打擊犯罪、刑案偵查工作，對此警政署長陳國恩強調，他相當肯定葉驥主動積極、勇敢、負責的工作表現，各級幹部都應該多給予鼓勵、關懷。
另外，爲了避免員警的寒蟬效應，警政署表示，支持並呼籲員警這時應該更勇於執法，合法、合理範圍內使用警械，也期待司法機關應該作爲員警的後盾，才能共同打擊犯罪、捍衛執法尊嚴。
原文網址：葉驥擊斃通緝犯遭判刑　警政署呼籲員警應勇於執法；瀏覽網址：http://www.ettoday.net/news/20151229/621549.htm#ixzz4AoL2w4o5，瀏覽日期：2016 年 6 月 6 日。

[83] 讀者可以自行查閱，自警政署發布新聞稿（2015 年 12 月 29 日）後，第一線執法員警「勇於執法」的開槍事件確實增加許多（按：勇於執法並非要第一線勇敢開槍），捫心自問，違法使用槍械的比例不在少數。

或其他器具爲前提，並與實務相互結合作爲複訓之課程。時日講授在即，恐未能克竟其功，遂於同年月 4 日上午與術科教官蘇崇碩相約先行討論，希望精實、簡要地呈現課程內容所欲表達之重點，爲警察教育訓練略盡綿薄之力。

未料，當日教官無暇與筆者詳談講授課程內容，遂於 7 日上午與課程助教：教官邱仁焜、小隊長張峻齊及助教林大鈞在保一總隊靶場休息室討論，以便明白並清晰課程操作及流程。是日上午與助教溝通並達成共識，筆者方才開始準備課程架構及 PPT 檔案的編排，距離 3 月 11 日的課程僅剩不到 5 日光景。

課程內容之主軸聚焦在深入討論個別案件（案例教學法）上，即：葉驥。筆者查閱相關判決[84]後發現眞正問題所在[85]，諸如羅文昌到底是不是現行犯？現行犯是不是一定要執行逮捕？未執行或執行中遭抗拒而成功脫逃，即爲故意或過失縱放人犯？一連串很單純法條操作的問題，事實上長年困擾著實務工作者。筆者發現，這些問題開始困惑著實務運作的**始點**，似乎指向民國 95 年 5 月 7 日發生在彰化員林「頂尖美人」護膚店附設 KTV 遭人砸店後[86]，隱遁在警界高層震怒撤換分局長、所長背後的潛在變化中，逐漸使本應獨立行使職權的焦點挪移至警界高層震怒、分局長倒台或人民觀感之無關因素上，進一步誤導實務工作者對於現行犯、逮捕、縱放人犯乃根本不同之核心概念[87]，將此錯誤觀念一直延續到葉驥事件的燃燒，才使討論的重點逐漸回歸到現行犯**本非「應」逮捕之人**[88]，讓警察走向**非本能反射**的勤務作爲。

課程安排的講授內容，除了說明葉驥當下應有更好的方法加以選擇外，另自警械使用條例本身檢視葉驥在法庭應訴時的對答，相互對照。筆

---

[84] 臺灣桃園地方法院刑事判決 103 年度矚訴字第 19 號；臺灣高等法院判決內容相當雷同，於此不贅。
[85] 各位讀者或許會說：事後諸葛大家都懂，但筆者也是從事基層工作 15 年的時間，如果筆者在現場，是不會有與葉驥一樣的判斷及作法。
[86] 新聞標題：暴徒砸店未即時制止，員林分局長下台；登稿日期：2006 年 5 月 9 日；瀏覽網址：http://news.ltn.com.tw/news/society/paper/70724，瀏覽日期：2016 年 6 月 7 日。
[87] 讀者得自行比較另一案例：當警面揍女員工，3 惡漢砸加油站搖擺走人（2016 年 5 月 21 日），亦尚須辨明，現場現行犯不逮捕的裁量權是否違法，是另一個問題；登稿日期：2016 年 5 月 22 日；瀏覽網址：http://www.appledaily.com.tw/realtimenews/article/new/20160522/867845/，瀏覽日期：2016 年 6 月 7 日。
[88] 此概念宣揚在警界來自臺灣高等法院刑事庭施俊堯法官，功不可沒（只有輩分高、地位高的人說出眞正的公道話，警界高層才逐漸接受原本就是對的法律，至於其他人……）。

者發現就算是常在街頭上執法的警察，站上法院的「被告」席上，**應訴能力**似乎爲司法弱者；易言之，已經在**審判程序**，還說出「警察實務」的操作心理，而非將事實涵攝於**法律**，庭訊如此陳述沒有被視爲不確定故意殺人，實之萬幸。例如：「我開槍的過程是非常急迫的，我要制止被害人衝撞及逃逸的行爲，當時我是站在駕駛座跟車門之間，我認爲他倒車一定會撞到我，且我左手是攀附在車門上，倒車可能會拖行到我，我爲了制止他的行爲，才對他的腳部開槍，**我不是很確定有無打到被害人，所以才又開了第 2、3 槍**，我都是對被害人腿部非致命部位開槍，我沒有預料到被害人會因槍傷而死亡，且當時我覺得只能開槍才能達成逮捕通緝犯之任務，因爲情況緊急，應無違反警械使用條例之規定，本案任何警員在相同情況下都不可避免會發生相同行爲云云」，此段應訊倒映出實務工作者受到前揭「隱遁在警界高層震怒撤換分局長、所長背後的潛在變化中」的**誤解有多深**。

　　現場錄影畫面顯示，駕駛人羅文昌當下確實製造了一個危害（倒車逃逸），但葉驥本身也製造了一個對自己的危害（拉車門二次），二個危害間只需要一個動作會立即解消，即：**葉驥放開拉著門把的手！**不願意放手的潛在原因，應爲上述舊有「現行犯應逮捕」的**錯誤框架**所造成[89]。刑事訴訟法第 88 條第 1 項規定自民國 23 年 11 月 29 日全文修正公布施行迄今從未更動過[90]，錯誤觀念框架理應鬆綁，才能不受人民觀感、長官官位影響等無關因素干擾，避免發生心理層面被綁架而偏離法律規定的勤務作爲。基此，羅文昌倒車確實是一種危害，葉驥抓住車門不放手亦造成危害，但此急迫情形除葉驥本身需擔負部分責任外，最重要是解消危害侵害最小的手段只需一個動作，而此動作是控制在葉驥本身，即：**放手**，另以無線電通報攔截圍捕，及騎乘機車在後通報羅文昌逃逸路線進行圍捕，或

---

[89] 讀者一定會有誤解，葉驥案件不是追緝通緝犯嗎？請讀者再詳加閱讀判決書，葉驥係因通報有人疑似盜賣贓物而前往處理，則葉驥主觀上到場時是調查有無「收受、搬運、寄藏、故買或牙保」贓物之犯罪，而非一到場即知羅文昌就是通緝犯，到場後詢問鄰人王冠中得知羅文昌準備駕車離去，遂立即前往攔阻車輛，同時拔槍上膛預作準備，此段連續無中斷的自然事實，似乎根本與知悉通緝犯無涉。惟設萬步言，民國 56 年 1 月 13 日全文修正公布施行之刑事訴訟法第 87 條第 1 項仍爲「得」逕行逮捕之人，非「應」逮捕。

[90] 瀏覽網址：http://lis.ly.gov.tw/lglawc/lawsingle?00C02CE9FB9E0000000000000000003200000007000000^045521040123^00102001001，瀏覽日期：2016 年 6 月 7 日。

許才是現場合理的執行方法。因為，羅文昌逮捕事由至多是財產法益（偷東西），相對於葉驥使用槍械侵害至少是身體法益，肝衡後明顯「不成比例」。

再者，葉驥庭訊時陳述「**我不是很確定有無打到被害人，所以才又開了第 2、3 槍**」是相當危險的陳述，除了容易造成不確定故意的誤解外，更呈現出實務常將射擊子彈的發數來判斷有無違反比例原則的謬誤。請讀者仔細觀照警械使用條例即知，內文根本沒有射擊發數之規定，其重點在：使用原因是否消滅才是（第 7 條），現場射擊發數與使用原因是否消滅有密切關聯，則葉驥庭訊陳述似乎放錯重點（筆者認為葉驥想強化開槍是制止危害）。

課程中也提及，警察習慣對駕駛動力交通工具及其人攔查不停時，便使用槍械攔停的案例不在少數，仍給予事實上的澄清。筆者以科學角度說明，目前交通工具的攔停只控制在：「交通工具」、「人」二個物理變數上（一是破壞車輛，一是破壞駕駛人，車輛才有辦法停止），而對交通工具開槍原則上**沒有任何意義**[91]，因為，車輛本身有一個掩蔽物的功能，對汽車車體以 90 手槍開槍並無法產生重大且立即的破壞，使其失去移動的主要功能，縱然朝水箱射擊並貫穿進而破壞車輛冷卻系統，車輛需因冷卻故障使溫度升高導致引擎縮缸無法運轉而停下，至少要 30 分鐘以上，在沒有立竿見影能使車輛立**即**停下的效用前（除非警察朝著駕駛人打），現有利用開槍將車輛攔停的案例，幾乎是駕駛人可能害怕中槍才自行停車，則警察對汽車開槍只剩製造威嚇槍響的作用矣。既然如此，警察應朝向：攔停不使用槍械的勤務活動前進。

全國參與各期複訓的教官們返回工作崗位後，相信在第一時間即將課程內簡要、精實且符合法律及符合科學、實務的概念加以調整，讀者可觀察，自全部受訓班期結束（4 月 1 日）後開始，便鮮少再發生開槍攔車事件[92]。惟課程時間過短（室內課：兩小時；實際操作：兩小時），本不及深

---

[91] 民國 95 年 9 月 17 日仲長海事件，大臺北地區警察總共開 51 槍，仲男駕駛之車輛四個輪胎全被警察開槍擊破亦未停止前進，顯示對車輛開槍實質意義不大；瀏覽網址：http://www.appledaily.com.tw/apple-daily/article/headline/20060918/2898238/，瀏覽日期：2016 年 6 月 7 日。

[92] 新聞標題：攔查不停！嫌 line 叫支援，哥助陣擋車甩警；登稿日期：2016 年 5 月 21 日；瀏覽網址：http://news.tvbs.com.tw/local/news-655073/，瀏覽日期：2016 年 6 月 7 日。

究如何「朝向不使用槍械作爲攔停」的方向探討，旋即於 4 月 28 日發生桃園 7 歲小妹妹遭毒蟲在警方查緝過程受撞擊致死[93]，當時警察攔停就是以警棍敲打車輛爲方法，公布的錄影畫面中顯示，另一名警察（著霹靂小組服裝）本來決定朝車內開槍射擊卻又收回槍枝；另 5 月 30 日正午 11 時 50 分許，警察本在新莊瓊林路藉紅燈攔停後[94]，駕駛人鑽縫加速逃逸，亦是以警棍敲打車輛，逐漸未見以槍械射擊攔檢不停之車輛。基此，顯見室內課程灌輸相關合法概念後，通常比實際操作來的更爲有效，建立架構的同時進行研發新勤務作爲來補充，將能實際提升警察法治領域的觀念[95]。爲了延續上開逐漸建立具有法制的勤務作爲並**打破：開槍就一定可以攔停**的迷思，署長陳國恩會議中進一步指示研究「執法實務戰術演練專案研討」之可行性，對應著實務如何有效且合法的攔停車輛。

貳、105 年執法實務戰術演練專案研討

105 年 5 月 21 日午后，筆者與助教林大鈞即時通訊軟體上探討警察實務改革的問題，提問：5 月 30 日後警政署將辦理「執法實務戰術演練專案研討」是否有意願爲警察盡些心力？筆者初允，惟心深諳不語[96]。署承辦人於 105 年 5 月 23 日夜間 21 時許來電通知邀請，其研討期間爲 5 月 30 日至 6 月 8 日，於 6 月 8 日上午蒞臨驗收成果。

筆者在受邀前腦海即有雛形，專案研討無論以使用槍械或另尋他法的攔停，在法律面均涉及一個重要概念：「法定強制力！」若欲使戰術演練立基於合法爲前提，必須統合與會人員對合法的認知，由此設計的戰術才能面對司法考驗，筆者便將腦海中建立的架構畫製成圖 8-2 及圖 8-3：

---

[93] 新聞標題：小妹妹遭毒蟲撞死，桃園法院被質疑是幫兇（2016 年 4 月 29 日）；登稿日期：2016 年 4 月 30 日；瀏覽網址：http://www.nownews.com/n/2016/04/30/2082594，瀏覽日期：2016 年 6 月 7 日。

[94] 新聞標題：新莊警匪追逐戰，警持警棍擊碎玻璃窗仍逃逸；登稿日期：2016 年 5 月 30 日；瀏覽網址：http://www.ettoday.net/news/20160530/707760.htm?feature=todaysforum&tab_id=268，瀏覽日期：2016 年 6 月 7 日。

[95] 署長爲了讓現場員警除了有「拔槍」的選擇外，更組合志同道合的警界同袍們執行「執法實務戰術演練專案研討及實施計畫」，署承辦人於 105 年 5 月 23 日夜間 21 時許來電通知邀請，是後續爲了執行攔停、如何安全攔停的課程。

[96] 承辦人爲求效率，執行計畫悉依警員撰寫陳報之資料，後再主導至自己想像之方向。

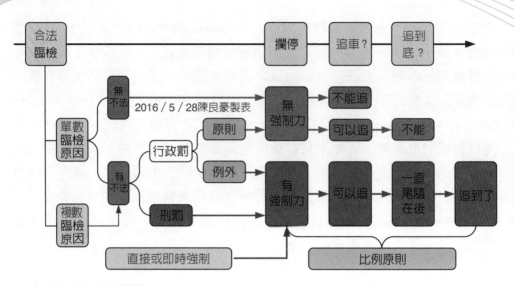

圖 8-2 合法追車的思考簡圖
資料來源：作者自製。

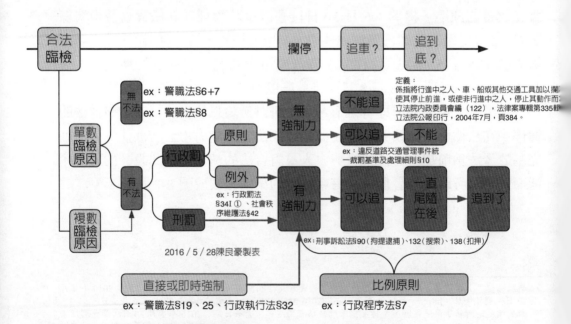

圖 8-3 合法追車的思考簡圖—含法條
資料來源：作者自製。

　　105 年 6 月 1 日上午 9 時，筆者將專案前繪畢發動追車（含攔截圍捕）的簡易法律思考架構書面發予與會人員，原本計畫在會中說明並釐清圖表構思，但各方意見[97]表達過程長達兩個小時多而事與願違。過程中與會人員吐露心聲說：一個基層員警願意積極執法，是在不會違法被移送法院的前提下，加以開展警察實務戰術研究方有其意義，但分組工作內容頗為零散，且未見任何有關法律討論及法條的支持[98]，似乎無法滿足第一線執行人員的無後顧之憂。更特別地是，當日與其說美其名為熱烈討論、倒不如說已到爭執不相上下的研討過程，筆者席下越趨惶恐；更有甚者，署某官長[99]將專案導向**暫不考慮適法性**問題，似乎與第一線人員所欲達到的目的有別[100]。尤其一般警察常發生誤解原意，貿然提出戰術、方法，反而造成基層誤解後的對號入座將產生更多違法事件，當與成立研究的初衷不符。筆者認為，噤若寒蟬的時刻到了，便「心深諳文化而不語」。至少安慰的一點，與會人員之一有來自臺北市警察局刑事警察大隊司法組人員，透過同事向筆者商討圖表之電子檔，以為卓參。

　　105 年 6 月 2 日上午與會，由助教林大鈞開場說明三個組別的工作內容時，恰逢署教育組詹永茂組長蒞臨指導，而工作內容依序報告完畢後，組長慰勉與會人員工作辛勞，亦嘉許林大鈞之說明相當詳盡，請組別分別配合，依序分別為：1. 攔車組。2. 破窗組[101]。3. 強制下車組。筆者在不打擾與會工作執行前提下，提前離去。

---

[97] 從會議討論中可以看得出來，與會人員每個人都想主導專案的走向，可是，誰也不服誰，便造成沒有核心人物的進行。但可肯認，參加的人都懷有貢獻一己之力的想法，從這一點看出警察真的開始進步。

[98] 所有專案成員（含承辦人，共 26 人）中，只有 3 人有法律背景，其中只有 1 人曾在外勤長時間實際執法。

[99] 在導向前，筆者已向該官長說明整個狀況，並告知實務工作者相當容易誤解，倘未於先前釐清並逐漸限縮，再與拍攝內容相銜接，恐怕造成「單純違規」警察也來追車、敲車窗、破門、把人拖下車，結果是毫無法定要件的限制直接實施強制力，應不是執行專案的本意，惟官長為取得主導權，對筆者勸告似乎恝置現行法制於不顧。

[100] 此專案真正目的：第一線執勤人員如何在不用槍且合法的前提下，安全地利用現場器具或物品加以實施攔停或強制力，提供槍械以外的合法方法。

[101] 此次專案期間還有一個重大突破，就是實際測試破窗工具！署行政組通知各家廠商提供測試，其中有一破窗盾相當好用，惟攜帶不便。另有南部同事自己發明警棍尾蓋，與會教官測試的結果是：好用、體積小、便於攜帶、破壞力強、成本低廉、可與現有警棍結合，強力推薦。相當感動的是，研發的學長無償提供署政署製作送發各警察機關使用。
此破窗尾蓋使用的效用幾乎等同槍械，但造成的損害卻遠小於槍械（車窗破碎、人員受傷），尤其在執行破窗一瞬間發出的聲響及碎裂的畫面，可造成不聽制止的駕駛人至少有 2 至 3 秒腦袋一片空白或搞不清楚為什麼玻璃會碎裂。

參、聚焦命題

　　筆者特別交代二段親自參與歷史的主因，與決定裁量之命題有絕對關聯，也就是說，當法定構成要件實現時，警察馬上面臨是否使用警械的問題。若決定「不」使用警械時，還有什麼方法、戰術可以攔停車輛；及倘決定使用，也必須面臨選擇何種警械，這些都是決定裁量具體展現的思考步驟。

　　由於決定裁量的選項，僅是、否二個結論，此前提在裁量權違法情形之討論，原則上不會出現裁量逾越的態樣；依此，司法介入審查的強度及空間將會弱化及留給行政機關自由裁決。是以，木文討論決定裁量的違法，將限縮在裁量怠惰及裁量濫用之類型。

　　誠如前揭說明，使用警械的裁量怠惰（決定裁量），具體情境的描繪事實上難以想像，尤其比例原則本有適用義務，看似同時存在裁量怠惰外觀，更見重疊，若未釐清兩者異同，可能使實務工作者的觀念更加混淆。前揭備勤勤務第四節第一項第肆點的「法規範之作用」中，縱然討論著兩者間異同，惟涵攝至使用警械更需釐清一點：比例原則並非作為權力發動之依據，而是執法者法益衡量應遵守的原則，此原則是一種適用之義務，無法任意選擇。基此，在比例原則之適當性需優先討論的前提下，裁量怠惰的不使用警械之具體情境，猶如重疊在異次元空間般但現實不存在，例如：集會遊行民眾長期占據道路未向警察機關申請核備，占據行為已逐漸危害了道路用路人，警察在考量驅離方法一直**不做出**使用高壓噴水車（其他經核定之器械）之**決定**，實是法益相衡（適當性）之優先適用，而裁量怠惰之外觀將會被適當性之討論覆蓋，不及論之。

　　筆者以所有警械討論實務運作的裁量濫用（決定裁量），較常發生在警銬，次為槍械，此兩種警械因隨身攜帶、隨手可得之特徵而有遭到濫用的可能。由於裁量濫用有三種類型，即衡量瑕疵、濫用權力及違反一般法律原則或憲法保障基本權利意旨，濫用警銬大多發生在人犯解送、候詢期間，除如廁或其他有必要解銬的情形外，皆保持上銬的狀態（屬衡量瑕疵或濫用權力），如此劃一性使用似乎呈現濫用的結果；至於濫用槍械，大多發生在民眾（無論有無駕駛交通工具）一不聽制止，緊張沒經驗的警察未加以適切考量或混雜事件無關之因素，立即取用槍械射擊（至少為衡量

瑕疵或濫用權力）。以上兩種如前段說明的情形，同樣會發生裁量濫用被比例原則替代或覆蓋，也就是說，到底何種罪名上銬為適當？或不聽制止取用槍械射擊是否必要？前鑑均集中在比例原則的討論，反而使裁量濫用被忽略、覆蓋。職是之故，現行坊間論述使用警械時過於傾向比例原則的探討，筆者認為，重為探討使用警械的決定裁量或許是更好的詮釋方向，理由無他——司法原則不介入審查。

第四款　選擇裁量

符合法定要件後決定使用警械，馬上面臨需使用何種或數種警械併用的選擇，即為選擇裁量，依本條例係選定或併用第 3 條、第 4 條之警棍、槍械及其他經核定之器械。

首需說明，前揭破窗尾蓋乃附隨於固有警棍的變型裝置，執行時仍視為警棍之一部，等同使用警棍；惟破窗尾蓋與警棍分離時，原則上無法單獨使用，若獨立使用之法律性質，即應與警械使用條例分離探究。此概念肇因破窗尾蓋仍是一獨立之物，雖非主物之成分，但有常助主物之效用，為從物，將之套換使用為同一物時，依主物之法律評價之；從物脫離主物成為獨立之物而有主物效用，則逐依主物性質之法律評價之[102]。簡單來說，裝了破窗尾蓋在警棍上使用，有警械使用條例的討論；反之，則無。再者，決定使用警械後選擇的器具若非警械，非選擇裁量的違法問題，而係決定裁量，應予區辨。

使用警械探討選擇裁量的違法論述與決定裁量相當接近，筆者認為，現實上難以出現裁量逾越、裁量怠惰的類型，至裁量濫用亦與比例原則重疊常被取代討論，茲不贅言。

第五款　公法上比例原則

探討使用警械之比例原則，當然不外適當性、必要性及衡平性，而貫串此三個子原則之內涵，就是目的及方法（手段）；因警械本身代表著武

---

[102] 詳參照民法第 68 條第 1 項之概念。

力，其構建使用方法的架構，乃漸層「強制力」的概念。基此，使用警械即係達到各種行政目的的方法（手段），而為了達到行政目的，應依目的視警械各有不同功能調整使用，方能建立合法且符合比例原則之概念。

壹、適當性

　　稱適當性，乃採取之方法有助於目的之達成。探討使用警械的適當性，一直以來都不是一個受到關注的問題，因為，「有助於目的達成所採取之方法」的討論，涵蓋範圍相當廣泛，除方法顯不可能達成目的之情形外，多數所採取的方法應該都有助於目的之達成，例如：警銬及警繩皆有束縛及限制的功能，在欲達到逮捕人為目的之前提，使用警銬或警繩均為適當的執行方法（手段）；惟欲逮捕駕車逃逸之駕駛人時，使用警銬或警繩當然顯得不適當。

貳、必要性

　　稱必要性，乃有多種同樣能達成目的之方法時，應選擇對人民權益損害最小者。使用警械最常運用及探討比例原則的概念，即屬必要性。由於實務工作者使用警械均需立即判斷，平日若未建立各式警械功能及損益大小評估之概念，遇事使用時，緊急情狀造成的恐懼將會牽引本能反射在肌肉群作出最大攻擊的效能判斷，此種情形評價必要性時，通常會產生對人民權益損害「最大」的結果，也是警察最常違法之處。

一、具體化必要性

　　具體化使用警械的必要性，本文認為必須有專人研究及比較各式警械的功能及可能造成損益大小後，在平日在職或常年訓練課程中，協助第一線人員在腦海中形成雛形，逐漸建立並呈現研究或比較之結果，使之面對不同狀況判斷「有多種同樣能達成目的之方法」，才能避免下意識的反射，而**有能力**做出「選擇對人民權益損害最小」的決定，例如：上開警政署於 105 年執法實務戰術演練所研發之多輛警車夾擊圍捕、破窗尾蓋及射擊車輛等，揭示了警察達到安全攔停交通工具之目的，不僅僅只有使用槍械一途，更研究其他可替代且損害較小之多種方法[103]作為拋磚引玉，提

---

[103] 筆者尚需提醒讀者，看似前述與此處說明「前否定後肯定專案」相互矛盾，惟前述乃指專案不管發動攔

供各實務教官講授替代之腹案。

　　另外必須明晰一點，使用警械的必要性是被控制在侵害源的危害程度，民眾危害情勢越高，就能使用對等程度越高的警械，這也是比例原則的具體展現；易言之，雖然「有多種同樣能達成目的之方法」是警察判斷，但「達成目的」的背後，可說是侵害源的消弭，等同警察在判斷「多種同樣能達成目的之方法」時，受到「侵害源危害」之控制，危害越高，欲選擇同樣能達成目的之「方法」之武力可以越高；反之，則應隨危害程度降低使用不同種類。

　　然而，實務運作最大的模糊地帶，就是具體危害小於潛在危害的對等武力應如何選擇或調整？例如：105 年 10 月 13 日凌晨 [104]，臺南一名男子不服攔查，與警察發生爭執過程，從車廂掏出尖銳物突襲警察遭拍落後，不僅不聽制止，反而張開雙臂持續逼近，並向手持槍械已瞄準的員警繼續嗆聲「開啊！開啊！」。本件已符合使用警械的法定要件（從車廂掏出尖銳物突襲警察遭拍落），客觀上亦有一具體危害（持續逼近），**問題是**：看似張開雙臂的投降舉動，在未確認身上是否仍有其他尖銳物，及輔以持續逼近隨時可徒手或抽出隱藏物品加以攻擊而有潛在危害的外觀，審查使用警械必要性有無必要調整多種方法（自槍械改成警棍或其他經核定之器械）？

　　本文認為，該情境是一個尚未消弭的危害持續狀態，縱然客觀上顯現具體危害已臻排除（尖銳物已被拍落），惟尚未確認身上有無其他可資攻擊物品或張開雙臂狀似投降卻持續逼近未終止危害前，未必需要調整或終止使用；惟一旦危害升高 [105]（幾經命令停止舉動仍不停止），思考焦點就應放在「選擇對人民權益損害最小的執行方法」上，如：對空鳴槍製造聲響警告；倘仍無效且僅持續逼近而無其他攻擊徵兆，即應調整使用其他警械或重為決定使用非警械，方為對人民權益損害最小的思考軌跡。

查的合法性，相當危險，理由在於：不符合法定要件的攔停當然違法，縱使符合比例原則，仍然違法；而本處指專案內容呈現多種攔停的方法，且研發出方法都是現行實務鮮少做過且損害較少之方法而言。簡單來說，不違法的執勤概念乃合法且適當，該專案不管合不合法，只管適不適當。

104【願望達成片】員警這一槍人人看了都喊爽；瀏覽網址：http://www.appledaily.com.tw/realtimenews/article/new/20161013/967048/。

105 希望讀者不要忘了案例的事實，受檢人取用尖銳物被拍落，向上張開雙臂持續逼近，筆者所指危害升高，即為「持續逼近」後的時間點，未改變案例中時間點前的任何事實。

二、必要性之遞次審查

筆者提供使用警械必要性遞次審查之淺見：在符合要件且決定使用警械的前提下，警械只有棍、刀、槍及其他經核定器械之四種類型，原則此四種警械皆能**單獨**使用，例外時**得併**使用其他經核定之器械。基此，討論必要性即分為二部分，一為單獨使用之多種方法評價，另一為複合使用之多種方法評價（以下排除警刀討論）。

第一種情形尚可分為二部分，一為不同種類之警械相互間之多種方法評價（如棍、槍、其他經核定器械間），另一為同種類但不同型式之警械相互間之多種方法評價（如棍之種類，於木質警棍、膠質警棍、鋼（鐵）質伸縮警棍不同型式間）。

（一）第一部分，應先釐清棍、槍、其他經核定器械之**功能取向**及發揮效能後**造成損害**之大小，方能知悉不同情境如何選擇侵害最小的警械：

1. 警棍的效用多在防守、亦得攻擊，有攻守並濟功能；造成損害之大小端視使用之方法。例如：面對民眾持棍在手，有傳遞預備施用武力的表徵，原則上會造成**名譽法益**等輕微損害；持棍在胸，就是一種戒備狀態，有傳達施用武力臨界點的外觀，原則上至少造成**名譽法益**等輕微損害；以棍棒打，即為武力的展現，原則上至少會造成**身體法益**之侵害；持續以棍棒打，即為失控武力臨界點的展現，原則上有危害到**自由、重大身體、生命法益**等之可能。

2. 槍械的效用較彰顯在製造大聲響的恫嚇及遠距離的射擊，有致命攻擊之功能，而造成損害之大小乃視本身功能及使用之方法有所不同。例如：面對民眾持槍在手指向地面警戒，有傳達施用武力臨界點的表徵，原則上至少造成**名譽、自由法益**等輕微損害；持槍瞄準危害源，事實上已進入使用武力（瞄準幾乎等同射擊）之狀態，不僅造成**名譽法益**之損害，更可能隨時造成**自由、身體、重大身體、生命法益**等的侵害；面對危害源對空鳴槍，已使用恫嚇武力，至少造成**名譽、自由、身體法益**等損害；面對危害源實施警告射擊，已使用致命武力，至少會造成**名譽法益**等損害，更可能隨時造成**自由、身體、重大身體、生命法益**的侵害；面對危害源實施準確目標射擊，已使用致命武力，至少會造成**自由、名譽、身體法益**等損害，更可能隨時造成**重大身體、生命法益**的侵害；面對侵害源連續實施精

準目標射擊，已使用致命武力，一定會造成**名譽、身體、重大身體、生命法益**的損害。

3.其他器械的效用不只能獨立使用，更有輔助棍、槍之功能。在使用瓦斯器械面向，主要效用乃使對象暫時喪失抵抗能力，避免相互間以持續武力對抗，使用時原則上屬於非致命武力，至少會造成**名譽法益、自由法益、身體法益**等損害，出現致命侵害的情形並不多見；使用電氣器械面向，主要效用與瓦斯器械同，但其效能相當接近致命武力，一不慎極可能造成**身體法益、重大身體法益、生命法益等**的重大損害；使用噴射器械面向，主要效用除使對象暫時喪失反抗能力外，原則上屬於非致命武力，自實際使用情形觀察，大多出現在集會遊行驅散現場，至少會造成**名譽、財產法益**等損害，出現致命侵害情形並不多見；使用應勤器械面向，主要效用乃使對象之自由受到暫時拘束，原則上並非武力的展現，至少會造成**名譽法益、自由法益**等損害。

4.上揭自棍、槍、其他器械之瓦斯、電氣、噴射及應勤器械，對於實務運作發揮各別效用及可能造成法益損害之概況略作說明，由此基礎知識後可知，在不同情境究竟如何選擇侵害最小的警械，也是建立比例原則中必要性核心概念之基礎，個別警械方能相互比較，尋覓出符合實際操作又非與必要性概念相左之軌跡。

（二）第二部分，需釐清同種類不同型式警械之間，其功能取向及發揮效能後造成損害大小為何，方能應用在不同情境如何選擇侵害最小的警械：

1.依據警察機關配備警械種類及規格表（下稱警械規格表）所定共有三種警棍，為木質、膠質及鋼（鐵）質伸縮之警察，其效用已如前述。經筆者請益曾使用過規格表內定所有警棍經驗之同事，能造成損害大小的排序為：木質警棍＜鋼（鐵）質警棍＜膠質警棍，也就是說，各型式警棍發揮效用後造成損害最大（內部損傷）乃膠質警棍，究其原由為有彈性、打不斷、軟實心、有動能在力矩上能完全傳遞之功能；鋼（鐵）質警棍雖有立即破壞力（內外部傷害），在敲打到硬物後會呈現無法回復的彎曲狀態，繼續使用即會減損其攻擊破壞力，整體的破壞能力略低於膠質警棍；現有木質警棍皆密度不高，輕敲後經常發生斷裂情形，真正能造成破壞是

在發生斷裂後以不規則木屑平舉插刺，否則，只能造成較低度之損害。基此，除攜帶方便的考量外，攻擊能量最強的警棍，當屬膠質警棍，自特勤隊所用裝備即知。

2. 依據警械規格表內定槍械有手槍、衝鋒槍、步槍、霰彈槍、機槍及火砲之型式，其效用即可能造成損害均有不同，但至少相同的一點是：**致命武力**。以上槍械大約可自幾個條件觀察各別發揮之效用，例如：距離、破壞力、移動性、持續性、便利性等，而必要性的探討多在破壞力與持續性相關的條件上，理由在於：兩者與選擇侵害最小關聯較大。以造成面積破壞討論上列槍械，其排序應為手槍＜衝鋒槍≒步槍≒機槍＜霰彈槍＜火炮，但以持續性反觀造成面積破壞性，其排序可能變成：手槍＜霰彈槍＜衝鋒槍≒步槍≒機槍＜火炮，若再加入距離、持續性觀察面積破壞性，其排序可能變成：霰彈槍＜手槍＜衝鋒槍≒步槍＜機槍＜火炮，等同在複合條件下使用，造成損害大小、方式會有所不同，若對槍械基礎知識不夠了解，呈現在必要性的分辨就很可能錯亂。

3. 至警械規格表中其他器械之瓦斯、電氣、噴射及應勤器械項下各別不同型式，有著不同效用，造成損害大小亦不一，為免篇幅過大失焦，筆者認為應另文研究專撰之，茲不贅述。

第二種情形主要指複合使用警械如何選擇損害最小的多種方法，據警械規格表所列之不同型式，交相複合其實過於複雜，筆者限縮討論範圍在常見於實務運作複合使用的實際情形，其情形略有：1. 鋼（鐵）質伸縮警棍、手槍複合使用。2. 木質警棍、高壓噴水車複合使用。3. 各式警棍、手槍及警銬複合使用。下以實務運作常見三個部分略加說明其必要性：

（一）此複合使用較常見於執行一般性勤務攜行裝備的實務運作中，如：巡邏等。由於警械使用條例第3條第3款、第4條第1項第7款把使用警棍、槍械的要件綁在一起，在警棍造成的損害當然小於槍械的前提下，除有其他基於急迫需要的情形外，警察身上如有警棍，首應先考慮使用，方符合必要性之要求。

（二）此複合使用較常見於集會遊行執行強制力的實務運作中，併用時高壓噴水車通常先於警棍的使用，執行時噴水車會先將水射向天空、左右噴灑，再接近群眾頭頂左右噴灑，最後經指揮官下令朝民眾身體噴灑驅

散，手持警棍的部隊再一一向前，以棍制止、驅離，如此的實務運作事實上是含有必要性的思考[106]。易言之，噴水車在外觀上縱然看似攻擊力強過

---

[106] 筆者曾擔任保管噴水車單位幹部多年，亦曾替單位執行警政署示範觀摩演練之實境撰寫演練劇本，對實務運作噴水車及遞次強制力有多次討論，乃以臺灣臺北地方法院 102 年度易字第 174 號刑事判決作為 104 年 3 月 10 日的演練藍本：

演練摘要：

桃園縣產業總工會理事長以不滿政府「外勞配額提高、工資不漲及失業率攀升」之社會議題向臺北市政府警察局中正第一分局（下稱中正第一分局）申請舉行集會遊行核定許可在案，聚集活動期間有參與集會遊行之群眾向在場維持秩序之員警丟擲雞蛋、丟擲煙霧棒之行為，並拒絕離去，經警方依法舉牌後始離去，請看演練。

事實：（演練人員需明白訴求及事實）

毛振飛係桃園縣產業總工會理事長，緣因桃園縣產業總工會以不滿政府「外勞配額提高、工資不漲及失業率攀升」之社會議題，前向臺北市政府警察局中正第一分局（下稱中正第一分局）申請舉行集會遊行，經中正第一分局於民國 101 年 10 月 17 日核定許可在案，嗣桃園縣產業總工會於同年月 23 日向中正第一分局申請變更上開集會遊行之內容，經中正第一分局於翌（24）日，以其申請符合規定為由，准其集會遊行時間：「於 101 年 10 月 28 日中午 12 時起至下午 6 時 30 分止」、集會地點：「臺北市中正區凱達格蘭大道（中山南路【不含】至公園路【不含】間）北側人行道暨鄰接 4 線車道」、遊行路線：「臺北市重慶南路、北平西路口（集合後出發）至重慶北路，再左轉至忠孝西路，再右轉至公園路，再左轉至青島西路，再右轉至中山南路，再右轉至凱達格蘭大道（集合後解散）」，並於許可附帶限制事項中特別記載「集會遊行活動，代理人或糾察員及參加人員均不得攜帶足以危害他人生命、身體、自由或財產安全之物品、器械，亦不可有戴面具或其他妨害身分辨識之化裝事項，以確保集會遊行活動順利進行。集會遊行活動，不可有暴力衝突或違法脫序之行為，並不得違其他相關法令及限制事項；違反者，本分局（即中正第一分局）將依行政程序法及集會遊行法第 25 條之規定，予以舉牌『警告』；再有違反者，舉牌『命令解散』同時廢止本處分」等事項。嗣於 101 年 10 月 28 日中午 12 時許，桃園縣產業總工會招集群眾合計約 3,000 餘人，攜帶旗幟、布條標語及雞蛋等物品，依上開許可集會遊行之路線行進，於同日下午 3 時 30 分許，集會遊行之群眾進入臺北市中正區中山南路與公園路間之凱達格蘭大道時，由毛振飛擔任該階段集會遊行活動之總指揮，負責全場活動之指揮，然於同日下午 3 時 42 分許，有參與集會遊行之群眾向在場維持秩序之員警丟擲雞蛋，現場指揮官即中正第一分局之分局長方仰寧旋以擴音器向毛振飛及參與集會遊行之群眾告知：該次集會遊行出現丟擲雞蛋之違法動作（先行勸導，等一下再接舉牌警告），故正式依法舉牌警告（第一次舉牌）等語，並由中正第一分局之員警舉牌「警告」、「行為違法」，後參與集會遊行之群眾另有丟擲煙霧棒之行為，方仰寧為維護秩序及安全，即於同日下午 3 時 45 分許，再以擴音器向毛振飛及參與集會遊行之群眾告知：因集會遊行之群眾中有人丟擲冒煙之物品而屬違法行為，故命令集會遊行解散等語，並由中正第一分局之員警舉牌「命令解散」、「行為違法」（第二次舉牌），請毛振飛解散該次集會遊行，詎毛振飛明知此次集會業經主管機關命令解散，竟基於違反集會遊行法之犯意，無視於主管機關解散集會遊行之命令，猶率眾集結上址，且於同日下午 3 時 49 分許，在停放於上址之宣傳車上，以麥克風向參與集會遊行之群眾表示：「總指揮宣佈丟才丟，不要去丟警察，等下我會發號司令，說丟雞蛋再一起丟，不要亂丟」等語，以此抗拒解散命令，於同日下午 4 時許，方仰寧遂再以擴音器要求毛振飛制止群眾之違法行為，並由中正第一分局之員警舉牌「命令制止」、「行為違法」（第三次舉牌），惟毛振飛仍於同日下午 4 時 1 分許，在上開宣傳車上以麥克風向參與集會遊行之群眾表示：「所有的人，現在開始把雞蛋拿在手上，把雞蛋拿在手上，開始丟」等語，指揮群眾丟擲雞蛋，於同日下午 4 時 5 分許，方仰寧復以擴音器要求毛振飛制止群眾之違法行為，並由中正第一分局之員警舉牌「命令制止」、「行為違法」，而毛振飛均未遵從解散，並在上開宣傳車上以麥克風帶領參與集會遊行之群眾高喊「政府混蛋，臺灣完蛋」等口號後（命令噴水車噴水），於同日下午 4 時 14 分許宣布集會遊行活動結束，在場集結群眾、宣傳車始陸續散去。

指揮官勸導說明：（指揮官以麥克風廣播說明）

（上面毛振飛，全數更改為「陳小明」）陳小明先生，以及現場各位女士、先生，我是中正第一分局分局長○○○，你們在○○（地點）舉行集會（或遊行）有人任意丟擲物品，將會危害到現場人員，請現場各位朋友保持冷靜，不要做出違法的行為。

指揮官第一次舉牌警告：（指揮官以麥克風廣播說明）

陳小明先生，以及現場各位女士、先生，我是中正第一分局分局長○○○，你們在○○（地點）舉行集會（或遊行），任意丟擲物品、危險物，已經實際危害現場人員（違法事實須符合集會遊行法第 25 條第 1 項各款情形之一），已經違反集會遊行法，○○分局現在依集會遊行法第 25 條規定，第 1 次舉牌

警棍，但改變使用方法後（向天空噴灑水成雨簾）造成的損害，相對低於警棍；當然，直接向民眾身體噴灑應該不亞於使用警棍所造成的損害，兩者間相互併用的必要性，仍需視使用方法方能斷定。

（三）此複合使用大多融合在前述二種情形內再併合使用，其必要性的討論聚焦在執行告一段落的拘束人身自由作為上。惟行文至此，筆者仍需提醒讀者，警銬是否併合使用的前提，仍需視警械使用條例第 3 條、第 4 條各款構成要件實現後方能併合，而實務運作對刑事犯一律使用警銬有否違法之討論，如前註 36 以下茲不贅述。

三、小結

多數人探討問題時，在思慮不周下常多以單一條件切入問題即得到初步結論，如此思考很容易被加入另一個條件後將初步結論翻轉，使該結論看似正確被翻轉為錯誤，如此思考後的表達會通常性地掛一漏萬。例如：情報顯示歹徒有強大槍械武力的攻堅現場，為求**快速進入**即選擇破門器材──霰彈槍；至此，這一句話用了「快速」的單一條件，求得初步結論。接收到此結論的人，即會假設：開槍射擊後打死門後埋伏的歹徒，使初始看似「快速進入」避免正面衝突是正確的單一條件，顯然被有人死亡結果加以推翻，**轉變為當下並非選擇損害最小之錯誤方法**，這是一般警察討論的基本模式。

但真正重點應置於：以霰彈槍破門是一種**強制力**的執行，需先實現強制力的構成要件，單純只為求「**快速進入**」便使用該槍破門的當下，事實上不符合強制力及警械使用條例的要件；縱然再加入「情報顯示歹徒有強

警告，請你們停止違法集會（遊行），立即解散。現在時間中華民國○○年○月○日○時○分。」
指揮官第二次舉牌命令解散：（指揮官以麥克風廣播說明）
陳小明先生，以及現場各位女士、先生，我是中正第一分局分局長○○○，你們在○○（地點）舉行集會（或遊行），任意丟擲煙幕棒已經違法（違法事實須符合集會遊行法第 25 條第 1 項各款情形之一），已經違反集會遊行法，○○分局現在依集會遊行法第 25 條規定，第 2 次舉牌命令解散，請你們停止違法集會（遊行），立即解散。現在時間中華民國○○年○月○日○時○分。」
指揮官第三次舉牌制止：（指揮官以麥克風廣播說明）
陳小明先生，以及現場各位女士、先生，我是中正第一分局分局長○○○，你們在○○（地點）舉行集會（或遊行），在現場的行為（違法事實須符合集會遊行法第 25 條第 1 項各款情形之一），已經違反集會遊行法，○○分局現在依集會遊行法第 25 條規定，第 3 次舉牌制止，請你們停止違法集會（遊行），立即解散。現在時間中華民國○○年○月○日○時○分。」
指揮官：（指揮官以麥克風廣播說明）
噴水車平射、噴水車威力掃射。

大槍械武力」作為補充，亦與強制力及警械使用條例之要件不相符合。依序思考使用霰彈槍破門會發現，**快速進入**及**情報顯示有強大槍械之武力**這二個條件，只是實務運作順遂與否的思考模式，但自法律角度觀察，若不符法定要件後續根本不會有必要性的審查，那使用霰彈槍破門怎可能得到合法的結論！

　　基於上述的理解，若**概念**上至少以複合條件作為必要性的初始判斷，輔以危害程度，進而選擇使用不同種類或不同形式的警械，較容易釐清「多種同樣能達成目的之方法時，應選擇對人民權益損害最小者」之文義，並將正確的審查條件置入，防止過於武斷而無法通過必要性的審查，例如：將破壞力（致命武力）與快速進入列為同時考量之複合條件，以情報顯示歹徒有強大槍械武力文輔助判斷，就會產生真正不一樣的使用方法，從而在檢驗必要性時，才能在有限的時間內得出較為精確的答案。

參、衡平性

　　稱衡平性，乃採取之方法所造成之損害不得與欲達成目的之利益顯失均衡。首要，筆者必須澄清實務工作者常有之誤解，此句「採取之方法所造成之損害」意指採取之方法**若造成**損害而言，並非採取方法**絕不能**造成損害！也就是說，衡平性並不絕對要求行政行為不能造成任何損害（當警察一攔停，民眾的自由權當然受有侵害），只是，行為造成損害受到達成目的之利益來評價是否匀稱，相互間**不能顯失均衡**之謂。

　　欲描述衡平性之**概念**，可想像將方法與損害放在天平的兩端相秤，原則應保持在二者均不掉落的狀態（縱然有上下不同高度仍無不可），若發生無法平衡而掉落之意境，一定就是「顯失均衡」。例如：對徒手抗拒逮捕的現行犯以警棍制止，造成現行犯手部**些微腫脹**，在欲達成目的利益與損害間，可能有失衡，但未顯失均衡；倘對徒手抗拒逮捕的現行犯以警棍制止造成現行犯**手部骨折**時，在無其他事由補充欲達成目的之利益時，其與損害失去衡平，應可認為有顯失均衡。

　　上開概念運用至使用警械，係指衡平性之方法（手段）；使用後，有無造成民眾損害，使用警械所欲達成目的之利益為何。依此得以想像，公權力之一方，考量欲達成目的之**利益**及使用**方法**二個部分；被行使公權力

之一方，則視使用造成**損害**之大小，二造互為表裡的二面三角關係。是以，使用警械當下原則應能預見可能造成之損害，使用時所採取之方法需審酌欲達成目的之利益，相互調和，避免民眾損害罹於警察想像而持續擴大或顯然失衡，方能在利益、方法、損害間不成比例前有停止之機會，從而不致突破衡平性之底線，更能鮮明在執法當下的種種思維。

第六款　使用限制

　　警械使用條例之使用限制，也是比例原則之一種，屬於特別規定。本條例共有三種限制，分別為：基於急迫需要合理使用槍械、使用原因消滅應立即停止、應注意勿傷及其他之人及非情況急迫應注意勿傷及其人致命部位等。以下分別說明之：

壹、第6條

　　警察人員應基於急迫需要，合理使用槍械，不得逾越必要程度，有別於其他警械使用更高的法定門檻，除第3條、第4條第1項之外，另有急迫需要之要件，等同限制了自由使用槍械的時機，應先釐清。簡單來說，依現行法以觀，合法使用「槍械」必須完足二個法條之規定，分別是第3條或第4條第1項加上第6條，若非基於急迫需要而使用槍械，應非合法。

　　如前所述，「急迫需要」是一個不確定法律概念，與本能反射急迫的操作面之二者間常困擾著實務運作。本文認為，形塑急迫之意象，乃須立即處置、不容遲延的情境，使警察當下亟需以槍械（強制力）作為執行之方法。依筆者淺見，曾經一再發生一經攔停單純拒絕逃逸（不危害警察、民眾）即行用槍的事件，其實不符合必須立即處置、不容遲延的情境；也就是說：非急迫需要。畢竟，槍械本身就是致命武力，就急迫需要為文義解釋時，必須與致命相當或等價，否將抹去國家本有保障人民基本權利的使命及義務，與憲法圖像相背離。依此，此急迫需要之情境，無論發生在警察或民眾身上，提升使用門檻就是一種限制 [107]。

---

[107] 筆者淺見：目前實務運作訓練的課程，有很大部分仍保持在靜態精準射擊技術的提升，鮮少將警械使用條例實際融入在排定的課程裡，例如：移動靶的法定程序（不要動、告誡拋棄等），或比例原則的體現（警告性射擊、非致命部位精準射擊等），以及非警械的相互運用，這樣的訓練方式，可能會導致第一

就「合理使用」而言，亦是不確定法律概念，警察當下判斷是否合理，有時受到事後司法指責，影響日後心態上使用槍械的怠惰，發生如此轉變來自權力制衡。但合不合理是一種帶有預測的權衡機制，也是比例原則的展現，從而此條文常出現的問題會聚焦在：合理使用，是誰的立場判斷（警察、法院或社會通念）？標準為何？的討論上。筆者認為，警察握有槍械在手，其外觀係顯現至高無上地位甚明，受此意識制約後的行為模式，縱然立法者給予警察判斷是否合理之權限而法院無權置喙，亦難脫隨時會引起危險之桎梏；簡單地說，多數人**拿槍**在手的心態本就比**無槍**之人來得強勢，這個「強勢」容易引起很多的潛在風險，雖然警察拿槍有權決定如何使用，也無法脫離「拿槍，就有很多潛在風險」的枷鎖。是以，為維持「合理使用」的平衡意象，不致囿於常理，則合理與否的解釋，似乎呈現在社會通念之標準加以判斷較為妥適，只是需防止警察事中使用或事後法院審查的過度偏移，方較能具體化**合理**二字[108]。

至於不得逾越必要程度，係指比例原則，已如前述，在茲不贅。

貳、第 7 條

警察人員使用警械之原因已消滅者，應立即停止使用，亦為比例原則之體現。在實務運作較常討論的疑惑點在：原因已消滅之時點如何判斷？事實上這個問題在民國 91 年 6 月 4 日的修法理由[109]已經清楚表達：使用警械原具急迫性，其使用原因是否**行將消滅**認定難免有所出入，殊屬不必要之限制規定，爰予刪除。也就是說，該次修法已將模糊的行將消滅修正為**已消滅**，所有曾在實務工作者爭議認定之「壓制在地下還沒上銬又攻擊」、「把刀放下後尚未控制」、「逮捕後尚未執行附帶搜索」等情形，均屬尚未消滅。至現場已無使用警械之原因，應屬已消滅，需立即停止使用，乃本處討論的使用限制。

線用槍人員的使用警械與警械使用條例分道揚鑣。因為，腦海中沒有法規範的概念，外觀舉止怎可能與法規一致，使得實務運作傾向靠本能而非法規。

[108] 或許讀者認為筆者說了等於沒說！但請讀者寬心，有時不把話說死，是為了保有彈性解釋的空間，完全沒有彈性空間的說法固然清晰，但清晰的說法倘只能當作解決單一問題的答案，當變成掛一漏萬時，清晰的說法就不再清晰，反而顯得混沌及矛盾。

[109] 瀏覽網址：http://lis.ly.gov.tw/lglawc/lawsingle?000155D0136D00000000000000000140000000400FFFFFD00^01171091060400^000B7001001。

參、第8條

　　由於警察人員使用警械時，是展現一種強大武力，被使用客體亟需特定，避免傷害無辜第三人，立法者特別課予警察注意義務，勿傷及其他之人。在實務運作上較有問題之處在於：若無法注意情形下仍傷及第三人（如警察正在被砍殺開槍誤擊第三人），條文中「應注意勿傷及其他之人」應如何解釋？其歸責？

　　本文認為，立法者課予使用警械主體有注意勿傷及其他之人之義務，其主要目的不希望造成無辜第三人的傷害，但實務某些事實確實緊密到沒有時間及空間履行注意義務而造成無辜第三人之傷害時[110]，後續接連的法條是：第11條第1項。易言之，若警察使用警械時為合法，緊密連結的事實讓警察無法克盡注意義務時，另有阻卻違法事由或阻卻故意或過失之責任資以補充，並不因造成無辜第三人受有傷害時，反推回警察使用當下**自合法轉變成非法**，其關注焦點仍應放在：使用當下是否合法之問題上。依此，警察使用警械當需注意勿傷及其他之人，則履行注意義務也是一種限制。

肆、第9條

　　警察人員使用警械時，如非情況急迫，應注意勿傷及其人致命部位，乃反面之表達。其正面意義為，如情況急迫，則得傷及其人之致命部位。此條文背後有一個相當重要的涵義，即：警械武力強大，易生不可逆之事件（人死不可能再復活），衡量雙方侵害行為及法益受損情形後，於情況急迫時，得對其人致命部位攻擊之。否則，警察一邊受攻擊、一邊有注意勿傷及致命部位之義務，在綿密不中斷的事實進程中似乎不可能履行；但若情況許可，當需限制使用警械的方法（手段）。再者，所謂情況急迫，非僅指發生在警察身上的急迫，此急迫當然包含他人，例如：人質受歹徒挾持，警察當得在情況急迫時對歹徒之致命部位使用警械之謂。

---

[110] 這句話可以討論的面向相當多（如刑事責任、行政責任及民事責任），但筆者限縮在警械使用條例中探討後續的思考模式。至其他部分，多有前鑑，讀者得自行查閱。

第四節 以法院判決為例

目前依各審判權、各級法院得以查詢的資訊顯示，針對警察使用警械加以論述的裁判為數不多，多數案件皆在檢察署檢察官偵查後即不起訴處分為結，真正進入法院進行實質審理的途徑，大多透過刑事自訴程序；也就是說，使用警械的客體認為被害，以自己名義直接向法院提起訴訟為始。如此實務演化，代表著心照不宣的一件事，即：一股默默支持警察的無聲力量。

但歷年來，法院認定警察違法使用警械的判斷越來越多，其結果並非不支持警察執法，而在各司其職、固守本位的前提下，呈現出法治正在緩慢進步的徵象，同時存在警察改變的契機。因為，如果警察退休成平民後，同樣不會遇到其他警察違法使用警械的情形，才是國家之萬幸；因為，只有自己先不偏頗的依法執法，在平民身分時才不容易遇見偏頗的執法，如此，或許才是現代警察所需裝載不失衡平的說法及理念。

職是之故，在行政行為本受司法監督的權力分立概念下，明瞭審判人員對使用警械究竟看法為何，是警察快速理解合法使用警械的途徑之一，可收事倍功半之效，以下就首節所舉案例整理並說明如下：

第一項 論合法（含裁量）

由於使用警械係依法令之行為，為阻卻違法事由之一種，該概念（依法令之行為）必須同時符合法定要件及比例原則的要求，始足當之；則使用合法與否，應包含法定要件及裁量權二個部分。只是，在司法實務上鮮就使用警械之裁量加以論述或苛責，此與前揭說明司法審查裁量權之密度有關。以下併合說明之：

壹、法定要件

一、臺灣士林地方法院 91 年度自字第 190 號刑事判決

　　法院對使用警械的見解係以：「惟按刑法第二十一條第一項已規定：『依法令之行為，不罰。』而警察人員依警械使用條例**使用警械之行為，為依法令之行為**，警械使用條例第十一條亦有明文，故警察人員依據警械使用條例而使用警械之行為，因**具備阻卻違法事由**，應為法律所不罰。又警察人員執行職務時，遇有依法應逮捕、拘禁之人拒捕或脫逃，或警察人員之生命、身體、自由、裝備遭受危害或脅迫之情形，**得使用警刀或槍械**。警察人員使用警械，應**基於急迫需要**為之，不得逾越必要程度，並應事先警告；但因情況危急不及事先警告者，不在此限，警械使用條例第四條第一項第三款、第五款、第五條分別定有明文。而刑事訴訟法第九十條亦規定：『被告**抗拒拘提、逮捕或脫逃者，得用強制力**拘提或逮捕之。但**不得逾必要**之程度。』再者，依法逮捕犯罪嫌疑人之公務員，遇有抵抗時，雖得以武力排除之，**但其程度以能達逮捕之目的為止**，若未超過其程度，即為法之所許，得認為依法令之行為，最高法院三十年上字第一○七○號判例意旨可資參照。」以及「綜核上情，被告所辯上情應堪採信，被告雖在逮捕自訴人之過程中，因自訴人抗拒逮捕而先以槍柄敲擊自訴人之頭部，嗣於自訴人出手抓住證人蔡維雅之警槍時，復開槍射擊自訴人之右腳膝蓋，致自訴人受有上開傷害，然被告**上開行為皆屬依法令之行為**，依刑法第二十一條第一項之規定，應為法律所不罰。倘無其他積極證據可資證明自訴人所述情節為真正，自難僅憑自訴人之片面指訴，即以推測或擬制方法，率爾推定被告涉有前揭傷害之犯行。此外，復查無其他積極證據可資證明被告涉有自訴人指訴之傷害犯行，此部分依法應為被告無罪之諭知。」二個部分作為論據基礎。筆者需先澄清，當時警械使用條例尚為舊法，謹予陳明。

　　本文認為，判決文字背後，其實潛藏了警察實務長久以來的不良習慣，即前揭（本章第一節末）曾說明之「**多以隨身槍械作為現場即時反應的第一個動作**」（**拔槍、射擊**）慣行。簡單來說，警察一手拿槍，只剩一手要怎麼抓只想跑給警察追的人？尤其是自訴人本就為脫逃之人，警察前

往查緝本該預見自訴人一定會再脫逃、會因脫逃而抵抗等，爲何要在逮捕時把槍拿在手上來執行，然後自然形成法定要件之情境（自訴人抵抗當然先奪槍）再加以開槍射擊？依筆者的實務經驗，對單純只想脫逃的人執行逮捕，只要戴上手套、取用鋼（鐵）質伸縮警棍施以逮捕，反而比握著槍械更加靈活；有時，槍械不是唯一選擇（在法律上主要聚焦在裁量問題，如下說明）。話雖如此，本件事實除需符合警械使用條例第 4 條第 1 項第 5 款之要件外，亦需基於急迫需要，方符合法定二要件，而此事實應符合該二要件。

二、其他判決

讀者必須明白，使用警械之法定要件在事後的司法判斷，認定通常較爲寬鬆，原則客觀上存有一定危害之行爲，幾乎沒有判決會認爲不符合要件，此種隱喻在文字背後的意義，其實是潛在地支持警察執法。是以，本文列舉其他法院判決，皆有符合警械使用之要件。

貳、裁量適度

一、臺灣士林地方法院 91 年度自字第 190 號刑事判決

本案在既有事實的基礎下，對於裁量適度與否就顯得有相當討論的空間。首要，基於「伊當時是與蔡維雅、莊凡昂等人（按：共 **3** 人）一起到現場逮捕乙○○，並非七、八個人去逮捕他，因乙○○在**通緝中**，並持有霰彈槍及手榴彈（按：**?**），係屬高危險犯人，當時伊等在門口遇見乙○○，即**先開四槍示警**，乙○○就跑到屋內，伊等就追到屋內並與乙○○**發生扭打**，並從該屋左側廁所一直打到大門右側樓梯口，伊**爲制伏**乙○○故有以槍柄先打乙○○頭部，但乙○○並未被制伏，仍繼續與伊等扭打」之事實可看出，實務運作常以「**先前**」獲取之情資**作爲全部**的判斷條件，而非以「**當下**」情境的警械使用條例相關要件加以審查，諸如：通緝中、持有霰彈槍及手榴彈、高危險犯人、先開四槍示警等事實，皆係先前獲取之情資而非當下用槍呈現的事實，裁量使用槍械的適度與否，高下立判，難怪乎警察受到當事人的起訴[111]。

---

[111] 本案當事人選擇自訴的原因其實很簡單，即：訴訟方向不想受到檢察官的控制！也可看出在當代民眾對

　　簡單來說，**先前**蒐集的情資或其他資訊，係提供**當下**判斷裁量權保持在適度的基礎之一，並無直接關聯，使用警械的裁量，真正該聚焦的焦點在：當下符合使用的法定要件後，再決定或選擇是否使用或使用何種警械，而非與本件般不經思考的取用槍枝「先開個幾發」，然後再抗辯：嫌犯通緝中、持有霰彈槍及手榴彈、高危險犯人……云云，作為符合法定要件後合法裁量的理由，倒果為因的思考模式很容易被人看穿裁量權違法[112]的態樣。

二、其他判決

　　以臺灣桃園地方法院94年度訴字第2091號判決觀以「明知手槍、子彈均為槍砲彈藥刀械管制條例所管制之物品，未經許可，不得無故持有，**竟憤而強行奪得己○○左手所持之警用制式手槍**（含子彈10發、槍枝編號2515號）1枝」之事實，為何「己○○見狀立即追捕欲將庚○○攔下」之小隊長己，對身上**有毒品**的犯嫌**追捕**時是**決定拔槍**？而後使犯嫌有機會奪得己○○左手所持之警用制式手槍？此際裁量是否適度，不無疑問。筆者認為，對單純只想逃逸之犯嫌儘量勿拿槍在手執行**追捕**，理由在於：執法目的係將犯嫌逮捕歸案，逮捕時需用雙手，同前述「一手拿槍，只剩一手怎麼抓人」的前提下，本件當下裁量應在非適度範圍[113]。

　　而臺灣高雄地方法院95年度訴字第2221號刑事判決觀以「甲○○於經過觀音山廟宇後，打開其警槍（手槍）之保險，**右手持槍伸出副駕駛座車窗外，先朝天空擊發子彈鳴槍示警，再針對丙○○所駕車輛輪胎開槍，共擊發5顆子彈**，惟丙○○並未停車，仍繼續蛇行逃逸。雙方行駛至位於翠屏路112巷1之11號與同巷3號間之轉彎處時，因該處道路較寬，寅○○欲從丙○○所駕車輛右側加速超車以攔截該車，丙○○本應注意車輛行駛中，不應碰撞其他高速行駛之車輛，以免其他車輛因此無法控制方向

　　檢察官與法官信賴程度的高低；另一方面，也顯示出司法對警察執法有極高的容忍度與支持，有時，以如同寵愛小孩的父母形成溺愛的判決時，卻變成使警察執法觀念停滯不前的力量，相互矛盾的情結不覺油然而生。

[112] 請讀者參照本章前述「行政裁量」，即知該案訴訟中的抗辯為何容易顯露出裁量權違法的態樣。

[113] 實務工作者面對此項質疑最常使用的抗辯理由，即：我怕犯嫌包內有槍……云云，惟依事實乃「庚○○見狀為避免身上藏匿之第一級毒品海洛因、第二級毒品安非他命等物遭查獲，即跳車往後之方向逃逸」，未有前揭臺灣南投地方法院97年度訴字第126號刑事判決中有取用隨身皮包內槍械之動作，此「我怕犯嫌包內有槍」抗辯理由似猶嫌不足。

而發生事故，且依當時天候晴、日間有自然光線、路面無缺陷或障礙物、視線良好等情形及其智識能力，並無不能注意之情形，竟未予注意，而基於妨害公務之犯意，貿然將所駕自小貨車向右偏移，致車身右後方與上開巡邏車左前車身發生擦撞，以此方式對依法執行逮捕準現行犯職務中之員警甲○○施以強暴，寅○○所駕巡邏車因而偏向右方撞擊右側路邊鐵皮圍牆，甲○○伸在窗外之右手被鐵皮圍牆**撞回車內**，並因遭到撞擊而**誤觸所持警槍之扳機**，子彈擊發後先**射穿**甲○○抓握座位右上方把手之左手臂，再射入坐在駕駛座之寅○○頭部，甲○○因而受有子彈穿透傷合併左後上臂（入口）穿透傷及三頭肌部分斷裂、左前肘部（出口）穿透傷合併動脈挫傷及左肘正中神經部分完全斷裂、左食指、拇指運動受限及左手掌、食指、拇指、中指麻等傷害，另寅○○則受有單一槍擊傷（**頭部**），送醫急救後，仍於 95 年 4 月 6 日 11 時 20 分許傷重不治死亡」之事實可知，在後執行強制力追捕警察之行為，似乎**上演著電影中情節**而非法律上適度使用槍械。筆者認為，本案中警察在後追捕的行為係依刑事訴訟法第 88 條之 1 第 1 項第 3 款、第 90 條之實施強制力緊急拘提，而需用槍械作為實施強制力方法之授權，符合警械使用條例第 4 條第 1 項第 7 款、第 3 條第 1 款規定執行，應無疑義。惟自始至終警察乘坐在車內在後追緝應知，移動時握槍及進行射擊皆有無法瞄準的高度風險，為何在「**共擊發 5 顆子彈**」仍無法攔停車輛後（犯嫌看見警察，跑本就正常，難道警察期待犯嫌看見警察不跑，正面與警察對抗嗎），未將槍械收回另尋他法追緝，而執意將槍械取用在手，使追逐過程「伸在窗外之右手被鐵皮圍牆**撞回車內**，並因遭到撞擊而**誤觸所持警槍之扳機**」有發生誤擊機率的作為 [114]？實令人費解！本文認為，當下裁量亦在非適度範圍 [115]。

　　另臺灣桃園地方法院 103 年度矚訴字第 19 號刑事判決觀以「見王冠

---

[114] 讀者應注意，警械使用條例第 8 條的勿傷及第三人之義務，與裁量權行使時同時發生；惟若決定不使用槍械，當不可能發生誤擊的事件。就時間的排序來看，行使裁量仍在注意義務之前；簡單來說，不拿槍，誤擊的機率趨近於零，拿槍，誤擊的機率就大增，現場決定是否取用槍械才是有無注意義務的前提。

[115] 在臺灣苗栗地方法院 99 年度訴字第 101 號刑事判決中顯示，警察在「乙○○倒車至該屋東北側空地時失控衝入草叢卡住，乃下車逃離，丙○○為免逮捕時發生誤觸板機之危險，乃將槍枝關保險後驅身撲向乙○○」的情境下，才是安全使用槍械的概念，同時亦呈現出行使裁量適度的客觀狀態，縱然本件槍械被犯嫌搶走，亦不影響其裁量為適度的結論。

中示意羅文昌已**返回車上後**，葉驥立即趨前至該自用小客車左後方，同時**持警槍上膛警戒**」之事實可知，縱然是資深員警（葉驥在事發已任警職十餘年）[116]，於現場發現即將逃逸的可能犯嫌，第一個動作多為「取槍、上膛、開保險」在手備用，此時尚未釐清及查證或沒有任何攻擊跡象的裁量（取用槍械），仍應在非適度範圍。

第二項　論比例原則

使用警械，探討**符合法定要件及未有裁量權違法後**，接續須緊鄰著比例原則：

壹、適當性

使用警械的適當性，在司法判決中鮮少討論，大多聚焦在條文中有關「必要」的論述，但對警察使用警械的實務運作而言，是一個相當重要的命題，尤其實務研發所稱「戰術」，指的就是適當性（有助於目的達成之方法）。例如：現今警察實務「組合警力」的戰術運用對應至法律，可說為適當性之體現；當然，是否適當使用警械、使用何種適當之警械，也是適當性應討論的課題。

以臺灣士林地方法院 91 年度自字第 190 號判決觀以「當天我與甲○○騎機車在巷道繞，後來甲○○在巷子內**看到自訴人，我們就馬上追**，後來自訴人跑到茶室內，我們就追進去茶室，當時我們**右手都拿槍**，左手**抓住自訴人**，但自訴人一直**反抗**，我們左手一隻手抓不住自訴人（按：警察庭訊自己說一隻手抓不住），剛開始我們進去時，看到自訴人從左邊衝，後來自訴人看到無路可跑，就回頭要衝上樓梯，當時我左手捉住自訴人的右邊，莊凡昂抓住自訴人左邊，**後來自訴人的手抓住我的槍枝**，隨後我聽到槍聲，最後聽到一聲槍聲，自訴人就說他中彈，在我們抓自訴人過

---

[116] 筆者於民國 105 年 9 月 26 至 30 日在臺北市警察局交通大隊講授「用槍時機案例研析」課程時，據在場與葉驥熟識的同事表示：聽葉驥說，曾緝獲羅文昌，對伊有一定的認知。既然如此，似乎更不該在趨前至該自用小客車左後方過程中，一併完成「取槍、上膛、開保險」的動作，如果沒有這個動作，最多讓羅文昌跑掉，但不會發生憾事、不會違法、不會被移送法辦、不會受到長期訴訟的煎熬。另一方面，如果沒有葉驥案件的發生，輿論或官長不會越來越重視基層員警工作的無奈，或許，此案件有著一體兩面的作用，警示著警察。

程中，我就有聽到槍聲，最後一聲槍聲是自訴人抓住我的槍枝後才聽見，後來我聽見自訴人說他中彈，不要再壓到他的腳，後來我就沒有聽到其他槍聲」之事實，可以很清楚知悉執法目的係逮捕因案脫逃的自訴人（逃犯），而面對單純逃逸尚未被攻擊加以**執行逮捕**最有效的方法，就是以雙手逮捕的逮捕術，採取一手拿槍、一手抓人的逮捕方法，怎可能有助於目的之達成？或許本件適當的逮捕方法，就是一人執行雙手逮捕，另一人持槍警戒伺機而動，方才符合採取之方法有助於目的之達成。

臺灣臺中地方法院 105 年度審易字第 2207 號刑事判決觀以「竟基於妨害公務之犯意，於張書育及王文福上前攔查之際，騎乘上開機車衝撞警員張書育，致警員張書育受有左、右手手腕挫傷之傷害，范海星於衝撞警員張書育後竟未停車，又再騎車加速衝撞警員張書育，警員王文福見狀即使用警槍**朝空射擊一發子彈**後，警員張書育及王文福上前壓制范海星」之事實，其執行目的乃制止及逮捕范海星，採取了對空鳴槍產生巨大聲響，使之因恐懼中槍而放棄抵抗，當下仍屬有助於目的達成之方法。

臺灣南投地方法院 97 年度訴字第 126 號刑事判決觀以「惟乙○○於該車旁因**疑似**欲自其攜帶之上述藍色手提袋內**取出槍械**，遭前往查緝之警員劉進義當場**對空鳴警槍制止**後，竟仍上前往劉進義之方向靠近，劉進義因恐乙○○對其奪槍，爲求自保，乃持**警槍向乙○○之左大腿處射擊一槍**，乙○○始遭制伏」之事實，由於事前即係以查緝槍枝案爲始，事中亦見對象有取出槍械之行爲，經對空鳴槍制止無效仍受逼近，再持警槍朝腿部射擊，綜合現場之情狀，其使用槍械之方法仍有助於逮捕目的之達成。

以前揭數個法院判決認定之事實（立基於警察實務）論使用警械的適當性，會發現這個重要的結論，例如：實務多數使用警械時，大多是有助於目的之達成之方法。由於此觀念沒有被持續檢視及討論，許多警察便不再思考其他有助於目的達成之方法，反而被潛移默化地停留在**有問題就拔槍的動作**上[117]，值得我們重新省思。

---

[117] 臺灣桃園地方法院 103 年度矚訴字第 19 號刑事判決，此段「查被害人羅文昌於案發當時因竊盜案件經臺灣新竹地方法院檢察署通緝中，此有查捕逃犯作業查詢報表附卷可稽（見相卷第 63 頁），被告欲將其逮捕時，既遇被害人拒捕、脫逃，於此急迫情形下，自得依上開條例第 4 條第 1 項第 3 款規定使用槍械，且使用槍械亦能有效達成逮捕被害人之目的。惟當時被害人並未對被告施以任何攻擊之行爲，被告未受到任何立即之危害，此業如前述，其若欲執行逮捕，應斟酌情形使用不致危及人命之追捕方式達

貳、必要性

筆者觀察司法實務見解審查使用警械的比例原則，多將論述重點置放在必要性，其原由可能來自警械使用條例第6條中「不得逾越必要程度」之明文。判決論據基礎表達有多種同樣能達成目的之方法，應**選擇**（裁量收縮）對人民權益損害最小者之意涵，對警察使用警械之思維，卻是一個無底深淵，尤其建立在必要性外觀似乎等同裁量權外衣的前提下，要一個忙於執勤的實務工作者全然明瞭兩者間的差異，似乎顯得強人所難。只是，立法者賦予警察能槍握在手的權力時，警察仍有義務釐清，避免發生不可逆的違法事件。

臺灣士林地方法院91年度自字第190號刑事判決觀以「被告依法本得使用強制力而逮捕自訴人，是被告雖**持手槍槍柄敲擊**自訴人之**頭部**，然其**目的係為逮捕**自訴人，且觀諸自訴人之頭部**僅受有**頭皮**裂傷**5×2×1公分之**傷害**，傷勢甚為輕微，故被告為逮捕自訴人而以槍柄敲擊自訴人之頭部，其手段**自屬適當**，尚**難**認有何**逾越必要程度**」、「又被告雖有開槍射擊自訴人之右腳膝蓋，然被告既已**事先開槍示警**，惟自訴人**竟仍繼續頑強抵抗**，並與被告及證人蔡維雅、莊凡昂拉扯扭打，**甚至出手抓住**證人蔡維雅右手所持之**手槍**，有**狀似搶奪警槍**之情形」、「若遭自訴人奪槍成功，立**即有使**在場警察人員之生命、身體遭受危害之**可能**，**情況至為急迫**，故被告為維護現場警察人員及其自身之生命、身體安全，**自有使用警槍排除危害之必要**，參以被告係開槍射擊自訴人右腳膝蓋之非要害部位，亦未**逾越必要之程度**」之見解，呈現出整個用槍自侵害最小至大的多種層次方法，多層次由不同的「持手槍槍柄敲擊頭部」、「事先開槍示警（對空鳴槍）」至「開槍射擊右腳膝蓋」事實，展現出多種同樣能達成目的之方法，應選擇對人民權益損害最小者。易言之，警察雖然取槍，但並非第一時間就開槍射擊，乃先持手槍槍柄敲擊自訴人頭部不從，再開槍示警（對空鳴槍）仍受抗拒，最後才開槍射擊膝蓋，此種**漸層**的執行具體呈現了合於必要性內涵的用槍方法，同時也傳達一個訊息，即：「使用槍械方法是

成，例如事後巡邏警網之圍捕，實無必要使用槍械」之論述，同時有適當性、必要性之探討。

多元的！」[118]。

　　臺灣士林地方法院 100 年度交訴字第 18 號刑事判決觀以「練永隆先下車**徒手朝員警吳庭瑋施暴出拳 3 下**，前 2 下吳庭瑋閃開，但第 3 下擦到吳庭瑋之右耳，使吳庭瑋受有右耳紅腫之傷勢，吳庭瑋為壓制練永隆，因而受有右手掌挫傷瘀腫約 2×2 公分之傷害，葉明忠亦上前支援，而與練永隆發生拉扯致受有右上臂挫傷瘀腫紅痕約 5×1 公分之傷害（練永隆、練樹來所涉傷害犯行未據告訴、起訴），練樹來遂趁機下車直奔屋內 2 樓……，繼而跑向倉庫**拿出**其不知情之父親所有之金屬製之**圓鍬 1 把**（全長約 97 公分，圓鍬頭之長度約 29 公分、寬度約 25 公分），練樹來乃承前對公務員依法行職務時施強暴之單一犯意聯絡，在 2 樓以台語對練永隆大喊「打給他死」、「打給他死」，並接續由練永隆**持圓鍬**朝吳庭瑋跑去**欲為攻擊**，吳庭瑋見狀急逃至大門外，練永隆接續朝員警葉明忠追擊，並揮打 3 下，前 2 下經葉明忠閃開，而誤擊牆壁、警車左側照後鏡上方 A 柱，練永隆逼近欲再朝葉明忠揮擊時，葉明忠**因無退路**，又**一再口頭制止無效**，乃**拔槍嚇止**，但練永隆仍朝葉明忠**繼續攻擊**，葉明忠遂**緊急朝練永隆正面右小腿射擊 1 槍**」之事實與前一判決比對可知，警察對必要性的思維具體化至實際執勤大多有一定且近乎相同的模式。例如：本件與前一法院判決皆有人積極抵抗公權力執法，且警察正身處於因抵抗所製造出的持續危害中，警察先以造成損害的最小方法（徒手壓制、迴避、命令）進行抗衡，發現無法對抗時進而提升武力，更因情況急迫需要，選擇了隨身攜帶之槍械（情況持續危急到沒有時間、機會選擇其他方法加以反制）壓制持續攻擊的危害，此事實也是一個對警察勤務作為具體化必要性的展現。

　　實務判斷較模糊且有必要性討論之空間，呈現在臺灣南投地方法院 97 年度訴字第 126 號「惟乙〇〇於該車旁因**疑似欲**自其攜帶之上述藍色手提袋內**取出槍械**，遭前往查緝之警員劉進義**當場對空鳴警槍制止**後，竟

---

[118] 筆者需澄清一個問題：前文說明此案例應不符裁量適度及適當性，並不代表這樣的使用方式不符合必要性；也就是說，一個事實中每一法律命題皆可獨立探討，雖然所有命題串起來得出的結論可能不合法，但獨立探討的各別命題仍有一定參考價值，無需直接全盤否定。當然，依據筆者文內思考順序討論本件事實，深究法律可能就在裁量不適度認定違法而得出結論（但司法原則不介入裁量權審查而需尊重的前提下，例外地使本案能夠符合法定要件、不審查裁量權、符合比例原則後，得出使用槍械為合法的結論），但其他部分仍極具合法作為的參考價值，才會在不同標題下產生不同的結論（合法、違法）。

仍上前往劉進義之方向**靠近**，劉進義因恐乙○○對其奪槍，爲求自保，乃**持警槍**向乙○○之左**大腿處射擊一槍**，乙○○始遭制伏」之事實內，即疑似有自隨身包包取物之動作而使用槍械是否符合必要性之要求？易言之，對空鳴槍是否就是損害最小之方式？難道拿警棍敲擊欲取物之手損害較大？筆者認爲，對空鳴槍雖是展示最強武力之方法，惟在安全使用範圍內可能造成之損害卻比以警棍敲擊取物之手較小，尤以本件獲報情資本就知悉爲疑似**非法持有槍枝**案，併考量歹徒得自包包內**取物時間相當短暫**的二個條件，可說：使用槍械對空鳴槍是當下擁有對等武力（保護警察及恫嚇的功能），同時係侵害最小的方法。也就是說，實際損害大小所控制的變數**並非**建立在警械武力高低，而**係如何使用警械的方法**之上，縱然使用最強大武力：槍械，也可能無損害或只造成輕微損害的結果[119]。

臺灣桃園地方法院 89 年度訴字第 1346 號刑事判決觀以「伊與同仁林嵩係乘坐擋於被告車後方之拖吊車，伊當日並未配槍，僅攜帶三節警棍，經同仁以無線電通知圍捕，即下車走至距被告車幾步遠處時，被告因發現有人圍捕，就開始衝撞，當時尚未有人開槍，**因被告開始衝撞，伊以警棍敲被告駕駛座玻璃**，車窗未破，警棍就歪了，並趁機就拉開被告駕駛座車門，拉開車門時有向被告表明警察身分，伊是第一個接近駕駛座的人，此時因組長說要開槍了，才趕快跳開」之事實顯示，警察亦係以損害最小方法即：警棍敲打汽車前擋風玻璃，視其無效後才決定對行進中車輛之輪胎開槍射擊，同時利用聲響震撼歹徒使之停車，應係現場損害最小之方法，從而符合必要性之要求。

另有一個難以解釋的實務慣行呈現在臺灣桃園地方法院 93 年度易自第 594 號刑事判決中，觀以「犯嫌郭佩嘉、丙○○乃駕駛該失竊自小客車強力倒車衝撞職所駕駛之編號九一一號巡邏車，致車號 DM 一四五三六號巡邏車（編號九一一）右車輪、右前葉子鈑、右後視鏡及前車門處**嚴重**

---

[119] 筆者於此需延伸一個相當實務的問題，即：臺灣南投地方法院 102 年度交訴字第 53 號刑事判決中，花了相當篇幅說明「拉扯行爲接近或觸及槍枝部位，是否即爲奪取槍枝？」以人性角度來看，多數人受到警察「持槍」逮捕若有抗拒意圖的第一個目標會是哪裡？槍！原因？怕中槍及反制；也就是說，持槍在手進行逮捕之動作會增加歹徒在人性上自保的反抗，歹徒先控制了警察的槍等同完成反抗的基礎，如此行爲模式只是人性的展現，應是判決區隔究竟是「拉扯行爲」、「奪取槍枝」的真正判準所在（有否搶奪故意）。

受損，此舉已有危害職之生命、身體、裝備事實，職依警械使用條例第四條第一項第三、五款規定，**使用警槍射擊六發示警**，後該贓車再加速往延平路、建國路方向逃逸，此時職仍駕駛該尾隨在後追捕」之事實顯示，對空鳴槍示警有沒有必要連續射擊 6 發？又或是手握槍之人之慣常？筆者依實務經驗深度反思此問題，有時候開了第一槍就會停不下來，隱含在潛層意識所代表的實質意義，乃當下因開槍射擊使全身充滿力量，存在著一定能將失控情境扭轉而無所不能之意志，才會在實務運作中常見一開槍就停不了的窘境，進而影響如連續開槍射擊接無法制止時討論必要性的結論，這是實務工作者必須嚴肅面對的課題。

還有一個延續但執迷的實務慣行呈現在臺灣高雄地方法院 98 年度訴字第 86 號刑事判決[120]中，觀以「當伊等要盤查時，辛○○的車馬上開走，甲○○的車要向伊等衝撞，**伊等開了 3 槍，對空鳴槍以後，對輪胎開 2 槍**，甲○○的車逃走」之事實顯示，實務工作者遇有狀況常不假思索對移動中的汽車輪胎開槍，初乎是想對危害源（駕駛人）射擊，卻因忌憚後續報告、甚而進入訴訟而選擇對輪胎射擊的無效方法（見前文），惟在必要性的審查上，需符合損害最小的方法，只是能否達成目的就不得而知。簡單來說，只要有積極侵害，當下無論是對空鳴槍或對車輛輪胎射擊，原則皆屬於對人民權益損害最小之方法，但能否達成目的，並非所問。

另外，臺灣高雄地方法院 95 年度訴字第 2221 號、臺灣臺中地方法院 92 年度易字第 26 號刑事判決的事實中，顯示著一個相當實務（是否追車）且陷入兩難的問題，如果加上無法抑制警察實現滿滿正義感的前提下，過程中又不時伴隨著使用警械作為，究竟是不是公權力的一場豪賭？尤其多數決定追車的當下，根本沒有強制力的法定事由仍在後追逐併使用槍械射擊，似乎與盲人賭撲克牌[121]無異，此思考論據，也與必要性有重要關連[122]。筆者認為，當下客觀上僅有交通違規的行為，有時，自以為是的

[120] 另臺灣彰化地方法院 102 年度簡字第 671 號簡易刑事判決、臺灣臺中地方法院 105 年度訴字第 568 號刑事判決亦有同樣的思考。
[121] 攔查拒檢追車撞樹　女警命危男警受傷；瀏覽網址：http://www.appledaily.com.tw/realtimenews/article/new/20161102/980776/。
[122] 假設，經攔下之車輛內有違法物品之證據，實務工作者趕緊倒果為因涵蓋整個事實，使追車合法；沒有違法物品？怎麼辦？也就是說，警察在未有任何法定強制力的授權，立即追車又用槍的當下，其實只是內心裡充滿著滿滿的正義感使然，並非依法為之，真正結論是：警察自己在用「何法」追車當下是不自

警察正義感或第六感並無法作為強制力執行的依據，多數無法律授權的追車，實質上是一場豪賭，尤其在追逐過程中取用槍械射擊交通工具之作為聚焦在必要性探討時，似乎非損害最小，縱然駕駛人因聞槍響放棄逃逸而停下，依然非損害最小的方法。然而，實務陷入兩難之處在於：警察第六感有一定的準確度，通常攔檢不停逃逸多有問題，但問題會發生在：追逐並無法定強制力之授權（沒攔下來，問題皆無法確定，法律亦無法確定），使整個過程（含使用槍械）的合法性被控制在有無查獲犯罪證據時，更是執行者無奈的悲歌。是以，「有多種同樣能達成目的之方法，應選擇對人民權益損害最小者」之必要性，請讀者在**執行當下**思考必要性，切勿再以倒果為因作為包覆式適用法令的軌跡。

　　不思議的用槍見解，出現在臺灣桃園地方法院 92 年度聲判字第 52 號刑事裁定載明事實中，觀以「堪信被告二人所辯，渠等於為逮捕駕駛贓車嫌犯葉光貴，並於**查獲過程遭葉某追撞**，於無足夠時間判斷（？）之緊急情況下，在雙方**相距十餘公尺距離**（有現場圖附卷），以**逮捕為目的連續射擊，竟因前開車輛內部設計與一般房車不同，而導致不幸事件發生**」內容發現，當代司法實務肯認相距十餘公尺距離得以**逮捕駕駛贓車之竊盜犯嫌**為目的加以**連續射擊**？實令人費解。筆者認為，警察只要放下現行犯一定要逮捕的錯誤想法，在與逃逸車輛相距十餘公尺仍有相當寬裕的閃躲時間下進行必要性的審查，將會呈現全然不同的判斷結果。也就是說，十多年前司法對警察因公執行職務的訴訟案件採取寬鬆的態度，進行必要性審查時，似乎說明了縱然法益（犯嫌逮捕及生命）嚴重傾斜，仍選擇以執行國家公權力為優先考量，使得用槍成為事實中損害最小的方法，無怪乎家屬興訟爭執到底。是以，本件以逮捕為目的連續射擊，當非侵害最小之方法，裁定中對用槍為合法之論述，原則上與現行司法見解有相當歧異，立論似非純自法律角度考量，**讀者得以之為借鏡，切忌模仿**。

　　至受矚目（葉驤）之臺灣桃園地方法院 103 年矚訴字第 19 號刑事判決對必要性之論述相當詳細且具建樹，觀以「查被害人羅文昌於案發當時因竊盜案件經臺灣新竹地方法院檢察署通緝中，……，被告欲將其逮捕

時，既遇被害人拒捕、脫逃，於此急迫情形下，自得依上開條例第 4 條第 1 項第 3 款規定使用槍械，且使用槍械亦能有效達成逮捕被害人之目的。惟當時被害人並未對被告施以任何攻擊之行為，**被告未受到任何立即之危害**，……，應斟酌情形**使用不致危及人命之追捕方式達成**，例如事後巡邏警網之圍捕，**實無必要使用槍械**；又在被害人倒車拒捕之過程中，被告始終均站立於被害人車輛之駕駛座車門旁，距離甚近，則縱使被告使用槍械，**亦得直接朝被害人車輛之輪胎或其餘車身處射擊**，以遏止其繼續駕車逃離，……；再者，被告既係站立於被害人車輛之駕駛座車門旁，……，被告朝被害人腿部射擊 1 槍後，並未先行觀察被害人是否已受到槍傷，即**率爾再朝被害人腿部接連射擊**第 2、3 槍，衡以腿部雖非人體之致命部位，然仍遍布動、靜脈血管，倘因槍傷過多而血管破裂大量出血時，仍有致命之虞，此為眾所周知之事，是**難認**其使用槍械並**未逾越必要程度……**」論述可知，警察反應過度的勤務作為是雜亂無章，縱認司法事後諸葛，也無法否定當下使用槍械在本案中並非損害最小之結論。是以，警察面對單純逃逸未攻擊的犯嫌施以逮捕過程雖符合用槍之法定要件，探究必要性時，用槍仍非損害最小之方法，應視現場狀況採取不致危及生命的緝捕方式，諸如：攔截圍捕、設置路障、製造塞車車流、甚而事後發通知書等，都是符合必要性的思考路徑；惟欲徹底解決，需在平日在職教育訓練課程不斷研發對策，擬定戰術實際演練，方能在現場鋪陳「多種同樣能達成目的之方法」（必要性）之思考軌跡，促使使用警械均保持在必要範圍內。

參、衡平性

目前多數司法實務判決探討使用警械衡平性並未如必要性般重要，似乎聚焦在「不符合必要性當無需討論衡平」可見端倪，但對警察而言，衡平性仍是影響判斷必要性的重要條件，例如：衡量法益輕重，同時影響著有否必要使用高武力警械之謂。

依臺灣桃園地方法院 103 年囑訴字第 19 號刑事判決觀以「……此外，被告使用槍械之**目的僅在消除被害人之脫逃能力**以遂行逮捕，而其欲逮捕之被害人僅係侵害**財產法益**之竊盜罪通緝犯，相較被告使用**槍械**對被害人

身體**射擊，嚴重侵害被害人之生命法益**，其所欲達成之行政目的，**難謂與侵害之法益輕重相當……**」之見解隱約窺知，葉驥對著只想逃跑的羅文昌開槍射擊，腦海中根本未曾出現過法益衡量的念頭（竊盜——財產法益；用槍——身體、生命法益），倘葉驥於閒暇曾思考用槍法律問題，而不受實務作為的羈絆，結果或許將有所不同。是以，衡平性就是維持**執行目的**及**損害**間沒有發生**顯失均衡**的狀況，而判斷有無顯失均衡，可透過執法過程出現的法益加以相秤，已經簡要具體化判斷的條件，相信應有加速思考執行方法是否衡平。

臺灣士林地方法院 91 年度自字第 190 號刑事判決觀以「被告依法本得使用強制力而逮捕自訴人，是被告雖持手槍槍柄敲擊自訴人之頭部，然其目的係為逮捕自訴人，且觀諸自訴人之頭部僅受有頭皮裂傷 5×2×1 公分之傷害，傷勢甚為輕微，故被告為逮捕自訴人而以槍柄敲擊自訴人之頭部，其手段自屬適當，尚難認有何逾越必要程度」、「又被告雖有開槍射擊自訴人之右腳膝蓋，然被告既已事先開槍示警，惟自訴人竟仍繼續頑強抵抗，並與被告及證人蔡維雅、莊凡昂拉扯扭打，甚至出手抓住證人蔡維雅右手所持之手槍，有狀似搶奪警槍之情形」、「若遭自訴人奪槍成功，立即有使在場警察人員之生命、身體遭受危害之可能，情況至為急迫，故被告為維護現場警察人員及其自身之生命、身體安全，自有使用警槍排除危害之必要，參以被告係開槍射擊自訴人右腳膝蓋之非要害部位，亦未逾越必要之程度」連續不中斷的三個自然事實加以比較發現：第一個事實中，逮捕逃逸自訴人之目的與以槍柄敲擊自訴人頭部，依保障國家刑罰權之法益、自訴人之身體法益間相衡，應可得出**未顯失均衡**的結論，惟以槍柄敲擊很可能發生槍枝誤擊的情形且應可預見，是否適當、有否必要仍有細究餘地；第二個事實中，警察對空鳴槍為警告性射擊，仍在國家刑罰權與自訴人之身體法益間相衡，尚可得出**未顯失均衡**的結論；第三個事實中，自訴人已有狀似奪取警槍行為，衡以國家刑罰權之法益、執勤員警之身體生命法益與自訴人之身體生命法益，亦處於對等相衡而**未有顯失均衡**之情形。基此，本件使用槍械的不同漸層之方法相互比較後，原則皆在衡平範圍內，至是否適當、有無必要，分屬他問。

臺灣士林地方法院 100 年度交訴字第 18 號刑事判決載明「接續由練

永隆持圓鍬朝吳庭瑋跑去欲為攻擊，吳庭瑋見狀急逃至大門外，練永隆接續朝員警葉明忠追擊，並揮打 3 下，前 2 下經葉明忠閃開，而誤擊牆壁、警車左側照後鏡上方 A 柱，練永隆逼近欲再朝葉明忠揮擊時，葉明忠因無退路，又一再口頭制止無效，乃拔槍嚇止，但練永隆仍朝葉明忠繼續攻擊，葉明忠遂緊急朝練永隆正面右小腿射擊 1 槍」、臺灣臺中地方法院 95 年度重訴字第 1234 號刑事判決「肖桓則獨自取出其在不詳時日、在不詳地點、向不詳人士取得之制式 90 手槍（含彈匣及子彈）而私自持有之槍彈朝員警射擊，員警陳為正臉頰及頸部遭槍擊子彈貫穿倒地受傷，仍不顧危險於倒地後持續開槍，並擊中肖桓右胸一槍」、臺灣桃園地方法院 94 年訴字第 2091 號刑事判決「明知手槍、子彈均為槍砲彈藥刀械管制條例所管制之物品，未經許可，不得無故持有，竟憤而強行奪得己○○左手所持之警用制式手槍（含子彈 10 發、槍枝編號 2515 號）1 枝……一時怒氣未消，頓失理智，而萌生殺人之故意，拉槍機朝身旁尚未站立之警員己○○頭部射擊…側身持槍對著甲○○、己○○、戊○○方向平射開槍射擊，甲○○則適時持槍反擊擊中庚○○後，倒地之際猶持該警用槍枝朝警員己○○方向射擊 1 發後把槍丟置旁邊……」等使用槍械之事實，原則雙方皆有相互對等之武力，以國家刑罰權之法益、執勤員警之身體生命法益與自訴人之身體生命法益相衡，應**未有「顯失均衡」**之情形。

第三項　比例原則之延伸

使用限制就是比例原則的延伸，原因已如前述，在茲不贅。下將事實涵攝於法律與判決中夾議之：

壹、特別必要限制

警械使用條例第 6 條乃專指槍械而言，其他警械雖無本條適用餘地，但並非毋需遵守比例原則，先予澄清。由於本條文增加另一個法定要件（基於急迫需要），等同需更高門檻方得使用槍械，則其條文中（不得逾越）必要程度之「必要」對於損害最小方法的解釋，事實上體現著更高門檻的思考，同時呈現必要性的特別規定，筆者方於此將其獨立說明。緣前第二節之使用界限已清楚說明：使用警械當下通常只有最好的選擇而無最

正確判斷之前提下，讀者需注意**事後諸葛**（目的原則在追求正確解答）**必要性並非指當下**（只能取最好的選擇）必要性。

筆者認為，某些判決[123]內有關必要性的思考或許來自既存經驗，但相當弔詭之處在於：以無線電通知其他警網協助攔截圍捕，是一個當警察都稀鬆平常能獲取的常識，為何警察在當下仍諸多選擇取用槍枝並射擊？此問題實令人費解（如果承審法官都能想到，為何從事警察工作的人在現場反應卻想不到、做不到）；另一方面，假設司法判決內論述必要性並非來自既存經驗（如：想像但可能做不到），而是以一種事後欲歸責的假設作為判決基礎時，此條文的必要性，反變成一種人云亦云的抽象概念，沒有標準。基此，論述此條文應聚焦在當下的既存經驗中，至事後想像的必要性，似乎呈現出先畫靶、再射箭的情境而不真實，有必要加以澄清。

至讀者對本處必要性之論述，得參酌前開比例原則必要性之論述，不予贅述。

貳、使用原因限制

警械使用條例第 7 條乃泛指所有警械而言，係比例原則的體現，原有模糊不清的「行將消滅」修正為明確的「已消滅」文字，但現行運作仍有修法前的模糊概念，通常爭執的問題在：是否需全然受到控制，才叫消滅。讀者細究相關判決可發現，事實上司法鮮少論及本條，筆者判斷潛在原因可能有：第一，使用原因有否消滅必須當下判斷；第二，已消滅之意義為當下需全然受到控制[124]；第三，任何可能發生在警察事件中的抽象、潛在危害，司法者認為皆是使用原因尚未消滅。

與警察實務密切相關且熱絡的討論，多聚焦在：射擊發數。許多警察面對輿論質疑「開了 9 槍」有否符合比例原則時，第一個時間點均無法論及本條，代表著實務工作者面對問題涵攝至法律，根本不知道要對應到法律的哪一部分！導致又出現是是而非的言談，傳承在新舊警察薪火間，錯誤依舊。簡單來說，警察到底應該射擊幾發？筆者認為，應繫於「使用原

---

[123] 如文內所舉臺灣桃園地方法院 103 年矚訴字第 19 號刑事判決。
[124] 此處與刑法上正當防衛之現在不法侵害的法律概念相當雷同，例如：家暴被害人反嗜殺害家暴加害人的案件中以正當防衛作為抗辯為數不少，但如何詮釋「現在不法侵害」，則係法官同情家暴被害人時，作為情節可憫恕而輕判的替代（重要）途徑，而「已消滅」可想像為現在不法侵害詮釋以外的範圍。

因消滅與否」之條件上，倘使用原因尚未消滅、危害仍然持續，縱然射擊1,000 發，仍爲合法；若使用原因已消滅，多射擊 1 發都是違法。

　　再者，「使用」意義不是只有槍械的射擊，不同警械間**使用方法**諸如：取槍警戒、出槍瞄準、槍托敲打、扶棍於胸前警戒、揮動、戳刺警棍、雙手前銬、後銬、上下銬、同手同腳銬、二人同手銬、高壓噴水車對人、對地、對物噴水等，當與**使用原因**之「使用」意義相同；也就是說，口語化：拿取，就是法條的「使用」。另一方面，使用原因指的是警械使用條例所定要件，倘初始使用要件消滅，就是本條的使用原因消滅；然使用警械可能符合一或多之要件，在複數使用原因的「原因消滅」，應視複數原因是否皆已消滅，方能判斷有否違反本條。簡單來說，合於法定要件的使用，才有本條討論的空間，若法定要件消滅，等同使用原因消滅，只是，當原因爲複數時，需複數原因均消滅後，方爲本條之消滅。

　　觀乎首揭各判決之事實，多數警察皆未有原因消滅後仍使用警械的情形，爲具體說明，另以臺灣高等法院高雄分院 93 年度上易字第 598 號刑事判決認定之事實[125]及三重分局警察因盤查事件對空斷續射擊 9 槍之案例[126]加以開展。

　　觀以刑事局幹員李泱輯受有罪判決之臺灣高等法院高雄分院 93 年度上易字第 598 號刑事判決事實，承審法官認爲依現場狀況警察以開槍射擊作爲逮捕方法是無必要而認定爲有罪，但本處聚焦在：「**先朝大腿射 2 槍，其倒地再遭背後開 1 槍**」、「**第 1 槍擊中左肩，王某向伊處倒下，再打王某之腿、手指**」、「有 2 穿便衣先生掏出有紅外線之槍對準王某胸部、**隨即對王某開槍，王某隨即倒地，警方又補 2 槍**」、「2 便衣只說不要動，隨即對王某開 4 槍，印象中王某**中第 1 槍**後隨即倒地，第 1 槍擊中左腳處」四段證人描述不一的證詞上。姑且不論判決書所載何證人證詞爲眞，惟四段證詞背後描述一個共通事項，即刑事局幹員李泱輯射擊四槍是

---

[125] 節錄判決理由一（五）：再本件告訴人甲○○或證稱：伊坐在椅上，爲被告在對面開 1 槍即倒下或稱先朝大腿射 2 槍，其倒地再遭背後開 1 槍。證人蔡淑娟證稱：第 1 槍擊中左肩，王某向伊處倒下，再打王某之腿、手指。證人林大森證稱：有 2 穿便衣先生掏出有紅外線之槍對準王某胸部、隨即對王某開槍，王某隨即倒地，警方又補 2 槍。證人林俊境證稱：2 便衣只說不要動，隨即對王某開 4 槍，印象中王某中第 1 槍後隨即倒地，第 1 槍擊中左腳處等語。

[126] 三重流氓拒絕臨檢警察動手開槍地點正義北路與重新路交接口；瀏覽網址：https://www.youtube.com/watch?v=Ml_hOQKr8-w，瀏覽日期：2018 年 1 月 23 日。

分為二個階段（1＋3、2＋2、3＋1）開槍，假設初始用槍符合法定要件為前提，則第二階段射擊合法與否，便與本條有關。也就是說，倘緝捕對象王明助在第一階段射擊就已受到控制，繼續第二階段的射擊，顯然違背本條規定，已非合法；反之，合法。

觀以三重分局案例中警察盤查過程，為查證身分而執行帶返勤務處所之際，數名同夥協助受檢人抗拒執行作為同時狀似攻擊地一湧而上，制服警察旋即退後一步拔槍、拉滑套、連續對空射擊 5 發，並命令蹲趴於地面，所有人均遵命蹲趴地面後，似西部牛仔般**再對空射擊 4 發**。此案例中，警察共分二階段射擊 9 發，有本條討論餘地需聚焦在：第二階段射擊 4 發是否違法？筆者認為，自連續攝得影片顯示，當警察拔槍以對空開槍命令現場所有人蹲趴於地面之方法射擊 5 發，所有人皆已遵令蹲趴時，使用（射擊）原因已然消滅（持槍警戒原因尚未消滅），再對空射擊子彈 4 發，實已違法，亦不符本條規定。

基於上述的理解，實務工作者建立使用原因是否消滅，重複下列應注意之處：第一，使用方法多樣，並不僅限於射擊、揮打才是使用，端棍或持槍警戒，亦是使用；第二，使用原因消滅，即為使用警械之法定要件消滅；第三，符合多個使用警械之法定要件之情境，需多個使用之法定要件皆不存在，使用原因方才消滅；縱僅餘其一，仍不論以消滅；第四，使用原因消滅，不代表不能使用同一警械之其他方法[127]，雷同的本質概念依此類推至不同警械中。

參、注意義務限制

警械使用條例的注意義務有二個面向，分別為用槍客體及第三人（用槍客體以外之人），其要件個別、注意程度個別，有例外排除注意義務之情形，此皆為比例原則延伸之概念。

首要討論使用警械「客體」之注意義務[128]，其繫於二個條件之上，一為是否情況急迫，另一為致命部位，有先後次序之分，而注意義務發生在：未情況急迫時，需注意勿傷及其人致命之部位；反之，情況急迫則解

---

[127] 例如：已經合法舉槍射擊，不代表不能繼續舉槍警戒。
[128] 本處所指係警械使用條例第 9 條。

除此義務。筆者長年在基層服務發現，縱然已達法定情況急迫之情境，警察也鮮少故意朝著人的頭部（致命部位，並無疑義）射擊，縱使發生胸部中彈，多數仍爲過失，顯示臺灣警察在**潛意識**中有尊重生命的軌跡！只是，如此感受的說法無法通過實證，唯一現存客觀足跡出現在靶場內射擊後靶紙彈著位置圖上。也就是說，自有本條後，逐漸顯現在警察機關教育、訓練中產生了實質的影響，將練習靶紙從持刀靶更改爲五環靶就是一個對應修法的足跡。

然，本條致命部位的定義，一直是警察的**致命部位**！司法見解認爲人體之頭部[129]、頸部[130]、胸部[131]、腹部[132]、背部[133]皆爲致命部位，而手部、腳部[134]則非屬致命部位，毋庸置疑。**但只要發生有人受警察槍擊死亡結果而涉訟**，縱然法院載明「**衡以腿部雖非人體之致命部位，然仍遍布動、靜脈血管，倘因槍傷過多而血管破裂大量出血時，**仍有致命之虞，**此爲衆所周知之事**」[135]，手部及腳部也變成是警察討論或抱怨的致命部位，不啻爲雞同鴨講。總之，以警察練習射擊的五環靶紙來看，只有中間的靶心（胸部、腹部、背部）才是最高法院的致命部位，而持槍靶紙中除得分（含）5 分以下的位置外，均爲致命部位。

另一個注意義務，即爲使用警械客體以外之第三人[136]。由於第三人乃無辜且非引起危害之人，立法者課予警察注意義務並無例外，一律應注意勿傷及其他之人，而首揭臺灣高雄地方法院 95 年度訴字第 2221 號判決之事實，即本條疏於注意之情形。筆者認爲，以第一線服勤人員感受目前執法環境，呈現多數警察縱然有把握，也未必膽敢不慮及第三人直接使用警械，只有極少數情形，方可能發生第三人受傷或死亡的結果[137]，這顯明

---

[129] 詳參照最高法院 81 年度台上字第 5629 號刑事判決。
[130] 詳參照最高法院 84 年度台上字第 1145 號刑事判決。
[131] 詳參照最高法院 88 年度台上字第 2525 號刑事判決。
[132] 詳參照最高法院 83 年度台上字第 3811 號刑事判決。
[133] 詳參照最高法院 83 年度台上字第 2626 號刑事判決。
[134] 詳參照最高法院 105 年度台上字第 1609 號刑事判決。
[135] 詳參照臺灣桃園地方法院 103 年度囑訴字第 19 號刑事判決。讀者必須注意，本處是探討「致命部位」，非用槍合法與否的問題，切勿混淆。
[136] 本處所指係警械使用條例第 8 條。
[137] 誤殺少女警政署先賠 250 萬；瀏覽網址：https://tw.appledaily.com/headline/daily/20060219/22413913，瀏覽日期：2018 年 1 月 29 日。

了臺灣警察受到道德拘束強大影響的結果，也是本條立法原意之所在。依此，注意義務乃攸關民眾的基本權利，無論是被使用的對象或第三人，立法者希望行政行為皆保持在適切範圍不至過當，如同誡命般如影隨形倒映在腦海中隨時提醒著執法當下的警察。

第五節　結語

　　警械，一直伴隨著警察歷史的成長，隨手可得。使用警械，與基本權利有著唇齒間一體兩面的緊密關係，輕者受傷、重者喪命，全繫於使用者（警察）一心，舉有輕於鴻毛重於泰山之袂，是「誠」。基於沒有無限大權力（利）概念之前提，立法者預設多種得以使用警械之情境，防止濫用；用以比例原則，調整執行程度的量能，並非僅拘束著執行者，而係另有畫設軌跡供以依歸，減少犯錯。

　　依循前人（文內各判決）足跡驟然發現，警察使用警械與基本權利密不可分的唇齒關係，可能作動在潛意識處有無建立觸發開關之上，其合法、妥適有賴於正確開、關觸發點。惟是，腎上腺激素上升的情境本能反射，常讓法律退居二位，使得用械警察直至逾越合法界限後而方知，令人婉惜地得到司法起訴或判決有罪之結果，恍如隔世，後悔莫及。

　　然，多數實務工作者面對司法判決悔恨結果之態度，常悻悻然為己編織看似合理卻不合法治及邏輯之論理，慰藉著內心深處啜泣的靈魂，矛盾交織，與強大司法相形之下，奮力一搏的孤立吶喊，顯得渺小；縱然面對法院輕放結果之灑脫，成為自己口中的無名英雄，卻也顯得僥倖，如此迥異的矛盾心態，會不斷輪迴在使用警械的案例中，一再嘆息。

　　合法使用警械，在概念上可建立為二個部分，即：先合法，再講方法。合法，即為法定要件；方法，乃比例原則。不厭其煩的重複，就是為了使實務工作者在使用當下存有一絲法律的軌跡，不再是下意識的反射或習慣，隱遁在背後更深層的意義，是希望建立一個侵益的行政行為有著人權的影子，即便侵害了基本權利，也是在法治容許的軌跡中，兩相其害取用其輕的最後手段。

　　再者，現存於實務工作者腦海中許多看似合情合理的論述，只要非當下使用警械的結果或情境，原則皆非所問。理由相對簡單，因為，警械使用條例適用使用於當下，即使事後司法進行審查，亦應以當下事實判斷是否與該條例相符（法定要件、比例原則），才是適用法律的基本邏輯。可惜地，不多警察明瞭，總話著事後諸葛的認知比對當下的事實，無怪乎，多是違法。

　　警械，是強大武力的象徵，若不依循法律的腳步使用，隨時能取人性命、毆人成傷，動輒得咎。況且，國家本對人民有保護義務，而警察代表國家行使公權力，另一面向有著替代國家履行保護義務的潛在意義下，面對民眾以暴力破壞公權力、公共安全、社會秩序的對抗狀態，使用強大武力加以消弭危害之際，當需存有緊急、最後手段之概念方得使用，與善盡保護義務之目的才能不相違背。如此，將之包裹在隨本能的反射動作中，人權保障終將能逐漸體現在警察的使用警械，希冀每一位攜帶警械服勤的基層都能有著相同的觀念，使法治國原則不再成為輕蔑呼喊的口號，而是烙印在警察所有的勤務作為中，如影隨形才是。

國家圖書館出版品預行編目資料

警察勤務新論（下）——實務工作者與法律的
對話／陳良豪著. －－初版. －－臺北市：五
南, 2018.08
　面；　公分
ISBN 978-957-11-9713-5（平裝）

1.警察勤務制度

575.86　　　　　　　　　107006768

1T85

警察勤務新論（下）——
實務工作者與法律的對話

作　　　者 ― 陳良豪（267.7）

發 行 人 ― 楊榮川

總 經 理 ― 楊士清

副總編輯 ― 劉靜芬

責任編輯 ― 高丞嫻

封面設計 ― 姚孝慈

出 版 者 ― 五南圖書出版股份有限公司

地　　　址：106台北市大安區和平東路二段339號4樓

電　　　話：(02)2705-5066　　傳　　　真：(02)2706-6100

網　　　址：http://www.wunan.com.tw

電子郵件：wunan@wunan.com.tw

劃撥帳號：01068953

戶　　　名：五南圖書出版股份有限公司

法律顧問　林勝安律師事務所　林勝安律師

出版日期　2018年8月初版一刷

定　　　價　新臺幣420元